D1535049

GENÈSE DE LA SOCIÉTÉ
QUÉBÉCOISE

Du même auteur

Philosophie et science de la culture

Le Lieu de l'homme, Montréal, éditions HMH, 1968.

La Dialectique de l'objet économique, Paris, éditions Anthropos, 1970 (Traduction espagnole).

Chantiers. Essais sur la pratique des sciences de l'homme, Montréal, éditions HMH, 1973.

Les Idéologies, Paris, Presses universitaires de France, 1974 (Traduction espagnole).

L'Anthropologie en l'absence de l'homme, Paris, Presses universitaires de France, 1981.

Le Sort de la culture, Montréal, éditions de L'Hexagone, 1987.

Études québécoises

L'Analyse des structures sociales régionales (avec Yves Martin), Québec, Presses de l'Université Laval, 1963.

La Vigile du Québec, Montréal, éditions HMH, 1971 (Traduction anglaise).

Études religieuses

Pour la conversion de la pensée chrétienne, Montréal, éditions HMH, 1964 ; Paris, éditions Mame, 1965.

L'Institution de la théologie, Montréal, éditions Fides, 1987.

Poèmes

L'Ange du matin, Montréal, éditions de Malte, 1952.

Parler de septembre, Montréal, éditions de L'Hexagone, 1970.

Fernand Dumont

GENÈSE DE LA SOCIÉTÉ QUÉBÉCOISE

Boréal

Les Éditions du Boréal sont inscrites au Programme
de subvention globale du Conseil des Arts du Canada.

Conception graphique : Gianni Caccia

Photo de la couverture : Miller Collection/Superstock ©

Diffusion au Canada : Dimedia
Distribution en Europe : Les Éditions du Seuil

Données de catalogage avant publication (Canada)
Dumont, Fernand, 1927-
    Genèse de la société québécoise
    Comprend des réf. bibliogr.
    ISBN 2-89052-580-5

    1. Québec (Province) - Histoire. 2. Québec (Province) - Politique
et gouvernement. 3. Québec (Province) - Conditions sociales.
I. Titre.
FC2911.D85 1993   971.4   C93-097307-0
F1052.95D85 1993

Pierre Poulin m'a aidé à compléter les listes bibliographiques et à réunir des photocopies d'articles et de documents. Cécile Lafontaine-Dumont, Gérard Bouchard, Serge Gagnon, Jean Hamelin ont bien voulu examiner avec soin le manuscrit ; Yves Martin a lu diverses versions et les épreuves avec sa vigilance habituelle ; François Ricard a cordialement veillé à l'édition. Ils m'ont fait part de précieuses observations. À l'Institut québécois de recherche sur la culture, Ghislaine Marois a dactylographié le texte avec patience et dévouement. À tous, ma vive gratitude.

MISE EN SCÈNE

C'est entendu, on ne comprend l'état présent d'une société qu'en remontant à son passé. Mais l'histoire n'est pas un enchaînement d'événements parvenu jusqu'à nous d'une même coulée, seulement ponctué de temps en temps par des épisodes plus marquants que d'autres. À la suite d'une maturation plus ou moins longue, un tournant si décisif est parfois intervenu dans le passé d'une collectivité que le sens même de son devenir s'en est trouvé changé. D'une histoire longtemps vécue dans la dispersion des circonstances, elle a accédé à la sphère politique ; par les affrontements des idéologies, ont émergé une mémoire et des projets collectifs. Alors, la société a été vraiment *fondée* : avec une *référence* à laquelle des individus et des groupes ont pu se reporter, une *identité* qu'il leur a fallu définir, une conscience historique qui leur a donné le sentiment plus ou moins illusoire de faire l'histoire et la faculté plus ou moins assurée de l'interpréter.

Ainsi est apparue la Cité antique. Ainsi sont nées les nations modernes. Ainsi est advenue la société québécoise dont je me propose, non sans témérité, de reconstituer la genèse dans cet ouvrage.

De la paroisse au pays

Parmi ceux de ma génération, beaucoup ont été des enfants de paroisse. Montmorency, son église, son usine, son école, le magasin de M. Samson, le garage de M. Chabot : paysage mille fois parcouru, peuplé des mêmes signes, bruissant des mêmes propos ; éternel retour des marées du fleuve, des saisons et des fêtes. Le journal, la radio, les livres scolaires apportaient des échos d'un autre monde, mais sans discontinuité avec la familiarité du quotidien.

Dans mon enfance, j'ai appris avec application le petit manuel d'histoire du Canada rédigé par les clercs de Saint-Viateur. Je revois encore parfaitement les illustrations : Christophe Colomb débarquant en terre américaine, Cartier au pied de la croix de Gaspé, les valeureux combattants de Carillon, les malheureux patriotes de 1837. De belles images qui rejoignaient les contes merveilleux de ma grand-mère maternelle, les princes et les princesses des châteaux enchantés. Le manuel était divisé en deux parties : le Régime français, le Régime britannique. J'ai dû réciter tout cela au frère Sigismond avec la même exactitude que la liste des provinces du Canada. Il arrivait que mon père me parlât de Sir Wilfrid Laurier, que je rangeais à la suite de Champlain, de Montcalm, de Papineau.

Pour un enfant, le monde est une patrie. Heureusement, il le demeure jusqu'à la vieillesse. Montmorency, Charlevoix, les rives du fleuve restent les lieux des calmes pensées, là où les idéologies et la science sont tenues à l'écart. Il n'est pas difficile d'avoir une patrie. Point n'est besoin d'effort pour s'en enchanter. Elle se tient en retrait de l'histoire. Quand les événements s'y répercutent, ils se perdent aussitôt, comme la rivière Montmorency dans le fleuve Saint-Laurent. Comment l'histoire s'infiltre-t-elle dans la patrie pour que naisse peu à peu le problème d'une autre référence ? Quand est-on contraint de se demander de quel pays on est redevable, et peut-être responsable ? Chacun pourrait le raconter à sa façon. D'ordinaire, cela ne se produit pas par la lecture des historiens, mais par quelque défaut de la patrie prochaine.

Ma paroisse n'était un monde clos qu'en apparence. N'ouvrait-elle pas, par le haut, vers la sphère mystérieuse du sacré ? La religion du Québec d'antan s'engrenait si bien aux rythmes des jours et des saisons qu'elle semblait enlisée dans l'ici-bas ; par ailleurs, elle invoquait une histoire si longue, les enjeux d'un destin si incertain, les imageries d'une transcendance si mystérieuse qu'elle laissait entrevoir l'envers d'un monde autrement plus restreint. La solennité des cérémonies, l'étrangeté des textes et des gestes introduisaient une différence qui peu à peu ébranlait l'accord avec le milieu immédiat.

En plein cœur de la vie empirique, une autre fissure se présentait. D'une certaine façon, l'usine faisait partie de ma paroisse au même titre que l'église. Mes parents, mes oncles y travaillaient ; ils en causaient de la même manière qu'en d'autres endroits les paysans parlaient de la terre et des labours. Pourtant, pas plus que la liturgie du dimanche, l'usine n'était la réplique de la paroisse. Du gérant aux chefs de services, les patrons étaient anglophones ; ils habitaient un plateau qui dominait le village, dans des maisons d'un style différent des nôtres ; ils fréquentaient une petite église protestante dont nous n'approchions jamais. Pas plus que nous n'aurions osé adresser la parole à leurs grandes filles blondes, aperçues de loin, interdites aux adolescents indigènes. Les contre-maîtres étaient de notre paroisse, il est vrai ; leur petit prestige leur venait plus de leur fonction d'interprètes que de leur compétence technique. Dans la localité, parler l'anglais était considéré comme le comble du savoir, presque l'accès à la métaphysique. Nos parents ne manquaient pas de nous le rappeler. Ouverture sur la transcendance qui s'ajoutait à l'autre malaisément et qui a fini par briser elle aussi l'harmonie première.

Enfin, il y avait des insurrections de la grande histoire. La crise économique ? J'étais trop petit pour en ressentir vraiment le défi. Le premier événement historique dont je me souviens le mieux, c'est la visite au Canada du roi George VI. À cette occa-sion, les enfants de mon école avaient été conviés à une fête à Québec ; j'ai agité des drapeaux dont je ne me rappelle plus les emblèmes. Les feux d'artifice terminés, j'ai dû chercher à démêler l'écheveau de la royauté sise en Angleterre, du gouverneur général et du lieutenant-gouverneur qui en tiennent ici autorité ; je me suis peut-être attardé au Sénat lui-même. Je ne me retrouve pas encore, à mon âge, dans cette subtilité de pouvoirs qui ne sont que symboliques et de pouvoirs qui n'ont pas de symboles.

J'ai fait un pas de plus, peu après, lors de la Seconde Guerre mondiale. Aux yeux d'un enfant, une guerre était un autre mythe, qui s'ajoutait au fait d'armes de Dollard des Ormeaux. La propa-gande canadienne m'incitait elle-même au rapprochement. Et puis, la France était menacée. Comme la plupart de leurs com-patriotes, mes parents, mes oncles, parlaient avec rancœur de la prétention des rares Français qu'ils avaient rencontrés ; mais ils aimaient la France dont ils ne savaient rien. Je me pris de tendresse pour ce qu'autour de moi on se reprenait à appeler le « vieux pays ». Vint la conscription. On tint des assemblées publiques ; j'assistai à l'une d'elles, avec mon père, dans la salle paroissiale.

Pour la première fois, je crois avoir vraiment saisi qu'il y avait une histoire différente de celle de mon village. Philippe Hamel, René Chaloult parlaient d'impérialisme, du droit des peuples à décider d'eux-mêmes. Je serais bien en peine de résumer leurs discours. Je sais seulement qu'une grande interrogation est montée en moi. Et si j'ai applaudi comme tout le monde, c'est moins à la dialectique des orateurs qu'à la découverte que je n'étais plus un enfant de paroisse, que j'étais le fils d'un pays hypothétique.

Je ne raconterai pas la suite. Je ne rédige pas mes mémoires. Je souhaite seulement que certains qui me lisent réveillent leurs propres souvenirs. Des souvenirs banals comme les miens. Afin que le problème qui va se trouver au centre de cet ouvrage, on le ressente dans son premier éveil, aussi neuf que le temps de nos enfances. Avant que ne paraisse l'inévitable défilé des concepts et des explications.

Mon bref récit n'était en effet qu'un apologue. Je voulais, au début de ce livre, ressaisir la jeunesse d'une question qui risque de se perdre trop vite dans la théorie, alors qu'elle l'inaugure. Jeunesse : on ne l'entendra pas seulement comme le moment de l'envahissement de l'histoire dans la conscience adolescente, mais comme la remise en cause, par le retour sur soi de la pensée, des visions accoutumées où se fige notre complicité avec la vie collective. Car ce passage de l'enfance à l'adolescence, cette transition de la patrie au pays, n'est pas sans analogie avec ce qui, dans le cours de l'histoire, est genèse de la nation. Par ces deux voies se profile la question complexe de la conscience historique.

D'autant plus qu'à peine entrevu, alors que nous parvenions à l'âge adulte, le pays est redevenu problématique. Au long des dernières décennies, la collectivité a traversé une mutation qui l'a fait entrer dans la modernité ; son identité en a été bouleversée. Nous tâtonnons encore à la recherche d'une nouvelle figure de nous-mêmes.

Au Québec, pendant au moins un siècle, la conscience historique a reposé sur une illusoire unanimité et sur beaucoup de malentendus. Ruminées longtemps en secret, les divergences sont remontées à la surface graduellement, pour éclater finalement au grand jour. La dernière guerre et l'ouverture qu'elle provoquait sur le monde, la décadence du régime Duplessis qui avait perpétué une longue pratique de la politique, les changements dans les mœurs et les attitudes ont fait resurgir des interrogations qu'un siècle avait laissées en latence. De nouvelles élites sont apparues, des projets et des plans se sont accumulés. La fièvre des idéologies s'est intensifiée au point de rendre problématiques à peu près tous les aspects de la vie sociale. La tradition des historiens québécois nous avait légué des thèmes plutôt convenus : origines religieuses, luttes constitutionnelles, combats pour la survie de la nationalité ; les historiens contemporains ont ébranlé ces vieux schémas.

Longtemps au foyer des consensus chez les francophones, la religion a rejoint la vie privée. Comment entretenir maintenant dans la société civile un climat éthique indispensable à la démocratie ? La laïcité n'est pas un contexte aseptisé ; si précieuses soient-elles, les déclarations des droits ne remplacent pas la qualité de l'existence commune. Pour sa part, la langue française demeure une référence incontestable ; armée de protections juridiques, s'impose-t-elle au monde du travail, à la communication scientifique ? N'est-elle pas un peu isolée dans son nouveau statut ? L'identité ne s'amincirait-elle pas indûment s'il fallait que la langue n'en soit plus que la seule marque discernable ? Enfin, n'en viendra-t-on pas bientôt à se demander si notre obsession de l'identité n'est pas un reste de quelque nostalgie romantique ?

Depuis les origines de la Confédération, nous avons vécu d'une espèce de double nationalité, canadienne et québécoise ; la dualité est devenue aiguë, au point de départager des citoyens entre ces allégeances. Au-delà des conflits constitutionnels, se creuse une blessure profonde. Depuis la Conquête, il n'y a pas seulement au Québec des Français et des Anglais, mais deux sociétés juxtaposées avec leurs institutions respectives, deux références collectives qui ne sont pas arrivées à se réconcilier. À quoi s'ajoutent les incertitudes de beaucoup d'immigrants qui ne savent trop quelle référence adopter et qui, dans l'embarras du choix, ou bien se replient sur leur référence d'origine ou bien observent d'un peu loin un déchirement qui n'est pas de leur responsabilité. Enfin, on entend fréquemment des autochtones déclarer qu'ils ne sont ni québécois ni canadiens.

Dans cette mouvance aux multiples facettes, quelle nouvelle référence est en gestation ? Je ne m'abandonnerai pas aux prophéties. Une chose est sûre : en rendant périmés ou précaires les repères acquis, pareille mutation de culture exige une remise en chantier de la mémoire historique. Lorsque s'effrite l'identité collective, ne faut-il pas se demander par quel processus elle s'était imposée autrefois, revenir à sa genèse, si l'on veut parvenir à une nouvelle conscience de soi ?

Communauté nationale et organisation politique

Comment délimiter cette genèse ? La réponse serait aisée si l'on appréhendait une société ainsi qu'on aborde un objet. Il est vrai qu'en toutes occasions nous en parlons comme d'une réalité qui tomberait sous la perception ; or nous savons bien qu'il n'en est rien. Nous pouvons observer un petit groupe, les individus qui le composent et les relations qu'ils entretiennent. D'une certaine manière, nous pouvons circonscrire une organisation, les réseaux de rôles et de statuts qui rassemblent les acteurs. Mais une société ?

On se tire parfois d'embarras en postulant une coïncidence entre territoire politique et groupement social ; de savants ouvrages reposent sur cet a priori. Il y a indubitablement un État canadien ; existe-t-il une société canadienne ? Par ailleurs, si d'aucuns professent que le Québec est une « société distincte », ce n'est certes pas pour désigner en priorité les frontières juridiques d'une province. Cet emboîtement d'une société québécoise dans une société canadienne, s'il ne perturbe pas trop le langage courant, s'égare dans une périlleuse acrobatie quand on tente de le traduire en concepts un peu rigoureux.

En Occident tout au moins et dans les temps modernes, une société, ne serait-ce pas un ensemble humain formant une communauté, une nation pour tout dire ? Nous voici devant une nouvelle difficulté.

Il est impossible de dresser une liste d'éléments présents dans toutes les nations et qui, appliquée à chacune, nous fournirait le portrait désiré. La langue ? La plupart des Irlandais parlent anglais ; ils ne s'identifient cependant pas avec les Britanniques. Les Acadiens, qui parlent pourtant français, refusent d'être confondus avec les Québécois, leurs voisins. Une langue ne rallie pas à une nation seulement parce qu'elle est parlée, mais en tant qu'elle est la signature d'une différence. L'État ? Des nations cohabitent dans un même État, alors qu'une nation est souvent partagée entre des États distincts. Cela vaut autant pour la religion ou tout autre trait culturel. On peut dépendre d'un État ou pratiquer une religion sans y voir quelque relation avec la commu-

nauté nationale dans laquelle on se reconnaît ; l'inverse se rencontre également. Bien plus, si *nation (natio, nasci, natus)* fait appel
à une origine commune, cela n'a rien d'une fatalité. Au long de
leur histoire, toutes les nations ont assimilé des gens de provenances variées ; un individu est libre de récuser son origine nationale et de se rattacher à une autre communauté dont il reprend à
son compte la filiation.

L'origine, la langue, l'État n'en sont pas moins des repères
d'identité. Si aucun pris isolément n'est indispensable, si l'un est
présent dans un cas et absent ailleurs, c'est qu'ils constituent des
symboles d'une communauté d'allégeance plutôt que des caractères inscrits inéluctablement dans la nature des choses. Il reste
que ces symboles sont liés à des pratiques et à des institutions, que
des représentations et des débats leur prêtent consistance. Un cran
de plus est franchi lorsque intervient le discours : des idéologies
disent la nation, en décrivent les traits, la distinguent d'autres
nations, dénoncent les périls qui la guettent. Le nationalisme en est
la forme la plus nette, susceptible d'ailleurs d'espèces multiples.
Des discours racontent l'histoire de la nation, en font voir le
développement dans le temps, la gratifient d'une mémoire collective. La symbolique nationale s'insinue jusque dans la
littérature.

Quand on essaie de baliser une approche de la nation, on se
heurte ainsi à des représentations collectives. Ce qui ne manque
pas de déconcerter. On préférerait se mesurer à un *objet* qui invite
d'emblée à une solide emprise de l'investigation : un groupe, une
organisation, une *infrastructure,* n'importe quoi qui puisse conjurer
les tentations idéalistes. Mais il faut s'y résoudre : nous sommes
incapables de cerner la nature d'une nation en écartant l'incessant
travail par lequel les hommes eux-mêmes interprètent son
existence. C'est que les symboles, le langage, ne survolent pas la
réalité sociale pour nous la cacher. Voyez les mouvements nationaux qui agitent la planète ; ils ne proviennent pas de *nations,* de
minorités, d'*ethnies* aux arêtes rigidement fixées d'avance ; visant à
modifier des structures, ces mouvements sont tout autant des
transactions de langage, des conflits d'exégèses.

Et puis, pour être forcés de partir des représentations, nous
ne sommes pas condamnés à nous y emprisonner. Les fluctuations
démographiques et économiques donnent corps à ce que les
représentations portent à la conscience. De la famille aux diverses

instances de décision, les organisations favorisent ou entravent la cohésion des groupes. Des institutions comme les parlements, des moyens de communication, permettent l'accès aux débats publics. Des facteurs culturels facilitent la participation ou condamnent à l'exclusion. Les représentations de la nation nous incitent à redescendre vers leurs processus de formation dans l'épaisseur des structures sociales.

Il n'est pas inutile, je crois, de me résumer. La nation ne rassemble pas les individus à la manière des groupes d'appartenance (par exemple, une famille) ou des organisations (par exemple, une entreprise). Sans être liés les uns aux autres par des relations concrètes, les individus se reconnaissent une identité commune à certains signes et symboles. L'identité peut en rester à l'*expérience vécue* ; on parlera alors de sentiment national. Mais elle peut donner lieu à la construction d'une *référence,* c'est-à-dire de discours identitaires : idéologies, mémoire historique, imaginaire littéraire... Écartons donc toute méprise : la nation n'englobe pas les phénomènes sociaux comme une boîte enclôt son contenu. Elle est un mode parmi d'autres de structuration de ces phénomènes. Sa spécificité lui vient du fait qu'elle se situe à l'échelle de la société globale.

Elle n'est pas la seule à détenir ce statut. Alors que la nation édifie la *référence* d'une société, l'organisation politique œuvre à son *intégration.* Des associations, des groupes de pression, des partis, des Églises prennent part à cette organisation ; l'État en est cependant le prototype dans les sociétés contemporaines. Max Weber l'a caractérisé par le monopole de la violence légitime ; on dira aussi bien que l'État canalise une partie de la violence répandue dans la vie sociale qu'il la draine à son profit pour la transformer en une intervention positive dans l'histoire. C'est en ce sens qu'il exerce la souveraineté, là où d'autres niveaux d'autorités n'en possèdent que des éléments.

Dans tous les cas prédominent la contrainte, la promulgation de règles et de normes, l'attribution de rôles et d'obligations. Les individus jouissent d'une relative liberté de choix ; multiples sont les avenues du devenir collectif ; il y a pluralité des valeurs : au sein de cette diversité, les appareils de l'organisation politique qualifient des situations, imposent des objectifs, au nom de la tradition, de la majorité, de l'opinion publique ou du despotisme. En définitive, l'organisation politique est axée sur la détermination des fins collectives, qu'elle officialise. Les États totalitaires vont si loin dans cette voie qu'ils prétendent dicter la finalité même de l'histoire.

De même que la nation se reconnaît au premier chef dans des représentations collectives, de même on cerne l'organisation politique d'une société en observant les lieux de mise en œuvre de la contrainte et de ses corollaires. Et, comme la nation, l'organisation politique reconduit à l'ensemble de la structure sociale. Les assises du pouvoir et leurs titulaires supposent des réseaux de clientèles et d'alliances où s'entremêlent intérêts économiques, culturels ou religieux. Ils dépendent des mécanismes de production des élites qui, à leur tour, font intervenir des facteurs plus diffus de prestige et d'autorité. Les valeurs prédominantes influent sur les critères de légitimation des pouvoirs, sur la consécration des normes effectuée par le droit. Pour comprendre l'organisation politique, on finit par examiner, mais d'un point de vue particulier, les dimensions démographiques de la collectivité, la division du travail, le degré de rationalisation des comportements et des stratégies, les conflits et leurs régulations, la présence des bureaucraties...

La contrainte du pouvoir ne saurait s'exercer par l'unique recours à la force ; il lui faut la légitimité. Les régimes totalitaires eux-mêmes doivent se plier à cette condition, ajouter à la terreur l'invocation de quelque valeur transcendante. Les démocraties se réclament de la légitimité de la Constitution ; mais celle-ci suppose à son tour un corps civique, un *peuple*. Ce support, le pouvoir démocratique ne le façonne pas à sa guise, par sa seule initiative ; il fait appel à des solidarités, à un esprit public. Sans cette qualité communautaire de la collectivité, le pouvoir serait arbitraire. Bien sûr, cette communauté n'est pas équivalente à la nation. L'État-nation n'est qu'un cas limite, qui d'ailleurs ne réalise jamais une parfaite coïncidence de ses deux composantes ; se rencontrent plus couramment des États pluralistes où des nations coexistent. Les arrangements sont susceptibles de bien des accommodements. L'assistance de l'État est requise selon la condition plus ou moins périlleuse de la nation ; les conflits sont nombreux et les négociations nécessaires. Comme tous les lieux de la vie communautaire, la nation ne peut survivre et se développer sans l'appui de l'État, mais aussi de réseaux de parenté, d'instruments de socialisation, d'associations vouées à la défense ou à l'émancipation.

Nation et organisation politique se rejoignent plus étroitement encore dans un type de pouvoir trop souvent méconnu : celui de définir. La nation est d'abord un complexe de symboles partagés spontanément ; dès lors qu'on s'élève vers une référence explicitée par les idéologies, l'historiographie et la littérature interviennent les spécialistes du discours, les détenteurs du pouvoir culturel. Tout en communiant à une même symbolique, les individus participent très inégalement à la nation en tant que référence construite ; de même, plus ils s'éloignent des lieux de décision, plus ils s'écartent du visage officiel que l'organisation politique confère à la société. Dans le cas de la nation comme dans celui de l'organisation politique, pour l'identité comme pour l'intégration, les groupes et les individus possèdent à des degrés fort variés le pouvoir de définir la société et, par conséquent, celui de peser efficacement sur l'histoire. Là est sans doute la source première des classes sociales.

Remarques

Où finit la genèse ? On ne s'attend pas à ce que j'indique une date approximative. La genèse est achevée lorsque la *référence* est complétée : quand, à partir du sentiment d'une identité commune, on est passé aux conditions de la vie politique, au discours national, à des projets collectifs, à une mémoire historique, à l'institution d'une littérature. En d'autres termes, quand une collectivité est parvenue à la conscience historique. Certes, la genèse ainsi entendue n'est pas une implacable fatalité qui influera ensuite sur le cours de l'histoire. Elle n'en est pas moins la forme première d'un destin que les sociétés doivent assumer même quand elles songent à s'en affranchir.

Tout cela inviterait à de longues considérations théoriques alors que, dans ce prologue, je me suis limité à des notations sommaires sur les perspectives de ma recherche. La théorie n'est pas un gaufrier dans lequel il suffirait de verser la matière de l'histoire pour en faire sortir l'interprétation adéquate. Elle permet de dresser un échafaudage afin que s'exerce l'analyse ; celle-ci effectuée, il n'est pas indispensable de laisser en place échelles et tréteaux. J'ai donc cru bon de reporter en appendice de ce livre de plus amples justifications.

Le lecteur aura compris que je ne lui offre pas ici une histoire du Québec. Il en est de nombreuses et d'excellentes ; je n'ai pas la compétence pour en écrire une meilleure. Depuis longtemps, je me suis mis à l'écoute des historiens. On constatera sans peine ma dette à leur égard. Mais je les ai lus avec le soin de garder ma liberté d'interprétation. Évidemment, d'autres points de vue que les miens sont possibles. Au vrai, ils sont infinis. Pas plus que la mémoire de l'individu, l'histoire n'enferme d'avance dans les préoccupations qui nous engagent à l'interroger.

PREMIÈRE PARTIE

LA FONDATION

Chapitre premier

UN RÊVE DE L'EUROPE

L'enfant est marqué par les rêves, les projets du milieu adulte dont il est issu ; il en va un peu de même des colonies. Elles dépendent du colonisateur, de son économie, de ses politiques, mais aussi de ses imageries. À l'aube des temps modernes, lorsque les puissances européennes s'implantent dans des contrées lointaines récemment découvertes sans être vraiment connues, elles subissent de profondes mutations. Les intérêts qu'elles mettent dans la colonisation ne sont que les aspects les plus visibles d'un imaginaire effervescent. Ainsi, les peuples nés de la colonisation sont des résidus d'une vision du monde. D'une certaine façon, leur origine ne leur appartient pas ; enfants de l'Europe, ils devront s'émanciper non seulement d'une tutelle politique, mais d'une référence qui n'a eu d'abord de sens que dans un autre contexte que le leur.

L'Europe en projet : du mythe à l'utopie

Pourquoi l'Europe ? Pourquoi le grand mouvement de découverte et d'exploration vient-il de là ? Certes, il faut invoquer des changements économiques, des innovations dans les techniques de navigation, d'autres facteurs. Mais l'impulsion première procède de la décomposition de la culture médiévale. Il est indispensable de se placer selon la longue durée pour évaluer les virtualités présentes au début des Temps modernes. En effet, la poussée de désintégration n'atteindra l'intime des collectivités que par à-coups. Encore au XVIIIᵉ siècle, et même au XIXᵉ, une portion considérable des populations de l'Europe, de la France en particulier, restera confinée dans des régions relativement fermées aux ébranlements venus des pouvoirs centraux et des cultures dominantes[1]*. À l'orée des Temps modernes débute le vaste entraînement qui mènera au triomphe de l'esprit et des pratiques du capitalisme, à la transformation d'une civilisation rurale millénaire, à l'industrialisation, à l'expansion de l'impérialisme, à l'avènement des médias de masse. Cette perpétuelle remise en chantier de l'Occident ne se comprend qu'à la lumière d'une rupture originaire.

Dès le Moyen Âge, une classe sociale introduit une fissure dans la vision du monde. Le bourgeois rythme sa vie et ses activités sur d'autres modèles que les coutumes ; ses pratiques et sa mentalité n'épousent pas la représentation de la temporalité maintenue par l'Église. Les impératifs du commerce, de l'administration urbaine, de la politique font entrevoir une conception du devenir jusqu'alors inconnue : le monde est à faire, le destin à maîtriser. Des relations sociales ne sont plus réglées par les normes héritées ; des techniques, comme la comptabilité, la lettre de change, les assurances commerciales modèlent autrement les comportements. Ces innovations composent un imaginaire social qui rivalise avec l'ancien[2].

Ce que nous appelons l'*économie* n'est pas une donnée. Ou plutôt, elle paraît l'être pour nous, aujourd'hui, alors que sa différenciation comme sphère particulière des sociétés s'est faite peu à peu. Depuis le XIIIᵉ siècle, parmi des pratiques qui se sont étendues jusqu'à nous, les plus importantes furent sans doute la dissociation du capital et du travail, la libre concurrence, le développement du crédit, la mouvance de la richesse. Tout cela, où on voit les traits du *capitalisme,* ne constitue pas seulement un *système* économique, mais un état d'esprit[3]. Et qui connaîtra d'autres vicissitudes. Plus tard, on isolera la *société civile,* confondue avec le monde de la propriété et de l'échange ; plus tard encore, on passera de la propriété à la production pour identifier le noyau dur de la société. Cette autonomie progressive de l'économie

---

* Les notes sont à la fin de l'ouvrage.

s'accompagne de la mise en place de représentations, de justifications, de stratégies.

En même temps que se poursuit cette différenciation d'une sphère de l'économie, celle de la politique se dégage. La chrétienté ancienne se défait sous la poussée de forces sociales qui ont engendré les États modernes. Là encore une mentalité nouvelle est à l'œuvre : la raison d'État, et une éthique qui en déduit ses propres lois. Parmi les hommes qui ont élucidé cette vision de la politique, tous n'ont pas lu Machiavel. Mais le principe qu'a parfaitement exprimé celui-ci, selon lequel les stratégies politiques ne dépendent pas de quelque transcendance extérieure et doivent trouver en elles-mêmes les critères de leur fonctionnement, plusieurs l'ont conçu pour leur part. Ainsi, à l'exemple de l'économie, la politique se mue en une réalité strictement empirique. Cet empirisme-là est, comme l'autre, le produit d'un imaginaire nouveau, même s'il oppose la *réalité* à la fantasmagorie des *croyances*.

Celles-ci en subissent les contrecoups. L'unité chrétienne éclate avec l'avènement des Réformes. Relativité des doctrines, et donc relativité de l'imaginaire : à l'avenir les représentations de la transcendance seront livrées à la discussion, à l'expérience intime, plus tard à une espèce de marché des religions. Les pouvoirs, celui des Églises ou celui des États, imposeront des allégeances. La science s'émancipe elle aussi de la culture médiévale. Ce n'est pas par l'accumulation subite de découvertes décisives ; au début, celles-ci sont peu nombreuses et ne suffisent pas à enclencher une nouvelle approche de la nature. La révolution qui se produit dans la conception de la connaissance est due à l'apparition d'attitudes étroitement parentes de celles qui sous-tendent les changements de l'économie, de la politique, de la religion[4].

En définitive, on observe une constante : la désintégration d'une culture. Ce n'est pas assez dire : la notion même de culture se modifie. L'ancienne culture n'était pas étroitement cohérente ; les hérésies religieuses n'y ont pas manqué. Mais les conflits qui la divisaient relevaient finalement de critères communs. La nouvelle culture n'ambitionne plus l'unité ; elle pousse à la séparation des sphères de l'existence sociale en même temps qu'à l'autonomie de l'individu. À l'encontre de la tradition, la culture se fait à l'image de la production. L'insistance sur la primauté de l'*expérience* est partout répandue : dans l'économie, la politique, la croyance, la connaissance. Le monde est désormais à construire.

Avec quel horizon ?

La vision du monde en gestation ne remplace pas d'un coup les mythes antérieurs. Au contraire, ceux-ci rendent possible l'assimilation du changement : d'une part, en atténuant son angoissante incertitude par le recours à des postulats que les croyances et les systèmes périmés offrent malgré tout aux esprits novateurs ; d'autre part, en investissant dans des audaces jusqu'alors impensables des motivations qui ne se nourriront que peu à peu d'autres inspirations.

D'où cette curieuse impression que nous éprouvons à la lecture des penseurs de l'époque. Ils disposent d'une énorme variété d'expériences que ce temps multiplie : économiques, techniques, politiques, religieuses, auxquelles s'ajoutent une neuve lecture des auteurs de l'Antiquité et la découverte de terres encore inconnues. Les idées sur le monde et sur l'homme en sont bouleversées. Pourtant, dans tous les domaines, les représentations du passé coexistent avec les innovations de toute espèce ; au point où parfois elles semblent les assumer au moment même où s'amorce leur déclin. Cela est particulièrement frappant pour la philosophie de la Renaissance, syncrétisme d'anciennes notions et de savoirs inédits.

Il en est de même des comportements économiques. Les historiens ont remarqué que les étapes du capitalisme, à partir du XIIIᵉ siècle et tard dans les siècles modernes, oscillent entre des bonds et des attitudes de repli. Très souvent, après que les entrepreneurs ont mis en œuvre des stratégies originales, eux ou leurs enfants reviennent à des investissements traditionnels, à l'achat de propriétés foncières ou de titres nobiliaires. Les représentations religieuses sont plus instructives encore. Je ne reviendrai pas sur le débat institué par Weber quant à la parenté du capitalisme et de l'esprit protestant. Je rappellerai seulement que la conception de l'économie comme sphère autonome s'est dépouillée avec peine des vieux schémas bibliques, ceux-ci ne cessant point de servir de cadre et de garantie. Dans son *Appel à la nation allemande*, Luther s'exclame : « Le plus grand malheur de la nation allemande est sans conteste le trafic de l'argent. [...] Le démon l'a inventé et le Pape, en lui donnant sa sanction, a fait au monde un mal incalculable. » Bucer affirme : « Après les faux prêtres, nulle classe (celle des marchands) n'est plus nuisible à la communauté. » Calvin ne pense pas autrement, même s'il admet des modalités du prêt à intérêt, concession plus qu'acquiescement à l'esprit du capitalisme[5].

L'État moderne rompt avec la chrétienté médiévale ; néanmoins, la symbolique traditionnelle ne disparaît pas. L'idéal du Saint Empire perdure ; la plupart des États emprunteront encore longtemps leur légitimité à la religion. L'idée de nation s'alimente du sentiment beaucoup plus ancien de la patrie. Voyez Machiavel. Après des chapitres où sont énoncés avec le plus froid pragmatisme les comportements prescrits à un État voué à l'exercice empiriste du pouvoir, *Le Prince* se termine par un chapitre d'un tout autre ton : un envol lyrique sur l'espérance de l'unification de l'Italie, une prophétie sur la nation à venir.

Les Réformes protestante et catholique éloignent le christianisme de la vision médiévale du monde ; malgré leurs divergences à tant d'autres égards, elles s'apparentent dans la chasse aux « superstitions ». Luther vilipende les croyances au purgatoire, aux vœux, aux jeûnes, aux dédicaces d'églises, aux reliques, à plusieurs choses encore. Calvin ne fait pas autrement. Le procès est mené contre l'Église catholique ; à sa manière, celle-ci n'est pas en reste[6]. La guerre à la superstition se poursuit au nom d'un empirisme purificateur de la croyance. Cependant, d'un même souffle, ce procès se veut retour aux origines : à l'Écriture, chez les réformateurs protestants ; à la Tradition, indissociable de l'Écriture, dans la Réforme catholique. La référence *mythique* n'est pas abandonnée, elle se modifie.

Et qu'arrive-t-il de la science ? Au XVIIe siècle, elle est consciente de son ambition. Descartes récuse « la philosophie spéculative qu'on enseigne dans les écoles » et souhaite une philosophie *pratique* qui, à l'exemple des techniques des artisans, ferait les hommes « comme maîtres et possesseurs de la nature ». À cette collusion du savoir et de la technique, dans une volonté d'étreindre le monde par la raison, le mythe ancien ne cède qu'en lui servant de support. Voyez Kepler, en qui on reconnaît le fondateur de l'astronomie moderne. Il est copernicien ; donc il adhère à la révolution mentale qui fait tourner la Terre autour du Soleil. Il ne s'inspire pas moins de la conception d'un univers harmonieux organisé par la pensée divine selon des lois mathématiques ; le Soleil est au centre du monde parce qu'il est le symbole de Dieu[7].

À propos de tous ces domaines où s'effectue la sortie de l'ancienne vision du monde, une constatation s'impose : la révolution mentale ne se produit pas par la succession de l'empirisme au mythe ; celui-ci sert d'intermédiaire. L'empirisme, le recours à l'expérience, conserve la saveur du mythe tout en prenant sa contrepartie. Le mythe se déplace du passé vers l'avenir ; il devient utopie.

En sa teneur essentielle, le mythe suggère une vision du monde. L'univers a un commencement que l'on peut raconter ; les aléas de l'existence, les défis de l'histoire ont un sens que le mythe permet de déchiffrer. Survient-il des événements déconcertants, on s'en défendra par des références traditionnelles, quitte à y ajouter des interprétations accommodantes. Des civilisations sont mortes pour avoir affronté l'inédit avec des mythes qui ne parvenaient pas à l'interpréter. Un défi pareil se pose à l'Occident au début des Temps modernes. Les références anciennes vacillent, vont peut-être bientôt se perdre tout à fait. Pourquoi l'Occident fera-t-il de cette crise un départ vers un nouvel avenir ? Sans doute parce qu'il est déjà habilité au changement. Le Moyen Âge a connu des transitions importantes, particulièrement dans les rapports entre les grands groupements sociaux. Chaque fois, des réaménagements idéologiques, œuvres des clercs, ont rétabli l'interprétation des mouvances sociales[8]. Faculté de réaction déjà acquise de l'imaginaire collectif, facilitant la transformation beaucoup plus radicale qui inaugure les Temps modernes ? En tout cas, la révolution de société et de culture a recours à un outillage déjà formé.

Certes, la pensée mythique suggère des images de l'avenir ; les millénarismes ne datent pas de la modernité. Mais, à l'époque où nous sommes, il s'agit d'autre chose : de la génération d'hypothèses sur le monde à faire. À l'encontre du mythe, et telle qu'elle se dessine alors, l'utopie se veut prospection des possibles, travail d'anticipation. Le mythe ne donne à vivre que s'il reporte à un passé en discontinuité avec la temporalité présente : un âge d'or qui n'a une valeur exemplaire que par cette discontinuité. L'anticipation de l'utopie suppose aussi l'accès à un autre palier du temps historique. Elle est de même essence que le mythe, mais elle en inverse la pointe. Elle devient un mythe pour voir, un imaginaire qui préside à l'expérimentation.

L'*Utopie* de Thomas More (1516) est l'exemple classique. Un plan d'avenir ? Sous couvert d'en minimiser les effets, l'auteur prévient qu'il n'a fabriqué qu'«une bagatelle littéraire échappée presque à mon insu de ma plume ». Il construit ensuite librement une cité où règnent les idéaux de la rationalité et l'organisation réglée, où les hiérarchies traditionnelles sont renversées au profit de nouveaux pouvoirs. Des marchands dirigent l'État, et non pas des nobles ; leurs aptitudes pour l'économie les autorisent à conduire les affaires publiques. La religion est présente, mais elle admet la pluralité des croyances. En bref, la transposition utopique de la civilisation naissante est parfaitement exprimée. La *Nouvelle Atlantide* de Francis Bacon esquisse une utopie du même genre. Mais nous sommes en 1622 ; le décalage est significatif. La science prend plus d'importance. La maison de Salomon est un centre scientifique où on produit de nouvelles espèces biologiques et toutes sortes de machines, notamment des avions et des sous-marins. Dans ce laboratoire, minutieuse est la division du travail entre collecteurs de matériaux, expérimentateurs, synthétiseurs ; une commission d'experts planifie la croissance du savoir.

Ces cités utopiques sont situées dans des îles. More prétend avoir eu un informateur dont l'« air et le maintien annoncent un patron de navire », et d'un caractère singulier : « Il a navigué, c'est vrai, mais cela n'a pas été comme Palinure. Il a navigué comme Ulysse, voire même comme Platon. » Découverte à la suite d'un naufrage, l'île de Bacon a été préservée d'un déluge. Dans le *Novum Organum*, programme de recherche scientifique, Bacon prophétise : « Ainsi Christophe Colomb, avant son merveilleux voyage à travers la mer Atlantique, a produit les raisons de sa confiance dans la découverte de terres nouvelles et d'autres continents inconnus avant lui. [...] Et ces raisons d'abord rejetées puis confirmées par l'expérience sont devenues les sources et les commencements des plus grandes choses. [...] Le même siècle verra s'agrandir le monde par la navigation et les sciences par leurs progrès. »

Transition du mythe à l'utopie, complicité de la pensée scientifique et de la découverte de contrées nouvelles : même projet, même expérimentation imaginaire en vue d'une société à venir.

Le mythe à l'épreuve de la découverte

Le « temps du monde fini », dont parlera Valéry, n'est pas encore commencé. Au contraire, on assiste à une extraordinaire extension de l'espace mental : vers le cosmos, dont Pascal s'effraie

de l'infinitude ; vers des contrées, où l'humanité s'étonne de sa
diversité. Exploré par les utopies, le possible est entrevu dans tous
les domaines, de l'économie à l'État, de la religion à la science. Le
mythe sert de médiateur pour qu'éclose un imaginaire d'une autre
sorte.

Allant à la rencontre des continents américains, les explorateurs disposent de représentations mythiques venues du Moyen
Âge et même de l'Antiquité. Ils cherchent la route du pays de
Cathay, des territoires dotés de richesses incommensurables,
habités par griffons, licornes, dragons et autres monstres. Certains
songent même à atteindre le paradis terrestre. Impressionné par la
fertilité du sol, Colomb pense être arrivé tout près du jardin
d'Éden. Lors de son premier voyage, se croyant proche du
royaume du grand Khan, il charge un matelot de lui porter une
lettre de sa part. L'existence des Amazones ne fait pas de doute
pour lui. Il a lu l'ouvrage de Pierre d'Ailly (rédigé probablement
au début du xvᵉ siècle) où les Hyperboréens sont doués de l'immortalité, où les Macrobes ont un corps de lion et des serres
d'aigle, où des anguilles mesurent trois cents pieds...

Dans ce recours à des imageries héritées, faisons la part des
choses.

Colomb sait voir, particulièrement les populations qu'il
rencontre ; pour le reste, il combine des aperceptions suggérées
par les mythes et ce qu'il entend raconter par les indigènes. Rien
là que de normal. Surtout quand elle s'avance dans l'inconnu le
plus troublant, la découverte n'est réalisable que par la grâce de la
vision du monde déjà acquise ; le remaniement ne se produira que
par à-coups, jusqu'à ce que le renversement laisse voir la nouveauté. Et puis, les représentations mythiques du Moyen Âge, en
ce qui concerne la partie inconnue du monde, constituent une
sorte de clôture. C'est manière de se défendre contre le mystère,
de rester entre soi dans un univers familier. L'imaginaire est garantie de sécurité. C'est pourquoi il déborde les doctrines aussi bien
que la rigueur du savoir. En bien des points les imageries de
l'époque contredisent, apparemment sans difficulté, les croyances
chrétiennes : tels ces Hyperboréens immortels qui, à force de
lassitude de vivre, achèvent leur existence par un suicide que
décrit sans broncher le cardinal d'Ailly dans son savant ouvrage.
Que ces mythes se retrouvent dans l'esprit de Colomb et d'autres
explorateurs, c'est certain. Mais chez eux la fonction de ces

mythes devient différente : ils sont instruments de découverte, ils sont réactivés par leur mise en application.

À la lecture d'ouvrages plus tardifs que ceux de Colomb se décèle encore la coexistence de références mythiques et de descriptions minutieusement empiriques. Alfonse, pilote de Roberval, est un navigateur expérimenté ; il peint avec précision. Pourtant, dans sa *Cosmographie* (1544), les descriptions voisinent avec des légendes. À ce point que certains de ses contemporains ne voient dans son œuvre que compilation de ouï-dire. Combler les vides, boucher les trous avec des légendes : peut-il faire autrement ? Difficulté de la critique dans le contexte de l'époque, louvoiements dans l'accès à l'empirisme.

Pour la Nouvelle-France, Cartier et Champlain illustrent une autre étape. Même si l'obsession d'une Chine censément toute proche reste présente, on est frappé par l'allure directe de leur style et leur souci du détail. Dans le prologue de son *Brief Récit et Succincte Narration*, Cartier laisse percer la polémique inhérente à toute reconnaissance de l'empirique ; à l'opinion des « philosophes » il oppose l'expérience des « simples mariniers ». Néanmoins, l'attention qu'il porte à la nature n'écarte pas tout à fait les a priori de la perception, tant il est vrai que l'on ne connaît que ce que l'on a d'abord reconnu[9]. Champlain est avant tout préoccupé d'inventaire et de description ; il ne s'abandonne pas volontiers aux mythologies. Mais voici que les Indiens lui ont parlé d'une île habitée par un animal monstrueux, le gougou : « Qu'il me faict croire ce qu'ils disent, c'est que tous les sauvages en general le craignent et en parlent si estrangement, que si je mettois tout ce qu'ils en disent, l'on le tiendrait pour fables ; mais je tiens que ce soit la residence de quelque diable qui les tourmente de la façon. »

Tout cela vaut pour l'approche des paysages et des populations indigènes. N'en peut-on dire autant des objectifs des acteurs ? Là-dessus aussi, l'Europe s'adonne à la projection de passions et d'intérêts fort divers. Les conquêtes des Nouveaux Mondes sont poursuivies selon des vues qui ont du mal à se concilier, non seulement dans les politiques et les stratégies, mais dans les images et les préconceptions.

La volonté de conquête tourmente les esprits. N'aurait-elle pas, elle aussi, des antécédents ? Les utopies qu'elle propose ne seraient-elles pas des transpositions d'un mythe plus ancien ? Le monde médiéval avait été obsédé par un grand rêve : la Croisade, conquête des Lieux saints, achèvement imaginaire de la chrétienté. « Il y a chez Colomb, écrit Dupront, une quête de Jérusalem, la Jérusalem des espoirs mythiques et physiques du Moyen Âge. Dans la conquête religieuse du Nouveau Monde, parfois jusqu'en ses brutalités, survivent, chez les laïques du moins, un esprit, des habitudes, des gestes de croisade ». Chez les fervents de la conquête missionnaire, Dupront discerne l'espérance d'une « conversion immense de tout un monde [...] dans la tradition médiévale de l'unité, fin du monde[10] ». Dupront songe surtout à l'Amérique latine. Pourquoi ne pas penser aussi aux commencements de la Nouvelle-France ? Je retrouve la même vision eschatologique dans ce texte du père Vimont (*Relations* des jésuites de 1640) : viendra un temps où le Fils de Dieu, reprenant son héritage, « commandera depuis la mer du Nord jusque à la mer du Sud, et *a flumine usque ad terminos orbis terrarum,* et depuis le grand fleuve de S. Laurens, qui est le premier de tous les fleuves, jusques aux derniers confins de la terre, et jusques aux dernières limites de l'Amerique, et jusques aux Isles du Japon, *et ultra,* et au delà... »

On cherche de l'or, des ressources pour une économie européenne qui se met en branle ; des États européens veulent accroître leur puissance. Simple calcul empirique ? Ce serait oublier que de l'économie, au sens où nous l'entendons aujourd'hui, on entrevoit alors malaisément l'autonomie et la régulation. La déconfiture de l'Espagne, inondée de trésors qui provoqueront la catastrophe de l'inflation, est instructive ; on maîtrise encore mal la manipulation du crédit, du capital, de la monnaie. Nous sommes loin de la conjugaison de l'innovation technique, du capital et des marchés de consommation qui viendra avec les années. Et puis, la soif de découvrir, d'explorer, de décrire, n'est pas exclusivement liée au dessein d'exploitation des territoires. Pour partir à l'aventure, on doit s'assurer l'appui des princes, réunir des ressources financières ; on n'identifie pas pour autant ses propres motifs avec ceux des bailleurs de fonds. Il n'est pas certain que les justifications que Colomb donne à ses promoteurs coïncident exactement avec ses intentions à lui. Champlain, on le parierait, est avant tout passionné d'exploration et de géographie ; il lui faut bien, comme un géographe d'aujourd'hui qui recourt à des subventions, se plier quelque peu aux idées des commanditaires.

L'économie, il est loisible d'en faire un moteur de la découverte et de la colonisation ; à la condition de n'y pas rapprocher trop vite des visées qui n'ont pas acquis leur étroite complicité. Y arriveront-elles jamais ? Les conquêtes des siècles suivants, en Afrique ou ailleurs, ne rassembleront-elles pas des gens aux motifs divergents, amateurs d'aventures, chercheurs de richesses, missionnaires, artisans d'empires, militaires en quête de batailles ? *Conquête* recouvre tout cela dans l'éparpillement des rêves et des projets d'une Europe alors dans la fièvre de son essor.

Coloniser

De la découverte s'ensuit la colonisation, prolongement de la production utopique, elle aussi.

Coloniser, cela consiste à soutirer des ressources des territoires conquis : des métaux précieux, des fourrures, des esclaves. Cela consiste à installer des colons, à fonder de nouveaux pays. L'une et l'autre visées sont souvent complémentaires, les colons répondant aux intérêts des marchands et des explorateurs. Selon les acteurs et les desseins, elles sont subordonnées l'une à l'autre ; elles peuvent même se contredire, la balance variant selon le poids des forces en présence. Au surplus, la colonisation ne peut manquer de transformer les sociétés et les cultures où elle s'implante.

Transformer ? Cela veut parfois dire détruire. Les Espagnols s'en prennent aux civilisations qu'ils rencontrent sur leur route, au point d'effacer une grande partie des monuments susceptibles de témoigner de leur mémoire. Transformer, cela veut dire, en des entreprises apparemment plus bénignes, plier aux besoins de l'exploitation, laissant subsister des coutumes et des croyances sans intérêt. Cela veut dire encore, par un apparent souci de *l'autre,* tenter de lui inculquer la culture du colonisateur comme un bienfait de civilisation. Le colonisateur va jusqu'à emprunter aux sociétés et aux cultures qui l'étonnent des normes pour sa propre remise en question. J'aurai à revenir sur ces dérives de la colonisation. Pour l'heure, j'insisterai sur un préalable trop souvent négligé : ce serait commettre une grave erreur de perspective que de limiter l'usage du mot « colonisation » aux contrées découvertes par les Européens. En même temps que l'Europe remanie des civilisations qui lui sont étrangères, elle tourne un semblable travail vers elle-même. À une colonisation extérieure correspond une colonisation intérieure.

Je ne prétends pas qu'elles soient équivalentes ; j'affirme qu'elles relèvent d'une même logique. En effet, au moment où l'Europe devient une civilisation en projet, peut-on scinder ce qui se passe chez elle de ce qu'elle entreprend dans les contrées nouvellement explorées ? Certes, les territoires conquis sont assujettis à l'Europe ; je ne minimiserai pas cette dépendance. Ce qui n'empêche pas de reconnaître un phénomène d'ensemble qui s'étend aussi bien à l'Europe qu'à ses colonies.

La colonisation conduit à exploiter des ressources, à imposer des pouvoirs, à remodeler des structures sociales, à briser des coutumes. Cela vaut aussi bien pour la civilisation européenne que pour les civilisations colonisées. L'Angleterre représente un exemple extrême. À cette époque, la société rurale anglaise est profondément transformée. On passe du système seigneurial à la propriété privée ; les grands propriétaires accaparent des terres communales. Des paysans deviennent salariés à la campagne ou à la ville. Un vaste mouvement d'émigration en découle ; 80 000 personnes s'exilent aux Antilles entre 1620 et 1642. La Révolution anglaise entraîne l'immixtion de la bourgeoisie dans les rouages de l'État. Les corporations se défont. Un prolétariat se développe.

La désintégration de structures sociales, de manières de vivre et de coutumes sous le coup d'impulsions venues de l'économie et des jeux de pouvoir, n'est qu'une première face de la colonisation intérieure. Il en est une autre : les atteintes à la culture, avec pour objectif la conformation des populations européennes à des modèles de conduites imaginés par les élites. Au spéculateur et à l'entrepreneur correspondent le missionnaire et le pédagogue. Les historiens ont décrit ces entreprises systématiques menées aux débuts des Temps modernes contre les cultures populaires, au nom des Réformes protestante et catholique, sous prétexte de combattre les superstitions. Ces tentatives seront reprises dans les siècles suivants par des promoteurs différents, mais avec des intentions semblables : la francisation forcée des provinces de France, commencée avec la Révolution et continuée par les pouvoirs publics et leurs délégués ; la destruction des métiers et les techniques de *rationalisation* du travail ; l'industrialisation de la culture par les médias. Toutes ces étapes et bien d'autres ont scandé l'évolution des cultures occidentales au nom de l'idéologie du progrès ou du développement ; y ont été marginalisées des cultures qui tenaient leur cohésion de genres de vie mûris par des traditions.

Rendons-nous à l'évidence : la colonisation n'est pas un élément parmi d'autres du projet européen. Elle en constitue peut-être la composante de fond. Une civilisation se construit un futur imaginaire ; elle s'en prévaudra désormais dans les divers domaines d'une édification d'elle-même dont les achèvements seront indéfiniment différés. Les pouvoirs qui présideront à ces changements ne seront pas toujours complices ; ils entretiendront même des conflits persistants. L'entrepreneur poursuivra d'autres objectifs que le missionnaire ou l'intellectuel ; les intérêts de la politique ne coïncideront pas fatalement avec les intérêts du financier. Les démarches des uns et des autres s'accorderont sur un point : altérer des structures sociales, remodeler des cultures en vue d'un avenir hypothétique.

Cela ne va pas sans quelque mauvaise conscience. La nostalgie accompagne la destruction des cultures. En même temps qu'on débusque dans le peuple l'ignorance, la grossièreté, la superstition, au nom d'institutions plus éclairées, on regrette la perte du *naturel* et de la *simplicité*. Car cette entreprise de transformation, commencée au temps de la Renaissance et continuée jusqu'à nous, abandonne derrière elle un résidu : de larges morceaux de culture qu'une évolution prétendument rectiligne, qu'un long travail de contrainte et de pédagogie ne sont jamais arrivés à dissoudre. D'aucuns ont pensé que ce résidu était la persistance d'une culture plus authentique ; on y a prélevé les matériaux d'une utopie à l'envers, l'idéal d'une société occidentale qui en reviendrait à la transparence de l'origine. Le culte des coutumes populaires, que l'Europe a conservé du XVIIIᵉ siècle jusqu'à aujourd'hui, témoigne de cette curieuse variété des idéologies du progrès, en même temps qu'il montre, une fois de plus, par quelle alchimie le mythe inspire l'utopie, qui pourtant le contredit.

Le Sauvage : pédagogie et mauvaise conscience

Dans l'Ancien Régime, évangéliser les paysans de France, c'est même chose que de convertir les Indiens d'Amérique[11]. La comparaison se poursuivra par après : « Vous n'avez pas besoin d'aller en Amérique pour voir des Sauvages, songeait un Parisien en traversant la campagne bourguignonne vers 1840 ; les Peaux-

Rouges de Fenimore Cooper sont ici » (Balzac, *Les Paysans*, 1844). De fait, de nombreux témoignages suggèrent qu'une grande partie de la France du XIXe siècle était habitée par des « Sauvages » ; Louis Chevalier nous a appris qu'on désignait par ce terme les pauvres des villes[12]. Le « Sauvage », particulièrement celui de l'Amérique du Nord, suscite en France, dans le langage courant comme dans la littérature, une comparaison qui confirme l'insistance que je viens de mettre sur la parenté de la colonisation intérieure et de la colonisation extérieure.

Découvertes et colonisations mettent l'Europe en présence d'autres cultures ; elles la forcent à s'interroger sur des étrangers mystérieux ; elles déclenchent aussi, c'est inévitable, un retour sur soi de la civilisation européenne. Ce renvoi à soi-même, à partir de l'autre, n'est pas tout à fait inédit. De nombreuses civilisations y ont été contraintes au cours de l'histoire ; elles ont rejeté ou assimilé des éléments venus d'ailleurs, la plupart du temps pour en retirer un sentiment de supériorité. Cette fois, c'est avec d'autres conséquences.

Les grandes découvertes surviennent au moment où l'Europe bouleverse ses propres structures et où, par conséquent, elle se place en état d'examen ; il lui faut justifier le procès des institutions qu'elle veut modifier ou liquider, les projections qu'elle profile sur son avenir. Plus encore, ces chambardements incitent à remonter au-delà des objectifs de changements, à l'origine des institutions, à la légitimité même des liens sociaux. La bourgeoisie ascendante ne relève pas des critères traditionnels du pouvoir ; elle n'en trouvera pas de nouveaux sans sonder les fondements de tous les pouvoirs. L'État moderne laisse à découvert les raisons d'être du contrat social. Les Réformes religieuses refluent vers la subjectivité, vers l'expérience vécue de la croyance. L'idéologie mécaniste appliquée à la nature se répercute sur la conception de la vie sociale. De toutes parts, on est convié à bien plus que la conception d'un autre projet de société : on est convié à réexaminer la nature de la société en tant que projet.

De sorte que la rencontre avec les gens du Nouveau Monde ne se borne pas à la contrainte. Elle alimente le rêve que l'Europe entretient quant à elle-même, quant à son imaginaire en formation[13].

Sur ces étrangers que l'on vient de découvrir, la supériorité de la civilisation européenne est tenue pour certaine, comme elle l'est envers ces barbares de l'intérieur, ce *peuple* que l'Occident porte en soi et qu'il va coloniser progressivement au nom des Lumières. On détruit la culture des « Sauvages », on exploite leurs ressources ; cependant, ils ne sont pas foncièrement différents des colonisateurs, ils appartiennent à la commune condition humaine. Comment les attirer dans le progrès de la civilisation occidentale ? Les meilleurs esprits, condamnant les pillards en quête de richesses, s'en préoccupent. Ils envisagent les indigènes selon une conception du développement culturel qui connaîtra dans la suite des siècles d'autres raffinements, et qui ne cesse point de hanter nos contemporains.

Deux principes sont posés. D'une part, ces « Sauvages » connaissent un degré de civilisation inférieur à celui de l'Occident. D'autre part, au-dessous de cette culture à dénoncer, on découvre une « bonne nature », encore en friche comme celle des enfants, et sur laquelle on doit tabler pour développer une pédagogie qui conduira peu à peu vers le niveau de la civilisation européenne.

La dénégation de la culture des Indiens prend divers prétextes : la pauvreté de leurs techniques, leurs façons de se vêtir ou de se nourrir, leurs mœurs sexuelles, leurs croyances. Le chapitre qui termine la *Relation* des jésuites de 1634 s'intitule éloquemment « Du règne de Satan en ces contrées et des diverses superstitions qui s'y trouvent établies comme premiers principes et lois fondamentales de l'Estat et conservation de ces peuples ». Pour sa part, dans la préface de son *Histoire du Canada,* le récollet Sagard se propose de brosser « comme un tableau en relief et en riche taille douce de la misère de la nature humaine, viciée en son origine, privée de la culture de la foi, destituée des bonnes mœurs, en proye à la plus funeste barbarie que l'esloignement de la lumière céleste peut grotesquement concevoir ».

Néanmoins, ce n'est là, pense-t-on, qu'un revêtement qui couvre des gens simples au fond et qui ne sont pas réfractaires à une pédagogie convenablement menée. L'idée ne se fait pas jour sans polémiques. L'exemple des luttes de Las Casas en Amérique du Sud est célèbre. Las Casas s'insurge contre les conquérants : « Les Espagnols, écrit-il parmi d'autres pages vengeresses, oubliant qu'ils étaient hommes, ont traité ces innocentes créatures avec une cruauté digne des loups, des tigres et des lions affamés ». Las Casas en appelle à la communauté humaine en dépit des différences de civilisation. Son argumentation repose sur un principe qui suppose à la fois évolution et pédagogie : « Nous tous devons être guidés et aidés d'abord par ceux qui sont nés avant nous. Les peuples sauvages de la terre peuvent être comparés au sol non cultivé, qui produit des mauvaises herbes et des épines inutiles, mais qui porte en soi assez de vertu naturelle pour que le travail et la culture lui fassent produire des fruits sains et bénéfiques ». La même opinion revient souvent dans les *Relations* des jésuites de la Nouvelle-France. Ainsi, sous la plume du père Le Jeune, dans la *Relation* de 1640 : « Ceux qui passent ici de notre France ont des pensées extrêmement basses de nos sauvages, ils les croient massifs et pesants ; et sitôt qu'ils les ont pratiqués, ils confessent que la seule éducation, et non l'esprit, manque à ces peuples. »

Montaigne est confortablement établi dans son terroir ; il ne lui viendrait jamais à l'esprit de quitter son pensoir pour aller sur place, comme Las Casas ou Le Jeune, vivre avec les « Sauvages ». Des Amériques, il n'a vu que quelques Indiens du Brésil amenés en France. « Nostre monde vient d'en trouver un autre (et qui nous respond si c'est le dernier de ses freres, puis que les Daemons, les Sybilles et nous, avons ignoré cettuy-cy jusqu'asture ?) non moins grand, plain et membru que luy, toutesfois si nouveau et si enfant qu'on luy aprend encore son a, b, c ; il n'y a pas cinquante ans qu'il ne sçavoit ny lettres, ny pois, ny mesure, ny vestements, ny bleds, ny vignes. Il estoit encore tout nud au giron, et ne vivoit que des moyens de sa mere nourrice. » On retrouve l'idée d'une pédagogie appliquée par une civilisation supérieure à une autre. Poursuivons la lecture : « Si nous concluons bien de nostre fin, et ce poëte de la jeunesse de son siecle, cet autre monde ne faira qu'entrer en lumiere quand le nostre en sortira. L'univers tombera en paralisie ; l'un membre sera perclus, l'autre en vigueur. » À partir d'une civilisation assurée de sa supériorité, la pédagogie vient d'induire une autre perspective : peuples enfants que ces « Sauvages », mais doués d'une force de nature qui en fera peut-être nos successeurs. L'évolution, le développement de la culture ne concerneraient donc pas que le passé, ils ne mèneraient pas uniquement à nos propres accomplissements ? On soupçonne déjà chez Montaigne que l'idée de pédagogie emprunte une autre direction qui finira par se retourner contre elle.

D'abord pointe une visée apologétique. En Europe, la polémique antireligieuse commence à utiliser un argument qui aura un grand avenir : l'idée de Dieu n'est peut-être pas présente dans toutes les civilisations. À l'opposé, il est urgent de montrer qu'il y a partout une « religion naturelle », que la croyance à un Dieu ou à des dieux est innée, même si elle prend des formes diverses. Les peuplades nouvellement découvertes fournissent une observation de poids : malgré des mœurs étranges, et condamnables à tant d'égards, les Indiens entretiennent des représentations des dieux et de la survie. Au début de son grand ouvrage sur les *Mœurs des sauvages américains comparées aux mœurs des premiers temps* (1724), Lafitau s'inquiète que les descriptions qu'on a faites des Indiens, dues parfois à des missionnaires, les dépeignent comme des gens sans religion. Il y a eu une « religion primitive » qui s'est corrompue au cours des temps ; celle des Sauvages témoigne « des principes d'une morale étroite, qui demandent une vertu austère ennemie du désordre, et qui supposent une Religion sainte dans son origine ».

Sur cette pente, pourquoi s'arrêter ? Cette religion originaire, dépouillée de la corruption, ne serait-elle pas la plus authentique ? Le christianisme n'en aurait-il pas tari la source par de vaines ornementations, des dogmes compliqués, des institutions inutiles et oppressives ? Lahontan le pense, et d'autres comme lui. Dans ses *Dialogues avec un sauvage,* il fait dire à celui-ci : « L'éloignement du vice, l'humanité envers les semblables, le repos de l'esprit causé par un sincère et généreux désintéressement sont trois points que le Grand Esprit exige de tous les hommes. » Voilà donc la religion ramenée à sa simplicité primitive ; la croyance de l'Indien n'est plus le reste d'un germe lointain que le christianisme est censé avoir parachevé.

Ainsi, au-delà des querelles religieuses, au-delà des spéculations sur la « révélation primitive » et la « religion naturelle », émerge l'hypothèse d'une « nature primitive » dénuée des artifices de la civilisation. Elle reparaît périodiquement dans les *Relations* des jésuites. Par exemple chez Le Jeune (1636) : « Parmy eux les exactions, les tromperies, les vols, les rapts, les assassinats, les perfidies, les inimitiez, les malices nourries, ne se voyent ici qu'une fois l'an sur les papiers et sur les gazettes de quelques-uns. » De quoi on rapprochera le propos plus tardif du père Chauchetière (1694) : « Nous voyons dans les sauvages les beaux restes de la nature humaine qui sont entièrement corrompus dans les peuples policés. » Le père Charlevoix, l'historien jésuite de la Nouvelle-

France, résume l'essentiel dans son *Journal historique* (publié en 1744), dont je ne citerai qu'un passage particulièrement significatif : « On remarque en eux une société exempte de presque tous les défauts qui altèrent si souvent la douceur de la nôtre. [...] Comme ils ne sont point esclaves de l'ambition et de l'intérêt et qu'il n'y a guère que ces deux passions qui, ayant affaibli dans nous ce sentiment d'humanité que l'auteur de la nature avait gravé dans nos cœurs, l'inégalité des conditions ne leur est pas nécessaire pour le maintien de la société. [...] Dans ce pays tous les hommes se croyent également hommes, et dans l'Homme, ce qu'ils estiment le plus, c'est l'Homme. »

Des adversaires des jésuites adoptent des vues semblables. En vérité, un incroyant comme Lahontan s'éloigne plus encore du « Sauvage » réel pour en faire un critique imaginaire des institutions européennes. La religion, le droit, l'État monarchique sont soumis à un impitoyable procès par le Sauvage des *Dialogues,* au nom d'une « nature » première qui devrait commander en Europe comme elle règne chez lui : « Cette aimable observation du Droit naturel est le seul et unique bien de notre société, c'est elle qui nous tient lieu de Lois, d'usages et de coutumes. Nous consultons uniquement la Lumière Naturelle, et nous y ajoutons nos sentiments et nos volontés. » Les philosophes, les idéologues de la Révolution française prendront la suite dans les rêves et les projets d'une radicale transformation de la société. Phantasme plutôt qu'être réel, l'Indien américain aura servi de prétexte. Il n'est sans doute pas de façon plus subtile de coloniser, de ramener l'autre à soi-même, que de l'asservir aux imageries que l'Europe façonne pour son propre destin.

La Nouvelle-France en projet : une utopie

Je me suis attardé aux spéculations sur le « Bon Sauvage » parce qu'elles représentent, dans un microcosme, le rêve de l'Europe. Les utopies y trouvent un paradigme, lequel persistera dans les débats européens bien après la mort de la Nouvelle-France. Celle-ci, ou plutôt les écrits qu'elle fait naître, sert de matériau. En principe, n'importe quel autre terrain de découverte ou de colonisation pourrait en fournir de semblables. Ni la Nouvelle-France ni les Indiens ne sont réellement présents dans ces spéculations où l'Europe retravaille un imaginaire dont ils sont les prétextes.

Rejeton du rêve de l'Europe, la Nouvelle-France se mettra à rêver à son tour. Mais cet imaginaire ne se détachera jamais complètement de celui qui lui a donné naissance. Le souvenir de la famille d'origine ne s'effacera pas ; la comparaison, l'imitation servile ou le rejet feront partie de cette référence que la nouvelle société aura peine à construire. D'autant plus que, pour ce qui est de la filiation des nations, et contrairement à la famille, le géniteur ne disparaît pas toujours pour faire place à la génération qui le suit. Montaigne prédisait que « cet autre monde ne fera qu'entrer en lumière quand le nostre en sortira ». La prophétie ne s'est pas réalisée ; le nouveau monde n'a pas succédé à l'ancien. Il est plutôt resté longtemps en tutelle. Au fait, dans bien des cas, la tutelle ne dure-t-elle pas encore ?

Comment la Nouvelle-France a-t-elle été un effet du rêve européen ? On répondrait à cette question de la manière la plus banale en se précipitant au plus tôt vers une reconstitution de la société coloniale. On escamoterait ce qui fait justement problème : la mise en pratique de l'imaginaire. La médiation du mythe, sa transposition en utopies qui a joué dans la mutation de l'Europe, ne doit-on pas en toute logique en chercher l'analogue dans les premiers développements de la Nouvelle-France ? Là aussi, on observe de tâtonnantes mises à l'épreuve des aperceptions et des desseins, non pas seulement cette fois pour ce qui est des lieux et de leurs habitants, mais quant à la société nouvelle à créer.

Les explorateurs cherchent des métaux précieux, des mines, le passage vers l'Asie. L'implantation dans un espace encore à peu près inconnu donne lieu à des expectatives dont on ne prévoit pas les conséquences lointaines. Ainsi Champlain explore la côte atlantique à la recherche d'un endroit où se fixer ; il hésite, revient en arrière, pour élire finalement Québec. Les conséquences militaires, économiques, politiques de ce choix seront décisives pour la configuration de la société à venir.

On veut installer des colons, fonder une société nouvelle. Ce qui entre en concurrence avec les intérêts des marchands à qui suffiraient des comptoirs de traite. Deux entreprises, en conflit aigu au départ, et qui ne se concilieront jamais vraiment par la suite. Ce commencement deviendra une donnée de structure.

Évangéliser, c'est aussi une ambition première. On fait des plans pour détourner les Indiens de la vie nomade, pour leur apprendre à vivre en agglomérations stables, pour leur inculquer des modes de vie à l'européenne et, par cette pression sur les mœurs, pour les persuader d'adhérer aux pratiques et aux croyances chrétiennes. Tentatives parentes de celles de la colonisation, mais contraires à celles des marchands pour qui les indigènes sont des intermédiaires utiles à condition de demeurer disséminés dans l'immense espace de la traite des fourrures.

Enfin, les États colonisateurs sont en concurrence entre eux ; leurs conflits se répercuteront sur l'avenir de la société coloniale, celle-ci leur servant d'enjeu.

Ce foisonnement de projets et d'utopies, je le replacerai, dans un premier temps, plutôt en regard de l'imaginaire européen que de la société qui en proviendra. Il y a là plus qu'une question de périodisation dont les historiens sont familiers ; il s'agit d'une coupure qui marque un tournant radical de l'interprétation.

Certes, cette coupure, il est difficile de la désigner selon une stricte chronologie. Au départ, les colonisateurs transplantent des schémas d'idéaux, de comportements, d'institutions en fonction de leurs habitudes et de leur vision des choses. Cette transposition n'est pas une étape à laquelle s'ajouteront simplement des phases ultérieures. D'une part, elle subira l'épreuve des conditions d'application ; apparaîtront d'autres aménagements que ceux qu'on avait entrevus, tellement que bientôt on ne reconnaîtra plus les plans initiaux. D'autre part, et cela est moins aisé à mettre au clair, les projets du début subsisteront d'une certaine manière : les options premières influeront sur les compromis, au point que la mémoire collective y verra l'embryon d'une croissance dont on n'aurait qu'à raconter ensuite les empêchements et les réalisations.

Comment appliquer l'une sur l'autre ces deux tendances ? Ne serait-ce point en reconstituant une double cohérence ? Celle des tentatives d'insertion dans la société naissante d'un imaginaire qui doit ses principales inspirations au colonisateur ; celle de cette société elle-même qui, par les déterminations de sa propre existence, deviendra un produit original.

Notre route s'en trouve indiquée. Il nous faut d'abord, dans la foulée du rêve européen, nous attacher aux essais et erreurs des utopies fondatrices de la Nouvelle-France, à leur évanouissement tout autant qu'à leur persistante mémoire. Parmi tous les projets disparates, l'un nous retiendra avant tout par sa ferme teneur aussi bien que par le pouvoir des acteurs qui en ont poursuivi la traduction dans un plan d'ensemble de la société à créer : l'utopie religieuse. Les autres projets n'ont pas connu, en ce temps des origines, une élaboration et un ascendant comparables. Du reste, m'écartant en cela d'une certaine vision traditionnelle, je ne fais pas de l'utopie religieuse le premier chaînon ou le germe de l'histoire qui suivra ; ce qui n'empêche pas que son échec ait une signification considérable, et qu'il faudra préciser.

L'intense fermentation de la Réforme catholique est le foyer générateur de l'utopie religieuse. Une double aspiration anime ce mouvement.

Par delà une religion administrée à l'égal des pouvoirs d'État auxquels elle est quasi inféodée, des hommes et des femmes de toutes conditions se veulent en relation plus directe avec Dieu. La précarité de la créature, son désir du salut, la tendre présence du Christ : telles sont les incitations qui mènent aux itinéraires les plus divers. Elles ne sont pas tout à fait nouvelles, même si elles prennent alors une saveur et une acuité inédites ; on les discerne dans les courants de la *devotio moderna,* aux derniers siècles du Moyen Âge. Ce recours à l'expérience personnelle de la foi correspond, malgré des conflits parfois violents, à une recherche semblable du côté des réformes protestantes. L'affirmation d'une transcendance par rapport à de pesantes accoutumances, le dévouement de soi-même à l'écart des structures officielles entraînent une extraordinaire floraison mystique. Les « révélations » personnelles foisonnent ; d'innombrables individus vivent à leur façon la « nuit de feu » de Pascal, dont le souvenir nous est familier. Certains, partisans du jansénisme ou du quiétisme notamment, en seront conduits hors des frontières de l'orthodoxie.

La quête du « Dieu sensible au cœur » n'est pas nécessairement un refuge dans l'intimité. Elle attise un esprit de conquête. Les missions intérieures connaissent un grand essor ; les prédicateurs sont des mystiques, y compris Vincent de Paul qui les domine tous au point de laisser les autres un peu dans l'ombre. Les missions extérieures relèvent de semblables motifs ; elles ont fréquemment les mêmes artisans, presque toujours réunis dans des cercles fraternels. La fondation de nouvelles sociétés sacerdotales et les initiatives pour la formation du clergé sont animées par l'intention missionnaire. Les jésuites sont présents dans beaucoup de ces entreprises, à titre d'éducateurs dans les collèges ou de directeurs de conscience. Des laïcs y sont actifs : des nobles et des bourgeois de haute condition et proches de la Cour, mais aussi des gens du peuple[14].

Certes, dans toutes ces entreprises, l'apostolat religieux est premier ; il vise autant la rechristianisation que la lutte contre l'hérésie. Il y a plus : sont en cause l'édification d'une organisation sociale différente, l'utopie d'une autre société.

La célèbre Compagnie du Saint-Sacrement est, à cet égard, particulièrement révélatrice. Elle ne rassemble pas toutes les tentatives de l'époque ; elle est cependant exemplaire par l'ampleur de son action et par ses ramifications dans le corps social. Le duc de Ventadour en a l'idée, dans une illumination qui lui semble venue de Dieu. C'est un personnage considérable : pair de France, prince de Maubuisson, comte de la Vohlte, seigneur du Cheylard, Vanneu et autres lieux, il sera en outre vice-roi de la Nouvelle-France. Il rassemble des collaborateurs, et bientôt se multiplient les cellules de la Compagnie. On se donne comme objectif de combattre l'hérésie afin que le « règne du Christ » se manifeste sans conteste. On organise l'assistance : fondation d'hôpitaux, aide aux orphelins, soutien aux galériens pour améliorer leurs effroyables conditions de vie et pour que soient respectés les délais de leur libération, visites aux prisonniers, associations d'artisans, etc. Aux réunions des cellules, nulle préséance de classe n'est admise.

La Compagnie est une sorte de société secrète. Ce qu'il faut entendre avec des nuances. Le secret est relatif puisque l'existence de la Compagnie est connue de Louis XIII, de Richelieu, de la régente Anne d'Autriche. Elle ne détient pourtant pas de lettres patentes ; Mazarin pourra donc la supprimer. Pourquoi ce refus d'un statut officiel ? D'après les *Annales* de la Compagnie, « la fin de ce secret est de donner moyen d'entreprendre les œuvres fortes avec plus de prudence, de désappropriation du succès et moins de contradictions. Car l'expérience a fait connaître que l'éclat est la ruine des œuvres et la propriété, la destruction du mérite et du progrès en vertu ». Ces motifs concordent avec ce que nous savons des courants spirituels de l'époque. Une autre raison s'y ajoute : « C'était des puissances séculières que la Compagnie se défiait, notamment des Parlements[15] ». Certains évêques sont au courant, font même partie de la Compagnie ; d'autres sont écartés, parmi ceux qui tiennent de trop près du pouvoir politique ou qui ne se préoccupent guère de leur responsabilité pastorale.

Cette méfiance envers les puissances officielles est à souligner. À un moment où l'État absolu connaîtra une rapide croissance, où le renouveau pastoral se heurte à la pesanteur de l'institution, se profile l'idée d'une réconciliation entre les deux tendances que j'ai dites : un appel à la transcendance de la conscience dans sa relation avec Dieu, la construction d'une cité utopique. À la limite, on anticipe l'instauration d'une société religieuse à l'écart de l'autre société. Entreprise tâtonnante puisque, dans sa volonté d'autonomie, elle doit néanmoins s'appuyer sur des hiérarchies établies, tantôt sur la royauté et la noblesse, tantôt sur Rome qu'elle fait jouer contre le gallicanisme. Dans ces tâtonnements, où se trouve le foyer imaginaire, cette transmutation du mythe en utopie dont nous avons vu d'autres exemples ? Dans le souvenir de « l'Église primitive », dont l'évocation est fréquente dans les textes de l'époque, comme elle se répète chez les missionnaires de la Nouvelle-France. Pauvreté, mission, communauté : l'histoire est censée recommencer, ainsi qu'y invitent toutes les utopies.

Si on veut comprendre la première phase de la Nouvelle-France, on y verra une projection, une tentative de concrétisation de cette utopie. Avec cette importante singularité que si l'élaboration de l'utopie s'effectue en terre française, sa mise à l'épreuve se déroule cette fois au loin, sur un territoire neuf où la société que conteste l'utopie ne s'est pas encore formée. Un peu comme pour les colonies anglaises de l'Amérique, on a le sentiment non pas seulement de réformer mais de refaire à neuf. Le rêve de l'Europe semble alors aller jusqu'au bout de lui-même.

En son couvent de Tours, Marie de l'Incarnation a une vision. Dans son sommeil, une dame la conduit en un « lieu ravissant » : « Et je vis, au bas de ce lieu qui était très éminent, un grand et vaste pays, qu'en un moment je considérai tout entier, et qui me parut plein de montagnes, de vallées et de brouillards, au milieu desquels j'entrevis une petite maison, qui était l'église de ce pays-là, quasi enfoncée dans les ténèbres, de sorte qu'on n'en voyait que le faîte. Les obscurités qui remplissaient ce pauvre pays étaient affreuses et paraissaient inaccessibles. » Marie se rend à l'église : au-dessus de l'autel, la Vierge qui tient l'Enfant Jésus regarde le pays dont elle a rêvé : « Il me semblait qu'elle parlait de moi à son fils, ce qui m'enflammait le cœur de plus en plus. » Peu après, nouvelle vision : « C'est le Canada que je t'ai fait voir ; il faut

que tu y ailles pour y faire une maison à Jésus et à Marie ».
Madame de La Peltrie a lu les *Relations* des jésuites. À son tour,
elle est gratifiée d'une vision où le Seigneur lui dit : « Ma volonté
est que tu ailles en Canada, travailler au salut des filles sauvages ;
c'est en cette manière que je veux être suivi et recevoir des preuves
de ta fidélité ; en retour je te ferai de grandes grâces en ce pays
barbare. » La Dauversière fonde un hôtel-Dieu à La Flèche,
suivant en cela les ordres reçus lors d'un appel du ciel le 2 février
1631. On lui enjoint d'établir ensuite une colonie à Montréal. Le
père jésuite Le Jeune, qui jouera plus tard un rôle important en
Nouvelle-France, raconte à son directeur spirituel « qu'il avait eu
un songe, et que, dans ce songe, il s'était trouvé au milieu des
Iroquois, dont il avait alors entendu le nom pour la première fois ».

Je n'enregistre qu'un échantillon d'exemples. Il serait loisible
d'en énumérer d'autres, en particulier tous ces missionnaires
jésuites qui ont entendu l'appel dans leur jeune âge et dont les
incroyables aventures en pays américain, parfois achevées dans les
supplices, témoignent incontestablement d'une ferveur mystique,
soutenue dans tant de traverses que l'on ne saurait y voir quelque
coup de tête sans conséquence.

Ces expériences mystiques donnent lieu à un réseau d'actions et de conquêtes. Les jésuites y sont partout. Leurs *Relations*
ont été lues par un vaste public. Directeurs de conscience, on les
trouve à point nommé auprès de Mme de La Peltrie conseillée de
s'adresser à Marie de l'Incarnation, auprès de La Dauversière, de
Jeanne Mance, de Maisonneuve, de bien d'autres. À leur Collège
de La Flèche, ils forment des laïcs qui s'intéresseront à la
Nouvelle-France et un grand nombre de futurs missionnaires. Ils
sont présents dans les milieux influents : le père Noirot obtient le
désistement de Ventadour, vice-roi de la Nouvelle-France, qu'il
avait auparavant pressé d'accepter cette charge ; il intervient dans
la fondation de la Compagnie des Cent-Associés[16]. Ce sont les
jésuites encore qui font nommer le premier évêque, Mgr de Laval,
leur ancien élève.

La mise en œuvre de l'utopie

Voilà le milieu générateur de l'utopie. Quant aux tentatives
de réalisation, elles peuvent être classées en trois catégories, dont
on verra la complémentarité.

La préoccupation commune à toutes les aventures mystiques de conquête est la conversion des Indiens. Pour y arriver, il paraît indispensable de les rendre sédentaires : là-dessus, missionnaires et autorités politiques sont d'accord. La divergence vient des commerçants de fourrure ; pour eux, il faut que les fournisseurs apportent la marchandise des pays lointains et puissent, en demeurant nomades, continuer à se livrer à la chasse. « Si vous vouliez rendre les Montagnais sédentaires, dit un marchand au père Viel, nous les chasserions à coups de bâtons » ; le propos est rapporté par le récollet Sagard dans son *Histoire du Canada.*

Fixer les « Sauvages », en voici le programme tracé par le père Le Jeune dans la *Relation* de 1634 : on construirait quelques maisons auprès des habitations françaises, à l'abri de la menace iroquoise ; on y établirait des familles d'Algonquins et de Montagnais, encadrées par des missionnaires et initiées à la culture du sol par quelques bons ouvriers ; d'autres Indiens les rejoindraient pour former peu à peu de florissantes paroisses. De l'utopie, ce projet donne une expression parfaite. Sur ce modèle, on fonde une « réduction » à Sillery, sous le patronage du commandeur du même nom converti après une existence fastueuse. On fonde aussi un séminaire pour l'instruction des Sauvages ; Marie de l'Incarnation tentera de former des filles indiennes ; Mgr de Laval aura pareil objectif, avec tiédeur à ce qu'il semble.

Au départ, le projet est homogène : rendre sédentaire, comme le dira encore Talon à Colbert en 1670, c'est « élever dans nos mœurs, notre langue et nos maximes » ; c'est franciser. Pour les missionnaires, sédentariser, c'est civiliser ; c'est aussi implanter une colonie où se retrouveraient Français et Sauvages. Bientôt, une restructuration du projet se fait jour. Au regard des missionnaires, il s'avère vite que la francisation des Indiens n'est ni possible ni souhaitable. D'où un conflit de plus en plus vif avec le pouvoir politique. Dans ce conflit, faut-il percevoir la volonté des jésuites de garder leur emprise sur les populations indiennes ou la résolution de prendre distance envers le pouvoir politique, de poursuivre à l'écart la réalisation du rêve de l'*autre société* qui inspire la conquête mystique ? À mon avis, la seconde hypothèse vaut d'être fermement maintenue, sans qu'on soit obligé pour autant d'écarter la première.

En France, le gallicanisme soutient la montée du pouvoir royal ; une utopie religieuse comme celle-là ne peut que s'y opposer pour s'affirmer. Et comment ne pas mettre en relation ces attitudes de retrait et la légende du Bon Sauvage, dont les écrits des jésuites sont les principaux pourvoyeurs ? En termes parfois voilés, parfois manifestes, cette idéalisation de l'Indien n'est-elle pas aussi le procès du pouvoir politique et de ses supports ? Dans ce propos du père Charlevoix, on croit déjà entendre Jean-Jacques Rousseau : « Nés libres et indépendants, ils ont en horreur jusqu'à l'ombre du pouvoir despotique, mais ils s'écartent rarement de certains usages et de certains principes fondés sur le bon sens, qui leur tiennent lieu de Loix, ce qui supplée en quelque façon à l'autorité légitime. Toute contrainte les révolte, mais la raison seule les retient dans une espèce de subordination, qui pour être volontaire, n'en atteint pas moins au but qu'ils se sont proposé. » N'y a-t-il pas, dans ce passage du *Journal historique* comme en tant d'autres des *Relations* ou de l'ouvrage de Lafiteau, une sorte de paradigme de la société idéale qui inspire bien des tentatives concrètes ?

La Réduction de Sillery, comme d'autres fondations semblables, dépend de ce modèle. Il n'en va pas autrement, semble-t-il, de Québec en ses commencements. Après le départ des Kirke et le recouvrement de la Nouvelle-France, la population de Québec est encore peu considérable : 227 habitants en 1633, environ 400 en 1636[17]. Les jésuites y sont les seuls à exercer des fonctions ecclésiastiques, comme du reste partout ailleurs, à Trois-Rivières, à Montréal, à Tadoussac, dans les missions. Champlain est leur collaborateur, de même que son successeur, Montmagny. Dans sa *Relation* de 1639-1640, le père Le Jeune affirme que « la vertu marche ici la tête levée ; elle est dans l'honneur et dans la gloire ; le crime, dans l'obscurité et la confusion ». Peinture quelque peu idéalisée sans doute, et tracée à la lumière du paradigme utopique ; en tout cas, sur la volonté d'instituer l'utopie, on ne saurait se méprendre[18].

« Réductions » des Indiens, « communauté » de Québec : je les rangerais ensemble dans un premier type de tentative utopique.

Montréal en représenterait un deuxième. À l'origine, le projet ne diffère guère des autres. Il procède des mêmes milieux français. La Compagnie du Saint-Sacrement y joue un grand rôle. Le Royer de La Dauversière est aidé par Renty, chef de la Compagnie, et par Olier, fondateur de la Compagnie des prêtres de Saint-

Sulpice. En 1639 naît une association, Les Messieurs et Dames de la Société de Notre-Dame de Montréal pour la conversion des Sauvages de la Nouvelle-France. Dans les *Véritables Motifs,* la charte de la Société, on déclare : « Dieu grand amateur du salut des hommes, qui n'a pas seulement la science des temps, mais des lieux commodes au bien des créatures semble avoir choisi cette situation de Montréal pour y assembler un peuple de Français et de Sauvages qui seraient convertis pour les rendre sédentaires, les former à cultiver les arts méchaniques et la terre, les unir sous une même discipline, dans les exercices de la vie chrétienne et faire célébrer les louanges de Dieu en un désert...[19] » À première vue, rien qui ne soit conforme au modèle d'autres entreprises similaires. Ce qui distingue celle-là, c'est la radicalisation du projet : cette fois, on est déterminé à fonder un établissement exclusivement religieux. Le groupe s'installe à l'écart de la colonie déjà existante, pourtant encore peu nombreuse ; et dans une île, ce qui ne manque pas de suggérer quelque rapprochement avec le schéma des utopies de la Renaissance. Le groupe ne veut reposer que sur ses propres moyens. Il ne fait pas difficulté de renoncer à la traite des fourrures ; il écarte les subsides royaux, pour ne vivre que d'une fondation à base de contributions charitables. Il réclame enfin sa propre organisation : le gouverneur et les officiers seront nommés par la Société[20].

La création d'un vicariat apostolique, puis d'un évêché à Québec, avec Mgr de Laval, donne lieu à une troisième variante de l'utopie. Elle est un peu plus tardive que les deux autres. La « folle aventure » montréalaise s'essouffle ; commence la mise en place d'une organisation officielle de l'Église. Ce n'est pourtant pas la fin de l'utopie religieuse ; cette fois, l'Église comme organisation officielle tenta d'en poursuivre la réalisation.

Le principal artisan, François de Laval, vient lui aussi de la renaissance religieuse qui est à la source des autres surgeons de l'utopie. Il a été élève des jésuites à La Flèche et à Paris et il tient à reconnaître cette influence primordiale. Prêtre, il a fait partie de la Société des Bons Amis, cercle de « perfection spirituelle » ; archidiacre d'Évreux, il s'est engagé dans la réforme pastorale, tout en se dévouant au soin des malades et des enfants abandonnés. Il a songé très tôt à devenir missionnaire ; recommandé par les jésuites, il a failli être nommé vicaire apostolique au Tonkin. Le projet s'étant enlisé dans des querelles ecclésiastiques, Laval s'est retiré à l'Ermitage de Caen auprès de M. de Bernières, un laïc, mystique lui aussi et l'un des animateurs de l'essor pastoral du XVIIe siècle français.

Nommé à Québec, Mgr de Laval affronte bien des obstacles dans la conquête de son autonomie à l'égard de l'archevêque de Rouen ; il a peine à faire reconnaître son autorité à Montréal, où le sulpicien de Queylus voudrait être indépendant de lui. Il entre en conflit avec le gouverneur : querelles de préséance, a-t-on dit, et que certains historiens expliquent par les rituels des hiérarchies de l'époque ; j'y verrais surtout une polémique symbolique inhérente à toute entreprise utopique. Le combat de Laval contre la vente d'alcool aux Indiens contredit les méthodes de la traite des fourrures. L'évêque triomphe provisoirement par son intervention à la Cour ; il est l'égal du gouverneur au Conseil souverain, où il lui revient de décider avec ce dernier de la désignation des membres et de la concession des seigneuries. Il fait même nommer Mézy gouverneur. En 1663, il fonde le Séminaire de Québec, suprême et provisoire consécration de la conception utopique d'une Église autonome : « Nous érigerons [...] un séminaire pour servir de clergé à cette nouvelle Église, [...] un lieu de réserve d'où nous puissions tirer des sujets pieux et capables pour les envoyer à toutes rencontres et au besoin dans les paroisses et autres lieux du dit pays, afin d'y faire les fonctions curiales et autres auxquelles ils auront été destinés, et les retirer des mêmes paroisses quand on jugera à propos. » Conception autoritaire du rôle de l'évêque dans un siècle où ce n'était guère coutume, et qui se situe dans la droite ligne des tentatives de renouveau pastoral à l'œuvre en France. Mgr de Laval n'a de cesse de réclamer l'érection d'un évêché à Québec, pour mieux contrecarrer ceux qu'il appelle les « émules perpétuels et contempteurs de la puissance ecclésiastique[21] ».

La fin de l'utopie

Dans la France du XVIIe siècle, le renouveau mystique et pastoral provoque une pléthore d'imageries, de projets, de plans qui définissent la Nouvelle-France avec un grand luxe d'anticipations. Il en résulte une multiplicité d'institutions, une organisation tellement dense pour une population aussi restreinte qu'elle en prend elle-même figure de l'imaginaire. Ces institutions, créations de l'utopie religieuse, sont un vêtement trop grand pour pareille collectivité. Leur excroissance est possible parce que le pouvoir royal est occupé ailleurs, les compagnies médiocrement intéressées à la colonisation. La guerre iroquoise, qui risque de provoquer la ruine de la colonie, contribue à renforcer le pouvoir religieux ; l'héroïsme des missionnaires rejoint celui des colons[22].

Une véritable société religieuse a pris racine. Mais la plante s'étiole bientôt.

Le pouvoir des jésuites décroît. La destruction de la Huronie porte un dur coup à leurs appuis dans les missions ; les *Relations* sont supprimées en 1672. Mgr de Laval perd les batailles principales qu'il avait engagées, notamment contre la vente de l'eau-de-vie aux Indiens et pour l'amovibilité des cures. Son successeur modifiera le rôle du Séminaire. Surtout, le pouvoir absolu qui se rigidifie avec Louis XIV s'oppose résolument à la puissance ecclésiastique. En 1665, Louis XIV enjoint de « tenir dans une juste balance l'autorité temporelle qui réside dans la personne du Roi et de ceux qui le représentent, et la spirituelle qui réside en la personne du Sieur Évêque et des Jésuites, de manière toutefois que celle-ci soit inférieure à l'autre ». Dans un *Mémoire* à Colbert (1667), l'intendant Talon insinue que « le dévouement des Jésuites peut bien n'être pas exempt du mélange et de l'intérêt dont on les dit susceptibles pour la traite des pelleteries, [...] ils contraignent et géhennent les consciences. [...] Quelques-uns tombent aisément dans la disgrâce de ces religieux pour ne pas se conformer à leur manière de vivre, ne pas suivre leurs sentiments ». Ils « étendent leur conduite jusque sur le temporel, empiétant même sur la police extérieure qui regarde le seul magistrat ». Mû par des convictions politiques, Talon se fait aussi l'écho d'opinions proférées ici et là parmi les hommes de commerce et les nouvelles élites de la colonie à qui commencent à peser les contraintes et les idéaux des missionnaires. De pareilles accusations se répandront par la suite. Frontenac en sera le champion ; ses protégés récollets, ramenés de France par Talon pour faire contrepoids aux jésuites, orchestreront sa propagande. Les divisions internes s'ajouteront aux contestations extérieures. C'en sera bientôt fini de la domination ecclésiastique et de la théocratie. Par la suite, les évêques de la Nouvelle-France, de même que les missionnaires, ne joueront plus qu'un rôle politique subordonné. Au point où un historien a pu parler de « la servitude de l'Église » sous le Régime français[23].

L'aventure montréalaise est plus brève encore. L'utopie y

avait été portée à son extrême ; sa retombée est d'autant plus rapide. Le rêve aura duré une douzaine d'années, pendant lesquelles le volume de la population n'a pas bougé. Puis, sa position aidant, Montréal est devenue un centre important du commerce des fourrures. Comment continuer de sélectionner les immigrants en fonction des critères de départ ? En France, les membres de la Société de Notre-Dame se lassent ; on ne peut procéder à de nouvelles collectes de fonds. Il faut sans cesse, comme le fera Jeanne Mance, aller requérir des secours. Les sulpiciens prendront bientôt une place de plus en plus importante dans le recrutement des colons, dans les investissements. Ils succéderont finalement à la Société défaillante.

Pourquoi le projet sombre-t-il si tôt ? Pourquoi cet échec du rêve religieux ?

Produit d'exportation, et c'est inévitable, il tient trop à des planificateurs extérieurs ; dépendant de moyens fragiles, il est menacé par les aléas des convictions et des propagandes. Des plans naissent, s'opposent, s'enlisent dans des querelles dont les sources sont européennes avant d'être du pays. D'où des initiatives sans véritables liens avec la situation concrète de la petite société naissante. Il serait vain d'en accuser je ne sais quelle évasion dans le ciel de la mystique ; les mystiques, on le sait, peuvent être gens fort pratiques. Il faut plutôt chercher plus au ras des structures de la société française où ont été conçus les rêves utopiques. Gérin le suggère : « En France la classe supérieure, au sein de laquelle se recrutaient les fondateurs pieux, s'était, d'une manière générale, désintéressée de toute occupation pratique, et menait à la cour, ou dans les centres urbains, une vie tout à fait artificielle. Dès lors, dans l'accomplissement de leurs plus grands desseins, ils étaient portés à ignorer complètement, ou du moins à négliger les conditions matérielles nécessaires au succès de l'œuvre[24]. » Gérin énonce cette explication à propos des fondateurs de Montréal ; on peut l'étendre à bien d'autres.

Pour comprendre ce qu'il advient de l'utopie, on se tournera donc d'abord vers la société où elle prend naissance. Ensuite, par une conséquence obligée, on considérera l'état de la colonie où elle est mise à l'épreuve.

Le peuplement est maigre et tardif. Une antinomie se dessine très tôt entre la colonisation agricole et la traite des fourrures. Cette antinomie se double d'une autre : la conversion des Indiens

s'avère un quasi-échec, alors que c'était l'objectif principal de
l'utopie religieuse, auquel on subordonnait l'installation des colons
français. Agriculture, commerce des fourrures, mission : en plus
d'engendrer des conflits de pouvoirs, ces divergences déchirent la
petite population des colons eux-mêmes. Elles seront surmontées
au détriment de la mission, peut-être de l'agriculture. La traite des
fourrures l'emportera, un temps du moins.

Il aurait pu en être autrement. Supposons que se fût jointe,
dès les débuts, à l'utopie religieuse avant tout missionnaire une
utopie politique qui eût assuré l'équilibre en mettant l'accent sur
le peuplement, la diversification de la production et du commerce.
Mais jusqu'à l'avènement de Louis XIV, on n'enregistre que des
atermoiements, des alternances de projets contradictoires.

Ce qui préoccupe François Ier, c'est de « découvrir certaines
isles et pays où on dit qu'il se doit trouver grant quantité d'or et
d'autres riches choses ». De colonisation, il n'est pas question ; et
pour ce qui est de l'évangélisation, il semble que ce fût un prétexte. En conséquence du retrait du pouvoir politique, le commerce prend le pas sur la colonisation. D'ailleurs, la pratique
consistant à déléguer à des compagnies le soin de développer la
Nouvelle-France n'est-elle pas, à toutes fins utiles, un renonce-
ment à établir une colonie de peuplement plutôt qu'un comptoir ?
Si peuplement il y a tout de même, et avec parcimonie, c'est
comme une conséquence du mouvement enclenché par l'entreprise privée[25]. En créant la Compagnie des Cent-Associés, dont il
se fait l'autorité suprême, Richelieu ne contrevient pas à la règle :
cette Compagnie qui doit peupler le pays, promouvoir le commerce et contribuer à l'évangélisation, ne parvient pas à réaliser
ces objectifs ; dès 1645, elle délègue ses pouvoirs à la Compagnie
des Habitants, dont les obligations se limitent à transporter six
familles chaque année.

Survient néanmoins ce que je suis tenté d'appeler une utopie
politique. Elle paraît relayer, à point nommé, l'utopie religieuse. La
reprise en main de la Nouvelle-France par Louis XIV et Colbert
donne lieu, cette fois, à un véritable programme de développement
que l'intendant Talon s'applique à mettre en œuvre.

Au départ, Talon pousse le rêve très loin. Son *Mémoire* à
Colbert, rédigé peu de temps après son arrivée au Canada
(octobre 1665), a des accents d'utopie semblables à ceux des missionnaires, y compris le lyrisme. Talon pose une alternative : pour

le roi, s'agit-il seulement de promouvoir les intérêts de la Compagnie des Indes occidentales qui vient de succéder à celle des Cent-Associés, « d'augmenter le nombre de ses vaisseaux et faire un commerce utile à son estat sans avoir pour objet l'estendue des habitations de ce pays et la multiplication de ses colons » ? Ou s'agit-il plutôt de considérer ce pays « comme un beau plan sur lequel on peut former un grand royaume » que Talon voit s'étendre « du Saint-Laurent jusqu'à la Floride, les Nouvelles Suèdes, Hollande et Angleterre et par delà la première de ces contrées jusqu'au Mexic ? » Colbert tempère cet enthousiasme, ordonne de plus modestes desseins.

Talon n'en conserve pas moins son rêve. Ses entreprises obéissent à un plan systématique dont il poursuit la réalisation au cours de ses deux mandats comme intendant. Il pousse au peuplement : de 1666 à 1673, la population double pratiquement par suite de l'apport d'engagés et d'immigrants libres, de l'établissement de soldats, de la venue de « filles du roi ». Il prend des mesures favorisant la natalité. Il remédie à l'éparpillement des terres occupées, contraint à rétrocéder des terres non défrichées. Il suscite une agriculture d'exportation. Il fonde des industries, s'intéresse à la construction navale, encourage à des pêcheries sédentaires. Son intention d'ensemble est de développer un commerce diversifié qui fasse concurrence à celui des fourrures ; de là, ses efforts complémentaires pour la colonisation intérieure et le commerce avec les Antilles qu'il voudrait étendre à l'Acadie et même à Boston. Au cours de son second mandat, il élargit ses préoccupations vers les explorations, la consolidation du vaste territoire.

De ce travail gigantesque, méthodiquement conçu, il restera peu de choses : l'agriculture se limite au blé et aux denrées de subsistance ; la plupart des entreprises industrielles disparaissent ou périclitent. À son arrivée au pays, Talon a montré sa méfiance envers la Compagnie des Indes occidentales, regretté que lui soit laissée la responsabilité du commerce et de la colonisation ; Colbert a refusé de l'entendre et confirmé le privilège de la Compagnie. Talon pense que ce pouvoir de l'entreprise privée, en plus d'être en conflit avec celui des représentants du roi et d'entraver l'essor d'une politique cohérente, ne favorise guère l'esprit d'initiative de la part des colons.

Avec le départ de Talon, c'est la fin de l'utopie politique, après celle de l'utopie religieuse.

Le résidu du rêve européen

Nous sommes partis de loin : de l'extraordinaire mise en mouvement de l'imaginaire européen au début des Temps modernes. Il s'agissait d'éclairer le creuset d'où devaient surgir les représentations d'une colonie. Ce détour m'a paru inévitable : de même que, devenu adulte, l'individu intégrera à sa mémoire les attentes dont il a été l'objet, de même une collectivité devra réinterpréter son acte de naissance lorsqu'elle accédera à la conscience historique.

Dans cette vue d'ensemble du rêve européen, nous avons reconnu la mise en projet d'une civilisation par la transmutation du mythe en utopie. Les entreprises de découverte ont été la projection et, dans bien des cas, le support imaginaire de l'expérimentation de l'Europe sur elle-même. La légende du Bon Sauvage en fut un élément particulièrement significatif, en mariant la nostalgie de l'enfance des sociétés à l'anticipation du futur. Entre autres colonies de l'époque, la Nouvelle-France aura servi de terrain d'exercice pour cette fermentation utopique. Non pas que toutes les composantes de l'imaginaire européen s'y soient retrouvées dans une parfaite réplique ; mais l'état d'esprit y était. La mentalité scientifique animait beaucoup d'explorateurs ; d'autres s'intéressaient aux bénéfices du commerce ; la tentative de Talon reflétait de neuves tendances de la politique et de l'économie. L'esprit de conquête a pris pour un temps l'allure missionnaire : le rêve démesuré de la création d'une société inédite par la conversion des Amérindiens. Mais la croissance de la collectivité s'est poursuivie autrement. Une rupture est très tôt intervenue dans la projection du rêve européen sur la Nouvelle-France. De sorte que l'*origine* nous apparaît moins comme un commencement que comme un avortement.

Comment ne pas insister sur la différence avec les colonies anglaises voisines ? Les dissidences religieuses d'où ces dernières sont nées, utopiques elles aussi, provenaient d'un mouvement de fond de la société britannique. Les projets de société se sont nourris d'oppositions, ce qui était une motivation puissante. Ils ont reçu l'appoint d'une immigration considérable. Les choses se sont passées autrement pour la Nouvelle-France : les dissidents huguenots écartés, les utopies tout comme l'émigration ne pouvaient dépendre que de la volonté épisodique des pouvoirs politiques et d'une flambée de l'idéal missionnaire. La colonie était trop subordonnée à l'intérêt qu'on lui portait en Europe. Cet intérêt ne s'est pas maintenu longtemps dans les groupes religieux ; il n'a jamais été profond chez les écrivains, faiseurs d'opinion ; il a fluctué chez les responsables politiques.

Une rupture, donc. Davantage : un échec. Mais il faudra bien que, plus tard, on se donne représentation de l'origine. Il ne pourra y avoir conscience historique autrement. Les arrangements du souvenir conféreront malgré tout un sens à l'origine.

Sur l'interprétation du rêve européen, deux approches opposées seront suggérées au XIXᵉ siècle et elles trouveront égale caution dans l'origine elle-même. D'une part, nous l'avons vu, l'émergence en Europe d'une civilisation comme projet a provoqué un bouleversement des structures sociales désormais livrées à l'expérimentation ; aussi, au XIXᵉ siècle, le premier grand historien québécois, François-Xavier Garneau, placera au premier rang la curiosité scientifique : « Enfin, dit-il, les temps étaient arrivés où les hommes, sortis des ténèbres de l'ignorance, allaient prendre un nouvel essor. [...] Les découvertes devaient illustrer l'esprit curieux et insatiable des modernes. » Colomb est un savant qui affronte « tous les obstacles que l'ignorance et l'incrédulité peuvent inventer[26] ».

À l'inverse, et peu après Garneau, Henri-Raymond Casgrain insistera sur l'intention religieuse et il puisera, lui aussi, aux sources des utopies européennes : « La découverte du continent américain fut l'œuvre des croisades. Le résultat de ces grandes expéditions, impénétrables d'abord aux regards des hommes, était prévu dans les desseins de Dieu. » Les Croisades ont entretenu le goût de l'aventure ; les récits des voyageurs ont incité à la découverte : « C'est alors que l'homme qui personnifie toute cette époque, Christophe Colomb, se lève, et que debout sur les rivages européens, il scrute du regard les horizons des mers où l'esprit d'en haut, qui l'illumine, lui découvre les terres nouvelles promises à son génie[27]. »

Nous voilà devant deux portraits de Christophe Colomb, héros de la découverte du Nouveau Monde ; devant deux approches différentes du rêve européen ; devant deux paramètres pour comprendre l'origine de la Nouvelle-France. Sur l'histoire des interprétations de l'origine, j'aurai à revenir. Je tenais seulement à souligner que l'origine se prêtait d'elle-même aux prises divergentes de la mémoire.

Car l'origine, ce n'est pas uniquement ce que reconstitue la science historique. C'est le moment privilégié auquel se reporte la recherche de l'identité collective. L'origine est problématique comme l'identité elle-même. Par-delà la critique des documents à laquelle se livre l'historien, elle relève d'une inquiétude quant au destin d'une société. C'est pourquoi une interrogation dominera toutes les autres : l'origine, était-ce la promesse d'un avenir ? Longtemps, les courants majeurs de l'historiographie québécoise ont soutenu la thèse de l'inauguration grandiose du devenir collectif. Comment ne pas reconnaître là les traits principaux du mythe, récit d'une origine qui commande la suite de l'histoire à la condition de n'être pas de la même étoffe qu'elle ? *Âge d'or*, comparaison avec l'Église primitive, temps de l'héroïsme surhumain : plusieurs de nos historiens n'ont pas parlé autrement que le mythe.

Relisons ce raccourci de Lionel Groulx, ultime achèvement du mythe avant sa défection : « Dieu, par ses ferments divins, commence d'agiter et de soulever la pâte d'une première génération. Il déchaîne parfois contre elle les orages de la guerre, des persécutions, le vent des grandes tempêtes. Dans l'enfance d'un peuple, il multiplie les heures solennelles, les labeurs surhumains. Et pendant que les efforts s'arc-boutent, que les volontés se tendent et vibrent d'héroïsme, les âmes se surélèvent et en elles se mettent à éclore les hautes vertus[28]... » S'il est vrai que l'imaginaire des Temps modernes s'est inspiré du mythe pour se muer en utopies, nous sommes ici devant une inversion : les utopies présentes à l'origine ont retrouvé plus tard le statut du mythe. J'aurai à en chercher des explications plus avant dans cet ouvrage ; mais la première se trouve dans l'origine elle-même. S'il est vrai qu'elle fut une coupure, elle invitait à la nostalgie. S'il est vrai qu'elle fut un échec, elle appelait réparation. Bien avant que survînt la Conquête anglaise de la Nouvelle-France, cette société a subi un traumatisme de l'enfance qui devra faire appel dans l'avenir au travail compensatoire de l'imaginaire.

Seulement une compensation ? L'utopie a-t-elle épuisé sa vertu par l'avortement du programme de société qu'elle a fait naître ? L'origine a-t-elle été un simple prétexte pour les projections successives que les idéologies ont portées sur elle au cours de l'histoire ultérieure ? Le souvenir qui en reste aujourd'hui se réduit-il à la cendre d'un passé définitivement aboli ou anime-t-il encore quelque présence mystérieuse qui puisse entraîner l'admiration ?

Ne serait-ce pas avant tout la poésie qui garde vivante la présence de l'origine ? La redécouverte contemporaine des écrits de la Nouvelle-France a restitué la fraîcheur des commencements, le neuf émerveillement de la reconnaissance du territoire. Les récits de Cartier, de Champlain, de Sagard, les *Relations* des jésuites ne sont pas d'abord des documents historiques, mais le premier langage français qui nomma ce pays. Et puis, une fois que se sont quelque peu dissipées les exégèses partisanes en quête de cautions contradictoires, réapparaissent les hommes et les femmes anonymes qui ont affronté ce territoire au temps lointain et qui n'ont laissé qu'un nom générique : les ancêtres. Ce reste du mythe originaire, celui qui prend toute sa résonance depuis que la critique historique en a grugé les revêtements, a conquis une puissance d'interrogation qu'il n'avait jamais connue avant que la littérature intervienne.

Cette origine-là, on ne saurait la dater avec précision. Est-elle seulement de la Nouvelle-France ? À la fois lointaine et proche, elle n'est pas entièrement soumise à la chronologie. Venue du temps profond, elle entraîne vers un avenir de la même coulée. Elle renaît sans cesse, comme le rêve d'Alfred DesRochers dans le poème célèbre que les gens de mon âge ont su par cœur aux jours de leur adolescence :

> *Par nos ans sans vigueur, je suis comme le hêtre*
> *Dont la sève a tari sans qu'il soit dépouillé,*
> *Et c'est de désirs morts que je suis enfeuillé*
> *Quand je rêve d'aller comme allait mon ancêtre...*

Chapitre II

LA FORMATION D'UNE COLLECTIVITÉ

De l'échec de l'utopie, des tâtonnements initiaux, les formes élémentaires d'une collectivité ont émergé peu à peu. Si j'en racontais l'histoire, je devrais retracer une chronologie, pondérer des événements. Mon dessein est autre : dans une rapide esquisse, je voudrais décrire la mise en place des premières structures, l'embryon d'une société avant que débute la construction d'une référence qui lui soit propre. Les événements ne seront donc pas d'abord retenus selon leur enchaînement. Sans oublier les antécédents, je centrerai l'attention sur la Nouvelle-France du xviiie siècle, pour entrevoir ce qui est alors promis à une longue durée.

La présence de l'État métropolitain

Une longue tradition, qui remonte à Parkman, a vu dans la Nouvelle-France la transposition quasi parfaite de l'absolutisme royal[1]. Une thèse plus raffinée, soutenue surtout par Eccles, insistant pareillement sur la présence de l'État, y a plutôt mis en évidence un pouvoir tutélaire, attentif aux situations et aux besoins des diverses catégories sociales au point de préfigurer les modalités contemporaines de l'État-providence[2]. Voilà qui requiert d'importantes nuances.

L'État métropolitain manifeste partout sa volonté. Il réglemente le commerce et l'exercice des métiers ; il intervient dans l'agriculture ; il précise le statut social de chacun et les rituels des cérémonies. Aux célibataires ne contribuant pas au peuplement, il impose des pénalités. Il tente de planifier l'intégration des Indiens. Il s'avance parfois fort loin : le ministre tranche dans des querelles locales ou des liaisons amoureuses malvenues. Par exemple les Indiennes faisant moins d'enfants parce qu'elles allaitent longtemps, Talon songe à prendre des mesures pour contrer cette fâcheuse habitude... Malgré des périodes de relâchement, la détermination de construire un ordre social à partir de Paris ne se dément jamais.

Encore faut-il faire la part des réalisations effectives. Le commerce et l'agriculture suivent leur propre voie, souvent éloignée des prescriptions métropolitaines ; à elle seule, la réitération des recommandations montre leur peu d'efficacité. Le statut de chacun a beau être fixé dans l'abstrait, la stratification sociale obéit à d'autres lois. La francisation des Indiens s'avère un échec. Les institutions, le système seigneurial en particulier, ne correspondent pas aux conceptions, d'ailleurs assez lacunaires, des bureaux parisiens. Ces décalages sont inévitables : quand on considère l'immensité du territoire, la dispersion d'une petite population, l'enchevêtrement des intérêts en jeu, on ramène la portée des plans fabriqués du dehors à de modestes proportions. Le rapide déclin des entreprises de Talon en est une démonstration éclairante. On l'attribue, non sans raison, à l'indifférence de la métropole ; il s'explique aussi par la tentative de Talon lui-même d'édifier une réplique d'imageries métropolitaines sur un territoire inapte à supporter pareille construction systématique.

Les intendants poussent plus ou moins loin la mise en œuvre des directives venues d'outre-mer, quitte à s'excuser par après en termes habiles. On a remarqué que, loin d'être à sens unique, les instructions provenant de la métropole sont en fait confectionnées selon des allers et retours ; les autorités de là-bas reprennent à leur façon des indications fournies par les administrateurs de la colonie. Manœuvres par essais et erreurs habituelles aux bureaucraties. Les représentants du pouvoir absolu, délégués par des ministres sous le couvert de l'autorité du roi, subissent le contrecoup des réalités du pays ; ils interprètent les ordres qu'on leur transmet, ils inventent ou improvisent sur le terrain plus qu'ils ne l'avouent dans des documents pourtant détaillés.

La distance a pour effet de donner un caractère rigide et artificiel aux commandements venus de Paris. Surtout, et voilà qui

est plus important, l'éloignement favorise dans les cercles bureau-
cratiques de France une vision abstraite et globale de la réalité
coloniale, qui méconnaît inévitablement la diversité des situations
et des problèmes. L'orientation de la Nouvelle-France est conçue
de l'extérieur, sans liens organiques avec le développement des
communautés locales. L'occupation du territoire est souvent abandonnée à des initiatives mal coordonnées. Serge Courville l'a bien
aperçu : « Malgré la création d'une organisation paroissiale dès le
début du xviiie siècle, le cadre local disparaît comme horizon privilégié de préoccupation. [...] Pour le mercantilisme français, la
colonie laurentienne ne sera jamais qu'un espace-plan, une région
satellite subordonnée à la métropole[3]. »

Agencée de trop loin, la présence de la politique métropolitaine se fait intermittente. Les vues systématiques ont ceci de
paradoxal qu'elles sont discontinues. Les investissements en capitaux et en émigrants subissent des à-coups selon des préoccupations qui ne tiennent pas d'abord aux besoins du pays. La
balance des comptes de la colonie est déficitaire ; commandés la
plupart du temps par les besoins de la guerre, les apports de capitaux provoquent des poussées artificielles de prospérité. Les
enjeux et les conflits européens contraignent à des décisions qui
s'engrènent mal dans la croissance interne de la Nouvelle-France.

Des stratégies d'intervention et des phases de désintérêt se
succèdent. Autant, à certaines périodes, on se préoccupe de la
bonne conduite des choses, autant on dénie en d'autres circonstances l'importance de la colonie. Dès le début du xviiie siècle, les
hauts fonctionnaires de la métropole la tiennent en piètre estime.
En 1709, le ministre de la Marine écrit à un administrateur : « Le
Canada a tant d'endroits fâcheux qui peuvent le rendre désa-
gréable à Sa Majesté que vous devrez éviter avec soin tout ce qui
pourrait lui revenir de déplaisant de ce pays. » La même année, on
prévient de diminuer les dépenses, « afin que Sa Majesté ne se
trouve pas, dans la suite, dans la nécessité de les cesser entièrement[4] ». La société anglaise est autrement plus attachée à ses
colonies américaines. La comparaison est éclairante, comme le
montrent deux textes datés de 1763 que Guy Frégault met en
regard. Le premier est d'un publiciste anglais : la métropole et les
colonies, « si divisées soient-elles par la distance, ne forment
toujours qu'une seule et même nation, et l'océan qui s'interpose
entre elles peut s'assimiler à un large cours d'eau séparant deux

comtés ». Pour Choiseul, qui a cédé le Canada à l'Angleterre, « ce serait se tromper que de considérer nos colonies comme des provinces de France séparées seulement par la mer du sol national[5] ».

N'en concluons pas que les interventions de la métropole ont peu de poids. L'effort financier de la France est important ; les institutions établies dans la colonie sont de facture française ; les délégués de la métropole, les instructions que reçoivent ceux-ci influent sur le destin du pays et sur la vie sociale. C'est peut-être surtout par ses effets pervers que l'influence de la métropole se manifeste dans cette collectivité. Trop exclusivement définies à distance, les politiques empêchent que, de la structure sociale elle-même, naisse une maîtrise efficace de son développement. Les inévitables adaptations des institutions au milieu dégagent à la longue une logique de la croissance ; la superposition d'une autre logique, définie de l'extérieur celle-là et traduite en des directives nombreuses et pas toujours coordonnées, nuit à la reconnaissance des impératifs de la collectivité en formation. Au surplus, l'asservissement de l'Église qui aurait pu jouer autrement un rôle de contrepoids, la disqualification systématique d'institutions représentatives, le pouvoir des délégués de la métropole qui favorise le « patronage » et le jeu des factions, tous ces facteurs encouragent la planification abstraite.

La dynamique du milieu

Je ne m'attarderai pas sur les mouvements de résistance aux politiques de l'administration métropolitaine : insurrections spectaculaires ou larvées contre le prix des subsistances, les corvées ou les dîmes. Ce sont là troubles de surface dans une population peu susceptible de provoquer des modifications sensibles de l'organisation sociale. Je m'attacherai plutôt à recenser les possibilités inscrites dans les coordonnées les plus tangibles, et pour ainsi dire les plus élémentaires du milieu. Nous y constaterons des compromis entre les plans et les obstacles opposés par l'environnement, ceux-ci étant parfois surmontés par des manœuvres, mais leur échappant par quelque côté pour finir par les contrecarrer.

En choisissant de s'établir à Québec, après des tâtonnements sur les rives atlantiques, Champlain entraînait, sans les mesurer, des conséquences capitales pour le destin de la Nouvelle-France. La colonie était condamnée à s'orienter vers l'ouest et, par là, à jalonner un immense territoire. Du même mouvement, elle était poussée à privilégier l'exploitation d'une ressource naturelle, la fourrure. Ce qui devait la détourner d'un commerce maritime de notable importance[6].

Dans pareille étendue, comment établir un système efficace de communication entre des foyers de peuplement isolés ? Depuis les emplacements officiels du pouvoir, comment tenir compte des différences de lieux et de comportements ? D'autant plus que les gouvernements de l'Acadie et de la Louisiane sont dotés d'une large autonomie ; en principe, le gouverneur de Québec jouit d'une prééminence, mais les autorités de ces colonies communiquent directement avec Paris. Enfin, malgré les frais considérables affectés à la défense du territoire, les mesures de protection sont disproportionnées aux besoins. Le volume de la population est restreint ; serait-il plus considérable, on n'imagine pas que l'extension indéfinie du territoire puisse s'accompagner d'une occupation sérieuse. La population n'est concentrée qu'en de rares endroits, et en petit nombre ; ailleurs, la dissémination est de règle.

Le commerce des fourrures constitue un élément essentiel de l'infrastructure économique. Dès l'origine, il a été la préoccupation principale des compagnies auxquelles on avait confié le développement de la colonie. Il connaît une extraordinaire expansion au XVIIIe siècle et continue de secouer l'économie de soubresauts périodiques. Il attire une partie de la population vers l'extérieur ; la bourgeoisie et les plus hautes autorités en font leur premier souci. Ce trafic demande des capitaux considérables ; les commerçants se spécialisent, de même que la main-d'œuvre. Le territoire en question n'est pas voué au peuplement ; à part quelques missionnaires, quelques explorateurs, le commerce occupe les esprits et mobilise les entreprises.

La guerre constitue aussi une activité économique de grande importance. Pour une part, les causes sont extérieures : les querelles européennes se répercutent en Amérique. La préservation des ressources de la fourrure exige aussi des moyens militaires. On consent par ailleurs à maintenir à perte des liens de commerce pour des raisons de défense. La guerre injecte dans la société de gros capitaux, utilise une main-d'œuvre diversifiée ; à l'inverse de la fourrure, les retombées engendrées restent en grande partie dans la colonie[7].

Beaucoup de colons se sont accoutumés de peine et de

misère aux travaux de la terre ou à quelque besogne urbaine. La présence de corps de troupe, partout visibles au sein d'une petite population, la levée périodique de miliciens, les préoccupations constamment tournées vers la guerre ne peuvent manquer d'imprimer à la collectivité des traits singuliers. Nobles et bourgeois puisent dans les activités militaires une confirmation de leur statut et de leur prestige ; ils ne dédaignent pas le commandement des milices. Au xviiie siècle, les postes d'officiers des troupes de la marine s'ouvrent aux fils de l'élite ; transmis de père en fils, le métier d'officier donnera une allure de caste à une fraction de la population. Les répercussions de l'esprit guerrier sont inégales selon les lieux et les groupes ; tous sont touchés, mais pas de la même manière. Susceptibles d'être appelés au service, des paysans n'en font probablement pas leur souci principal, alors qu'obligés d'abriter soldats ou officiers des habitants réagissent différemment. Les militaires de carrière pensent d'autre façon encore. Ce qui contribue à modeler des attitudes communes engendre, à l'encontre, des clivages dans les milieux et les comportements.

Entre le commerce de la fourrure et la guerre, ces deux dominantes de l'économie, quelle place faire à l'industrie ? Les entreprises fondées ou encouragées par Talon au xviie siècle ont rapidement décliné après son départ ; moins par défaut d'initiative chez ses successeurs que par déficience d'une société de support. Au xviiie siècle, on assiste à une reprise. Des projets naissent, des tentatives démarrent ; la plupart n'ont pas de suite. La construction navale est incapable d'une sérieuse concurrence envers les chantiers métropolitains. Les forges de Saint-Maurice, d'abord entreprise privée, sont cédées à l'État qui les maintient malgré les déficits. D'un apport certain, les pêcheries ne débouchent pas sur une exportation d'importance. Les petites industries, où on fabrique des objets d'usage courant (briqueteries, tanneries, etc.), végètent souvent.

Ces entreprises souffrent de deux carences : l'absence d'industries secondaires susceptibles de prolonger l'effet de croissance de la construction navale, des forges ou des pêcheries ; l'insuffisance de main-d'œuvre spécialisée. Ces deux causes sont reliées à une troisième, qui les engendre d'une certaine manière : une population de petit volume ne peut susciter ni un marché suffisant ni une division du travail appropriée. La fourrure est une matière première destinée à des fabrications effectuées en France ; pour sa part, la guerre génère peu d'industries favorables à la croissance. Enfin, les entrepreneurs de la colonie ne réussissent pas à prendre en main le développement économique ; mieux pourvus en capitaux et en relations, les hommes d'affaires français exercent leur prépondérance jusqu'à la fin du régime[8].

Le territoire où se poursuit le commerce de la fourrure n'est pas vraiment en continuité avec la colonie du Saint-Laurent. Sans doute, des villes, Montréal et Trois-Rivières, servent de relais ; mais des dynamiques concurrentes se font jour peu à peu, et ce clivage sera décisif pour l'avenir. L'horizon s'étend sans cesse au loin ; de moins en moins liés à l'agriculture et aux réseaux sociaux des rangs et des petites villes, des hommes partagent un genre de vie qui dépend d'autres attitudes et d'autres pratiques. Une collectivité différente se forme. En effet, quelle est la commune mesure entre les postes lointains, avec leurs collusions de marchands et de militaires, et les milieux agricoles dont la vie quotidienne est réglée d'une autre façon ? Quelle est la cohérence entre l'immixtion des autorités de Québec dans le commerce des fourrures et les édits qu'elles rendent pour la bonne marche des communautés de la ville ou de la campagne ? D'ailleurs, le commerce des fourrures a une faible incidence sur l'économie de la colonie de peuplement : en grande partie (80 %, estiment certains auteurs), les profits sont investis en France ; ils n'ont pas d'effet d'entraînement sur l'agriculture. En somme, deux sociétés se disjoignent, malgré les échanges de population et les interventions administratives.

L'hinterland

Dès les débuts de la Nouvelle-France, le *coureur des bois* est un personnage à part. N'éprouvant pas d'intérêt pour les travaux agricoles, peu préoccupé des autorités qui règnent dans les villes, il s'enfonce dans la forêt en quête d'un commerce qu'il mène à sa guise ; il y adopte plus ou moins les mœurs des Indiens, apprend les langues indigènes, obéit à ses propres normes. Souvent contrebandier mal vu par les administrateurs et les prêtres, il abandonne sa marchandise et ses services au plus offrant, fût-il de New York plutôt que de Montréal ou de Québec. Son statut se modifie avec l'intensification du trafic et les nécessités de l'organisation. En 1681, on accorde officiellement une amnistie aux coureurs des bois ; on institue des permis de traite, des « congés ». Ceux-ci sont attribués à un chef d'expédition ou à un marchand qui organise et finance les entreprises. Alors apparaît le « voyageur », un spécialiste promis à une carrière de longue durée. On n'exclut pas les armateurs, mais ils sont subordonnés aux experts, quitte à choisir à leur tour le métier.

Du coup s'affirme, dans l'hinterland, une infrastructure originale. Marchands, engagés, commandants des postes forment des consortiums d'une tout autre espèce que l'organisation sociale du pays d'en-bas. L'administration centrale et les élites sont écartelées entre les exigences du commerce et les besoins de l'administration des villes et des campagnes. Tirer revenu d'une seigneurie suppose d'autres calculs que la spéculation sur la traite. La comparaison avec les colonies anglaises de l'époque est instructive. « L'homme de cette frontière extérieure — qui n'est autre finalement que l'hinterland — a peu en commun avec le *frontierman* américain. Il ne détruit pas la nature, mais en fait son habitat temporaire. Il ne repousse pas l'Indien, mais vit en relations étroites avec lui. Car c'est le monde indien qui lui donne sa raison d'être, qu'il soit missionnaire, coureur des bois ou militaire. [...] À l'inverse, le *frontierman* américain est un sédentaire qui se hâte de modifier son nouveau milieu[9]. » L'historien Jean Blain, que je viens de citer, insiste sur une autre différence : l'homme des frontières de la Nouvelle-France demeure en liaison avec le pouvoir central, alors que le *frontierman* américain jouit d'une large autonomie. Cette différence est relative : les capitaux et les initiatives de l'Est ont joué un grand rôle dans l'occupation de l'Ouest des États-Unis ; par ailleurs, le contrôle de l'exploitation des fourrures par l'administration de la Nouvelle-France est compensé par l'éloignement. Remarquons aussi que la conquête massive de l'Ouest américain s'est déroulée plus tardivement que la dissémination vers l'Ouest canadien, laquelle obéit (Blain ne manque pas de le noter) à d'autres incitations.

Le commerce des fourrures et le développement d'un hinterland exercent une profonde influence sur le destin des communautés indiennes.

Avant l'arrivée des Blancs, les nations indiennes entretenaient des réseaux de commerce. Ainsi, pratiquant l'agriculture, les Hurons exportaient du maïs vers d'autres peuplades vouées à la cueillette et qui, en retour, leur troquaient des fourrures. Les marchandises européennes circulaient chez les nations indigènes alors que celles-ci n'étaient pas encore en contact avec des Français ; bien des conflits n'avaient d'autre motif que la mainmise sur ce commerce. Les échanges se ramifiant entre commerçants européens et Indiens, ceux-ci ne se bornaient pas au rôle de pourvoyeurs ; ils se conduisaient comme d'authentiques marchands, capables de calculs et de stratégies. La recherche des historiens a heureusement rendu périmée l'imagerie persistante de l'Indien naïf, cédant les produits de sa chasse pour quelques babioles.

Les systèmes d'échanges traditionnels sont bouleversés à la longue par les marchandises et par les commerçants venus d'Europe. De nouveaux besoins, de nouvelles aspirations s'insinuent dans les équilibres acquis. On adopte des techniques jusqu'alors inconnues. Un temps, la faculté d'assimilation et d'adaptation répond à ces défis ; cependant, les cultures traditionnelles digèrent tant bien que mal les apports étrangers. Les relations entre les groupes sont perturbées, de même que se dérèglent les manières de dénouer les conflits. Les croyances qui permettaient de s'expliquer le monde et l'existence se désintègrent ; les traditions n'arrivent plus à rendre compte des nouveaux modes de vie. Les dissensions à l'intérieur des nations et entre elles, encouragées par les conquérants, finiront par ébranler ces civilisations. À quoi s'ajoutent les épidémies apportées, à leur insu, par les Européens.

Après avoir traité d'égal à égal avec les colonisateurs, en y mettant intelligence et astuce, les Indiens perdent la maîtrise de leur culture. Des documents d'époque décrivent des indigènes plus ou moins sédentaires, mal adaptés aux occupations qu'on leur destine, errant dans les villes en enfants perdus, débris de cette politique définie par Colbert à l'intendant Boutrou en 1668 et qui prescrivait d'« appeler les habitants naturels du pays en communauté de vie avec les Français, soit en leur donnant des terres, soit par l'éducation de leurs enfants et par les mariages ». Ces beaux desseins ont été oubliés. Louise Dechêne décrit le contraste entre le colon français des environs de Montréal et les Indiens de la mission de la Montagne. Le premier a déjà sa maison, il a mis en route l'exploitation de sa terre ; pour sa part, « la communauté indienne continue de mener dans la colonie l'existence précaire qu'elle a toujours connue, chaque jour un peu plus désarticulée, un peu plus dépendante[10] ».

Image inversée du paysan ? Peut-être. Attirance aussi ? Le folklore québécois laisse entrevoir cette ambivalence. Les mariages entre Indiennes et colons, la présence des Indiens auprès des miliciens dans les guerres coloniales, les souvenirs que les voyageurs rapportent des contrées lointaines ont laissé des legs difficilement évaluables mais incontestables dans la colonie. L'Indien a toujours occupé une grande place dans la symbolique de la collectivité francophone. À certaines époques, il en a même figuré le destin malheureux. Au XIXᵉ siècle, peu avant de publier son *Histoire du Canada*, Garneau écrira un poème, *Le Dernier Huron*, où il verra dans l'agonie de l'Indien la préfiguration de la fin prochaine de sa propre nation.

Dans l'hinterland de plus en plus lointain, coupés de la colonie originelle, des « voyageurs » canadiens s'intègrent aux nations indiennes. Plus nombreux dans la suite du temps, ils formeront un nouveau peuple, les Métis. La langue française s'emmêlera à la langue des Indiens, un autre héritage de culture se fondra avec le leur[11]. La conscience nationale adviendra là aussi ; elle se manifestera au grand jour dans les luttes du XIXᵉ siècle contre l'ambitieuse confédération canadienne. Ultime aboutissement d'une dissociation dont la Nouvelle-France est à l'origine, une partie de cette société finira par dépérir dans le prolétariat et la misère. Un moment, l'échafaud de Riel, l'exil de Gabriel Dumont rappelleront au souvenir des habitants du Québec que ceux-là, fondateurs d'une autre patrie accordée avec la civilisation indienne, sont le surgeon de ce qui fut jadis d'une commune appartenance.

Villes et campagnes

L'hinterland draine une partie de la population hors du territoire agricole et de la vie urbaine. Beaucoup de ces migrants reviennent périodiquement à leurs ports d'attache ; de mœurs et de psychologie différentes de celles des sédentaires, ils introduisent dans les campagnes et les villes une espèce de contradiction dans les mœurs et les attitudes. Ne durcissons cependant pas trop les déductions ; les données disponibles sont approximatives et ne disent pas tout d'une réalité complexe. Il semble que participent aux voyages de traite des jeunes tentés par l'aventure et par le besoin d'amasser un pécule avant de se fixer. La proportion des engagés est inégale selon les endroits : importante dans les régions de Montréal, de Trois-Rivières, dans une partie de la Rive-Sud, elle est presque infime ailleurs, dans la région de Québec par exemple[12]. Au cours des siècles à venir, dans des milieux agricoles souvent confinés, l'appel des grands espaces ne cessera pas de fasciner une partie de la jeunesse ; ce qui explique sans doute cette alternance de l'enracinement et du voyage qui restera un trait de la société québécoise.

La colonie du Saint-Laurent compte deux villes principales : Montréal et Québec. Trois-Rivières obéit, en plus petit, au modèle de Montréal[13].

Montréal est avant tout un poste de commerce. Les expéditions vers les pays d'en-haut y recrutent leur personnel et s'y approvisionnent. Bien plus que l'agriculture, ce commerce a donné son caractère à l'agglomération et aux préoccupations de ses habitants. La ville reçoit l'apport d'une forte immigration ; mais de ce lieu de transit, une part est déversée vers la Louisiane et les postes de l'Ouest. Une forte proportion d'hommes (environ 30 % de la population masculine ?) s'adonnent à la traite. Dans le gouvernement de Montréal, dans le groupe de 20 à 29 ans, les femmes sont deux fois plus nombreuses que les hommes[14].

Le commerce de la fourrure a joué un rôle important dans la croissance de la ville de Québec ; au XVIIIe siècle, son influence s'estompe au profit de Montréal. Alors que celle-ci demeure tournée vers l'Ouest, Québec est le centre du commerce maritime et des activités de complément, dont la construction navale. Pivot de l'importation et de l'exportation, la capitale profite largement des investissements de l'État.

Les deux villes ont ainsi des traits différents. La vie à Montréal est avant tout marquée par le commerce de la fourrure ; s'y côtoient voyageurs, religieux, officiers et soldats, Indiens. Ville agitée que celle-là, par la bigarrure de ses habitants et de ses mœurs. La population de Québec est moins effervescente. Cependant, on observe des traits communs : le chômage est endémique ; les distances s'accentuent entre l'élite du commerce ou de la guerre et les autres habitants ; les services administratifs et religieux sont plutôt pléthoriques.

Les villes se referment sur des activités qui influent assez peu sur leur environnement. Le commerce de la fourrure occupe trop de place pour générer une économie régionale ; ses investissements dans les campagnes sont minimes. À Montréal comme à Québec, l'industrie est trop modeste pour enclencher la création d'un marché étendu, que d'ailleurs une population rurale, petite ou trop dispersée, ne favorise guère. Montréal contribue au peuplement rural ; elle ne constitue pas pour autant un pôle de développement[15]. Ces observations valent aussi pour Québec. En principe, la ville est un marché régional pour la production agricole ; mais elle se suffit largement à elle-même[16]. D'un diagnostic sur les relations de Québec avec la campagne, Jacques Mathieu conclut : « Il semble illusoire de chercher à expliquer l'évolution du monde rural, tant en regard des hommes que de la production, par un rapport de dépendance — fondé sur un jeu d'offre et de demande — que la ville utiliserait à son profit. [...] En définitive, l'intégration de la ville et de la campagne reste si faible que chacune de ces entités se développe selon un rythme propre[17]. » Certes, la population bouge ; on passe de la campagne à la ville et inversement ; des miséreux des campagnes viennent en ville chercher secours et les autorités s'acharnent à réprimer ces petites invasions.

Au XVIIIᵉ siècle, la population augmente d'une façon modeste, qui a néanmoins son poids dans un ensemble démographique restreint. Les habitants s'adonnent toujours à la traite : on évalue à 50 % ceux qui participent à ce commerce à l'orée du siècle ; mais c'est souvent une activité épisodique ou saisonnière. Des exportations de céréales vers les Antilles et Louisbourg provoquent un accroissement de la production ; aléas somme toute passagers, et qui ne nuisent pas, à moyen terme, aux pratiques agricoles. L'agriculture se fixe dans les coutumes d'une économie de subsistance ; après les hasards des premières installations, les peines des premiers défrichements, et à l'exception d'une élite agricole, on ne s'aventure pas dans la rotation des cultures, pas plus qu'on n'utilise les engrais naturels. On l'a déjà dit : le milieu urbain n'offre pas de marchés importants ; les négociants de la ville sont tournés vers d'autres préoccupations que l'investissement dans les campagnes ; celles-ci ne disposent pas d'une élite d'entrepreneurs capables d'influer sur l'exploitation agricole.

Des chercheurs ont beaucoup discuté du qualificatif qui conviendrait à cette collectivité rurale. *Folk society ?* Des sociologues se sont aventurés à user de cette étiquette, qui a été récusée par d'autres spécialistes. Je ne ressusciterai pas ce vieux débat, mal engagé de divers côtés. On a peut-être plaqué sur cette collectivité des schémas venus d'ailleurs ; à l'encontre, on a objecté à ces schémas des arguments qui résistent mal à l'analyse. La proximité des villes et des campagnes environnantes ne convainc pas d'une intégration effective de leur développement. La forte mobilité d'une partie de la population ne permet pas non plus de trancher ; car la mobilité est susceptible de deux significations contraires. La communication avec l'extérieur peut avoir un effet de désintégration sur le terroir d'origine ; l'attraction d'un milieu étranger introduit alors des comportements et des valeurs qui modifient le microcosme d'où partent les migrants. À l'inverse, il arrive que l'apport du monde extérieur soit une condition de maintien d'une culture, et même de son renforcement[18]. Ce semble le cas de beaucoup de milieux ruraux en Nouvelle-France ; le phénomène est réapparu plus tard, selon des modalités diverses, dans la complémentarité de l'occupation agricole et du travail dans les chantiers forestiers.

Tout dépend donc de la nature de la société rurale en question, de la fermeté de ses assises. Or, en Nouvelle-France, se dessine très tôt un mode d'occupation du sol qui repose avant tout non pas sur une institution capable de lui donner une grande ampleur, mais sur une base étroitement localisée. Ce n'est pas la seigneurie, mais le rang qui est la structure fondamentale. Bandes allongées et orientées parallèlement au fleuve, les rangs encouragent des relations de parenté et de voisinage qui, en deçà des organisations plus officielles, confèrent au milieu rural son ancrage et son allure. Même les migrations y trouvent leur impulsion ou leur frein[19].

Peu intégrées à la ville qui n'influe guère sur leur développement, reposant sur des solidarités locales avant tout, les campagnes n'ont pas de structures d'ensemble qui leur soient propres. La ville aurait pu y contribuer en créant des marchés avec un effet d'entraînement ; on a vu que ce n'était pas le cas. On se prend à imaginer des entreprises agricoles de vaste envergure, à l'exemple des plantations de la Virginie ; les seigneuries, même celles qui sont aux mains du clergé, n'ont rien de comparable. Les villages ne connaîtront quelque essor qu'à la fin du Régime français. Enfin, beaucoup de paroisses ne sont que des dessertes ; cela favorise peu la vie communautaire. En conséquence, le rang s'impose très tôt comme matrice première du peuplement des campagnes ; les hommes se rassemblent dans des microcosmes sociaux.

L'assise familiale

Nombre d'habitants n'ont pas d'hérédité paysanne ; de provenance urbaine, venus au pays par les hasards de la guerre, leur prédisposition au travail de la terre est mince. Ils sont rarement encadrés par des seigneurs animés de l'esprit d'entreprise, qualifiés pour l'agriculture ou disposant de ressources importantes. On s'adonne à de difficiles apprentissages, où les tâtonnements, l'improvisation, le découragement épisodique sont de règle. Comment arriverait-on à persévérer sans les proches solidarités de la famille et du voisinage ? Ceux qui sont d'origine paysanne détiennent, il est vrai, un certain capital de techniques et de savoir. Mais les modes de vie ne sont pas transposables en bloc dans le pays neuf. Les traditions rurales ont quelque chose de rigide ; des techniques d'exploitation aux rituels, elles mettent en œuvre des éléments complexes. Une rupture doit se produire pour les migrants de souche rurale qui viennent en Nouvelle-France ; ils sont vite obligés d'abandonner des lambeaux de culture pour bricoler de nouveaux modes de vie. Quel peut être le creuset de ce travail d'élaboration, sinon la famille et le voisinage ?

Tout concourt à faire du réseau familial l'assise du milieu rural et, pour longtemps, celle de la société à venir. La famille est le principal artisan de la socialisation, de la formation des attitudes et des ambitions. Elle commande au premier chef la division du travail, la répartition des statuts et des rôles. Tout cela est ordonné selon la priorité du patrimoine, selon sa transmission[20]. Placer les enfants, tel est le suprême enjeu dans un cercle aussi étroit. La famille n'est pas pour autant ancrée dans un lieu irrémédiablement fixé. En effet, la solidarité engendre des stratégies complémentaires : l'établissement des descendants contraint à une division du patrimoine ou à un élargissement de son exploitation dans le terroir prochain. Ou bien les fils et les filles partent plus loin, la terre restant longtemps disponible dans un territoire immense et peu peuplé. Souvent, ce ne sont pas seulement les enfants qui émigrent, mais une famille entière, le père recommençant ailleurs. L'intégration dans le milieu ne brise pas des liens acquis ; elle en crée de nouveaux, du même genre[21]. Pivot d'enracinement, la famille favorise tout autant le déplacement. Des historiens (Serge Courville, Jacques Mathieu) ont conjugué cette double fonction en une heureuse formule : une migration de la solidarité.

À partir de ces constatations, se dessine l'allure que prendra l'évolution du milieu rural.

D'un cercle familial à un cercle familial : tel est le processus de base. L'endogamie ne s'ensuit pas nécessairement. Mais l'ouverture à l'exogamie ne s'effectue d'ordinaire que par élargissement du réseau familial, le réseau des alliances passant par cet intermédiaire. Le voisinage crée des liens analogues à ceux de la parenté. Des cercles plus vastes se formeront : le village, la paroisse. Ils seront de nature semblable, une espèce de parenté élargie ; un jour, le prêtre y aura un statut proche de celui du père de famille.

À son arrivée au pays, l'habitant a abandonné bien des éléments de la culture propre à sa région d'origine ; ce recommencement a lieu chaque fois qu'une famille ou quelques-uns de ses enfants émigrent. Jouant le rôle de médiateur dans ces mouvances, le réseau familial élague une culture mal adaptée au nouvel établissement. À mesure que les liens familiaux perdurent, se renforçant par l'éloignement des autres structures, l'héritage culturel se transforme.

On a sans doute exagéré le dynamisme des colonies américaines voisines, la rapidité de la pénétration chez elles de l'esprit capitaliste. En tout cas, les campagnes de la Nouvelle-France ne connaissent aucune mutation spectaculaire. Ce qui n'implique pas que les hommes y soient les répliques d'un modèle fixé une fois pour toutes, encore moins qu'ils soient condamnés à un immobilisme des lieux et des choses. Au contraire, leur petit nombre et l'immensité des terres disponibles les vouent à la migration. C'est plutôt l'absence d'un encadrement plus large qui les incline à des solidarités étroites. Il ne leur manque ni l'esprit d'aventure ni le courage des déplacements ; justement parce que ces qualités leur sont indispensables, ils ont besoin d'un support pour les mettre en œuvre. Ce qui les entraînera peu à peu à des pratiques et des valeurs d'autant plus resserrées qu'elles pourront mieux survivre à de fréquents changements.

L'organisation sociale

Dualité des villes et des campagnes, configuration de celles-ci en fonction du rang, de la famille et du voisinage : tout cela dépend de l'adaptation d'une collectivité à son milieu, l'action des hommes étant aussi déterminante que les incitations de l'environnement. Une collectivité se forme aussi autour d'institutions qui ont pour objectif de lui donner structures et orientations. Je retiendrai trois éléments principaux de l'organisation sociale : l'administration, l'Église, le régime seigneurial.

Jusqu'en 1663, au moment où le roi modifie l'aménagement de l'administration, la métropole abandonne à toutes fins utiles le gouvernement de la colonie aux compagnies de commerce. Tantôt la nomination du gouverneur est laissée à la compagnie, tantôt celle-ci gruge le pouvoir du gouverneur autrement désigné ; ainsi, en 1659, le procureur fiscal de la compagnie assume les responsabilités judiciaires. Les choses changent avec les décisions de 1663 qui instaurent un Conseil souverain et qui font de la colonie une province de France. En principe, la Compagnie des Indes occidentales (1664-1674) détient le pays « en juste propriété, justice et seigneurie » ; le gouverneur et les conseillers sont censément choisis par elle. En réalité, gouverneur et intendant sont désignés par le roi. Sous la pression de ces deux personnages, le contrôle de la compagnie sur l'administration s'effritera.

Le gouverneur exerce une fonction principalement d'ordre militaire ; il est chargé des relations avec les Indiens et les missions ; il peut concéder des terres. L'intendant exerce son autorité sur les secteurs les plus considérables du pouvoir : lui reviennent l'administration des finances publiques dans la colonie et dans les postes éloignés, la responsabilité dernière en matière de justice. Quand on le dit titulaire de la « police », entendons l'expression dans un sens très large qui englobe aussi bien les aspects temporels des affaires ecclésiastiques que les rapports entre seigneurs et censitaires.

Inévitables, les dissensions entre ces deux personnages n'ont pas manqué tout au long du Régime français. Insistons plutôt à propos des répercussions sur la structure sociale de pouvoirs aussi étendus et aussi centralisés. En marge de leurs charges, les gouverneurs participent à la traite des fourrures, personnellement ou par des intermédiaires. De leur côté, les intendants négocient

des contrats de tous genres qui tissent des réseaux de patronage.
Le pouvoir s'immisce dans la collectivité par des canaux que n'ont
pas prévus les définitions officielles. Les solidarités et les
oppositions des groupes (surtout des factions qui n'ont guère à
faire avec le menu peuple) se mêlent aux initiatives des
administrations.

À l'origine, le Conseil souverain a reçu des attributions qui
eussent convenu à une province de France. Ses responsabilités
sont assez tôt restreintes, sous la pression du gouverneur et de
l'intendant. Au XVIIIe siècle, le Conseil n'est guère plus qu'une cour
d'appel, bien qu'il promulgue aussi certaines réglementations. Il
réunit, en un cercle officiel sans grande efficacité, des élites qui
exercent en d'autres lieux leur influence réelle.

Dans son ensemble, cette machine administrative ne manque
pas d'efficacité pour ce qui concerne une couche de la vie sociale,
celle où jouent les décisions relatives au commerce, à la guerre,
aux précaires entreprises industrielles ; elle a du poids dans les
stratégies des élites. A-t-elle une incidence profonde sur la vie
quotidienne du peuple ? Elle multiplie les règlements, il est vrai :
en dehors des villes, quelle est leur mise en application effective ?
Par exemple, l'intendant intervient dans les seigneuries où il joue
le rôle d'arbitre, le plus souvent en faveur des seigneurs ; cependant, remarque Louise Dechêne, « il n'y a finalement qu'un seul
frein efficace aux ambitions seigneuriales : les usages du pays que
la population va graduellement et tenacement créer[22] ».

Quelques tentatives visent à donner à la collectivité une
organisation calquée sur le modèle des ordres qui prédominent
dans la métropole. Pour faire prêter le serment de fidélité,
Frontenac réunit les habitants en quatre « espèces de corps » :
clergé, noblesse, justice et tiers-État. Colbert l'avertit de ne pas
recommencer : « Nos rois ont estimé du bien de leur service,
depuis longtemps, de ne point assembler les États généraux de leur
royaume, pour peut-être anéantir insensiblement cette forme
ancienne, vous ne devez aussi donner que très rarement et pour
mieux dire jamais cette forme au corps des habitants du dit pays ;
et il faudra même, avec un peu de temps et lorsque la colonie sera
encore plus forte qu'elle n'est, supprimer insensiblement le syndic
qui présente des requêtes au nom de tous les habitants, étant bon
que chacun parle pour soi et que personne ne parle pour tous. »
Ce texte trace une ligne de conduite qui ne fléchira jamais. Il ne

suffit pas que l'organisation sociale vienne d'en haut ; on doit empêcher que des initiatives d'en bas complètent ou gênent son action. L'atomisation de la collectivité est la condition pour la pleine diffusion du pouvoir. Maxime inapplicable évidemment : on n'imagine pas une colonie qui fonctionnerait uniquement par l'impulsion de décisions extérieures. Si elle ne devait jamais connaître une mise en œuvre adéquate, l'intention a tout de même influé sur l'aménagement de l'organisation sociale.

Aussi, en dépit de ce que certains auteurs ont pu affirmer, il paraît difficile de découvrir en Nouvelle-France quelques éléments importants d'un gouvernement représentatif. En 1647, des syndics sont élus par les résidants de Québec, de Montréal, de Trois-Rivières ; ils disparaissent après 1674. Des consultations publiques ont lieu ; on dénombre 17 assemblées entre 1672 et le début du XVIIIe siècle. À partir de 1706, une assemblée est tenue chaque année à l'arrivée des navires de France : réunion de marchands et non de citoyens. Bien entendu, les élites commerçantes ont un effet incontestable sur l'administration ; ne confondons pas ces relations de clientèle avec une participation politique.

On a fait grand cas des capitaines de milice. Choisis parmi les habitants, ils contribuent à l'encadrement militaire, encore qu'ils ne commandent pas toujours les unités. Ils représentent l'intendant au niveau local, transmettent ordres et messages. Ils lèvent des corvées pour les travaux de fortification et l'entretien des chemins. En retour, ils jouissent de certains privilèges honorifiques. Leur recrutement est d'abord assez diversifié : au XVIIe siècle, les nobles ne dédaignent pas cette fonction ; au XVIIIe siècle, les postes de commandement étant ouverts aux Canadiens dans les troupes royales, ils préféreront y faire carrière. Des marchands des villes, de modestes seigneurs sont capitaines de milice ; néanmoins, ceux-ci sont recrutés de plus en plus parmi les roturiers des campagnes[23]. Il est probable que, dans les villes, le titre de capitaine de milice s'ajoute à d'autres attributs de prestige social et qu'il ne comporte pas toutes les responsabilités échues à ceux des campagnes. Aussi, à la recherche d'indices de représentation locale, des auteurs ont insisté sur leur rôle dans les milieux ruraux ; de Bonnault a même parlé d'une « élite spontanée et locale ». C'était beaucoup affirmer. Sans doute choisit-on les capitaines de milice parmi les quelques habitants dotés d'un certain statut dans la communauté ; leur autorité n'est que de délégation et ne tient aucunement à quelque mécanisme de représentation de la part des habitants. Ils ne sont pas le prolongement de la communauté mais son substitut[24].

Qu'en est-il de la contribution de l'Église à l'organisation sociale ?

Au départ, elle détient un pouvoir semblable à celui de l'administration civile ; dans les mentalités et les pratiques de l'époque, la délimitation du civil et du religieux n'a rien des précisions d'aujourd'hui. L'Église de la colonie noue des relations directes avec la métropole. Elle est dirigée par des gens qui appartiennent au même cercle d'élites que les gouvernants. Elle est un instrument de contrôle social, et c'est ainsi que l'autorité métropolitaine la considère. Elle règne sur l'éducation. Elle possède des seigneuries parmi les plus considérables et les plus prospères.

Pour être réelle, cette puissance est en fait progressivement limitée. Mgr de Laval a conçu un système centralisé, pour en revenir, disait-il, aux « temps apostoliques » : un séminaire qui devait pourvoir à la nomination aux cures et former une espèce de communauté du clergé sous la gouverne de l'évêque ; planification que Mgr de Saint-Vallier écartera. En 1665, Mgr de Laval perd sa prérogative de nommer des conseillers de concert avec le gouverneur. Par la suite, la présence des évêques est intermittente : Mgr de Saint-Vallier est longtemps absent ; une fois consacré, Mgr Duplessis de Mornay refuse de passer au Canada ; son successeur, Mgr Dosquet, conserve pendant dix ans le titre d'évêque du pays, mais il n'y séjourne que durant quatre ans ; Mgr de Lauberivière meurt à son arrivée à Québec. L'autorité religieuse est plus stable à partir de 1741, avec la venue de Mgr de Pontbriand ; mais le pouvoir civil a acquis depuis longtemps une écrasante prépondérance. Celle-ci s'exerce en de multiples matières : le choix des évêques, l'autorisation et la réglementation des communautés, l'érection des paroisses, les dîmes, etc. Par exemple, le ministre avertit l'évêque de Saint-Vallier (mars 1702) : « J'ai trouvé la difficulté de donner l'absolution et la communion pascale à ceux qui y manqueront [à payer la dîme] trop forte, et il est nécessaire, s'il vous plaît, que vous changiez cette ordonnance ». En 1728, l'intendant Dupuy s'élève jusqu'au principe : « L'Église est dans l'État et non l'État dans l'Église. »

Ainsi resserrée par le pouvoir civil, l'Église est-elle du moins enracinée dans la population ? L'unanimité des croyances religieuses lui garantit une audience incontestable ; et on peut penser que, dans les campagnes, la concentration autour de la famille contribue fortement à la transmission de la croyance. Mais c'est une autre question que celle du prolongement dans le peuple du pouvoir ecclésiastique. Les prêtres ne sont pas assez nombreux pour encadrer fermement une population dispersée ; ils sont d'ailleurs trop concentrés dans les villes. À la fin du Régime français, on compte 137 prêtres pour 65 000 habitants. En 1730, seulement vingt paroisses sur cent ont un curé résidant[25]. Parmi les Canadiens, le recrutement est difficile. Quelles sont les véritables paroisses où des curés puissent exercer une autorité continue ? S'impose une constatation semblable à celle déjà faite pour l'administration civile ; pas plus que cette dernière, l'organisation ecclésiastique n'informe vraiment la collectivité. Cette constatation s'applique surtout aux milieux ruraux, il est vrai : indication supplémentaire de cette faible intégration de la campagne et de la ville sur laquelle j'ai déjà insisté.

J'en arrive au régime seigneurial. Il est lié avec l'administration et avec l'Église, mais son mode d'implantation est différent. À son sujet, je serai pourtant conduit à des observations convergentes.

Marcel Trudel définit la fonction assignée à la seigneurie : « Accorder à des entrepreneurs, qu'on appellera seigneurs, une portion plus ou moins grande de terre pour y établir des habitants, en fixant d'avance et d'une façon précise les droits et devoirs réciproques dont l'État se réserve la surveillance minutieuse[26]. » Ne nous y trompons pas : voilà le modèle, le projet, l'idéal. Sa mise à l'épreuve est bien différente. Pour que la réalité s'y conformât, il eût fallu une population abondante et un territoire plus restreint. Il eût fallu aussi que les seigneurs fussent d'authentiques entrepreneurs pourvus des connaissances et des capitaux adéquats.

Au début, des seigneurs se préoccupent de recrutement et font montre d'efficacité. Leur nombre diminue peu à peu. On a montré que, dans presque tous les cas, ce sont plutôt des conditions géographiques qui ont influé sur l'extension du régime : la qualité des terres, les moyens de communication, les modes de migration des familles[27]. Beaucoup de seigneurs sont davantage intéressés par le commerce des fourrures que par l'entreprise agricole. Pour plusieurs, la seigneurie est un mode de perception de revenus, dont ils surveillent le strict fonctionnement. Les seigneurs citadins ne sont pas l'exception[28].

En fait, on doit distinguer des types différents de seigneuries. Rassemblant près de la moitié de la population rurale, les seigneuries ecclésiastiques sont de véritables entreprises ; celles de Saint-Sulpice et du Séminaire de Québec, en particulier, sont gérées avec rigueur. Certaines seigneuries laïques, celle d'Aubert de la Chesnaye par exemple, sont aussi des entreprises, souvent liées à d'autres modes d'exploitation commerciale ou de spéculation. Des terres sont affermées plutôt que cédées à des censitaires. Au total, le système correspond très peu au plan abstrait dont il procède. Qu'il soit entrepreneur ou simple exploitant, le seigneur ne joue pas le rôle qu'on lui a attribué. Souvent, celui qui réside parmi les paysans a un niveau de vie qui dépasse à peine le leur. Trouve-t-il quelque compensation dans les droits honorifiques dont l'institution le gratifie en principe ? Il semble que la plupart du temps ces rites ne soient pas respectés. Enfin, dans un territoire aussi vaste, où les terres disponibles sont nombreuses, le paysan n'est guère contraint de se soumettre pour toujours à l'environnement qui lui est d'abord désigné ; on a calculé qu'un tiers des censitaires de l'île d'Orléans ont quitté leur emplacement quelques années après la concession.

J'en reviens toujours au décalage entre une organisation sociale définie par des institutions aux objectifs manifestes et d'autres modes d'intégration collective. Bien entendu, des liens existent ; il n'est pas question de minimiser l'influence de l'administration, de l'Église, du régime seigneurial sur la formation de cette collectivité. Néanmoins, les institutions officielles correspondent peu aux solidarités tissées sur le terrain.

La stratification sociale

Sans m'abandonner à de longues considérations théoriques dont ce n'est pas le lieu, je précise du moins en quelques mots ce que j'entendrai par *stratification*. Dans toutes les collectivités, la division du travail, les ressources économiques et culturelles confèrent prestige et pouvoir inégaux aux individus ; ceux-ci se trouvent ainsi situés différemment par rapport aux valeurs communément partagées. Des niveaux hiérarchisés en résultent que nous convenons d'appeler des *strates*. Pourquoi ne pas parler carrément de *classes sociales* ? Celles-ci ne se rencontrent pas partout ; et, lorsqu'elles existent, elles cohabitent souvent avec d'autres types de stratification, avec des castes ou des ordres par exemple. De toute façon, l'on ne saurait jamais ramener les strates à une ligne hiérarchique unique. Les occupations ou les revenus ne se rangent pas selon une même continuité de pouvoir ou de prestige. Les valeurs en cause sont diverses, contradictoires même : elles tiennent à l'hérédité, à la propriété, au savoir... Si les strates supérieures se rejoignent dans un empyrée de la domination, c'est par des mécanismes de raccordement qui ne dissimulent pas les sources divergentes de leur puissance.

En Nouvelle-France, le milieu rural repose, on l'a vu, sur la famille et le voisinage ; c'est là que se fonde avant tout le statut social. Des familles plus aisées, par l'extension de leur domaine, par son exploitation intensive, exercent une certaine prédominance. J'ai rappelé que le seigneur résidant jouit rarement d'un niveau de vie qui l'élève beaucoup au-dessus des censitaires, que son prestige est faible s'il ne dispose pas d'autres sources de revenu, que les censitaires profitent d'une relative autonomie dans un espace où les terres disponibles sont abondantes. Certes, le cas des seigneuries ecclésiastiques et des quelques autres que gèrent de grands commerçants des villes est différent ; on déborde alors le milieu rural pour atteindre des structures plus globales dont il sera question plus loin[29]. Les curés résidants sont peu nombreux ; nous n'en sommes pas à l'autorité patriarcale qui régnera plus tard dans les paroisses. Enfin, dans les campagnes, il n'existe guère d'élites qui fassent relais, par les investissements et le commerce, avec les principales forces animatrices de l'économie coloniale. De tout cela, ne concluons pas à l'absence de stratification ; celle-ci est loin de cette hiérarchie féodale que les conceptions officielles du régime seigneurial avaient semblé instaurer. Et elle ne détermine pas encore des rapports de classes rigides.

Dans les villes, les statuts sont plus ramifiés : manœuvres, artisans, boutiquiers, officiers civils, nobles, administrateurs, grandes familles liées aux trafics de toutes espèces. Les manœuvres forment un *prolétariat* urbain soumis aux aléas du chômage ; une masse plus ou moins flottante reflue des campagnes et se trouve réduite à la mendicité. Les artisans sont d'une autre condition : à cause de leur rareté, ils jouissent de quelque latitude quant au choix de l'emploi et de la clientèle. Fût-elle de médiocre statut et

de pauvre rapport, la fonction d'officier civil est recherchée ;
même au bas de l'échelle, on en retire de maigres avantages
pécuniaires et une modeste considération qui s'apparente de loin
aux valeurs des sociétés d'ordres. Dans ces milieux relativement
circonscrits que sont les villes, s'impose à tous le spectacle de la
diversité des conditions, du prestige et du pouvoir.

Et les élites ? Même si les statuts et les rôles obéissent à des
principes différents, le sentiment d'appartenir à des strates privilégiées ne peut être que fort vif. Quand les individus rassemblés sont
peu nombreux, les inégalités sont davantage perceptibles. D'autant
plus que l'élite apparaît singulièrement distante du corps social. Je
rejoins ici des discussions qui n'ont pas cessé d'alimenter recherches et polémiques[30]. Au juste, de quelle nature est cette élite ?
Quels sont ses appuis ? De quelles valeurs peut elle se réclamer ?
Quel caractère inscrit-elle dans l'ensemble de cette société en
formation ?

Aucune élite n'est homogène. Celle de la Nouvelle-France
n'échappe pas à la règle. L'assise des privilèges est, en gros, la
même ; les valeurs et les intérêts divergent, souvent jusqu'aux
conflits ouverts.

Le gouverneur et l'intendant ne participent pas tout entiers à
cette société ; ils conservent des attaches en France ; ils font un
séjour plus ou moins long dans la colonie, et en principe leur
carrière se poursuivra dans la métropole. Le gouverneur appartient à la noblesse ; l'intendant, à la bourgeoisie. Leurs fréquentes
querelles ne s'expliquent pas seulement par des incompatibilités de
caractère ou de vues, ni même uniquement par des empiétements
de compétence. Les oppositions tiennent aussi à des formations, à
des rôles qui divisent la société métropolitaine. Sans les impératifs
de la guerre, la nécessité des alliances indiennes, le pouvoir du
gouverneur serait bien moindre. Il profite de ses relations avec les
postes de traite, des nominations qu'il y fait et qui lui apportent en
retour quelque profit ; alors, il se conduit moins comme un noble
que comme un homme d'affaires. Quant à l'intendant, il se
rattache à une classe qui, dans la France de l'époque, est en pleine
ascension et représente l'avenir[31].

Auprès de ces hautes autorités s'agglomèrent des clientèles
de gentilshommes et d'hommes d'affaires. Guy Frégault parle de
« partis » : « Des pyramides d'intérêts qui s'édifient autour de quelques vieilles familles [...] ; dans une société où l'État est déjà l'un

des plus grands clients des négociants, où il faut des permis pour pratiquer le commerce et où la politique pénètre tout, les ambitions des notables sont liées à des aspirations économiques[32]. » Entre les membres de ces clientèles, la concurrence est parfois féroce ; les ascensions et les chutes se succèdent. Les règles du marché y ont moins de portée que les allégeances aux grands détenteurs du pouvoir. Ceux-ci, qui ne dédaignent pas de participer au commerce, sont des concurrents ; dans ce grand jeu, tout le monde défend des privilèges. Les délégués de Paris méprisent les notables du pays ; les marchands métropolitains et les commerçants locaux sont en conflit permanent ; les tensions entre clergé d'origine française et clergé d'origine canadienne inquiètent les évêques.

Sur la base de leurs positions respectives et des querelles qu'elles engendrent, les élites sont partagées entre deux principes de stratification.

Le premier renvoie aux valeurs de la noblesse. La symbolique militaire y joue un grand rôle, entretenue par la fréquence des guerres. Le fait d'être titulaire d'une seigneurie, à condition que celle-ci ait une certaine importance et que s'y adjoignent d'autres privilèges, est aussi un atout qui fait participer aux vieilles valeurs de la féodalité. Le clergé, surtout s'il est de haut rang, se situe dans la même ligne. Les officiers civils s'y rattachent également de quelque manière. Ce mode de stratification, si diversifié par ailleurs, reporte à la hiérarchie officielle de l'Ancien Régime celle d'une société d'ordres.

Le deuxième principe de stratification caractérise une société de classes. Il procède du commerce et des activités apparentées, principalement de l'exploitation des fourrures et des fournitures de guerre. Marque de la bourgeoisie, l'esprit d'entreprise est présent, encore qu'il ne s'exerce pas sur le terrain neutre de l'économie ; le recours à l'État, aux avantages qu'il accorde, est indispensable. Nombreuses sont les entreprises qui dépérissent, que l'État reprend à sa charge, quitte à les faire vivoter. Esprit capitaliste ? On l'a beaucoup contesté. Assez vainement, ce me semble : dans quelle société moderne le capitalisme n'a-t-il pas besoin de l'État pour se soutenir ?

Ordres et *classes* : ce sont là des pôles de référence. N'y voyons pas des casiers où l'on puisse ranger les individus avec une netteté sans faille. Des nobles se livrent au commerce et en épousent les exigences et les valeurs ; des bourgeois font parade de noblesse, parviennent souvent à en obtenir les attributs. Certains historiens ont donné une grande importance aux querelles de pré-séance, aux rites et aux colifichets dont on aime s'entourer chez les élites, petites ou grandes. Priorité des symboles de la noblesse ? N'oublions pas que, de tout temps, faute de garanties transmises par hérédité, la bourgeoisie a dû travailler non seulement à mainte-nir richesses et pouvoirs mais aussi à montrer ce qui la distingue des autres classes[33] ; pour ce faire, que la bourgeoisie de la Nouvelle-France emprunte aux rituels de la noblesse ne constitue qu'un fait de signification plutôt relative.

Dans la pratique, la réconciliation des deux principes de stratification s'effectue par la participation des individus à des activités multiples : responsabilités administratives, fourniture de l'État, offices militaires, titres seigneuriaux. Ces charges et ces bénéfices sont distribués en proportions variables selon les per-sonnes. Les alliances matrimoniales cimentent ces diverses com-posantes pour donner à l'élite, malgré la pluralité des privilèges et des statuts, une incontestable cohésion. Cette importance du mariage pour le rapprochement des élites n'a rien de particulier à la Nouvelle-France ; il y a là une constante, y compris dans les sociétés toutes contemporaines.

L'État est le principal pôle d'attraction de cette élite : il étend sa mainmise sur les deux éléments fondamentaux de l'économie, l'exploitation de la fourrure et la guerre ; il dispose des permis de traite, des nominations aux postes militaires et administratifs, de la distribution des terres, des titres de noblesse. C'est d'en haut que l'élite tient son pouvoir. Par le bas, ses assises sont précaires[34]. L'organisation sociale fournit de pauvres relais pour l'insertion de son emprise dans la collectivité. Quand des historiens ont parlé de « décapitation » de la « bourgeoisie » par la Conquête de 1760, ils ont mésestimé cet aspect des choses : en Nouvelle-France, entre le « corps » et la « tête », le lien est ténu...

Par ailleurs, s'esquisse au XVIIIe siècle une certaine conso-lidation des strates sociales. Là encore, la famille exerce un rôle essentiel. On tend à se transmettre le métier de « voyageur » de père en fils. Il en est ainsi pour les artisans, les petits marchands, les aubergistes, les notaires, les huissiers. Le monde paysan va dans le même sens. Quant aux nobles, leurs fils peuvent faire carrière d'officiers, quitte à ce que le surplus de la progéniture émigre dans l'hinterland ou en France[35]. En somme, si la mobilité sociale conserve une certaine fluidité qui vient du siècle précédent, à mesure que s'affermissent les occupations, les distances sociales s'accentuent aussi, avec leurs symboles et leurs préjugés.

Une conscience nationale ?

Beaucoup d'historiens de la Nouvelle-France n'ont pas hésité à y reconnaître les traits d'une nation déjà constituée[36]. Au fait, la question n'est pas moins complexe que celle de la stratification sociale.

Des solidarités entretenues au fil des générations et le partage d'un même territoire renforcent les symboles d'une identité commune. On peut parler en ce sens d'un *sentiment national,* dont l'exemple remonte fort loin dans l'histoire des peuples et que je qualifierais volontiers d'*archaïque* (en ne mettant dans ce terme, bien entendu, aucune coloration péjorative). Ce sentiment est certainement présent en Nouvelle-France.

Provenant de diverses provinces de la métropole, les gens se sont plus ou moins fondus en une même entité. La langue et la religion leur fournissent des références de base semblables. Déracinés de leurs lieux d'origine, les immigrants et leurs descendants affrontent de nouvelles conditions d'existence. Ils inventent des modes d'adaptation à la nature, empruntent à l'Indien des techniques et des genres de vie. L'organisation sociale étant réduite et d'un tissu plutôt lâche, ils ont grande latitude pour transformer les institutions importées d'outre-mer. Le commerce de la fourrure et les guerres incessantes mettent au jour d'autres préoccupations, d'autres ambitions, d'autres comportements que ceux des pays de France. Quel nouveau sentiment de la patrie en est-il résulté ? Il n'est pas homogène : entre le voyageur des pays d'en haut, l'élite de la colonie et l'habitant des campagnes, les disparités sont évidentes. Cependant, comment douter que ces coloniaux ressentent tous une grande distance par rapport à la métropole ? Cette distance, elle est physique : la France est loin ; les communications sont difficiles et livrées aux aléas des saisons. Cette distance, elle est surtout généalogique, si l'on peut dire ; l'apport le plus important de la population remonte avant le XVIIIe siècle.

Entretenu au fil des jours, ce sentiment s'élève quelquefois jusqu'aux abords de la conscience historique. Il s'exprime plus ouvertement chez une certaine élite. En témoigne cette adresse au gouverneur et à l'intendant dans laquelle les négociants de Québec réclament leurs droits à l'encontre des concurrents métropolitains : « Remarquez, s'il vous plaît, nos seigneurs, que les domiciliés ont eu dans cette colonie : trisayeux, bisayeux, ayeux, leurs pères. [...] Ils y ont leurs familles, dont la plupart sont nombreuses, qu'ils ont contribué les premiers à l'établir, qu'ils y ont ouvert et cultivé les terres, basti les églises, arboré des croix, maintenu la religion, fait construire de belles maisons, contribué à fortifier les villes, soutenu la guerre tant contre les nations sauvages que contre les autres ennemis de l'État même avec succès, qu'ils ont obéi à tous les ordres qui leur ont été donnés à supporter toutes les fatigues de la guerre, les hivers nonobstant les rigueurs de la saison aussi bien que l'été, et qu'ils n'ont épargné ni leurs biens, ni leur vie pour seconder les intentions du roi d'établir ce pays qui est un fleuron de sa couronne... »

Les autorités déléguées par la métropole s'identifient malaisément avec les habitants. Ceux-ci regimbent contre ceux qu'ils considèrent comme des intrus arrogants. Éternelle plainte des coloniaux, en toutes contrées, envers les profiteurs ou les administrateurs, fussent-ils de même sang ou de même langue. Des prêtres d'origine canadienne protestent contre les prêtres venus de France ; on refuse de nommer des natifs du pays à des postes de responsabilité. Mgr Dosquet rétorque que s'il préfère des prêtres venus de France, c'est « pour inspirer aux peuples la fidélité, l'amour et le zèle que des sujets doivent à leur roi » ; il n'écarte pas l'« idée de mettre un curé français entre deux paroisses gouvernées par des prêtres canadiens ». Un officier comme Bougainville est choqué : « Il semble que nous soyons d'une nation différente, ennemie même. » Exaspération d'un général habitué aux mœurs de la métropole et qui a du mal à admettre qu'aux colonies on puisse vivre et combattre autrement.

Souvenir d'une même migration, appropriation d'un territoire, différence envers le métropolitain et que celui-ci rappelle avec insistance : les éléments du sentiment d'une patrie originale sont réunis. Mais, présent dans toute nation, ce fonds archaïque ne suffit pas à la constituer. Il y faut une sphère proprement publique de la vie collective où, par-delà les communautés particulières d'appartenance, les individus se reconnaissent tributaires d'un ensemble plus vaste auquel des idéologies donnent visage. On n'en est pas encore là en Nouvelle-France.

Y a-t-il 65 000, 70 000 personnes, au milieu du XVIIIe siècle, à la fin du Régime français ? Bien petite collectivité que celle-là, d'autant plus qu'elle est disséminée sur un territoire immense. Néanmoins, des forces de cohésion s'y discernent. Alors que dans la France de l'époque, infiniment plus peuplée pour un espace beaucoup plus restreint, on est encore loin d'une relative homogénéité des populations, les colons du Canada se sont ralliés à un langage commun. La mobilité d'un grand nombre vers l'hinterland, facteur de désintégration en un sens, façonne par ailleurs des modes de vie favorables aux adaptations, à la création de pratiques originales. À la campagne surtout, l'éloignement ou la désuétude des institutions officielles renforcent une étroite solidarité de famille et de voisinage et tissent des liens solides qui resteront pour longtemps une caractéristique fondamentale de cette collectivité.

Malgré sa relative homogénéité, on retiendra son défaut d'intégration globale. Les conceptions et les politiques métropolitaines lui sont mal ajustées. À mesure que son expansion territoriale s'accroît en raison de la nécessité impérieuse de l'économie, elle est scindée en deux tronçons, la vallée du Saint-Laurent et l'hinterland, dont les structures, les mœurs, les pratiques deviennent de plus en plus dissemblables. La colonie de peuplement est elle-même partagée entre deux modes de développement, urbain et rural. Les villes n'influent guère sur les campagnes qui ont acquis leurs assises dans le rang, la famille et le voisinage. Les institutions officielles sont pauvres en initiatives, trop centralisées, peu favorables à la participation. Dans ce contexte, l'organisation sociale ne peut être que très lâche. Au faîte d'une hiérarchie ayant plusieurs critères, une élite fort active dépend néanmoins de privilèges dispensés d'en haut. En somme, les conditions ne sont pas réunies pour que puissent se former une conscience politique et une conscience nationale.

La Conquête va y contraindre.

CHAPITRE III

VERS UNE CONSCIENCE POLITIQUE

Comment mesurer la répercussion de la Conquête anglaise de 1760 ? Des historiens y ont vu une rupture radicale. Une société en formation du temps de la Nouvelle-France, après avoir acquis les éléments essentiels de son développement, est brusquement bloquée dans sa croissance ; les débris en seront livrés aux vicissitudes de la survivance[1]. Pour d'autres, le changement n'est que de surface et l'histoire profonde n'infléchit pas son cours[2].

Je ne trancherai pas entre des vues aussi extrêmes ; je ne chercherai pas davantage quelque vérité de l'entre-deux. Il est sûr que la Conquête modifie la structure de la société en gestation : la nouvelle métropole lui est étrangère par sa culture, sa religion, ses intérêts ; un peuple d'origine anglaise va s'installer sur le territoire pour y créer une société parallèle. Il est également certain qu'une population déjà homogène, encadrée par des institutions de base et qui fut relativement isolée des autorités officielles sous le régime précédent, poursuivra son existence. Tout cela est trop grossièrement esquissé pour que l'on mène l'analyse en épousant cette alternance. Aussi, je vais procéder autrement.

Voulant discerner le cheminement d'une collectivité en quête de sa référence, ce qui nous retiendra avant tout, à l'étape où nous sommes, c'est la mise en place des conditions d'une conscience politique. J'en examinerai tour à tour les facteurs principaux : la politique de la métropole et les pouvoirs locaux ; les changements dans la morphologie sociale ; l'entrée d'une collectivité parallèle par l'immigration britannique ; l'apparition d'élites susceptibles d'élaborer des idéologies « définitrices ». Je serai ainsi en mesure, au chapitre suivant, de disséquer ces idéologies, de chercher en quoi elles tentent de fonder une société en l'interprétant.

Une remarque s'impose pour dissiper un embarras de vocabulaire. Après la Conquête, les écrits de l'époque désignent la population d'origine française du nom de « Canadiens ». Je me conformerai souvent à cet usage, mais j'utiliserai aussi des équivalents. Il m'arrivera de parler des « Français », que je distinguerai des « Anglais » ou des « Britanniques ». La locution « Canadiens français » est un peu anachronique dans la première moitié du XIXᵉ siècle, bien qu'elle se rencontre déjà ici et là. Enfin, qu'il soit entendu que parlant des « francophones » et des « anglophones », je n'insinue pas que le clivage soit seulement ou d'abord linguistique ; je m'étendrai d'ailleurs longuement sur le caractère de cette dualité.

Dépendance et pouvoirs

L'Angleterre a engagé dans la guerre de la Conquête d'énormes ressources. À la différence de la France, davantage fixée sur l'horizon européen, l'enjeu du conflit pour le pouvoir britannique est de construire résolument un empire colonial. En cette entreprise se joignent la volonté politique, dont Pitt est le principal représentant, et les intérêts des marchands. Ceux-ci exercent sur la scène anglaise une influence plus décisive qu'en France ; déjà la création de la Banque d'Angleterre (1694), concertation de marchands pour soutenir les finances de l'État, a conféré aux gens d'affaires une influence notable.

Au cours des premières années après la Conquête, la métropole édicte des directives quant à l'aménagement de la colonie. Cependant, bien des problèmes contrecarrent des politiques qui eussent été autrement mieux préparées et exécutées avec plus de continuité. George III s'emploie à restaurer le pouvoir royal contre des adversaires ; la querelle ne s'apaisera qu'en 1780. Des troubles intérieurs dans lesquels le Parlement est engagé, l'indépendance des colonies américaines fortes de trois millions d'habitants, la paix de Versailles qui refroidit les enthousiasmes impérialistes, les catholiques irlandais au bord de la révolte : tout cela explique que la politique envers la province de Québec soit fluctuante. Enfin, la Révolution française et les guerres napoléoniennes ramènent les préoccupations à l'Europe. Les attitudes envers la colonie canadienne seront principalement inspirées par des compromis qui tempèrent les objectifs d'assimilation inscrits dans la Proclamation royale de 1763. Ces objectifs s'atténueront, sinon dans la lettre, du moins dans les faits.

À travers ces politiques mouvantes, se discernent des vues plus profondes, qui, elles, ne sont pas traduites dans des textes officiels. La France avait projeté sur sa colonie une conception qui tenait à sa propre structure ; il en va de même de l'Angleterre. Le Parlement britannique subit les pressions des marchands, mais il n'est pas leur porte-parole ; on n'en est pas encore au déplacement du pouvoir politique de l'aristocratie vers la bourgeoisie des affaires. Le Parlement se représente la société canadienne comme devant comporter une aristocratie équilibrant le pouvoir populaire. Cette aristocratie n'existant guère au pays, il faut en encourager la formation. L'Acte de Québec favorise donc les seigneurs ; et lorsqu'on instaurera une Assemblée en 1791, on voudra lui opposer un Conseil législatif. Le ministre Grenville rêve de « constituer un corps aristocratique héréditaire ». Les hommes d'affaires anglais de la colonie ont beau trouver cette prétention ridicule, elle est conforme aux idéaux des autorités politiques britanniques[3]. Cette intention est aussi celle des gouverneurs : Murray et Carleton s'illusionnent sur la nature de la société qu'ils régissent ; par la suite, les gouverneurs garderont la nostalgie d'une noblesse locale, particulièrement Milnes et Craig qui envisageront des mesures pour l'imposer.

Dans son célèbre rapport de 1839, Durham jugera sévèrement les louvoiements de la politique métropolitaine : « Une politique fondée sur une information imparfaite et conduite par des mains continuellement changeantes a fait voir à la colonie un système d'hésitation, qui n'était en fait qu'une absence totale de système. Les concessions alternées aux races concurrentes n'ont fait qu'irriter les deux, nui à l'autorité du gouvernement et, en gardant vivantes les espérances d'une nationalité canadienne-française, ont contrecarré les influences qui auraient pu, sans cela, mener la querelle à son terme naturel et nécessaire. » Le noble lord était doué d'un esprit systématique qui lui faisait oublier, après coup, les difficultés qu'avait rencontrées la métropole. Du reste, la logique qu'il préconisait, et que l'Acte d'union de 1840 mettra en application, fut adoptée dès les débuts du régime britannique ; mais, par la suite, elle avait dû se plier aux circonstances et à la nature de la société colonisée. Si, contrairement aux vœux de Durham, il ne sera plus possible en 1840 de renouer franchement par-dessus près d'un siècle avec la volonté initiale d'assimilation, c'est qu'aux lendemains de la Conquête une société se sera perpétuée à la faveur des errances de la politique anglaise.

Premier délégué de la métropole, le gouverneur est omniprésent, même lorsque le régime d'occupation militaire a pris fin. Un intendant ne lui fait plus contrepoids comme au temps de la Nouvelle-France. Il veille sur la traite des fourrures et les exportations ; il est responsable des affaires religieuses. Le péril américain renforce son autorité militaire. Les luttes des gouverneurs avec l'Assemblée pour le contrôle des finances publiques occupent le devant de la scène. On a montré que, de 1791 à 1812, si on répartit le budget total de la colonie entre gouvernement civil et gouvernement militaire, celui-ci totalise 80 % des dépenses ; soutien capital pour la puissance du gouverneur et pour les réseaux de patronage[4].

Ce pouvoir considérable livre les gouverneurs aux événements et aux impulsions de leur tempérament. Comme leurs prédécesseurs du temps de la Nouvelle-France, ils nourrissent des préjugés de caste. Ils ont aussi leurs conceptions de la société coloniale. Tantôt ils admettent, Murray et Carleton par exemple, que cette société possède des traits originaux qu'il faut sauvegarder, quitte à se méprendre sur l'ascendant réel des hiérarchies locales ; tantôt ils veulent réduire cette collectivité aux schémas de la société anglaise. Les gouverneurs se succèdent d'ailleurs à un rythme très rapide : 21 en 46 ans, si on compte les administrateurs pourvus d'un mandat analogue.

Les membres du Conseil exécutif demeurent en poste plus longtemps que les gouverneurs et connaissent mieux les affaires locales. Des conflits s'ensuivent, dont nous ne connaissons pas toutes les péripéties. Persiste cependant une complicité : le Conseil est soumis au gouverneur, mais il sert aussi d'alibi à l'occasion pour des décisions difficiles, détournant sur lui le mécontentement[5]. Quant au Conseil législatif, il est là depuis les débuts, dans l'attente d'une Assemblée. L'acte de Québec de 1774 lui concède une certaine représentativité : 17 des 23 membres doivent être des résidants. Avec la Constitution de 1791, le rôle que lui attribue la métropole devient plus précis ; le Conseil est censé faire contrepoids à l'Assemblée, tenant lieu d'une aristocratie semblable à celle de la métropole. Ce dessein ne se réalisera pas dans les faits ; les petits nobles de la province ne font guère le poids. En réalité, le Conseil ne reflète pas les composantes de la société coloniale. Il n'est même pas l'endroit où convergeraient les conflits entre les intérêts qui se heurtent. Ses membres sont plutôt de fidèles soutiens du gouverneur et des politiques métro-politaines[6].

Si on jette un regard d'ensemble sur les pouvoirs officiels qui émanent de la métropole, on en arrive à une constatation sem-blable à celle déjà formulée pour la Nouvelle-France, et ce, malgré les différences dans les modalités d'organisation. La structure du pouvoir découle d'une volonté inhérente à toute entreprise coloniale ; on applique sur celle-ci l'imaginaire et les intérêts du pays colonisateur. On aura beau installer des organes d'un type inconnu en Nouvelle-France, ce ne seront que des adjuvants du gouverneur, l'oligarchie rassemblant des élites et des fonction-naires peu représentatifs de la population. À s'en tenir là, le chan-gement de métropole n'aurait guère modifié la nature, sinon de la collectivité, du moins du pouvoir.

Les pouvoirs dans la colonie

Des lieux de pouvoir existent dans la colonie. Ils font contre-partie à la métropole autrement qu'en Nouvelle-France : soit parce qu'ils œuvrent dans un nouveau contexte, comme l'Église ; soit qu'ils résultent de la rencontre des transformations sociales et des aménagements politiques, comme l'Assemblée créée par la Constitution de 1791.

En Nouvelle-France, après l'épiscopat de Mgr de Laval, l'Église était soumise à l'État ; elle n'était pas brimée dans ses libertés essentielles. Il en va autrement sous le régime britannique. Par principe, l'Angleterre protestante ne saurait consentir de statut officiel au catholicisme. Au début, la situation est précaire : l'Église canadienne est dépourvue d'évêque ; il est interdit aux ordres religieux de recruter de nouveaux membres ; le clergé a perdu un quart de ses effectifs. Pourtant, l'Église est le seul encadrement de la population à la mesure de la collectivité ; le conquérant est bientôt forcé de reconnaître qu'elle est indispensable au fonctionnement de la colonie. L'évêque recevra une pension ; Mgr Plessis sera nommé au Conseil législatif. En retour, le pouvoir politique compte sur l'Église pour sa propre domination. Assurément, il faut faire la part des doctrines alors courantes (et pas seulement dans le catholicisme) de la loyauté envers les pouvoirs établis, de la parenté des régimes monarchiques et des hiérarchies ecclésiastiques.

Les curés diffusent proclamations et décisions du pouvoir civil ; ils procèdent à des recensements. Les gouverneurs exigent mandements et lettres circulaires. Ils s'immiscent avec une tenace continuité dans la désignation des évêques. Le premier, Mgr Briand, est le candidat de Murray ; Mongolfier, candidat du chapitre, s'efface. Carleton jette son dévolu sur le coadjuteur d'Esgly ; le coadjuteur de Mgr Hubert est l'élu du gouverneur. Le procédé connaît des variantes : tantôt l'évêque en titre désigne un coadjuteur parmi des noms soumis par le gouverneur ; tantôt, c'est l'inverse. Ce n'est qu'à la fin des années 1830, surtout en raison de l'énergique position de Mgr Lartigue, que les gouverneurs perdront l'initiative dans le choix des évêques. Les gouverneurs interviennent dans les nominations aux cures ; ils suggèrent ou récusent des candidats. Ils vont parfois très loin, sous Milnes et Craig ; l'objectif est de faire désigner les curés par le gouvernement et de les rendre, à cet effet, titulaires d'une commission royale. L'opposition farouche de Mgr Plessis fait avorter le projet[7].

Marcel Trudel a parlé, avec raison, de la « servitude » de l'Église sous le Régime anglais. D'où l'ambiguïté de la position des évêques, qui tient d'abord à la fonction de l'Église dans la structure sociale plutôt qu'aux tempéraments des responsables. Institution à la dimension de la collectivité française : elle rassemble une population dont les croyances religieuses allient des attitudes et des pratiques qui, avec la langue, sont de culture quotidienne. Sa puissance est incontestable ; mais elle se trouve écartelée entre son ancrage autochtone et l'utilisation qu'en veut faire le pouvoir britannique. Sa servitude nourrit sa persistante lutte pour l'autonomie. Elle n'a d'autre recours que l'attachement à Rome, puissance concurrente de l'Empire ; est en germe ce qui sera plus tard l'ultramontanisme des chefs de l'Église canadienne. La volonté de représenter la collectivité se fera de plus en plus claire chez les dirigeants de l'Église ; Mgr Lartigue en parle déjà, influencé sans doute par ses lectures de Lamennais, mais plus encore par une dynamique historique qui s'amplifiera par la suite.

Pour sa part, l'Assemblée parlementaire, consécutive à la Constitution de 1791, n'a aucun équivalent dans l'histoire antérieure de la colonie. Sa création a paru pertinente aux yeux de la métropole pour deux raisons : permettre la participation politique de la population selon le modèle britannique, ajouter des revenus de provenance locale aux ressources fournies par le gouvernement impérial.

Le modèle britannique se montre distordu en terre canadienne. En Angleterre, le découpage de la carte électorale n'a guère de rapport avec la réalité de la population, ce qui rend douteuse la représentativité des parlementaires ; au Bas-Canada, l'accès au vote est ouvert au peuple, la condition d'électeur assez largement répandue. Les élus ne disposent souvent que de moyens modestes ; très tôt, on demandera des compensations pécuniaires pour les représentants des circonscriptions éloignées de la capitale et qui ont de faibles ressources. De sorte que se dégage une élite politique peu comparable à celle de la métropole ; l'institution parlementaire servira de base à la montée d'une classe sociale francophone, à son affirmation comme interprète de la société globale.

Indépendamment des personnes, les conflits entre le gouverneur, ses conseils et l'Assemblée sont inévitables. Le gouverneur essaie de contrôler l'Assemblée, en distribuant offices, pensions, rentes ; le patronage, le favoritisme sont moyens de gouvernement. Milnes s'en ouvre plus carrément que d'autres. Il songe à augmenter la rente de l'évêque ; il veut donner du prestige aux capitaines de milice qu'il nommerait lui-même. Il s'agit, selon une vieille intention, de pousser à la formation d'une élite susceptible de faire contrepoids à l'Assemblée. Devant le Parlement britannique, lors des discussions préliminaires à l'octroi de la Constitution de 1791, Fox plaide pour un Conseil législatif élu ; mais il met des conditions telles à l'éligibilité qu'elles équivalent à la création d'une aristocratie. On ne substitue pas une élite à une autre par des moyens aussi artificiels. Pour sa part, porte-parole d'une classe montante que ne contrebalance pas une aristocratie, l'Assemblée réclamera un Conseil législatif électif. Ce qui bouleverserait les règles du jeu voulues par la métropole et défendues par le gouverneur et son oligarchie.

En définitive, entre les interventions de la métropole et les instances issues de la société, surgissent des tensions qui croîtront inévitablement. En fait, elles ne sont pas sans similitudes avec celles que nous avons perçues en Nouvelle-France. La métropole gouverne à distance. Puissant, le gouverneur est entouré d'une oligarchie comme avant la Conquête. L'Église est tenue sous servitude, plus encore qu'autrefois ; mais, parce qu'elle fait désormais face à un gouvernement protestant, par ses luttes pour survivre aussi bien que par l'origine canadienne de ses représentants, elle prend progressivement conscience de sa différence et de son pouvoir. Enfin, en favorisant l'essor d'une classe sociale indigène, la Chambre d'assemblée élèvera jusqu'au discours public une collectivité qui, avant la Conquête, avait poursuivi son existence sans de tels débats d'interprétation.

Mais quelle est cette collectivité canadienne qu'encadre pareille organisation politique ?

Continuités et ruptures

Après la Conquête persistent les traits de l'économie du Régime français. La fourrure, le blé et le poisson sont les principaux produits d'exportation ; la métropole soutient une politique mercantiliste. Des modifications notables interviennent cependant quant aux modes d'exploitation des ressources de la fourrure : une concentration des entreprises sous l'effet d'une concurrence plus vive, un déplacement rapide de l'entrepreneurship du côté anglais. L'éloignement plus sensible des territoires de traite accentue la spécialisation de la main-d'œuvre et la scission d'avec l'exploitation agricole.

Les changements sont dus à des causes diverses. Les unes proviennent de l'extérieur : les guerres franco-anglaises en Europe, l'insuffisance de la production agricole en Angleterre et le blocus continental commandé par Napoléon provoquent une intensification de l'activité économique dans la colonie canadienne dès le dernier quart du XVIIIᵉ siècle. L'exportation des produits agricoles augmente, accompagnée d'une hausse des prix. D'autres impulsions sont d'ordre interne. La première en importance, et qui n'aura pas que des conséquences économiques, est la croissance démographique. La population double entre 1785 et 1815 ; à cette dernière date, on compte environ 335 000 habitants. Ils seront 512 000 en 1831, plus d'un million dans les années 1850-1860. La population rurale demeure fortement dominante tout au long de la période : elle oscille autour de 80 % et elle croît plus fortement que dans les villes. La poussée démographique entraîne une augmentation des concessions et des défrichements. Le peuplement devient plus dense, particulièrement le long de l'axe du Saint-Laurent, près des villes de Montréal, de Québec, de Trois-Rivières, mais aussi dans la région du Richelieu.

Cette poussée démographique contribue à transformer les structures de l'économie rurale. D'autres facteurs s'y associent. Les historiens ont beaucoup insisté sur la routine paysanne, obstacle à une hausse de la productivité. On ne saurait écarter trop vite cette explication, encore qu'il ne faille pas généraliser sans précautions ; sur un territoire aussi étendu et où la diversité des emplacements, des exploitations, des communications est considérable, la routine n'est pas la règle. Selon les capacités des marchés, l'accès à des procédés nouveaux reste à mesurer ; dans l'état actuel de la recherche, un jugement global est prématuré. Ce qui est sûr, c'est que si la culture du blé décline, c'est moins (en termes globaux en tout cas) en raison d'un ralentissement de la production que de la baisse de la demande extérieure[8] ; des agriculteurs se mettent en retrait. À ces deux facteurs se conjugue un troisième, autrement percutant. Dès le début du XIXe siècle, l'expansion de l'exploitation forestière, en certaines aires du territoire du moins, amorce une transformation de l'économie. Les indices d'exportation ne trompent pas : vers 1810, 9 % pour les fourrures, 15 % pour les produits agricoles, 74 % pour le bois. Montréal n'est plus un comptoir important du commerce de la fourrure. À la différence de ce dernier, l'exploitation forestière a des effets inducteurs sur des activités complémentaires.

Cette mutation de l'économie rurale fait partie d'un vaste mouvement : l'entrée de la société canadienne dans une économie commerciale plus diversifiée et qui pénètre davantage la collectivité qu'auparavant. Les marchés se ramifient. Des petits marchands aux plus importants, les intermédiaires se multiplient. Producteurs, travailleurs, entrepreneurs sont forcés de s'adapter à des variables plus complexes[9].

Le système seigneurial en est ébranlé. De nombreuses

seigneuries changent de titulaires. Cette mobilité est l'indice d'une modification dans les mentalités traditionnelles liées à la propriété. Celle-ci garantit de moins en moins un statut de type nobiliaire, pour devenir une composante de stratégies économiques. Des seigneurs se livrent à la spéculation, haussent les taux des redevances, se réservent des droits sur des fractions de territoire (forêts, cours d'eau) susceptibles d'être livrées au commerce ou à l'exploitation industrielle.

La progression démographique provoque l'expansion des marchés intérieurs ; le volume de la main-d'œuvre augmente, alimentant un marché du travail dont les fluctuations touchent les entrepreneurs, les commerçants, les paysans eux-mêmes. Les scieries se multiplient (727 en 1831, 911 en 1844) ; les moulins à farine, la construction navale à Québec, les investissements dans des entreprises de transformation à Montréal, d'autres initiatives encore préfigurent une expansion à venir de l'industrialisation. Enfin, mieux pourvu pour ce qui est du climat et de la qualité des terres, moins proche des voies de communication maritimes, le Haut-Canada est en concurrence avec la production agricole bas-canadienne, alors que celle-ci connaît aussi la concurrence de l'exploitation forestière ; le Bas-Canada importe des denrées agricoles, même des États-Unis. Encore ici, il s'agit moins d'un manque de production que d'une nouvelle orientation d'une partie de la main-d'œuvre et de l'exploitation rurale.

Ces modifications de l'économie, dans des espaces encore mal articulés, engendrent des changements dans les genres de vie.

D'abord dans les campagnes, dont la population demeure, et de loin, majoritaire. Près des villages et des centres urbains, la production agricole se diversifie. Dans les régions d'exploitation du bois, des cultivateurs se consacrent partiellement au travail forestier, partiellement au travail de la terre. Le salariat se combine alors avec l'agriculture. Dualité du calcul économique et dualité du genre de vie qui connaîtront plus tard une large extension. La combinaison du salariat et de l'agriculture vivrière marquera longtemps la mentalité de beaucoup de communautés paysannes. Des cultivateurs ne deviendront pas tout à fait des ouvriers, avec l'homogénéité des attitudes, des pratiques, des revendications que cela supposerait ; s'adonnant à une agriculture de subsistance qui ne pousse guère à l'innovation, ils ne seront pas non plus tout à fait des paysans. L'amélioration du niveau de vie qui en résulte dans certains cas ne saurait masquer l'impasse où s'engage une partie du monde rural.

La poussée démographique, accompagnée d'une augmentation corrélative de la main-d'œuvre, de la densification de l'économie commerciale et de la mentalité de marché ont des effets sur la stratification sociale en milieu rural. De petites industries apparaissent ici et là. Des habitants accroissent leur terroir, profitent de la diversification des marchés, acquièrent de meilleures méthodes de gestion ; ils ont les moyens d'établir les enfants ou de pourvoir à leur migration. D'autres se débattent entre les exigences de la famille à nourrir et la terre qui rend plus ou moins bien. Certains tentent des innovations aux résultats aléatoires. D'autres enfin se renferment dans l'isolat des coutumes. En marge de l'économie commerciale grandissante, se consolide une société « tradition- nelle », qui est moins la perpétuation d'un régime agraire antérieur qu'un mécanisme de défense. On assiste à la formation d'une société traditionnelle plutôt qu'à sa survie. Et puis, il y a les sans- terre, les journaliers ; la fragmentation de la propriété rurale ne peut suffire indéfiniment à garantir du terroir à tout le monde. Ainsi grossit un prolétariat rural, dont la recherche historique reconnaît de mieux en mieux l'existence, mais dont elle n'est pas encore parvenue à cerner les contours et le sort.

Le mode de transmission de la propriété paysanne demeure un facteur important. On en connaît le paradigme, qui subit des aléas au gré de conflits qu'un milieu aussi restreint que la famille ne manque pas d'amplifier. En principe, la terre, qui ne peut se subdiviser à l'infini, est cédée à l'un des fils chargé d'aider à l'éta- blissement des autres enfants. Ce qui comporte parfois de lourdes obligations. Si les moyens le permettent, il sera loisible d'acheter d'autres terres à proximité ou plus loin. À moins que l'on ne devienne journalier agricole en vue d'amasser quelque pécule ou que l'on ne s'emploie au village prochain, la migration s'impose. Elle est le lot du grand nombre. Le phénomène, déjà présent anté- rieurement, s'accélère sous la pression de deux impératifs : la croissance de la population et, en conséquence, la rareté des terres sur le territoire laurentien. Gérard Bouchard entrevoit une tra- jectoire à long terme : « À partir des années 1830, l'émigration aux États-Unis et la création des régions de colonisation ouvrirent de larges exutoires aux surplus de population et permirent la repro- duction de la société rurale traditionnelle qui bénéficia là d'une sorte de sursis[10]. »

Les modes de migration dépendent souvent de la famille. À cet égard, une continuité se maintient depuis le Régime français et elle se perpétuera par la suite ; la famille reste à la fois garantie de stabilité et support de la mobilité. Des recherches l'ont montré pour les migrations de terroirs agricoles à terroirs de colonisation ; des observations portant sur des phases plus récentes de l'histoire du Québec suggèrent que ces constatations valent aussi pour l'émigration à la ville. Généralement, on ne quitte pas la terre ou le village pour la solitude d'un quartier urbain ; on retrouve à l'arrivée des gens de sa région d'origine. La parenté déjà installée sert de milieu de transition, quand ce n'est pas d'agence de placement.

Le territoire est immense, peu peuplé ; il est mal articulé par des moyens de communication difficiles. Grâce aux liens de parenté, la cohésion reste possible malgré tout. C'est par la base que cette collectivité sera cimentée. On en mesure les conséquences sur la construction d'une référence pour la société globale : enracinement serré dans la vie quotidienne, risque d'appauvrissement de la conscience historique. La mémoire patrimoniale a-t-elle entravé l'autre mémoire, qui, elle, relève de la plus vaste histoire ?

Des villages et des villes

Toujours sous l'effet de la démographie et de l'économie de marché, s'enclenche une expansion des villages, qui s'accélère entre 1815 et 1830. On comptait une vingtaine d'habitats groupés au moment de la Conquête ; on en recense au moins 240 au milieu du XIXe siècle, avec une concentration plus nette dans la région de Montréal et au long de l'axe laurentien[11]. Ce phénomène transforme le monde rural, qui en acquiert une articulation guère connue auparavant. Il crée des occupations, de nouveaux marchés. Il resserre les liens de paroisse. De nouvelles élites de marchands et de « professionnels » apparaissent. Serge Courville note qu'autour des années 1830 la population des villages équivaut à celle de la population urbaine. Certains de ces villages sont en fait de gros bourgs (800, 1000 habitants) : Sorel, Saint-Jean, Saint-Hyacinthe. Des relais se forment entre les villages, les bourgs en croissance et les villes encore peu considérables. Ces relais entraînent, dans l'axe laurentien avant tout, l'évolution de mentalités qui résulte aussi des migrations, de l'économie commerciale, d'une certaine pénétration de l'industrie et de l'extension de l'exploitation forestière.

La fonction de Montréal et de Québec est moins de permettre l'intégration d'un espace, aux mailles encore trop lâches, que de servir de pôles du commerce extérieur ou de lieux d'exploitation aux limites assez étroites. En Nouvelle-France, la proportion de la population urbaine était de 25 % environ en 1760 ; indice fort relatif, étant donné la faiblesse du peuplement dans l'ensemble. En 1825, la proportion n'est plus que de 10 %. On a pu parler de *désurbanisation*. Toujours est-il que le mouvement d'urbanisation reprend à partir des années 1820. Il dépend de facteurs dont je vais parler, et qui sont différents dans les cas de Montréal et de Québec.

Se chiffrant à environ 9000 en 1805, la population montréalaise atteindra 57 000 dans les années 1850 (90 000 en 1861). L'immigration y est pour beaucoup, mais plus encore un virage de l'économie d'une ville qui s'impose comme métropole. Jusqu'aux premières années du xixe siècle, le commerce de la fourrure domine. Son déclin coïncide avec une rapide diversification des échanges. Jean-Claude Robert a montré que Montréal est alors le pivot d'un grand réseau d'import-export, « le centre qui organise en grande partie les colonies britanniques de l'Amérique du Nord. Elle devient une ville-relais de Londres. De la même façon, l'existence d'une autre métropole économique, New York, consolide son pouvoir, dans la mesure où Montréal en devient aussi le relais. [...] Le commerce, le transport, la fabrication, la finance prennent une importance déterminante et réussissent à rejeter au second plan les fonctions d'une autre nature[12]. »

La ville compte de petites industries : fonderies, cordonneries, distilleries, brasseries, savonneries, etc. L'industrialisation ne prendra vraiment son essor que dans les années 1850. Pour l'heure, l'activité est avant tout commerciale. De Montréal, on achemine vers le Haut-Canada les produits manufacturés venus de Grande-Bretagne ; de là, on importe bois, farine, potasse, lard. La hiérarchie des hommes d'affaires se complique : des grands importateurs et exportateurs, en passant par les grossistes, jusqu'à des intermédiaires qui fournissent les commerçants des campagnes. Dans la région du Richelieu, des marchands drainent les récoltes de blé vers Montréal. Certains entrepreneurs distribuent du matériel pour le travail à domicile. Parmi les centres d'un commerce international d'une grande ampleur, la métropole montréalaise tient le Haut-Canada sous une dépendance contre laquelle il commence à regimber. La ville prolonge aussi ses ramifications sur des régions étendues : l'Outaouais, la rive nord et la rive sud du Saint-Laurent, la vallée du Richelieu, le triangle de Vaudreuil.

Selon Jean-Claude Robert, Montréal est le « centre de gravité démographique de la colonie ». À la ponction d'une main-d'œuvre venue des campagnes s'ajoute l'immigration, dont une première forte poussée a lieu dans les années 1830-1840. Le flot reprendra au cours des années 1850-1860. Vers 1840, 40 % des Montréalais sont nés à l'étranger, surtout en Grande-Bretagne. Beaucoup d'immigrants transitent vers le Haut-Canada ou les États-Unis, mais ils demeurent souvent à Montréal quelques mois, parfois quelques années. À ce caractère disparate de la population contribuent les marins de passage et les « cageux » qui convoient les radeaux chargés de bois. Des militaires stationnent dans la ville : quelque cinq cents dans les années 1830 ; moins qu'à Québec, mais leur présence se fait quand même sentir. Dès 1830, la majorité française n'est plus qu'infime. Cette dispersion des conditions et des appartenances ethniques s'accompagne d'une nette tendance à la ségrégation résidentielle. Cela se remarque dans la vieille ville, mais surtout dans les faubourgs. Bientôt se dessinera une césure entre l'est francophone et l'ouest anglophone ; elle va s'élargir après 1850[13].

Une stratification se devine dans la bourgeoisie elle-même. Avant 1840, la bourgeoisie francophone joue encore un rôle important, qui s'appuie surtout sur la propriété foncière, le commerce régional et local. La prépondérance de la bourgeoisie anglophone aura des répercussions sur les organismes publics. Quand le gouverneur nomme le premier conseil de ville, composé en grande majorité de marchands, il désigne au poste de maire Peter McGill, président de la Bank of Montreal. Une espèce de division du travail s'établit peu à peu ; les Anglais contrôlent la Commission du port tandis que les Français s'attachent plutôt au conseil de ville. Les intérêts commerciaux sont plus nets dans un cas, la politique préoccupe davantage dans l'autre. Deux traits qui s'accentueront par la suite.

Au cours de la même période, et selon une séquence semblable à celle de Montréal, Québec connaît une expansion rapide. Sa population grimpe à 27 000 en 1831, pour atteindre plus de

45 000 en 1851. Les raisons de la croissance ne sont pas les mêmes que pour Montréal. La ville exporte des produits agricoles ; mais le dynamisme provient avant tout de l'exploitation forestière et de la construction navale. Du printemps à l'automne, des trains de bois s'acheminent vers Québec par le fleuve : 340 y arrivent en 1807 ; 60 par jour au cours du mois de mai 1835. Les chantiers navals occupent une main-d'œuvre aux effectifs variables : 2800 pendant l'hiver de 1840-1841[14].

Le paysage urbain et la composition de la population ne tiennent pas seulement à l'exploitation du bois. En 1831, les services de l'artillerie et du génie de l'armée monopolisent un quart des terrains dans les limites de la ville ; au milieu du siècle, 42 % des terrains à la haute-ville et plus de 35 % au faubourg Saint-Jean sont occupes par les militaires. Ceux-ci constituent 28 % de la population entre 1795 et 1831. En plus des soldats, les flotteurs de bois et les matelots sont en grand nombre : 13 000, 17 000 marins selon les années. Les immigrants affluent, comme à Montréal. Au début, ils viennent d'Angleterre ; les Irlandais forment ensuite le gros des contingents. Ainsi qu'à Montréal, la grande majorité des immigrants sont de passage, tout en demeurant sur place plus ou moins longtemps avant de repartir. La population de la ville de Québec que décrit Raoul Blanchard est aussi disparate que celle de Montréal : « Pendant que les soldats transforment la haute-ville en une véritable réserve militaire, les matelots, les flotteurs de bois et les immigrants font de la basse-ville un centre ouvrier cosmopolite. Ces groupes changent les rapports ethniques à Québec, si bien que pendant les mois d'été et d'automne, ce sont les anglophones qui prédominent[15]. » Les querelles entre journaliers pour les emplois sont fréquentes et mettent aux prises natifs et immigrants. La proportion de la population anglaise s'accroît ; elle atteindra près de 40 % en 1861.

Dans ce contexte, différent par les activités économiques de celui de Montréal, on discerne aussi une ségrégation résidentielle. À la haute-ville, artisans et ouvriers, d'une part, et professionnels, d'autre part, se répartissent le territoire. À la basse-ville demeurent des aubergistes, des marchands, qui émigreront vers la haute-ville après 1832. Dès le début du siècle, se forment des quartiers ouvriers ; ainsi, 90 % de la population du faubourg Saint-Roch est ouvrière et francophone ; celle du faubourg Saint-Jean est à 85 % ouvrière et à 78 % francophone. La stratification sociale prend un

caractère ethnique. Les grands commerçants de bois sont anglais.
La plupart des quais de la ville leur appartiennent. Ils possèdent
neuf chantiers de construction navale sur dix. Ils contrôlent aussi
les banques. En 1842, la Chambre de commerce compte quatre
francophones sur cinquante-deux membres. L'énorme présence
des militaires et la prédominance des hommes d'affaires anglais
donnent à Québec l'allure d'une ville coloniale. Les francophones
participent à l'administration municipale ; ils y amènent le même
clivage que nous avons observé pour Montréal, la politique ne
s'identifiant pas, pour eux non plus, avec le pouvoir économique.

Au total, dans la période qui va de la Conquête aux années
1850, la morphologie de la société change considérablement, aussi
bien en milieu rural qu'en milieu urbain. En raison de la croissance
interne et de l'immigration, la population se fait beaucoup plus
nombreuse. Les campagnes en subissent le contrecoup. Les populations rurales se diversifient. Un prolétariat s'y développe. L'émigration vers la ville ou les États-Unis s'intensifie. L'agriculture est
davantage sensible aux aléas des marchés extérieurs ; l'exploitation
du bois modifie le genre de vie des habitants. La construction
navale et les industries emploient une main-d'œuvre qui préfigure
ce qui deviendra une classe ouvrière. Pour tout dire, non seulement l'espace économique s'élargit, mais un capitalisme s'implante
où les petits producteurs sont victimes de stratégies sur lesquelles
ils ont peu d'influence.

À leur façon, les rébellions de 1837-1838 sont symptoma-
tiques des bouleversements causés par l'expansion désordonnée de
l'économie. Même dans les régions les plus productives, le blé
décline brutalement de 1830 à 1840. La crise est de portée inter-
nationale ; le Bas-Canada, comme le Haut-Canada, dépend étroitement des économies de la Grande-Bretagne et des États-Unis, et
par conséquent de leurs fluctuations[16]. Comment de petits producteurs pourraient-ils s'expliquer ce vaste monde de la spéculation
dont les contrecoups s'abattent sur eux ? Ainsi, les rébellions de
1837-1838 sont d'abord des émeutes paysannes. Bien sûr, aux
incitations de la conjoncture se mêlent d'autres éléments : la
présence de l'Anglais, les idéologies diffusées par les hommes
politiques. De tels gestes de révolte cristallisent, sous la provocation de la crise, des ressentiments qui s'expriment avec les
moyens du moment. Le grand nombre de ceux qui y sont engagés
montre assez l'étendue du malaise ; le peu de cohésion des

insurrections indique également que des paysans ne peuvent guère se défendre contre l'irrationalité d'un capitalisme débridé.

Nous sommes ainsi reconduits à l'organisation de cette société. Au niveau global, cette organisation était précaire au temps de la Nouvelle-France. Aux causes anciennes s'en ajoutent maintenant de nouvelles. On vient de le constater : l'économie commerciale dépend de plus en plus de décisions extérieures sans qu'on puisse en parer les contrecoups. Dans les villes, la puissance des marchands n'est pas assez contrebalancée par une organisation municipale susceptible de prendre de fermes mesures d'aménagement. Le prolétariat naissant n'est pas encore organisé ; on recense à peine quelques associations, notamment chez des cordonniers, des menuisiers, des charpentiers, des plâtriers. Et on verra plus loin que le discours politique, s'il prétend traduire les malaises de la population, n'a guère les moyens d'intervenir efficacement dans l'économie.

L'organisation sociale se consolide ailleurs : dans des microcosmes sociaux. J'ai souligné la continuité, à partir du Régime français, du rôle de la famille et de la parenté, le support qu'elles apportent aussi bien à l'enracinement qu'à la mobilité. J'ai relevé par la suite la croissance des villages, de l'habitat groupé, avec des réseaux plus serrés de relations. Le nombre des paroisses augmente (de 120 à plus de 200, entre 1800 et 1840). Toutes n'ont pas de titulaires résidants ; en ville, certaines comptent des vicaires en plus du curé. Une vie communautaire se développe qui, mis à part l'appareil ecclésiastique et l'Assemblée, n'a que de faibles répondants dans des organisations de plus ample envergure.

Ainsi, à mesure que s'avance l'histoire, les traits de la collectivité francophone se précisent. D'autant plus qu'à ses côtés, lui servant de repoussoir, une autre société s'édifie, qui lui est étrangère par sa langue aussi bien que par sa structure.

Deux sociétés

Présent sous le Régime français, le sentiment national est renforcé par la Conquête. La coupure d'avec la métropole française a laissé des nostalgies. Elle renvoie à eux-mêmes ceux qui restent au Canada et leur donne l'impression qu'ils sont abandonnés à leur propre destin. Les administrateurs français sont partis, de même qu'une fraction des élites ; à l'avenir, ce peuple devra trouver chez les siens ses porte-parole. Le souvenir des luttes récentes et des ravages de la guerre habite à peu près tout le monde ; plus vif alors, jamais éteint par la suite, il attisera le sentiment national.

Le nouveau pouvoir métropolitain menace les institutions héritées : le droit coutumier qui règle la propriété et de multiples aspects de la vie quotidienne, la langue dont l'usage n'est que toléré, la religion écartée en principe par un conquérant protestant. Les mesures draconiennes édictées au départ n'ont guère d'effets ; il n'en reste pas moins que la mise en suspens pendant un temps des institutions traditionnelles ne manque pas de susciter une prise de conscience, plus ou moins claire selon les milieux et les strates sociales, de la précarité de ces institutions et, en conséquence, de leur spécificité jusqu'alors vécue comme allant de soi. On s'aperçoit davantage que l'on dépend d'institutions originales, des repères qu'elles confèrent à son existence, lorsqu'elles sont compromises.

Au cours des premières années après la Conquête, l'immigration britannique est peu nombreuse. Profitant de l'invasion, des marchands anglais se réclament du droit du conquérant sur la gouverne de la colonie. La masse de la population souffre peu de ces tentatives, dont elle n'a pas toujours conscience. Aristocrates, des gouverneurs comme Murray et Carleton méprisent les écumeurs. Ils se rendent aussi à une évidence : en l'absence d'une immigration britannique massive, il y a au Canada une population qu'il sera impossible d'assimiler rapidement à la langue, à la religion, aux coutumes de la nouvelle métropole. Dès 1774, l'Acte de Québec consacre la légitimité des lois françaises et l'exercice de la religion catholique ; il reconnaît la légalité de la dîme et des redevances seigneuriales. La langue française est acceptée dans les faits.

L'arrivée des loyalistes, qui quittent les États-Unis après la révolution, provoque une tout autre impression. Ni les lois françaises ni le système seigneurial ne conviennent à ces étrangers. Ils exigent des institutions britanniques, dont une Chambre d'assemblée. Les marchands anglais avaient auparavant formulé de pareilles demandes ; cette fois, la requête prend davantage de poids. Dans les premières décennies du XIXe siècle, une marée migratoire envahit la colonie : entre 1823 et 1827, plus de 10 000 immigrants par année ; 50 000 en 1831 et en 1832 ; environ

22 000, chaque année, entre 1833 et 1837. Une grande partie de ces immigrants ne s'établissent pas à demeure ; néanmoins, cette invasion provoque dans la population un malaise qui s'accentue encore lors de l'épidémie de choléra de 1832. On y voit une manœuvre concertée pour faire disparaître les francophones. Neilson, un modéré pourtant, écrit dans *La Gazette de Québec* que l'immigration est « semblable à une immense armée [...] laissant aux habitants le soin de pourvoir aux malades, blessés, et infirmes, et d'enterrer les morts ».

Désormais s'impose la présence de l'*autre*. Par exemple, à Saint-Sulpice, selon le témoignage de Bouchette, « en plus d'une centaine de familles privées de terres, il y a 600 jeunes d'environ 21 ans qui voudraient bien s'établir, mais qui ne peuvent obtenir de terres, même dans les townships environnants, à cause du grand nombre d'étrangers qui s'y installent ». À Lachenaie, la colonisation « souffre de la préférence qu'il [le seigneur] accorde aux étrangers et en particulier aux Américains[17] ». De modestes cultivateurs sont en concurrence : ainsi, le capitaine Alexander dit avoir vu « le paysan canadien revenir l'air maussade du marché avec les volailles, les fromages ou les légumes qu'il était allé vendre à la ville. Son mécontentement s'expliquait facilement : les Irlandais ont envahi maintenant les marchés du Bas-Canada, ils commencent par demander autant que les habitants, mais habitués à vivre d'expédients, ils ne tardent pas à réduire leurs prix et à accepter n'importe quoi en échange de leur porc, de leur beurre, de leurs œufs[18] ». Dans les chantiers navals, au port de Québec où s'affairent les débardeurs, Irlandais et Canadiens se disputent les emplois. Dès 1790, 26 % des seigneurs sont des étrangers[19] ; selon Durham, à la fin des années 1830, des Britanniques possèdent la moitié des seigneuries. En 1833, en dehors du système seigneurial, dans les Cantons, 850 000 acres sont cédés à la British American Land Company. À l'été de 1834, la convention des patriotes proteste contre « l'aliénation des propriétés publiques de cette province aux mains d'une compagnie de spéculateurs étrangers, sans le consentement et contre la volonté du peuple à qui ces propriétés appartiennent ».

Certes, il est difficile de distinguer la pensée du peuple de celle des leaders qui lui prêtent la parole. En outre, cette population est dispersée le plus souvent en des milieux peu reliés les uns aux autres. On ne peut cependant douter que la coexistence avec l'étranger, selon des modalités variées, renforce à la longue chez les francophones une communauté d'attitudes et de conscience. Communauté qui ne saurait se dire en des formulations claires, mais qui alimentera des sursauts épisodiques et les rébellions de 1837-1838.

La présence de l'étranger ne suscite pas seulement des sentiments d'insécurité et la conscience des différences ethniques. Elle confine à une dualité de structures sociales.

On a vu que les villes importantes deviennent de plus en plus anglaises par la composition de la population de même que par l'emprise des hommes d'affaires. Tocqueville l'observe : « Dans les villes, les Anglais et les Canadiens forment deux sociétés. Les Anglais affichent un grand luxe ; il n'y a parmi les Canadiens que des fortunes très bornées[20]. » Deux sociétés dans les villes ; deux sociétés partagées aussi entre villes et campagnes, celles-ci étant en majorité françaises. La différence de genres de vie est en contrepoint de la différence ethnique.

À la grandeur du territoire s'étend la domination économique anglo-saxonne. Au moment de l'adoption de l'Acte de Québec, les marchands britanniques le déclarent avec arrogance : « La propriété immobilière et mobilière entre les mains des anglais ou commise par ceux-ci aux canadiens à long crédit équivaut à la moitié de la valeur totale de la province. » Mieux pourvus en capitaux et disposant plus aisément des marchés extérieurs, les hommes d'affaires anglais maîtrisent la traite des fourrures. Ils ont la mainmise sur le commerce de gros, une grande partie du commerce de détail et des industries, et bien au-delà des villes. Lorsque démarrent l'exploitation forestière et la construction navale, ils profitent du soutien de capitaux et d'experts britanniques ; ils cultivent des relations avec les entrepreneurs d'outremer, britanniques eux aussi. Ils dominent les institutions bancaires qui apparaissent dans la première moitié du XIXe siècle. Les Français ne détiennent que 19 % des actions de la Banque de Québec, 2 % de celles de la Banque de Montréal, 4 % de celles de la City Bank ; même à la Banque du Peuple, fondée à leur initiative, leur participation se limite à 62 %[21]. En 1832, des Canadiens s'expliquent cela par les conséquences de la Conquête : « Il est naturel de supposer que dans une colonie l'affluence des capitaux de la métropole doit jeter le haut commerce entre les mains des nouveaux venus, pour peu que les lois favorisent le monopole ; c'est ce qui est arrivé dans ce pays, par la suite de la nécessité de tirer presque tous les articles de commerce de la Grande-Bretagne, les commerçants venus de ce [dernier] pays ayant seuls des relations à la source manufacturière et une unité de langage et d'habitudes avec les producteurs, ont jusqu'à présent accaparé l'importation[22]... » Il est d'autres causes, dont les faibles ressources des Canadiens, peuple en majorité sans grands moyens et sans instruction, privé d'une organisation sociale à la mesure d'une société où une économie commerciale en expansion requiert des investissements et des pouvoirs. La conviction de cette impuissance est répandue ; les idéologues s'en font l'écho. Nous n'en sommes plus aux ressentiments de la vie quotidienne, mais à la prise de conscience d'une double structure de l'économie, et par conséquent de la collectivité.

Cette prise de conscience est renforcée par le conflit des institutions.

Pour les marchands qui s'installent après la Conquête, le droit français est inacceptable dans une colonie britannique. Le procès s'amplifie et se durcit au XIXe siècle par l'extension de l'économie commerciale, avec ses incidences en matière de propriété, de transaction, de spéculation. Les gens d'affaires reviennent sans cesse à la charge pour que l'on supprime le droit français au profit du droit britannique. Le gouvernement de la métropole est parfois enclin à y consentir. Les obstacles sont considérables, sinon insurmontables, indépendamment de la résistance des leaders français : on ne peut pas, par des mesures subites, bouleverser des rapports sociaux consacrés par des règles inscrites depuis longtemps dans la vie collective. La contradiction n'en demeure pas moins entre deux conceptions des institutions juridiques, et plus largement entre deux aménagements de la société.

Le régime seigneurial présente le cas le plus net. La contestation dont il fait l'objet de la part des Britanniques est toujours liée à celle du droit français. La Proclamation de 1763 abolit l'un et l'autre, mais cette décision n'a pas de suites. En 1771, on revient aux concessions des terres selon le régime seigneurial ; ce qui est entériné par l'Acte de Québec. Ce renversement n'est pas sans relation avec une certaine conception de la société canadienne : le gouverneur Carleton, qui lui est favorable, y voit une façon de confirmer les seigneurs dans leur rôle d'encadrement d'une société d'apparence féodale et de sauvegarder la fidélité au roi d'une population prétendument soumise à des autorités traditionnelles. Sous la pression des loyalistes, qui ont commencé par réclamer l'abolition du régime seigneurial, on accepte d'aménager des secteurs du territoire selon le mode de tenure en franc et commun soccage. Cette fois, la dualité des institutions est consommée.

La Constitution de 1791 paraît fournir une solution durable : dans le Haut-Canada, on ne concédera que sous le mode du franc et commun soccage ; dans le Bas-Canada, l'un et l'autre modes seront facultatifs. Les attaques contre le régime seigneurial ne s'arrêtent pas pour autant. À partir de 1815, la vague d'immigration les amplifie. Du côté des Canadiens, qui ne se privent pas d'ailleurs d'en dénoncer les abus, le régime semble convenir à des habitants qui peuvent acquérir de la terre sans investir un capital que la plupart ne possèdent pas. Pour les Britanniques, ce système est archaïque et contredit les règles de la propriété auxquelles ils sont habitués ; il obstrue les initiatives d'exploitation et de spéculation des seigneurs qui désirent utiliser autrement leur domaine. Le régime seigneurial disparaîtra en 1854. Je ne discuterai pas de thèses qui ont retenu à juste titre les historiens : la seigneurie a-t-elle ou non entravé le développement économique des francophones ? Restons-en à un constat : la longue existence du régime aura eu des répercussions certaines sur la différenciation des deux sociétés.[23]

Montons encore d'un cran, pour aboutir à la sphère politique. En fait, celle-ci est à double entrée : si on l'envisage par le bas, on touche au patronage ; si on la considère par le haut, on atteint plus ouvertement l'exercice du pouvoir.

Dans une colonie comme celle-là (mais est-ce si différent aujourd'hui ?), des hommes d'affaires, des professionnels, de petites gens quêtent emplois, contrats, prébendes auprès des administrations publiques. Des spéculateurs se font octroyer des terres de la Couronne ; d'autres sont fournisseurs de l'État et de l'armée. De nouveaux profiteurs succèdent à ceux du temps de la Nouvelle-France. Aux mains surtout de francophones, l'Assemblée manie le petit patronage dans les domaines où elle a quelque influence ; aux grands idéaux qui soutiennent ses réclamations pour l'élargissement de ses pouvoirs se mêle le besoin de distribuer les faveurs qui aident à la réélection des députés.

Nombreux au sortir des collèges classiques, les professionnels ont du mal à gagner leur vie dans l'exercice de leur métier ; ils affrontent d'ailleurs une dure concurrence de la part des professionnels anglais, surtout dans les villes. Ils lorgnent des emplois dans l'administration. Or ces emplois sont inégalement distribués selon les ethnies en présence. En 1795, un sixième des sommes allouées sous forme de pensions vont aux Canadiens français ; en 1809, un quart. Les Français touchent de 20 % à 25 % de la masse salariale affectée à des emplois publics alors qu'ils constituent la très grande majorité de la population. Comparaissant, à Londres, devant un comité de la Chambre des Communes, Viger souligne que seulement trois juges sur dix sont de langue française.

On ne s'éloigne pas tout à fait du patronage en abordant la participation aux décisions politiques. Au moment où est mise en place la Constitution de 1791, le Conseil législatif compte sept Français sur seize membres ; au Conseil exécutif, la proportion est de quatre sur neuf. De plus, le Conseil législatif prête à un cumul de charges et de rémunérations. D'après la pétition des Canadiens dirigée contre le gouverneur Dalhousie en 1827, on relève, sur 27 conseillers législatifs, 18 fonctionnaires ou pensionnés ; ce sont des Anglais. Sept font aussi partie du Conseil exécutif ; ils sont anglophones.

Le gouverneur et ses conseils finissent par être les porte-parole d'une société, tandis que la majorité de l'Assemblée représente l'autre. Pierre Bédard met ce fait en évidence dès 1807 : « Comme tout le ministère est formé d'Anglais, tous les Anglais de la chambre d'Assemblée se rangent autour d'eux par le préjugé, et la chambre d'Assemblée se trouve ainsi divisée en Anglais d'un côté et Canadiens de l'autre ». Il est dans la logique des choses que l'Assemblée réclame l'élection du Conseil législatif ; ce qui ferait basculer les organes du pouvoir en faveur des francophones. Le principe de la responsabilité ministérielle, qui apparaît alors, s'il est défendu avec une conviction de doctrine par les députés de l'Assemblée, est aussi un moyen envisagé pour renverser les rapports de force politiques entre les deux sociétés. Bien entendu, on s'y oppose de l'autre bord : par la manipulation du découpage des circonscriptions, par l'élévation du cens électoral ou autrement, des Britanniques proposent de composer l'Assemblée de manière que soit gonflée leur représentation.

Le fonctionnement des instances de pouvoir se prolonge par les partis. L'expression des deux sociétés dans des factions remonte au début du Régime anglais. « British Party », « French Party » : ce sont des dénominations qui désignent des regroupements assez fluides. Avec la Constitution de 1791 et la création d'une Chambre d'assemblée, les liens se resserrent de part et d'autre : le Parti tory réunit le gouverneur, la plupart des fonctionnaires, les marchands britanniques ; le Parti canadien regroupe surtout les députés francophones de l'Assemblée. La rigidité s'accentuera encore. Fernand Ouellet situe le tournant décisif autour de 1828 ; c'est alors que l'unanimité se réalise parmi les anglophones : « Les dirigeants patriotes auront beau parler des similarités entre leur mouvement et celui des réformistes haut-canadiens, ils ne seront plus entendus[24]. »

À l'exemple des partis, en filiation étroite avec eux dans bien des cas, les journaux divisent aussi la sphère politique. J'étudierai, dans le prochain chapitre, les discours qu'ils élaborent. Du côté anglais, on dénonce à peu près tous les éléments du genre de vie des Canadiens : langue, religion, éducation, mœurs. On prône l'assimilation ; on invoque même par avance l'argument de Durham selon lequel cette assimilation serait bénéfique à un peuple attardé. Du côté français, on combat l'immigration, le patronage, l'assimilation. Le discours prend le relais de la dualité des structures ; il la renforce en l'interprétant.

Élites et interprètes

On se souvient que la société de la Nouvelle-France était partagée selon deux principes de stratification. Noblesse et bourgeoisie y incarnaient des modes différents de prédominance sociale. Les valeurs nobiliaires se mêlaient toutefois avec les activités économiques ; combinaison plus facile que dans la métropole, la noblesse étant de petite condition et sa participation au commerce davantage accessible en milieu colonial. Composite en ses occupations et ses ambitions, cette élite connaissait des conflits très vifs, sans qu'ils donnent lieu à des oppositions de classes nettement affirmées. Après la Conquête, il y a continuité à certains égards. La haute administration demeure dominée par l'aristocratie et ses valeurs. Les gouverneurs se méprennent sur le rôle de la noblesse canadienne et, une fois l'illusion dissipée, ils ne souhaitent pas moins la consolidation d'une aristocratie capable de neutraliser les leaders populaires qui agitent l'opinion. Les gouver-

neurs britanniques méprisent ces roturiers que les caprices électoraux ont hissés au rang de députés. On compulserait là-dessus une
piquante anthologie. Craig en donne le ton dans une dépêche
officielle : « Il me semble que c'est réellement une absurdité, My
Lord, que les intérêts d'une colonie certainement importante, qui
engagent en partie ceux des organisations commerciales de
l'Empire britannique, soient entre les mains de six petits boutiquiers, un forgeron, un meunier et quinze paysans ignorants qui
sont membres de notre présente Assemblée ; un docteur ou
apothicaire, douze avocats et notaires et quatre personnes assez
respectables pour au moins ne pas tenir boutique, avec dix
membres anglais qui complètent la liste ; il n'y a pas parmi eux
une seule personne qui puisse être décrite comme un gentleman. »
Le propos est modéré en comparaison d'autres.

Autour du gouverneur se presse une clientèle semblable à
celle du Régime français : fonctionnaires, commerçants, accapa-
reurs de terres ; les nominations dans les conseils obéissent aux
règles du patronage. Les anciennes élites francophones ne manquent pas de faire leur cour et de quêter des faveurs. Mais la
stratification sociale présente un tableau beaucoup plus contrasté
qu'en Nouvelle-France ; c'est que nous sommes dans une société
très différente.

Voici qu'entre en scène une bourgeoisie des affaires autrement plus vigoureuse que celle du Régime français et bien
davantage centrée sur des valeurs de classe. Détestée par les premiers gouverneurs britanniques alors qu'elle n'était encore composée que de petits marchands avides de profiter de la Conquête,
la bourgeoisie anglaise des affaires prend la maîtrise de l'économie
commerciale en croissance. Après s'être introduite dans le commerce des fourrures, où elle supplante largement les anciens entrepreneurs, elle domine dans l'exploitation du bois. Elle a la mainmise sur le commerce d'importation et d'exportation, où les
marchands francophones ne sont la plupart du temps que des
intermédiaires ; elle s'immisce dans le commerce de détail. Elle ne
dédaigne pas la propriété seigneuriale ni les terres des cantons où
elle se livre à la spéculation. Elle aspire à mettre la main sur les
leviers politiques, justifiant cela par sa prépondérance dans l'économie. Dès 1766, elle réclame une Assemblée où elle serait seule
habilitée à participer. Elle souhaite manipuler le vote par la hausse
du cens et le tracé de la carte électorale.

Elle s'engage plus loin, jusqu'à la mise en question des institutions de la société francophone. C'est inévitable : la montée de cette classe, la consolidation de son pouvoir sur l'économie l'amènent à contester la structure d'une société qui lui paraît un empêchement à ses activités. Schéma classique où l'avènement d'une conscience de classe s'accompagne, en corollaire, d'un projet de société. La lecture du *Quebec Mercury* (fondé en 1805) nous restitue un procès fort vif (c'est le moins que l'on puisse dire) de la collectivité française ; cette polémique insistante et injurieuse doit être déchiffrée à l'envers, comme l'imagerie d'une société autre, celle de l'avenir, dont la société canadienne du moment est la contrepartie. L'utopie est toujours négation ; le projet se profile sur l'arrière-plan d'un rejet de proportion égale. Une classe montante comme cette bourgeoisie aurait pu puiser, dans un contexte différent, une autre matière à contredire pour s'affirmer ; au Canada, il arrive que ce soit une société concurrente, celle des francophones, qui lui serve de repoussoir.

Sous le coup de l'avènement de la grande bourgeoisie anglaise des affaires, l'ancienne confusion des « bourgeois-gentilshommes » de la Nouvelle-France se dissipe. La noblesse qui demeure au pays aux lendemains de la Conquête se réduit à un groupe de seigneurs et coseigneurs[25]. Elle est évincée du commerce ; il lui reste la propriété terrienne, dont elle ne sera pas la maîtresse exclusive. Sous l'ancien régime, elle se savait une élite ; dorénavant, elle devra l'affirmer avec force. Elle se replie donc farouchement sur les symboles de la noblesse. Alors que ses membres pratiquaient auparavant le commerce, ceux de maintenant affectent de le dédaigner. Murray s'en rend compte : « Ils sont extrêmement vaniteux et témoignent le plus grand mépris pour la classe commerçante de ce pays, bien qu'ils ne se soient fait aucun scrupule de se livrer au commerce assez activement même, lorsqu'une occasion favorable leur permettait d'en retirer des avantages. » Ils réclament des pensions, leur intégration dans l'armée britannique. L'Acte de Québec consacre leurs privilèges, protège juridiquement le régime de propriété sur lequel ils s'appuient. Plusieurs d'entre eux font partie du Conseil législatif. Ils tentent, sans grand succès, de mobiliser leurs censitaires pendant l'invasion américaine de 1775.

Coincés dans un rôle factice, débris d'une élite autrefois pourvue de plus amples moyens, ils se proclament les interprètes de la collectivité. Lorsque, en 1784, ils s'opposent à la création d'une Chambre d'assemblée où ils risquent d'être confondus avec leurs censitaires, ils se disent représentants de la « nation ». Dans une adresse au roi, ils se fondent sur une conception de la société d'ordres où, en principe, ils occupent le premier rang : « Que dans le cas où Votre Auguste Volonté fût d'acquiescer aux demandes de vos anciens sujets conjointement avec quelques nouveaux, il vous plaise de surseoir à Votre Décision Royale jusqu'à ce que tous les Corps et États qui composent notre Colonie ayant été générale-ment et légalement convoqués [...] afin que par ce moyen le vœu unanime de Notre Nation puisse être transmis à Votre Majesté. » Ils se dénomment « Protecteurs de la Nation ». La « nation » dont ils parlent n'est pas celle qui intéresse les gens d'affaires ; elle ne rejoint pas non plus celle de la bourgeoisie qui voudra définir la collectivité francophone.

Le clergé forme une élite d'un type très différent ; il dépend d'une organisation, l'Église. Ce n'est pas une sorte d'instance féo-dale en complément de la noblesse ; en le qualifiant comme un *ordre,* on utiliserait une catégorie trop lâche. Après la Conquête, l'Église n'a pas de place désignée dans l'aménagement officiel de la métropole britannique ; si le gouvernement anglais en préserve l'existence, ce n'est pas parce qu'il y voit, comme du temps de l'allégeance française, un rouage légitime d'une société ; il la considère comme un inévitable moyen de domination de la popu-lation conquise. Par suite de son statut précaire et sous le couvert de ses constantes protestations de loyalisme, l'Église travaille à acquérir une autonomie qui en fasse une société particulière dans la société plus vaste. L'institution ecclésiastique est donc le support d'une élite originale.

N'exagérons pas l'influence du clergé. Ses effectifs sont restreints, souvent dispersés sur un vaste territoire. En 1759, on compte un prêtre pour 500 fidèles ; en 1830, un pour 1800 fidèles. En 1805, environ 166 prêtres s'emploient au ministère paroissial pour les 200 000 catholiques des deux Canadas. Au dire de Mgr Plessis, « il n'est pas rare de voir aux soins d'un même prêtre jusqu'à 2000 communiants quelques fois épars dans de très longues distances[26] ». Assurément, ce clergé dispose de solides moyens. Les seigneuries ecclésiastiques sont bien nanties et bien administrées ; si la dîme n'est pas payée sans réticences, son apport est crucial. Le statut du prêtre ne dépend pas de la filiation héréditaire, contrairement à ce qui prévaut dans les autres élites. Le clergé refait constamment son recrutement dans la population ; ce qui lui donne un enracinement à nul autre pareil. Plus encore, il détient un capital qui déborde l'économie : il dispose de la distribution des sacrements et de la parole sacrée qui alimentent des croyances largement partagées par le peuple.

Comment évaluer ces croyances ? Elles sont chrétiennes, certes, mais mêlées à des coutumes, à une conception du monde où les pasteurs dénoncent des superstitions. La vie est ponctuée par des fêtes, par des célébrations liturgiques, parfois espacées au gré de la présence des pasteurs. Les mœurs n'excluent ni l'ivrognerie ni la prostitution ; l'influence des voyageurs se fait encore sentir[27]. Les élites laïques se détachent de cette religion populaire, préparant ainsi les tensions qui s'accentueront entre le clergé et la classe bourgeoise francophone.

Nous en arrivons à cette classe sociale qui jouera un rôle prépondérant dans la définition de la référence de la société canadienne. On lui accole communément le qualificatif de « bourgeoisie professionnelle ». En fait, il s'agit d'une élite plus diversifiée qui représente à la fois les possibilités et les entraves de la société francophone. Elle comprend effectivement des professionnels : médecins, avocats, notaires, arpenteurs, etc. Leur nombre s'accroît considérablement : de 58 % entre 1800 et 1815, alors que la population augmente de 32 % ; après 1815, les pourcentages respectifs sont de 85 % et de 42 %[28]. Cette bourgeoisie compte aussi des marchands, qui occupent une position intermédiaire dans le commerce ou font des affaires au niveau local. Ce ne sont pas là des catégories étanches : les professionnels sont souvent mêlés à des activités de commerce et d'industrie et il arrive que les marchands aient reçu une formation semblable à celle des professionnels dans les collèges classiques. On pourrait même ranger des cultivateurs dans cette classe ; ainsi, parmi les diplômés du collège classique de Nicolet entre 1803 et 1828 qu'a recensés Fernand Ouellet, 21,6 % sont devenus cultivateurs[29].

Cette classe est elle aussi le produit des changements survenus dans la structure sociale. La croissance des villes et des villages requiert leurs services ; elle suscite une élite de notables locaux. Au cours des trente premières années du XIXe siècle, six collèges sont fondés en milieu rural, qui puisent dans les familles paysannes de futurs clercs aussi bien que de futurs membres de la bourgeoisie montante. La parenté des origines renforce la solidarité de cette élite avec le peuple.

En même temps progresse l'organisation professionnelle, facteur important d'une conscience de classe. Pendant longtemps, l'accession à la pratique de la médecine ou du droit n'exigeait guère de formation précise. À partir de 1820, une campagne de presse dénonce l'ignorance des praticiens et l'encombrement des professions, réclamant une éducation libérale pour les candidats. Des projets de législation vont dans ce sens. Peu à peu, dans les faits comme dans les règlements, il deviendra indispensable d'être passé par un collège classique pour accéder à la pratique professionnelle. La confirmation ne viendra qu'après les années 1850, mais la tendance est manifeste bien avant. D'une part, en puisant ses effectifs dans les milieux populaires, cette nouvelle classe trouve enracinement et cohésion ; d'autre part, elle se consolide en réglementant des apprentissages qui sont des mécanismes d'exclusion. Cet apprentissage n'est pas d'abord une initiation à des techniques : il implique que les membres d'une même classe sont, pendant leur adolescence, retirés de leurs milieux d'origine pour vivre en commun dans une autre culture, partager une solidarité qui fera d'eux par la suite un groupement particulier. Les divergences n'y écarteront jamais la parenté des attitudes. Remarquons que s'il forme la bourgeoisie, le collège classique forme aussi le clergé. Les conflits de surface entre ces deux élites ne doivent pas faire méconnaître une complicité profonde.

On peut imaginer un accroissement de la bourgeoisie sans qu'elle prétende pour autant définir la société dont elle est issue, les notables se limitant à pourvoir aux besoins des villages et des quartiers urbains. Mais l'introduction d'une Chambre d'assemblée rend possible un autre niveau de la conscience de classe. Les députés viennent d'un territoire où les communications sont encore très lâches ; ils se retrouvent dans les rencontres du Parlement et dans les discussions de faction. De plus, ils se butent à des pouvoirs qui contrecarrent leurs ambitions politiques et qui dépendent d'une autre légitimité que la leur. Dans des pétitions à Londres ou autrement, les représentants de la bourgeoisie anglaise insistent sur l'incapacité politique de cette élite canadienne, sur son absence de pratique des affaires ; en la confondant, dans un même mépris, avec la collectivité dont elle est issue, ils la confirment dans le rôle qu'elle se donne d'être le porte-parole du peuple.

En bref, depuis la Conquête, l'ancienne agglomération des élites s'est défaite. La bourgeoisie anglaise des affaires se présente comme une classe originale. Réduite à ses possessions foncières, la noblesse cultive des symboles et des prétentions qui n'empêchent pas sa décadence. Alors que l'Église conquiert son autonomie au prix d'un constant loyalisme, le clergé se renforce comme élite distincte. Dotée de ses modes de formation et d'organisation, disposant d'une assise dans le nouveau Parlement, une bourgeoisie française prend la parole. Ainsi, la transformation des structures sociales a engendré une différenciation des élites, en concurrence entre elles pour définir la référence de la collectivité. Celle-ci se haussera alors jusqu'à la sphère des idéologies, jusqu'à la production de discours sur elle-même, jusqu'à une conscience politique.

Une conscience politique ?

Les changements sociaux distendent ou rompent des liens entretenus auparavant avec une apparente spontanéité. Sur un même territoire, deux collectivités opposent institutions et partis dans un affrontement de plus en plus vif. Les réaménagements de l'économie, avec leurs conséquences sur les modes de production et les genres de vie, engendrent des incertitudes quant aux coutumes et aux institutions héritées. La difficile adaptation aux marchés, l'exploitation des censitaires par les seigneurs, les migrations vers de nouveaux terroirs, la multiplication des journaliers agricoles et l'accroissement d'un prolétariat urbain : tout cela insinue dans les consciences le sentiment d'une mouvance des institutions, un questionnement sur leur raison d'être. Que les classes populaires en soient touchées, les rébellions de 1837 et 1838 le montrent ; les manifestations spectaculaires se limitent à certaines régions, mais l'agitation plus ou moins sourde s'étend à un territoire beaucoup plus vaste. Ce que nous savons des propos tenus par les uns et les autres trahit une grande diversité de motifs ; les réclamations de caractère national se mêlent à des critiques du gouvernement, des seigneurs, de l'Église. Tout cela donne l'impression d'un ensemble confus de ressentiments dont les idéologies des leaders ne sont pas tout à fait l'écho fidèle. On s'explique qu'en voulant en rendre compte les historiens soient divisés, les uns invoquant les luttes constitutionnelles, d'autres la crise économique, d'autres encore les rivalités ethniques. Tous ces ingrédients sont sans aucun doute présents. Ils sont difficiles à pondérer parce que les changements sociaux qui troublent les consciences ne sont pas eux-mêmes nettement intégrés.

Chez les élites, en plus de ces transformations sociales qui les touchent aussi, jouent des facteurs spécifiques. Une bourgeoisie anglophone des affaires impose sa prépondérance ; du côté francophone, les nobles, les clercs et la nouvelle classe bourgeoise se rencontrent parfois, se querellent souvent selon des valeurs, des symboles et des intérêts divergents. Des institutions nouvelles, notamment un Parlement et des partis, permettent de formuler au grand jour des ambitions et des dissensions, des malaises et des questionnements provoqués par les changements sociaux. Ainsi apparaissent les conditions d'une conscience politique qui avait été impossible en Nouvelle-France.

Deux voies opposées s'offrent pour ce passage à une mise à distance de la société. Conscience nationale, conscience de classe ? Historiens et sociologues ont bien de la peine à trancher. Faut-il choisir ? Il n'est pas interdit de le faire. Pour démêler le fouillis des événements et pour éclairer les tâtonnements, il est fécond de construire des modèles qui permettent de mieux voir les ambiguïtés que les individus doivent surmonter pour imprimer une cohésion à leur action. Cela est utile aussi pour percevoir avec plus d'acuité les contradictions que les discours politiques dissimulent. Mais ce sont là des procédés de recherche ; il serait trompeur de les transposer en des entités figées que l'on combinerait ensuite à volonté sur un échiquier d'abstractions.

Nous avons pu observer en Nouvelle-France la germination du sentiment national ; les Canadiens de l'époque formaient indubitablement une communauté distincte. Il reste que les similitudes de coutumes, de langage, d'institutions entre la France et la colonie empêchaient la rupture qui eût permis de parler de *nation*. La Conquête crée cette rupture : la métropole représente d'autres coutumes, un autre langage, une autre religion. Les tentatives constantes d'assimilation et l'édification d'une société parallèle ne peuvent qu'accentuer chez les francophones le sentiment de la différence en même temps qu'une conscience plus vive de l'originalité de leurs propres institutions.

Certes, ce sentiment est inégalement réparti. Pour le seigneur menacé de perdre les garanties juridiques de son statut, pour l'Église inquiète de la succession des évêques ou de la nomination des curés, le souci des institutions est plus grand que pour l'habitant qui semble jouir en paix de sa petite exploitation. L'intérêt pour les institutions françaises est plus accentué chez le député que chez beaucoup de ses commettants. Concurrent de son homologue britannique, le marchand canadien risque d'avoir une expérience plus aiguë de ses attaches nationales que ses clients. Il en est de même pour le journalier canadien faisant face à des patrons anglais ou à des congénères irlandais, alors que l'agriculteur du village isolé vit avec des gens ayant la même origine et des habitudes semblables.

On voit à quel point conscience nationale et conscience de classe se recoupent de cent façons dans l'émergence d'une conscience politique. Cela est plus clair pour les élites : fabriquant des idéologies, elles confessent davantage les motifs qu'elles prêtent à leurs conflits. La grande bourgeoisie des hommes d'affaires anglais ne se borne pas à clamer son antipathie envers les élites françaises ; c'est l'autre société tout entière qu'elle voue aux gémonies. L'élite cléricale et l'élite bourgeoise francophones vivent des tensions de plus en plus sensibles, tout en se réclamant d'une égale solidarité avec leur communauté d'origine. Et puis, chacun n'est pas fixé dans les allégeances que paraît lui dicter sa position : les hommes d'affaires, les nobles, les clercs, les bourgeois ne forment pas des blocs infrangibles, pas plus d'ailleurs que les francophones et les anglophones. Conscience nationale et conscience de classe ne sont pas les synthèses des situations particulières depuis lesquelles on y accède. Au moyen de ces situations, elles composent une autre sphère de la réalité. Le passage nécessite des médiations : des organisations, des plates-formes politiques, des idéologies.

Devant ces médiations, comment réagissent les milieux populaires ? Par opposition aux seigneurs parfois méprisants et exploiteurs de privilèges ? Par opposition aux curés percepteurs de la dîme ? Ce n'est pas assez pour réunir en un mouvement unifié des paysans aux conditions très diverses. Pourquoi ne serait-ce point le peuple croissant des journaliers ruraux ou urbains qui se dresserait contre le capitaliste commerçant ou industriel ? De cette masse ne se dégage pas encore une élite capable de l'organiser. Dans les milieux populaires, la conscience de classe est encore en germe. Les malaises ont de multiples sources : marchés incertains et mauvaises récoltes pour les uns, prolétarisation pour les autres, changements de genre de vie pour la plupart ; affrontement pour plusieurs avec l'immigrant, qui tantôt domine de sa fortune et tantôt, pauvre lui aussi, fait concurrence pour l'emploi.

C'est de cette bigarrure des situations et de ce flottement des attitudes que surgit l'irrépressible exigence d'une conscience politique. Loin de refléter paisiblement une réalité sous-jacente, elle résulte de contradictions qui, par leur acuité, requièrent que le champ social soit transposé dans le discours. Mais, parce qu'elle naît d'antagonismes, la conscience politique est objet de luttes entre les factions qui prétendent interpréter la collectivité tout en travaillant à légitimer leur pouvoir. Ainsi, une société va prendre une figure objective.

Chapitre IV

L'AVÈNEMENT DU DISCOURS

Dès ses lointaines origines, cette société a fait l'objet d'interprétations. Au temps de la Nouvelle-France, on a beaucoup écrit sur la colonie : de Jacques Cartier à Charlevoix, en passant par Champlain, les *Relations* des jésuites et d'autres textes encore. Même si ses auteurs n'étaient pas québécois, cette littérature devait infiniment compter dans la prise de conscience de la nation ; elle a alimenté l'imaginaire collectif, la symbolique littéraire. Il reste que c'est après la Conquête, sous la pression de défis et d'antagonismes qui en ont résulté, que la société sera définie par ses propres élites. C'est donc une étape cruciale dans la construction de la référence que j'aborde maintenant.

Mais est-il légitime d'isoler le discours, d'en déplier pour elles-mêmes les composantes ? Est-ce de bonne méthode, et est-elle fidèle à l'objet considéré ?

L'espace du discours

Les idéologies ne sont pas séparables des événements ; les élites empruntent aux circonstances les prétextes et la légitimité de leurs dires. Pourtant, la sphère idéologique n'est pas seulement l'écho de ce qui lui vient d'ailleurs. Elle comporte sa densité propre, et cela, grâce à certains supports : institutions politiques, partis, journaux, assemblées publiques. Là, on ne se borne pas à discuter des événements du proche milieu ; se font jour des représentations, plus ou moins fermes selon les groupes, d'un ensemble collectif qui déborde la perception immédiate. Ces représentations influent à leur tour sur la structure sociale qui les a rendues possibles.

Certes, l'espace du discours n'est pas un système harmonieux ; les contradictions y abondent. En est-il autrement des structures économiques ou politiques ? Le discours qui porte sur une collectivité est parole vivante. S'il prend une allure solennelle dans un manifeste ou une allocution publique, il s'épanche aussi dans des entretiens plus familiers ; autrement, il n'aurait pas de répercussion dans la conscience de ceux à qui il s'adresse. Les lecteurs d'Étienne Parent ne répètent pas simplement les propos du rédacteur du *Canadien* ; ils les recommencent à leur manière. Les conversations animées des paysans après l'assemblée de Saint-Ours ajoutent du sens aux déclarations de Papineau et aux résolutions prises à cette occasion ; elles leur donnent un nouveau poids de réalité. Comment rendre compte de toutes ces manifestations du discours ? En parfaite rigueur, c'est impossible, même pour une société d'aujourd'hui soumise à l'observation directe. A fortiori lorsqu'on s'attache au passé. Sur les états de l'opinion, nous n'avons alors que des témoignages fragmentaires, souvent indirects et provenant de personnes non dénuées de parti pris ; nous ne pouvons que réunir des indices pour des inductions plus ou moins hypothétiques.

Heureusement, pour que l'opinion publique se focalise, pour que les idées de chacun se reportent sur des foyers semblables, il faut que ceux-ci prennent figure concrète grâce à des idéologies. Parmi les paroles des uns et des autres, un intermédiaire doit intervenir qui serve de repère : c'est cet intermédiaire que nous identifions avec le discours collectif. On le cherchera au mieux dans des textes ; l'écriture n'est-elle pas la fixation la plus poussée du discours ? Ces textes, rédigés directement ou échos de paroles publiques, ont été autrefois des repères *objectifs* pour les opinions des individus ; c'est également comme tels qu'ils peuvent servir à nos analyses.

Les écrits dont nous disposons sont nombreux et de nature variée[1]. Les almanachs, les catéchismes, les manuels de piété en constituent une bonne part. Les œuvres littéraires sont rarissimes : des essais, des poèmes, des chansons, des contes, un roman, des récits historiques... L'Église a produit des mandements, des lettres adressées aux fidèles, qui concernent souvent les affaires publiques ; elle a inspiré quelques journaux. Reste une masse de documents ayant une portée proprement politique : pétitions, adresses aux électeurs, manifestes, discours à la Chambre et dans les assemblées publiques reproduits dans la presse. En plus de la diffusion de l'information, les périodiques se réclament d'une double intention : défendre une idéologie et promouvoir l'éducation. Dans cette abondante documentation, je me restreindrai aux écrits ayant une portée politique, puisque nous préoccupent avant tout les éléments du discours qui contribuent à définir la société en cause.

Les idéologies ont saveur polémique ; elles ne sont intelligibles que sur l'arrière-plan de la contestation. Celles que nous analyserons ne font pas exception à la règle. Les élites s'opposent selon leurs situations, leurs conceptions de la société et les projets qui doivent alors en découler ; elles arrangent le discours selon des thèmes tantôt apparentés, tantôt divergents. Ces thèmes ne se succèdent pas simplement dans le temps. Les plus importants perdurent, alors que d'autres viennent s'y intégrer ou s'y superposer ; certains rallient encore des factions, tandis qu'ils sont abandonnés par d'autres. Et puis, les représentations que se font d'eux-mêmes les Canadiens sont en concurrence avec celles que leur renvoie le conquérant. Il arrive même que ce soit l'*autre* qui, en les définissant, les incite à emprunter un visage qu'ils n'auraient pas adopté autrement.

Le discours de l'autre : l'assimilation

Quelle représentation de la collectivité canadienne entretiennent les conquérants ? À quel avenir destinent-ils cette collectivité ? Deux schémas paraissent se dégager des textes émanant de la métropole et de la communauté anglophone du Canada. Le premier schéma prône l'assimilation rapide des Canadiens. Énoncé au départ par les autorités britanniques, il l'est aussi à la fin par Durham ; dans l'entre-deux, il se répète périodiquement. Le deuxième schéma envisage la constitution d'une *réserve* française sous contrôle britannique, par condescendance ou par impuissance à mener jusqu'au bout une entreprise plus vigoureuse. Ces deux paradigmes idéologiques coexistent ; l'un ou l'autre l'emporte à certains moments, selon les conjonctures, les conflits, les atermoiements des groupes ou des individus.

Le projet d'assimilation ne provient pas simplement d'un désir d'opprimer, qu'il serait facile après coup de condamner par des appels à la justice. Il dépend d'un diagnostic sur l'état social et culturel du peuple conquis, d'où découlent les mesures à prendre. D'ailleurs, l'assimilation est considérée fréquemment comme un bienfait.

Murray, le premier gouverneur britannique, est reconnu d'ordinaire pour sa bienveillance ; il veille à ne pas appliquer à la lettre la Proclamation royale qui décidait d'une assimilation rapide. Comment décrit-il les Canadiens ? En 1766, dans un rapport à Londres où il défend son administration, il se félicite d'avoir protégé « ce peuple vaillant et audacieux ». Cependant, on lit plus avant dans le même texte : « Ils sont très ignorants. [...] Leur vénération pour leurs prêtres est proportionnelle à cette ignorance. Elle diminuera à mesure qu'ils deviendront plus instruits car le clergé indigène est très illettré et de basse extraction. » Voici maintenant deux morceaux du célèbre rapport de Durham (1838). Le portrait des Canadiens francophones est plutôt flatteur : « Ils sont doux et accueillants, frugaux, ingénieux et honnêtes, très sociables, gais et hospitaliers ; ils se distinguent par une courtoisie et une politesse vraie qui pénètrent toutes les classes de leur société. » Ce propos a son envers : « Ils ne firent aucun autre progrès que le premier progrès que la largesse de la terre leur prodigua ; ils demeuraient sous les mêmes institutions le même peuple ignare, apathique et rétrograde ». Plus loin : « Ils sont restés une société vieillie et retardataire dans un monde neuf et progressif[2]. »

Aux deux extrêmes de la période qui nous occupe, nous avons ainsi des peintures semblables. Les Canadiens sont de braves gens, sympathiques, bons enfants. Mais ils sont ignorants, routiniers, incapables d'initiative, déclassés par le mouvement implacable de l'histoire qui fait d'eux des laissés-pour-compte. En mettant en regard la pensée de Murray et celle de Durham, je ne cède pas à un rapprochement artificiel ; au long des années, la thématique est constante. Parfois, le procès des Canadiens atteint au comble de l'injure. Veut-on quelques échantillons ? En 1809, Ross Cuthbert publie à Québec *An Apology for Great Britain* : « La population de cette province forme un groupe petit, compact, inerte, sans force de choc, qui exhibe sa face infantile marquée par la vieillesse et la décrépitude. » Un commerçant anglais, Jeremy Cochloft, écrit en 1811 : « Leur aversion pour le travail provient d'une indolence pure, véritable, et sans mélange[3]. » Des propos de ce genre, on en compilerait une masse. Malgré tout, ne serait-ce pas là des déclarations de folliculaires peu représentatifs de l'opinion générale ? Des fanatiques, il s'en trouve partout et à toutes les époques. Retenons donc des témoignages d'une conception plus généralement partagée.

Le *Quebec Mercury* commence à paraître en 1805. Ce périodique représente certainement des idées répandues chez ceux qui le financent et ceux qui le lisent. On y parle beaucoup d'ignorance ; et c'est la moindre des épithètes. Les prêtres catholiques sont des « *parish despots* » ; les lois françaises sont « *dark and abstruse* ». À l'exemple de leurs ancêtres et par un caractère racial inné, les Canadiens sont libertins. Des démagogues exploitent leur pauvreté d'esprit. Ils ne connaissent pas les méthodes progressistes de l'agriculture et du commerce. L'éducation dispensée dans les collèges ? « Un rien ajouté à l'esprit humain, des entraves à l'élévation de l'âme. »

À la veille de l'adoption de la Constitution de 1791, les comités anglophones de Montréal et de Québec délèguent à Londres Adam Lymburner pour y faire entendre leur désaccord devant la Chambre des communes. Il ne s'agit plus de l'auteur d'un livre ni de quelque obscur gratte-papier des gazettes. Dans une circonstance solennelle, Lymburner représente les hommes d'affaires anglais de la colonie. Il ne vilipende pas les mœurs des Canadiens, il reconnaît la diversité des cultures : « J'ai un grand respect pour les préjugés d'éducation ; tout le monde, je le suppose, en a ressenti les effets ; ils procèdent souvent des motifs les plus propres à captiver la sympathie, et j'ai vu soumis à leur influence des hommes de cœur et de jugement. » Ce monsieur est un précurseur du multiculturalisme. Il ne s'arrête pas en chemin : « Mais parce que je respecte des défauts naturels chez mes voisins, serait-il bon et honorable pour moi de les fomenter, de les admettre et de les encourager ? Est-ce rendre service à un peuple que de nourrir et de favoriser des préventions que leur nom même dénonce comme des erreurs et des défectuosités[4] ? »

En 1822, à l'instigation d'hommes d'affaires anglais de Montréal, un projet d'union du Bas et du Haut-Canada est déposé à la Chambre des communes britannique. Lors d'une assemblée, James Stuart déclare que les raisons qu'ont les Canadiens de s'opposer à l'Union « ne peuvent être fondées que sur des préjugés qu'il faut extirper ». À la Chambre du Bas-Canada, Ogden explique l'opposition des Canadiens : « C'est la jalousie, c'est le manque de confiance dans l'honneur et la droiture qu'on entretient malheureusement avec trop de succès parmi les hommes ignorants et inconsidérés ; et il est quelquefois du devoir des législateurs de chercher le bonheur du peuple même malgré lui. » Ellice, un homme d'affaires qui vit en Angleterre mais qui possède une seigneurie dans la colonie, est un intermédiaire fort actif pour ses collègues du Canada dans la poursuite du projet d'union. Que pense-t-il des Canadiens ? « C'est une majorité ignorante, fanatisée par des prêtres[5]. »

En 1827, le conflit entre la Chambre d'assemblée et l'administration coloniale est à un point de tension extrême. Les Communes anglaises chargent un comité d'enquêter sur les Canadas et de proposer des mesures appropriées aux circonstances. De nouveau, des pétitions sont envoyées en Angleterre ; des représentants des groupes antagonistes témoignent. Le portrait des Canadiens que tracent les délégués anglais de la colonie n'a pas changé. « La masse de la population est sans éducation », dit l'un. Un autre affirme que « les Canadiens sont de mauvais agriculteurs ». Un autre souligne qu'« ils ne sont pas un peuple commerçant ». Les élites politiques ? D'après Ellice, « l'impression prévaut parmi les habitants anglais engagés dans le commerce des deux provinces que les représentans députés à la Chambre d'assemblée par la masse ignorante des Canadiens ne sont pas exactement les personnes les mieux qualifiées pour décider sur les questions liées avec le commerce ou avec le revenu qui l'affecte[6] ».

Au fil des ans, on répète à peu près les mêmes tirades où l'ignorance des francophones s'allie à leurs préjugés, leur paresse à leur inaptitude pour l'agriculture et les affaires. Plus intelligent et plus systématique que beaucoup de ses prédécesseurs, Durham ne brosse somme toute qu'une synthèse de leurs propos. Venu à l'orée des années 1840, à la veille d'une union des Canadas, il résume un discours commencé bien avant lui.

En définissant les francophones, les anglophones se trouvent à se décrire eux-mêmes par inversion, à proclamer les valeurs dont ils se croient les porteurs.

Durham le reconnaît : « Habituellement conscient de sa propre supériorité, il [le peuple anglais] ne prend pas la peine de cacher aux autres son mépris pour leurs usages[7]. » Dès les lendemains de la Conquête, et avec des accents de plus en plus vifs par la suite, les anglophones clament qu'ils maîtrisent l'économie, qu'ils font preuve d'initiative, que l'éducation est leur constante préoccupation, qu'eux seuls savent utiliser avec compétence les institutions politiques. Devant le comité des Communes britanniques, ils se félicitent : « Presque tout le commerce, tous les capitaux qui y sont employés et tous les profits qui s'en retirent sont entre les mains des habitants anglais. » C'est là, pour eux, le signe d'un avantage plus considérable : « Je pense qu'elle [la population anglaise] formera toujours la partie commerciale de la société, et qu'ayant la supériorité du côté des richesses et probablement de l'intelligence, elle obtiendra graduellement [...] la supériorité sous tous les autres rapports. » Quant aux procédures du parlementarisme, « il y a dans le caractère anglais une aptitude particulière à réussir dans cette espèce de controverse[8] ».

Là-dessus non plus Durham n'innove en rien. Selon lui, l'« esprit d'entreprise » est caractéristique de toutes les classes de la population anglophone. Le cultivateur anglais détient « l'expérience et les méthodes d'agriculture les plus perfectionnées du monde ». Les anglophones occupent les meilleures places dans le gouvernement et la magistrature ? Grâce à leurs capitaux, mais aussi « par leur énergie supérieure, par leur adresse ». En ce qui concerne la conduite des affaires publiques, « on ne peut pour un moment contester aux Anglais la supériorité de la sagesse politique et pratique ». La comparaison n'est-elle pas aveuglante ? Pour tout dire, les Anglais « ont pour eux la supériorité de l'intelligence[9] ».

Nous sommes donc devant deux prémisses qui commandent le modèle de l'assimilation. D'une part, les Canadiens sont d'une race dépourvue de toutes les aptitudes qui font les peuples majeurs, qu'il s'agisse de l'agriculture, du commerce, des affaires publiques. Ils sont ignorants, et par une espèce d'atavisme que renforcent des institutions vétustes et inefficaces. Ils sont facilement exploités par des démagogues, qui eux aussi sont des incapables. À l'encontre, la race anglaise possède toutes les qualités qui font défaut aux Canadiens. De ces deux prémisses, les gens sensés sont contraints de conclure : non seulement on peut, mais on doit assimiler les Canadiens à la race anglaise, les soumettre à l'heureuse influence des institutions britanniques.

Ne jetons pas les hauts cris d'oppression ou de tyrannie. Au contraire, un idéal est en cause, une pédagogie civilisatrice qu'un peuple bien doué par le sort et par ses efforts se doit de pratiquer à l'égard des moins favorisés. Durham interroge : « Cette nationalité canadienne-française, devrions-nous la perpétuer pour le seul avantage de ce peuple, même si nous le pouvions ? Le devoir est de s'y refuser. » Car, dit-il en rassemblant sa pensée, « je ne connais pas de distinctions nationales qui marquent et continuent une infériorité plus irrémédiable. [...] C'est pour les tirer de cette infériorité que je veux donner aux Canadiens notre caractère anglais[10] ». Personne n'a présenté le schéma du discours de l'assimilation en des termes plus vigoureux. Les mêmes idées ont été exprimées ailleurs, d'une manière souvent flottante et portée à l'injure ; Durham y fait entrer, et c'est immense, une logique implacable et une remarquable hauteur d'esprit.

Pour certains tenants de l'assimilation, l'infériorité des Canadiens est congénitale ; c'est par un défaut de race que s'explique la médiocrité de leurs institutions. Pour Durham et pour d'autres, le caractère vieillot des institutions et le fait de parler une langue étrangère à celle du reste de l'Amérique sont les causes de la condition misérable des Canadiens. Les remèdes seront assez différents : dans le premier cas, le caractère racial devra disparaître ; dans le second cas, l'assimilation aux institutions britanniques produira une heureuse conversion des comportements.

Le discours de l'autre : la *réserve* française

N'est-il pas un obstacle fort sérieux à l'assimilation précipitée ? La métropole britannique a laissé se perpétuer des institutions françaises : le droit civil, la religion, la langue. En outre, elle a créé une Chambre d'assemblée que les Canadiens se sont, à toutes fins utiles, appropriée. D'une implacable lucidité, Durham le regrette. On assimilera sans trop de mal un peuple dont les modes de vie ne dépendent que de coutumes soutenues par l'habitude ; ces mœurs finiront par se défaire, les comportements étant peu à peu remodelés par les institutions étrangères. Mais si ce peuple conserve ses institutions, si elles sont même l'objet d'une consécration officielle, alors il en arrivera à former une société parallèle à celle du conquérant et l'entreprise d'assimilation sera d'une difficulté extrême. Le second modèle du discours anglophone prend sa source dans cette difficulté. Au départ, on a permis à une communauté française distincte de subsister ; par la suite, la volonté d'assimilation est donc contrainte de consentir à des compromis. Il en ressort une représentation un peu floue, mais durable : celle d'une société canadienne (française) comme *réserve* au sein de la colonie britannique.

Malgré la décision métropolitaine d'assimiler rapidement les vaincus, les premiers gouverneurs ne croient pas à un peuplement rapide par des immigrants britanniques. Selon Murray, il faut ménager la population française. À la longue, il compte parvenir à l'assimilation en gagnant la confiance des Canadiens : « Cette confiance, écrit-il à Londres en 1764, est mon arme principale. Je la renforce par des soins constants afin qu'elle me permette de mener à bien la tâche que je me suis fixée et qui consiste à faire accepter la religion réformée par la majorité des habitants de cette colonie ». Murray est résolu d'utiliser à cette fin l'animosité des quelques Britanniques établis dans le pays : « Un peu d'habileté me permettra de tirer parti d'eux ; en me mettant en contradiction absolue avec leurs insultes je ne pourrai qu'augmenter et renforcer la confiance des Canadiens envers le gouvernement. » Habile diplomatie de circonstance, qui inspirera aux vaincus de premiers espoirs de survivance.

Successeur de Murray, Carleton nourrit de plus larges vues d'avenir : à son avis, « la population canadienne finira par peupler ce pays à un tel point que tout élément nouveau [...] s'y trouverait entièrement débordé et effacé, sauf dans les villes de Québec et Montréal ». (Notons, au passage, cette différenciation des villes et des campagnes ; elle est déjà un quelconque pressentiment de la *réserve*...) Carleton en déduit : « Si l'on tient compte que nous ne pouvons compter que sur la race canadienne pour l'augmentation de la population, il s'ensuit que le maintien des coutumes de cette province est la meilleure politique à suivre. » Nous sommes en 1768. La vague d'immigration anglaise viendra plus tard ; en attendant, par leurs demandes réitérées et par la force des choses, les Canadiens obtiendront la sauvegarde de leurs institutions essentielles. Carleton n'est pas le seul à croire que la colonie ne sera jamais habitée en majorité par des Britanniques. À la

Chambre des communes de Londres, lors des discussions préalables à l'Acte de Québec, de hauts personnages soutiennent la même thèse. Favorable au projet, le solliciteur général Wedderburn est ferme : il ne faut pas encourager une émigration qui appauvrirait le royaume. Un autre partisan du projet, le procureur général Thurlow, déclare que les quelques Britanniques qui émigreront au Canada ne doivent pas espérer y retrouver le même système de lois qu'en Grande-Bretagne[11].

À cette vision des choses, qui ne devait pas connaître une longue carrière, s'ajoute un facteur d'une importance autrement décisive : la menace de la sécession des colonies américaines d'à côté. Les Français du Canada sont susceptibles de servir de barrière à l'expansion des idéologies d'émancipation ; ils peuvent contrebalancer les penchants des anglophones du pays tentés par les sirènes démocratiques. À la condition de les garder différents, et pour cela de leur conserver quelques institutions originales. Cette présence des voisins américains, on l'invoque périodiquement par la suite. Le gouverneur Haldimand veut interdire les Cantons de l'Est aux loyalistes afin de garder ce territoire aux francophones mieux capables d'empêcher l'influence ou l'invasion des Américains. Dans le *Quebec Mercury* du 18 novembre 1806, un lecteur qui signe « Anglo-Canadiensis » s'insurge contre les appels véhéments du journal en faveur de l'assimilation ; le danger américain est son principal argument. En 1827, un autre anglophone écrit : « L'ignorance de la langue anglaise, surtout dans les campagnes, est une barrière salutaire contre la communication trop intime entre les Canadiens et les Américains[12]. » La conservation de la religion catholique est vue parfois dans la même perspective.

Consacrées par l'Acte de Québec (1774), les institutions de base inclineront donc à la survie d'une société canadienne francophone. L'immigration anglaise aura beau faire sentir ensuite sa pression, il sera trop tard pour revenir en arrière. Des coups de force seront tentés par Craig et ses affidés. La Chambre des communes discutera d'un projet d'union des deux Canadas en 1822 ; projet toujours dans l'air, que Durham reprendra avec plus de succès.

Par la Constitution de 1791, le Bas-Canada devient une entité distincte ; on admet la spécificité des deux sociétés. Présentant le projet à la Chambre des communes britannique, Pitt l'affirme de la manière la plus claire : l'objectif est de délimiter une section pour les Canadiens, une autre pour les colons anglais et américains. Chacun des groupes pourra être majoritaire sur son territoire. On institutionnalise proprement les deux sociétés : selon Pitt, l'Assemblée du Bas-Canada se conformera aux coutumes et aux désirs de la majorité française ; la religion protestante et les lois anglaises seront le lot de la majorité britannique du Haut-Canada. Cette fois, on s'éloigne résolument, pour toujours peut-être, des possibilités de l'assimilation. Nous en sommes sans doute au point critique où les deux schémas du discours anglophone sur les Canadiens se heurtent dans l'ultime contradiction. Fox le pressent dans son intervention à la Chambre, à l'encontre de Pitt et du projet de scinder les deux Canadas : est-ce pertinent, se demande-t-il, de séparer ainsi Anglais et Français ? Ce serait plutôt à souhaiter qu'ils « s'unissent et se combinent comme en un seul corps et que les distinctions nationales puissent disparaître pour toujours ».

Les deux modèles sont différents ; leurs visées sont-elles inconciliables ? S'il s'agissait seulement d'une question de délais dans une même volonté d'assimilation ? Voilà bien, en tout cas, la pensée de Pitt quand il rétorque à Fox qu'effectivement la solution la meilleure serait de fondre les deux peuples ; mais, ajoute-t-il, voyant que le gouvernement britannique ne veut pas leur imposer de force les lois anglaises, les francophones finiront par se rendre compte avec l'expérience de leur supériorité et ils les adopteront de leur plein gré. L'assimilation n'est pas abandonnée ; elle est reportée.

En attendant que l'objectif soit atteint, on tolère une communauté et ses institutions. La société canadienne est en sursis. Cette suspension du dessein ultime postule la survie d'une *réserve* canadienne-française, d'une société destinée à la marginalité. La conception est consacrée dans la réalité : si la Chambre d'assemblée du Bas-Canada est composée en majorité de francophones, on lui opposera un Conseil législatif qui l'empêchera de détenir vraiment la gouverne de la société francophone. Et puis, le Bas-Canada n'est pas homogène ; la minorité anglophone, petite en nombre mais puissante par ses ressources économiques, par ses appuis dans la métropole et dans l'administration, rétablira dans la société distincte qu'est censément le Bas-Canada une dualité semblable à celle qu'on a voulu écarter par la Constitution de 1791.

Laisser survivre la communauté canadienne-française, mais en espérant mieux et en usant de mesures capables de la reléguer dans un état où sa dissolution deviendra possible un jour : la stratégie est en partie inconsciente, en partie voulue. Et elle n'est pas sans précédent. Dès 1764, le Board of Trade suggérait l'établissement d'une Chambre d'assemblée, où seuls des protestants auraient pu être élus, les Canadiens étant limités au droit de vote. Autre plan en 1769 : les Canadiens pourraient faire partie du Conseil et de l'Assemblée, mais selon une savante répartition des circonscriptions électorales entre villes et campagnes ; les députés des villes, où les Anglais sont plus nombreux, prêteraient un serment inacceptable aux catholiques ; les députés des campagnes, en majorité francophones, seraient dispensés du serment. Le projet de la « réserve » française est ici d'une éclatante netteté. Ce genre de manœuvres connaîtra bien des variantes dans la suite, dont certaines plutôt farfelues : en 1828, devant un comité de la Chambre des communes britannique, des hommes d'affaires anglais suggèrent d'annexer la ville de Montréal au Haut-Canada...

En définitive, les deux discours finissent par se rejoindre dans une représentation semblable de la « réserve » canadienne-française. Dans le schéma le moins radical, les institutions de la société française sont maintenues, en attendant qu'elles s'inclinent devant les institutions anglaises dans un avenir peut-être lointain et sans que l'on puisse être sûr du résultat. Dans l'autre schéma, celui où l'assimilation rapide constitue une ferme intention, les institutions sont supprimées ; on n'en attend pas moins, mis à part certains fanatiques, que le temps fasse son œuvre. Ce dernier point vaut d'être illustré par quelques exemples.

J'ai cité le passage du rapport de Murray où celui-ci met sur le compte de l'ignorance des Canadiens leur attachement à leurs prêtres, ignorants eux aussi et de basse extraction ; « ce corps social, ajoute-t-il, deviendra de plus en plus misérable, à la condition que nous ne le persécutions pas ». Un délai est accepté pour que l'institution se désagrège d'elle-même. En 1766, le procureur général Masères dresse un programme d'assimilation ; il admet cependant que l'achèvement du processus mettra « une ou deux générations ». Délégué des hommes d'affaires anglais qui s'opposent au projet de constitution de 1791 et qui sont partisans de l'assimilation, Adam Lymburner n'en recommande pas moins patience et indulgence : « S'il doit être considéré comme très mal de blesser les sentiments d'un peuple en essayant d'extirper violemment ses préjugés, je soutiens cependant que le devoir du gouvernement est de les déraciner graduellement et doucement, en exerçant sur lui une action bienfaisante. » Lors de l'enquête de 1828, les représentants anglais qui s'adressent au comité de la Chambre des communes ne font pas mystère de leur volonté d'assimiler les Canadiens français ; pour contourner l'opposition de ceux-ci à l'union souhaitée, ils consentent à ce qu'on leur conserve leur langue, leur religion et leurs lois.

Durham adopte une position analogue. Il n'est pas question de persécuter sous prétexte d'assimiler. La mesure essentielle consiste à mettre les Canadiens en minorité dans les institutions politiques ; on ne leur enlèvera ni leur langue, ni leur religion, ni leurs lois ; ils pourront même avoir des représentants dans les instances de décision. Ils s'assimileront « by the working of natural causes ». Durham est conscient qu'il faudra beaucoup de temps pour que la langue française disparaisse ; on ne doit pas contraindre la population à parler anglais par « des moyens qui, de fait, priveraient la masse du peuple de la protection du droit[13] ».

Le discours sur soi : la survivance

Les idéologies où les Canadiens se définissent comme collectivité se profilent inévitablement sur l'arrière-plan du discours que l'autre projette sur eux. Au point que l'assimilation à laquelle on les voue, la réserve à laquelle on les confine finiront par inspirer leur propre discours. La conscience de soi est presque tout entière animée par la présence du colonisateur. Par ailleurs, et je l'ai déjà remarqué, le discours des Canadiens ne se construit pas de façon rectiligne, chaque étape nouvelle effaçant la précédente. Sans doute, il y a développement, et je tâcherai d'en rendre compte ; mais tout se passe comme si les couches du discours antérieurement formées subsistaient sous les couches nouvelles. Il arrive même que des étapes plus tardives avortent au profit de sédiments plus anciens. Cela est particulièrement frappant pour le discours de la survivance, qui apparaît au commencement et qui ne cessera jamais par la suite, traumatisme originaire ou position de repli, de hanter la conscience historique des Canadiens... et des Québécois.

Au nom des Canadiens qui viennent d'être cédés à l'Angleterre par la Conquête, ce sont les élites qui s'expriment :

des autorités ecclésiastiques, des seigneurs, des marchands. Dans quelle mesure sont-elles l'écho de ce que pense le peuple ? Après une guerre cruelle, les gens ont repris le fil de travaux et de jours plus calmes ; néanmoins, les incertitudes qui agitent les élites sur la survie de la religion, du droit, de la langue concernent les aspects les plus concrets de la vie de tous. Avant qu'adviennent la Constitution de 1791, les débats de l'Assemblée et les journaux au contenu proprement politique, ce sont surtout des pétitions, en grand nombre et de diverses provenances, qui constituent les matériaux d'un discours politique ; s'y ajoutent des mandements, sermons et autres documents de source ecclésiastique.

Au départ abondent les protestations d'allégeance et de loyauté. Quelques exemples suffiront. En février 1763, dans une pétition adressée au roi au nom des corps du clergé, de la noblesse et du commerce, les citoyens de Montréal « osent prendre la liberté de se prosterner au pied de votre trône persuadés que c'est là où résident le sanctuaire de la justice et le temple de toutes les autres vertus ». Annonçant un *Te Deum* pour célébrer la paix de 1763, le futur évêque Briand prévient les fidèles : « Rien ne peut vous dispenser d'une parfaite obéissance, d'une scrupuleuse et exacte fidélité, et d'un inviolable et sincère attachement à votre nouveau monarque et aux intérêts de la nation à laquelle nous venons d'être agrégés. » (À remarquer, incidemment, la connotation donnée ici au mot « nation ».) D'après une adresse des bourgeois de Québec, toujours à l'occasion du traité de paix, la Conquête est censée résulter d'un décret de l'Être suprême ; « à nous de nous y conformer et d'être aussi fidèles sujets de notre nouveau monarque, que nous l'avons été, ou dû être, au Roi de France[14] ».

Dans les sermons de l'évêque Plessis, la loyauté atteint au paroxysme. En 1810, *Le Canadien* est supprimé ; ses rédacteurs, Bédard, Blanchet, Taschereau sont arrêtés. Plessis n'en profère pas moins : « C'est un péché considérable, un péché mortel, je ne dis pas de se révolter, je ne dis pas de renverser un gouvernement établi (entreprise dont je crois tous ceux qui m'entendent fort éloignés) mais même de s'opposer aux vues louables de ce gouvernement et d'en contrarier les ordres. » Les évêques parviennent rarement à ce sommet de la rhétorique servile ; les rappels à la soumission n'en sont pas moins une commune tradition. Les évêques ne sont pas les seuls. Pétitions, adresses et discours en provenance des laïcs répètent, pas toujours sous la menace du

péché mortel il est vrai, les mêmes protestations de sujétion. Il est
piquant d'entendre Papineau. En juillet 1820, il prononce un
discours devant ses électeurs de Montréal : la mort du roi
George III est « une grande calamité nationale. [...] Chaque année
de son règne a été marquée par de nouvelles faveurs accordées à
ce pays. Les énumérer et détailler l'histoire de la province depuis
tant d'années prendraient plus de temps que je puis en espérer de
ceux à qui j'ai l'honneur de parler. Qu'il suffise donc, à première
vue, de comparer l'heureuse situation où nous sommes avec celle
où se trouvaient nos ancêtres lorsque George III devint leur
monarque légitime... »

Ce ne sont là que des échantillons d'une abondante documentation. Toutes les élites y participent d'une manière ou d'une
autre. L'Église est tenue sous étroite surveillance et elle proteste
constamment de sa fidélité. Les seigneurs et les marchands se
soumettent pour quémander quelques faveurs ou avantages : un
peu de liberté de mouvement, des places dans l'administration ou
l'armée, la participation à l'activité économique. À moins que ce
ne soit pour contrecarrer les manœuvres des Anglais établis au
Canada afin que la métropole bienveillante mette à la raison des
concurrents prétendument infidèles à la pensée du roi et de ses
ministres. Conformément aux principes de l'époque, en pays
protestants comme en contrées catholiques, l'Église adhère sans
réticence à la primauté de la légitimité des rois ; les élites laïques
francophones se réclament de leur statut de Britanniques. Dans
cette rhétorique de la servitude, faisons la part des convictions, des
intérêts et des astuces.

Aux lendemains de la Conquête, les arguments de survie sont
de deux ordres : d'une part, on cherche à montrer que le maintien
des institutions de base est indispensable au fonctionnement des
mécanismes élémentaires de la société colonisée ; d'autre part, on
essaie de convaincre le conquérant que, de ce maintien, il est
susceptible de tirer avantage.

Premier versant des plaidoyers : la religion, le droit et la
langue ne sont pas défendus en raison de leur valeur propre, mais
comme d'irrécusables nécessités de la vie quotidienne. La religion ? Au début, parce qu'ils sont catholiques, les Canadiens sont
menacés d'être exclus des charges de l'administration. Dans leur
pétition de 1764, les jurés canadiens protestent : « Que deviendrait
le bien général de la colonie si ceux qui en composent le corps

principal en devenaient des membres inutiles par la différence de la religion ? » Les institutions juridiques se prêtent à une défense plus solide : la propriété, les contrats et d'autres aspects des relations sociales reposent sur un droit hérité ; on ne saurait leur substituer un autre ordre juridique, du moins par de brusques décisions, sans entraîner les bouleversements les plus graves, sinon le chaos. La persistance de la langue française est plus difficile à justifier. On aura donc recours à un détour, le plus souvent en soulignant que le droit ne pourrait s'exercer sans l'usage du français : « Que deviendrait la justice, lit-on dans la pétition des jurés de 1764, si ceux qui n'entendent pas notre langue, ni nos coutumes, en devenaient les juges par le ministère des interprètes ? » On est convaincu de se tenir sur un terrain ferme puisque ce genre d'argument reparaîtra périodiquement par la suite. Lors de l'inauguration de l'Assemblée créée par la Constitution de 1791, on plaide pour la version française des lois en invoquant la nécessité pour les citoyens de comprendre la législation qui les concerne. Les orateurs canadiens insistent de diverses manières ; l'Assemblée devant « rendre justice à ce bon peuple », déclare Lotbinière, on devrait élaborer des lois « d'une manière à être entendu de la province entière ». En 1822, pour contrecarrer le projet d'union des deux Canadas, Denis-Benjamin Viger demande encore ce qu'il adviendrait des lois « quand on aurait aboli l'usage de la langue dans laquelle elles sont écrites ».

Ce type d'argument relève d'une ultime position de repli. Il est précaire. Car, en laissant survivre les institutions pour des motifs d'utilité, une politique patiente n'est-elle pas susceptible d'aboutir à leur disparition à long terme sans que soit troublé le train quotidien de la vie sociale ? Le conquérant ne manque pas d'y songer. Il est probable que beaucoup de Canadiens n'écartent pas non plus cette éventualité. Dans le discours que je citais à l'instant, Lotbinière croit renforcer son plaidoyer pour l'usage du français dans la législation en invoquant les vertus de l'éducation : « Quand une partie de nos Constituans serons en état d'entendre la langue de l'Empire, alors le moment sera arrivé de passer *toutes* nos loix dans le texte Anglais. »

L'argument utilitaire le plus sûr dans l'immédiat et qui pare au plus pressé s'avère le plus faible en ce qui concerne la longue durée. Des apologies feront donc appel aux intérêts de la Grande-Bretagne, lesquels intérêts débordent les exigences élémentaires de la bonne marche de la société civile. Pour amener le gouvernement britannique à permettre la nomination d'un évêque, Lacorne soutient que les Canadiens sont un peuple docile, susceptibles d'être de fidèles sujets du roi si on leur laisse la tranquille pratique de leur religion ; des prêtres canadiens, ordonnés sur place, serviront à écarter les influences européennes susceptibles de nuire à la parfaite allégeance au nouveau régime. Dans leur pétition, les bourgeois de Québec affirment pour leur part que la ferveur monarchique des Canadiens est « le fruit des sentiments que nous ont inspirés nos pasteurs. Nous reconnaissons que toute autorité vient de Dieu. » Le chapitre de Québec utilise de semblables raisonnements, qui ne sont d'ailleurs pas étrangers aux autorités anglaises de la colonie[15]. Les protestations de loyauté et de soumission des évêques, leur insistance sur l'obéissance obligée à un pouvoir qui est de source divine se multiplient par la suite. La conviction se mêle à la diplomatie dans ces suppliques en vue de maintenir une survivance où la spécificité du catholicisme est mise dans l'ombre au profit des avantages qu'en retirerait au Canada un pouvoir britannique qui brime cette Église chez lui et en Irlande.

Les plaidoyers s'élèvent d'un cran lorsqu'on veut montrer que l'existence d'un peuple distinct est un obstacle aux menaces des colonies américaines devenues indépendantes. La religion et le système seigneurial peuvent être envisagés sous cet angle ; la langue, davantage. On lit dans Le Canadien du 18 novembre 1809 : « Un Canadien anglifié se trouvera tout aussi bien avec un Américain qu'avec un Anglais, par la même raison qu'un Anglais n'a aucune répugnance à s'associer ou à vivre avec un Américain. » Et Papineau, en octobre 1822 : « L'on nous dit qu'il faut cesser de parler le français, pour connaître et chérir la Constitution anglaise. [...] Et les Constitutions américaines sont-elles donc si vicieuses que l'on ne doive jamais craindre que le peuple puisse se laisser séduire par les panégyriques qu'il en entendrait faire chaque jour[16] ? »

De tout cela, allons-nous conclure à une exclusive servilité ? Ce serait bien court. Car les menaces persistent. L'Acte de Québec (1774) accorde un statut à la religion et au droit civil français ; cependant, ce texte officiel n'a pas de portée définitive. On s'efforce périodiquement de réduire le catholicisme au statut d'Église nationale, à l'exemple de l'Église officielle d'Angleterre.

Sauvegardé en principe, le droit subit une corrosion dans la pratique ; les nominations à la magistrature sont des moyens détournés mais efficaces pour introduire des modifications qui contredisent la cohérence de l'institution[17]. Dans une telle situation, les manœuvres défensives sont indispensables. Ce qu'il faut retenir de cette longue apologie de la survivance, c'est moins la protestation de soumission que l'appropriation lente et subtile de l'image que l'*autre* projette sur soi. À force de répéter les mêmes arguments pour persuader le conquérant de la pertinence pour lui de l'existence d'une société française, on finit par en faire ses propres raisons d'être. Il ne faudra plus oublier ce premier niveau d'une conscience historique. D'autres s'y superposeront au cours du temps. Ils ne disqualifieront jamais ce tuf fondamental. Aux heures des grandes incertitudes, les Canadiens français y reviendront pour y puiser non seulement le droit de survivre, mais la plus ferme représentation de leur identité.

Naissance de l'opinion publique

La survivance n'est pas seule à inspirer les courants d'idées. La diffusion de la pensée des Lumières, les répercussions des révolutions américaine et française, l'existence en Angleterre d'un régime constitutionnel font surgir des thèmes qui, pour n'être pas indifférents à celui de la survivance, dépendent d'une autre problématique.

La Conquête n'entraîne pas le renfermement sur soi des Canadiens, du moins en ce qui concerne une certaine élite. Persistent des relations de parenté, d'amitié, d'intérêts avec la France. Les journaux rapportent les événements d'Europe et des colonies voisines. Pendant la Révolution américaine, des agents de l'étranger diffusent de la propagande dans la population. Le Canada n'est donc pas à l'écart des grands bouleversements du monde et des conflits idéologiques qui les accompagnent. Des problèmes internes sont aussi en cause. Au départ, des groupes se sont concertés autour du combat pour la survie ; une fois les premières victoires acquises, la solidarité se défait. La bourgeoisie constate qu'elle est écartée de l'organisation politique mise en place par l'Acte de Québec ; tous les membres du nouveau Conseil législatif sont des seigneurs. Lentement, péniblement se dessine une autre direction de la volonté et de la pensée politiques. Les influences étrangères et les problèmes internes se rejoindront, sans pour autant se fondre.

L'opinion publique qui s'esquisse n'a pas d'articulations encore très nettes. À distance, nous rapprochons aujourd'hui des textes dont la parenté du contenu est évidente ; nous ne sommes pas certains de la nature des adhésions qu'on leur accorde à l'époque. De même, nous reconnaissons aisément des sources étrangères : la pensée des Lumières, les idéologies révolutionnaires d'Amérique et d'Europe, les théories et les pratiques politiques anglaises ; mais ces influences se recoupent et se mélangent dans les esprits. Essayons tout de même de discerner les courants principaux de cette opinion publique en formation.

Un premier courant relève de ce que j'appellerai la critique sociale. Les influences étrangères y sont patentes. Voltaire et les encyclopédistes notamment sont lus dans la colonie ; les journaux reproduisent des morceaux de leurs œuvres ou paraphrasent leurs idées. Il n'est pas facile de départager ce qui est retenu : chez Voltaire, par exemple, est-ce le grand écrivain ou le critique des institutions ? Toujours est-il que, malgré ses allures de feuille officielle, La Gazette de Québec reprend le procès de l'ignorance familier aux écrivains des Lumières. Elle dénonce le despotisme et le fanatisme. Au nom de la liberté, elle attaque le clergé, les gens de lois, les financiers[18]. Une parodie prête à l'aristocratie cana-dienne un long discours : « Il n'y a que nous qui puissions avoir raison, ainsi ne croyez que ce que nous vous disons. [...] Nous insistons que les gouvernements, ainsi que l'appointement des rois, sont des institutions divines[19]. » Les journaux de Mesplet sont d'une inspiration plus constante. Dans La Gazette du commerce et littéraire, qui deviendra La Gazette littéraire tout court, et dans La Gazette de Montréal, les thèmes sont ceux des Lumières : égalité devant la loi, tolérance, règne de la raison, liberté de pensée et liberté de presse. On vilipende ou on ridiculise la noblesse. On fait profession d'anticléricalisme, parfois avec éclat ; l'évêque Hubert est traité de « despote chrétien ».

Les journaux informent des préludes de la Révolution amé-ricaine. Un Appel du Congrès aux Canadiens est largement répandu. La Révolution française provoque une véritable fasci-nation. Jusqu'en 1793, une grande partie de l'opinion anglaise s'y montre favorable. Dans La Gazette de Québec, dans celle de Montréal, on en raconte les péripéties, on se réjouit des discours.

Vues de loin, les mesures prises par les révolutionnaires ne répugnent pas, y compris la dissolution des monastères et la constitution civile du clergé[20].

La guerre et la censure interrompent ces éclats publics. Ceux-ci ont cependant instillé dans les esprits des idées, un vocabulaire qui referont surface plus tard. Quelle est, sur le moment, leur poids effectif ? Des groupes, des associations se forment : dans *La Gazette* de Mesplet, il est question d'une Académie ; on signale des loges maçonniques à Québec et à Montréal ; en 1790, se fonde une Société des patriotes ; en 1791, se réunissent des Amis de la Constitution, mués par la suite en Club constitutionnel. Voilà, en gros, le bilan. C'est assez pour soupçonner qu'existent un climat d'échanges et de discussions, de premiers éléments d'une opinion publique chez les notables : des préalables de ce qui sera plus tard, après l'avènement du régime constitutionnel, le champ clos des grands débats politiques.

Qu'en est-il du peuple ? Les historiens ont recensé, au cours de ces années, des émeutes, des soulèvements, des jacqueries aux prétextes variés. Rien qui s'apparente aux grands ébranlements des révolutions américaine ou française. Néanmoins, ces révoltes périodiques laissent percer des mots et des slogans qui trahissent la diffusion des idéologies nouvelles. Assurément, ces paysans ou ces ouvriers des villes ne lisent ni les Encyclopédistes ni les gazettes ; ce vocabulaire leur vient par d'autres canaux, des propagandistes américains ou français, des notables qui communient plus directement avec les sources. Carleton s'inquiète : « Ce peuple s'est trop pénétré des idées américaines d'émancipation et d'indépendance propagées par les nombreux adeptes d'une faction turbulente de cette province, pour le faire revenir promptement à la pratique d'une juste et raisonnable subordination. » Mgr Hubert ne dit pas autrement : « L'on ne trouve pas toujours [dans le peuple] le même empressement, la même soumission à l'autorité publique ; n'a-t-on pas le choix de s'en prendre au progrès qu'a fait parmi nos Canadiens l'esprit de liberté et d'indépendance, amené d'abord par la circulation du Manifeste des Anglo-Américains, au commencement de la dernière guerre, et répandu depuis par la multiplication et la licence de nos gazettes et par la liberté des conversations sur les affaires publiques. » Le plus grand nombre est illettré ; mais la communication orale est d'autant plus dense, et elle sème vocables et slogans. Les leaders locaux s'em-

parent de ces bribes d'idéologies pour les amplifier et les réper-
cuter[21]. Cette fermentation prépare les remous futurs. La Constitution de 1791, en même temps qu'elle donnera à l'activité des
notables un nouveau terrain d'exercice, portera l'opinion du
peuple à un autre niveau. Une jonction plus étroite s'effectuera
entre les élites locales et les détenteurs du pouvoir idéologique.

Ce premier courant, que j'ai qualifié de critique sociale,
demeurerait diffus si un deuxième ne canalisait plus étroitement
l'opinion publique. On y débat l'aménagement du pouvoir à promouvoir dans la colonie. La critique sociale ne disparaît pas ; elle
est plutôt rabattue sur la conjoncture immédiate.

La Gazette de Québec rapporte les débats de la Chambre des
communes anglaise ainsi que les adresses que les colonies américaines lui transmettent. Au nom des libertés britanniques, les
marchands anglais établis au pays ne tardent pas à réclamer une
Chambre d'assemblée. Ils veulent rallier les Canadiens, mais ceux-
ci craignent d'être médiocrement, sinon aucunement représentés ;
d'autant plus que les marchands anglais, en même temps qu'ils
demandent une Assemblée, exigent la disparition des lois françaises et du régime seigneurial. Par ailleurs, des marchands et des
professionnels canadiens sentent que leurs intérêts ne sont pas
satisfaits par l'Acte de Québec, qui protège plutôt ceux de la petite
noblesse. Solidarités et dissensions à l'égard des marchands britanniques, attirance envers des institutions plus conformes à leurs
aspirations : les atermoiements des bourgeois francophones s'ajoutent aux fluctuations de la critique sociale et indiquent de semblables difficultés dans la genèse d'une opinion publique.

En 1783 se termine la guerre entre l'Angleterre et ses
anciennes colonies américaines. Le Nouveau-Brunswick et la
Nouvelle-Écosse ont déjà des institutions représentatives. Au
Québec, le mouvement en faveur d'un régime constitutionnel
s'intensifie et s'organise.

Voici d'abord un théoricien. Protestant, Pierre Du Calvet est
venu au pays peu avant la Conquête. L'individu est entreprenant
et remuant. Commerçant, juge de paix, il lui arrive de conseiller
les gouverneurs anglais. Il dénonce les vices du système judiciaire,
prône des réformes. Engagé dans des procès retentissants relatifs
à ses affaires, il porte ses attaques contre l'administration de la
justice jusque dans *La Gazette* de Mesplet. Il est arrêté en 1780,
soupçonné de trahison au cours de la récente invasion américaine.

À sa sortie de prison, il se rend en Angleterre pour obtenir réparation. Il y rédige un *Appel à la justice de l'État*[22] où il lie sa cause à celle des Canadiens : « En demandant justice pour moi, je n'ai jamais oublié de la demander pour vous. »

Les deux tiers du livre sont consacrés à une « Lettre à messieurs les Canadiens » où l'auteur veut démontrer que ce qu'il appelle « notre incorporation nationale à l'Angleterre » n'est pas une concession de l'édit royal de 1763, mais un principe du droit des gens qui s'applique aux populations conquises ; les Canadiens peuvent donc réclamer tous les privilèges constitutionnels du peuple anglais. Ce postulat sera repris par la suite ; j'aurai à en tenir compte lorsqu'il s'agira de cerner l'idée de nation qui percera difficilement au XIXe siècle. Pour sa part, Du Calvet en déduit un plan de gouvernement : garantir la liberté de la presse, limiter les pouvoirs du gouverneur, réformer le Conseil législatif, mettre en place une Chambre d'assemblée. Car « notre Corps Législatif n'est aujourd'hui lié d'aucune relation avec le Corps de ses Concitoyens ; isolé et concentré dans lui-même, il ne représente que ses propres membres. » La législature devra pouvoir disposer à sa guise des subsides.

Le livre connaîtra une large audience. Du Calvet est parvenu à composer la doctrine qui ralliera un assentiment quasi général de la part de ceux qui désirent des institutions représentatives ; au surplus, il trace l'essentiel du programme qui sera pour longtemps celui des leaders canadiens après la venue de la Constitution de 1791.

Un théoricien, donc. Mais, dans des circonstances pareilles, une doctrine est prétexte à des parcours autrement sinueux. À titre d'illustration encore du tracé progressif d'une opinion publique qui se cherche, je m'arrête au cas de Jean-Baptiste Adhémar. Marchand à Montréal, marguillier de sa paroisse, il s'embarque en 1783 pour Londres. Avec le notaire Jean Delisle, également montréalais et marguillier, il est chargé d'une double mission. La première est claire : deux sulpiciens français ont été interdits de séjour par le gouverneur Haldimand ; il s'agit d'obtenir la permission de faire venir d'autres prêtres pour le ministère et l'enseignement. Le second volet du mandat est plus vague : « Réclamer les Droits civils que nous croyons devoir jouir comme formant les 19/20 pour le moins de tous les sujets de la Province. » Quels « droits civils » ? Les citoyens de Montréal qui ont délégué

Adhémar et son compagnon ne sont pas parvenus à les définir. C'est une fois sur place, par l'observation directe du régime britannique et au long d'entretiens avec Du Calvet que le projet de Chambre d'assemblée se précise dans l'esprit des voyageurs et qu'Adhémar en devient un fervent promoteur... Cet itinéraire est un bon exemple des cheminements de l'opinion politique au moment où un mouvement réformiste rassemble des Canadiens[23].

Une représentation politique de la collectivité

Des marchands anglais et français en sont arrivés à un consensus relatif. En 1787, les comités délèguent à Londres Adam Lymburner. Les Canadiens lui communiquent une recommandation expresse pour que soit sauvegardée, dans la future Assemblée, une équitable représentation de la majorité. Le délégué en fera plutôt à sa guise, c'est-à-dire en conformité avec les vues des marchands anglais qui, favorables à l'Assemblée, ne le sont pas à la séparation des deux Canadas alors envisagée. Devant la Chambre des communes, il compare la situation des Anglais au Canada à celle d'Israël en Égypte ; il s'oppose à la division de la colonie pour des raisons économiques, d'autant plus que, d'après lui, la bourgeoisie commerçante devrait tout naturellement contrôler le pouvoir politique.

En 1791, le gouvernement britannique sépare le Bas et le Haut-Canada et les gratifie tous les deux d'un régime constitutionnel. La métropole confère un statut distinct à la collectivité canadienne francophone (aux « *French Canadians* », dit le ministre Grenville). Statut précaire, puisque subsistent des anglophones dans le Bas-Canada, et qui continueront de combattre pour imposer leurs propres institutions et faire tourner à leur avantage le nouveau régime. Du moins, la majorité française maîtrisera assez vite la Chambre d'assemblée accordée en vertu de la nouvelle Constitution. L'opinion politique trouve ainsi de nouvelles conditions d'exercice.

Cette opinion, nous l'avons vue se développer selon des voies diverses. Le pluralisme ne disparaît pas. Les critiques envers le clergé, le régime seigneurial ou les oligarchies continuent de se répandre, inspirées par les idéologies des Lumières, des révolutions américaine ou française. Ces idéologies ont marqué, dans leur jeunesse, les hommes qui feront carrière dans les voies ouvertes par la politique. Elles ne constituent pourtant pas le noyau organisateur du discours dans les années qui suivent l'établissement du régime constitutionnel. Persistantes mais diffuses, inégalement partagées, elles se rassemblent autour d'un thème étroitement politique : la Constitution et les libertés anglaises.

Imbues des doctrines libérales, qu'elles identifient trop facilement avec les commentaires des publicistes européens sur le parlementarisme britannique, les élites canadiennes se font une image idéalisée de la Constitution qui leur est octroyée. En fait, le nouveau régime est fort peu libéral. La métropole veut garder sa stricte mainmise sur la colonie. Au sommet, le gouverneur conserve les rênes du pouvoir civil et militaire. Selon les fermes intentions de ceux qui ont conçu l'appareil de gouvernement, un Conseil législatif doit faire contrepoids à l'Assemblée ; on tente d'empêcher une trop grande latitude des organisations populaires qui, pense-t-on, ont conduit à l'indépendance américaine. Quant à l'Assemblée, elle repose sur une assiette électorale beaucoup plus démocratique que celle de la Chambre des communes en Angleterre.

En soi, cet aménagement est une source de conflits. Autour du gouverneur, les Conseils exécutif et législatif forment une oligarchie, semblable à celle du Régime français, rendue même plus visible par son officialisation et les pouvoirs qui lui sont assignés. L'Assemblée comprend des anglophones et des seigneurs ; elle est cependant dominée bientôt par les professionnels et les marchands canadiens. La majorité vise à en exclure les fonctionnaires et les juges. Son arme principale ? Elle désire, comme elle le dit au roi en 1810, assumer les dépenses du gouvernement civil. Elle en vient à l'ambition de contrôler tout le revenu, y compris celui de la Couronne. Elle conteste la composition du Comité exécutif, les pensions, les honoraires, la mauvaise administration des terres publiques. La guérilla est constante avec le Conseil législatif. Celui-ci use du couperet des amendements : de 1822 à 1836, il rejette 234 projets de l'Assemblée ; 28 sur 64, en 1833 seulement.

L'espèce de manifeste diffusé par le Parti canadien en 1814 résume les griefs en même temps qu'il décrit la mise en application d'une Constitution qui idéalement se présentait sous un autre visage. Selon ce manifeste, par la composition du Conseil exécutif et grâce à une faction complice à l'Assemblée, la minorité exerce le pouvoir : la majorité, c'est-à-dire la Chambre d'assemblée, « regardée comme un corps étranger, à peine reconnu du gouverneur et des autres branches de la législature, a été laissée dans l'opposition comme destinée à être menée par la force ». Ce clivage se répercute et se reproduit, affirme-t-on, dans la société tout entière : « Les divisions de la Chambre d'Assemblée deviennent nationales. » Pour remédier à cette situation, des publicistes canadiens préconisent le choix de conseillers ou « d'autres places d'honneur et de profit » parmi « ceux qui ont le plus d'influence sur la majorité de la chambre d'Assemblée ». Si on y arrivait, les querelles de nationalités disparaîtraient à l'Assemblée aussi bien que dans la population ; on n'aurait plus à regretter cette opposition des Canadiens à leur gouvernement qui leur donne fâcheusement l'allure de rebelles[24].

Les auteurs constatent une profonde scission des institutions et des groupes en présence. Plutôt que d'être décrite comme un problème de société, cette division est ramenée à une question d'aménagement politique, à une distorsion de la Constitution. À entendre les élites canadiennes, si on disposait d'un exécutif responsable, si des liens étaient établis entre l'exécutif et l'Assemblée, le conflit cesserait ; du moins, il serait subordonné au jeu normal des partis. Cette sublimation politique de la collectivité et de ses composantes aura dans l'avenir des conséquences considérables. Pour la circonscrire, je pourrais rassembler d'innombrables écrits et déclarations. J'y arriverai à l'aide de quelques articles du *Canadien* qui en présentent une remarquable synthèse.

Au sommet se trouve la Constitution. Celle-ci n'est pas d'abord un texte ; elle est la fondation de la société politique, génératrice de ses principales structures : « La Constitution Britannique est peut-être la seule où les intérêts et les droits des différentes branches dont la Société est composée, sont tellement mélangés, si sagement opposés et tous ensemble liés les uns aux autres, qu'ils s'éclairent mutuellement et se soutiennent par la lutte même qui résulte de l'exercice simultané des pouvoirs qui leur sont confiés[25]. »

À la Constitution correspond le Peuple. Celui-ci n'est pas une communauté de mœurs ou de langage ni même une nation. C'est la collectivité dont le statut est créé par la Constitution, l'ensemble des individus promus à l'existence politique : « Nous jouissons maintenant d'une Constitution où tout le monde est à sa place, et dans laquelle un homme est quelque chose[26]. »

Entre la Constitution et le peuple, un premier intermédiaire est nécessaire : la presse. On lui donne la prépondérance, même sur les députés élus. Le peuple est incapable d'être attentif à toutes les incidences de l'administration ; grâce à la presse, « une nation tient conseil et délibère ». Ainsi se forme une opinion publique : « Lorsque ce peuple, laissé à lui-même, persévère dans des opinions que les écrits publics ont longtems discutées, et dont ils ont surtout écarté toute erreur de fait, cette persévérance paraît une décision extrêmement respectable ; et c'est alors, quoique seulement alors, qu'on peut dire : la voix du peuple est la voix de Dieu[27]. »

Évidemment, les députés sont aussi des intermédiaires entre la Constitution et le peuple : « Les hommes à talens qui font encore partie de la masse et qui n'ont pas d'intérêts séparés de lui[28]. » La légitimité des élus ne leur vient pas seulement de la délégation électorale, mais de leur origine : la bourgeoisie est censée connaître spontanément les aspirations du peuple dont elle est issue. Dans une polémique contre les aristocraties de noblesse ou d'argent, Étienne Parent prend la défense du « bourgeois honnête » et de l'« artisan aisé », « qui ne participent pas au pillage et au monopole, et qui en se mettant à la tête du peuple lui inspireraient une confiance et une résolution auxquelles les hommes des abus et du pouvoir seraient obligés de céder[29] ». Parent y revient plus tard : cette bourgeoisie « n'a pas la brillante illustration des aristocraties européennes pour en imposer ; elle a quelque chose qui vaut mieux que cela en Amérique ; elle jouit de l'affection, de la confiance et de la considération du peuple, auquel elle tient par les liens du sang. [...] Pour garantie au peuple, elle offre sa commune origine avec lui[30] ». L'argument n'est pas dénué de fondement : plusieurs des membres de l'Assemblée sont effectivement des enfants du peuple ; les études classiques leur confèrent un prestige qui n'est pas assorti de la richesse.

Tout cela est amplement décrit dans la sphère idéale où la Constitution et le peuple sont réconciliés par la médiation des intellectuels, journalistes et députés dont les rôles sont parfois interchangeables. Mais quelle place faire au « gouvernement », ce qu'on appelle ainsi dans un langage plus embarrassé ? En principe, le gouvernement, c'est le roi : « J'entends par gouvernement, non pas les salariés du gouvernement, mais l'autorité légitime du Roi, qui est représenté par son Gouverneur en chef. [...] Le Roi, ou celui qui tient sa place comme chef du gouvernement, est le seul personnage que la loi mette au-dessus de l'imputation du mal. » Les intérêts du roi et du peuple sont identiques. Le peuple sait départager l'authentique gouvernement et ceux qui commettent des abus en son nom : l'administration, l'oligarchie, « ceux qui dans cette colonie peuvent avoir un intérêt séparé de celui du peuple sont les officiers du gouvernement[31] ». Voilà le corps qui trouble l'harmonie engendrée par la Constitution, et qu'il faut combattre.

La pente est prise. Après avoir réclamé un ministère responsable, on demandera l'élection du Conseil législatif. Et le privilège du roi, d'abord mis à part dans les hauteurs éthérées de la Constitution, finira par être repudié : le roi rejoindra, dans le monde empirique, le cercle des oppresseurs...

Deux conséquences

La construction du discours à laquelle on se livre après 1791 définit donc l'identité de la collectivité en termes étroitement politiques, sinon juridiques. Évidemment, c'est parce qu'elle s'appuie sur la Constitution et les libertés anglaises ; mais c'est là désigner l'instrument ou le symbole d'une pareille conception, non ses conséquences. J'en retiendrai deux principales.

La première concerne le statut de l'élite définitrice. L'interprétation de la société qui est proposée est l'œuvre d'une bourgeoisie en ascension qui, privée de pouvoir économique, utilise comme levier la Constitution et les institutions parlementaires ; en se représentant le *peuple* sous une figure strictement politique, n'effectue-t-elle pas une projection de sa propre situation ? Certes, il arrive que l'on parle de « masse laborieuse et industrielle » et même de « population ouvrière[32] ». Les problèmes concrets du peuple sont soulevés de temps en temps : difficultés des agriculteurs, exactions de la part de certains seigneurs, exploitation des travailleurs du bois, etc. Mais on plaide surtout pour l'extension de l'éducation : n'est-ce pas naturel pour une élite dont l'instruction est le principal, parfois l'unique capital ?

De même, en contestant l'oligarchie du gouverneur, des « étrangers » qui dominent l'économie, la nouvelle bourgeoisie francophone confesse ses ambitions en même temps qu'elle décrit une société canadienne idéale. Un texte révélateur : « Dans tous les pays, la classe des grands propriétaires est celle dont les arts et les sciences attendent leur principal encouragement. En mettant cette classe dans un pays étranger, c'est condamner ce pays-ci à rester dans la stagnation[33]. » En somme, une société *normale* devrait maîtriser l'ensemble de ses ressources, disposer d'une grande bourgeoisie qui fasse bénéficier de sa fortune l'essor de la culture. Nostalgie d'une société qui serait autre que ce qu'elle est et d'une bourgeoisie qui serait elle aussi différente : de temps en temps se profile cette double utopie d'un accomplissement conjoint de la collectivité et de l'élite.

La représentation de la société élaborée par cette bourgeoisie comporte une autre conséquence. En définissant le peuple d'une manière essentiellement politique, comment rendre compte de son héritage culturel ? Les Canadiens sont devenus des citoyens ; on le leur répète sans cesse. Des citoyens britanniques, oui. Des Anglais aussi, en un sens ? En fait, la question n'est pas sans rapport avec les plaidoyers antérieurs pour la survivance, qui se devaient d'insister sur la qualité de sujets britanniques et les privilèges qui s'ensuivent. En y ajoutant la qualité de citoyen, la Constitution de 1791 renforce l'argumentation. Au prix cependant de la réduction du caractère proprement national des Canadiens.

Dans *Le Canadien* du 22 novembre 1806, le journaliste s'insurge : « Nous entendons trop souvent les expressions de Parti Canadien et de Parti Anglais. Y a-t-il une guerre civile dans le pays ? Tous les habitants de la province ne sont-ils pas Sujets Britanniques ? Les Anglais ici ne doivent pas plus avoir le titre d'Anglais que les Canadiens celui de Français. Ne serons-nous jamais connus comme un peuple, comme Américains britanniques ? » L'oligarchie est tenue responsable de cette division entre Français et Anglais : « Les meneurs du parti Anglais sont seuls intéressés à perpétuer la malheureuse division qui règne aujourd'hui, puisque eux seuls en retirent du profit et de l'avancement. » À l'inverse, « aucune classe ne désire plus qu'eux [les Canadiens français] voir cesser les odieuses distinctions nationales que l'Exécutif maintient en pratique[34]. » Ne serait-ce pas une solution que de nommer des francophones au Conseil ? Étienne Parent rétorque : « Ce ne sont pas des gens parlant anglais ou français que le peuple canadien voudrait voir dans le Conseil, mais bien des gens liés d'intérêts et de sentimens avec lui[35]. » En novembre 1834,

dans un discours à ses électeurs de Montréal, Papineau déclare :
« Des efforts ont été faits pour introduire de funestes distinctions
nationales dans la communauté, et pour porter les divers membres
de la société les uns contre les autres, parce qu'ils viennent de
différents pays. Rien n'est plus digne d'être censuré que de semblables honteux procédés. » Papineau souhaite « le support de tous
ceux qui se veulent appartenir à la classe des réformateurs libéraux
sans distinction de pays ».

À partir des années 1830, la tension monte entre les factions ;
elle prend la coloration de conflits ethniques. L'affirmation d'une
unité foncière du peuple se hausse du même ton chez les élites
francophones : « Bientôt ce peuple, qu'il parle anglais ou français,
qu'il appartienne à une Église ou à une autre, ne formera qu'un
seul et même peuple, uni de sentimens comme il l'est d'intérêts.
Alors finira pour toujours le règne de l'oligarchie pillarde et
ambitieuse qui s'est élevée, maintenue et engraissée par l'exploitation des distinctions et des préjugés nationaux[36]. » Encore en
1837, on prétend que sans le favoritisme du corps législatif et ceux
qui en profitent, « on n'aurait jamais entendu parler de distinctions
nationales, ni été témoin et victime des haines invétérées qui
empoisonnent notre société[37] ». Après les rébellions, on le répète :
« Ce n'est que tout dernièrement que les animosités nationales ont
pris un caractère saillant dans nos difficultés, et elles ne sont nées
et n'ont pris de caractère qu'à cause du caractère oligarchique du
gouvernement[38]. » À parcourir ces textes, et beaucoup d'autres
qu'il serait fastidieux de reproduire, on est frappé par la continuité
d'une même pensée. Selon les leaders français, il y a en ce pays un
peuple, c'est-à-dire des citoyens élevés à cette qualité par la
Constitution ; ils forment une entité politique que ne doivent pas
compromettre des distinctions nationales ; ce n'est qu'une petite
minorité, appuyée sur le Conseil, qui répand de pareils préjugés.

Car le vrai commencement de l'histoire de ce peuple, c'est la
Constitution de 1791, et non pas le Régime français. Prêtons ici
attention. Après le choc de la Conquête, on commence naturellement à chercher un sens à l'histoire antérieure. Or, que réitèrent
avec unanimité les élites francophones ? Que la Nouvelle-France
n'a été, somme toute, qu'un temps de despotisme. Dès le changement de régime, les évêques et les marchands canadiens le
déclarent. Après 1791, les leaders politiques le répètent : « La plupart de ceux qui seroient à portée de prononcer leur opinion sont

encore enchaînés par les préjugés que le Gouvernement François inspiroit à ses sujets[39]. » Certains renchérissent : « Vous avez peut-être vécu dans ces tems malheureux qui ont précédé la conquête de ce pays. [...] Ce pays gouverné par un despote entouré d'esclaves, ministres de sa volonté suprême, qui se dédommageoient de leur servitude en exerçant eux-mêmes despotiquement l'autorité qui leur étoit déléguée, vit bientôt tout languir, les campagnes se dépeupler, le peuple avili et dépouillé, en proie à la famine et à la plus affreuse pénurie. Il fut soumis par des voisins qu'il avait fait trembler ; et ce fut un bonheur, puisque la conquête l'empêcha de périr de misère au dedans, à la suite de ses triomphes au dehors[40]. » Ce texte est sans doute de Pierre Bédard. En 1820, dans un vibrant hommage au roi George III qui vient de mourir, Papineau décrit lui aussi, avec sa faconde habituelle, les exactions du « gouverneur français, gouvernement arbitraire et agressif, à l'intérieur et à l'extérieur... » Il ajoute : « Depuis cette époque, le règne de la loi a succédé à celui de la violence. »

De là à voir dans la Conquête un événement heureux, il n'y a qu'un pas. L'idée d'une conduite providentielle de l'histoire, dont Bossuet a été l'interprète le plus illustre, est naturellement partagée par des ecclésiastiques ; dès les lendemains de la Conquête, le grand vicaire de Montréal, celui de Trois-Rivières et le nouvel évêque Briand en font l'application à la situation. On invoque quelque punition collective ou un mystérieux dessein de Dieu devant lequel il n'y a qu'à s'incliner. Par après, la Révolution française, qui aboutit à la terreur de 1793, et le règne de Bonaparte fournissent d'autres motifs de bénir la séparation d'avec la France. C'est un anglophone, le juge William Smith, qui, en 1789, est le premier à parler de la Providence à propos de la Conquête. Mgr Plessis y met des prodiges d'éloquence[41]. Pour les élites laïques qui sont membres de l'Assemblée ou qui s'expriment dans les feuilles publiques, le raisonnement est différent ; il n'est pas moins convergent. Ce n'est pas un évêque mais Étienne Parent qui écrit, en 1833, que le peuple canadien « n'a qu'à se féliciter, à remercier la Providence des événements qui l'ont fait changer de domination ; il croit voir, dans le concours de circonstances qui l'ont amené où il en est aujourd'hui, un décret bienfaisant de Celui qui tient entre ses mains le sort des peuples et des empires[42] ».

En somme, on condamne ses origines françaises pour mieux montrer que l'on doit profiter des libertés britanniques. Les plaidoyers pour la survivance sont dépassés par l'accès à un autre niveau de l'argumentation. Mais on soulève ainsi une nouvelle difficulté : si les institutions des Canadiens proviennent d'une Nouvelle-France entachée essentiellement de despotisme, comment en justifier la pérennité ? La contradiction ne sera jamais vraiment surmontée par la suite. Il faudra maintenir l'ancien discours sur la survivance, avec sa rhétorique propre, en le juxtaposant au discours constitutionnel. N'est-il pas pertinent de s'en souvenir pour comprendre l'ambiguïté qui hante encore aujourd'hui la conscience politique de la collectivité ?

LA CONSTRUCTION
DE LA RÉFÉRENCE

CHAPITRE V

LA NATION

J'ai cru reconnaître l'apparition du sentiment national dès l'époque de la Nouvelle-France. À mesure que se poursuivait l'implantation dans le nouveau pays, que les générations se succédaient sur le même sol, que les gens à demeure se distinguaient des gens de passage, les Canadiens devenaient différents des Français de là-bas. Ce sentiment national a été renforcé par les suites de la Conquête : la présence d'un pouvoir étranger, les périls pesant sur les institutions, la coexistence des deux sociétés. L'heure est venue maintenant où ce sentiment s'exprimera pour lui-même, où la communauté prendra visage et se prêtera au travail des représentations.

À l'époque de la littérature canadienne commençante, une poésie de la patrie se déprend à grand-peine du prosaïsme ; elle fournit néanmoins les premiers symboles à un imaginaire collectif. La curiosité historique, qui se répand sans donner d'œuvres majeures, est proche de la poésie : la nostalgie du passé et la dévotion pour les archives alimentent aussi l'imaginaire national. Le discours idéologique sur la nation est d'une autre facture ; il doit surmonter des contradictions qui lui viennent des événements ou des présupposés qu'il hérite. Après avoir décrit la collectivité selon des paramètres étroitement politiques, dénigré le passé français au nom des libertés britanniques, comment pourra-t-on intégrer la nation ?

Du sentiment national à l'imaginaire historique

La poésie de l'époque imite gauchement la rhétorique du XVIII siècle français ou anglais : épîtres, épigrammes et autres jeux anodins. Des influences romantiques s'y infiltrent timidement[1].

En ses débuts, la Révolution française soulève l'enthousiasme, du moins en parole ou sur papier. *La Gazette de Québec* claironne :

> *Du même pas marchons*
> *Noblesse et roture*
> *Les hommes retourneront*
> *Au Droit de nature*

Ces écarts de langage sont vite réprimés. Dès 1791, surtout après l'exécution de Louis XVI, la liberté reprend des couleurs britanniques :

> *La liberté, d'un vol sûr et rapide,*
> *Étend ses doux rayons jusque dans nos climats*
> *[...]*
> *Un souverain, doux, juste et politique*
> *Veut nous faire jouir de nos droits*

On rejette la Révolution en termes virulents. On se félicite de ne plus être rattaché à la France :

> *Canadien, chéris dans ton cœur*
> *L'union qui fait ton bonheur,*
> *Bénis la Providence,*
> *Qui voulant par le doux lien,*
> *Fixer à jamais ton destin,*
> *T'a soustrait à la France*

Napoléon n'est pas moins condamné, avec « l'absurde liberté de la moderne république ». Protestations, entre bien d'autres, du loyalisme le plus plat, au moment où l'Angleterre est en guerre avec la France et où s'active la propagande officielle.

À l'orée du XIX siècle, la scène change. Au Bas-Canada, les conflits des partis et les tensions ethniques échauffent les rimeurs. En 1806, Joseph Quesnel trace un portrait des deux sociétés qui s'affrontent :

> *Faucille en main, au champ de la Fortune,*
> *On voit courir l'Anglois, le Canadien ;*
> *Tous deux actifs et d'une ardeur commune,*

Pour acquérir ce qu'on nomme du bien ;
Mais en avant l'Anglois ayant sa place,
Heureux Faucheur il peut seul moissonner,
L'autre humblement le suivant à la trace,
Travaille autant et ne fait que glaner

La loyauté ne tiédit pas pour autant. Le même Joseph Quesnel se fait rassurant en 1807 :

Ô Georges ! Roi pieux, Monarque juste et bon,
Que de forfaits divers on commet en ton nom...

Cette loyauté hausse le ton lors de la guerre de 1812 qui oppose le Canada aux États-Unis. L'ardeur combative déployée à cette occasion favorise l'exaltation d'un patriotisme canadien. Salaberry, le vainqueur de Châteauguay, est maintes fois chanté. Entre ce héros contemporain et ceux du temps de la Nouvelle-France, le rapprochement est possible. On n'en reste pas là. *La Minerve* célèbre des héros étrangers qui pourraient servir de modèles : Washington, Guillaume Tell, Lafayette... Par un revirement spectaculaire, Bonaparte devient lui aussi un personnage séduisant ; la légende napoléonienne qui se répand en France est reprise en Canada. On demeure fidèle à l'Angleterre, non sans réticence cependant. Isidore Bédard écrit en 1827 :

Respecte la main protectrice
D'Albion qui est ton soutien,
Mais fais échouer la malice
De tyrans nourris dans ton sein

En somme, il faut distinguer entre les oppresseurs d'ici et l'Angleterre bienveillante. L'auteur se corrige en 1829 :

Si d'Albion la main chérie
Cesse un jour de te protéger
Soutiens-toi seule, ô ma Patrie !
Méprise un secours étranger

N'allons pas penser pour autant que, par la grâce de la poésie, le sentiment national est décidément passé à la rupture. En 1838, François-Xavier Garneau, pour prévenir il est vrai l'union imminente des deux Canadas, écrira encore :

Notre langue, nos lois, pour nous c'est l'Angleterre,
Nous perdrons langue et lois en perdant notre mère

En Europe, des nations, l'Irlande et la Grèce, se révoltent contre l'oppression. Des analogies s'imposent et des rimeurs s'en emparent :

Canadiens ! la seule existence
C'est la liberté non la vie !
Dans peu notre nom prendra fin
Comme la malheureuse Irlande !

En 1835, à l'occasion de la Saint-Jean-Baptiste, *La Minerve* imprime un poème de Napoléon Aubin :

Peut-être un jour notre habitant paisible
Se lassera du pesant joug d'un roi
Il s'écriera... mais de sa voix terrible :
Sortez d'ici... cette terre est à moi...

À un certain niveau, la poésie accompagne donc les fluctuations des opinions politiques. N'en est-elle que la redondance ? Ne jugeons pas trop vite. La poésie en appelle à l'affectivité, alors que l'idéologie recourt à des arguments plus abstraits. Mais l'une et l'autre s'éloignent peu du lieu commun. Ne tranchons pas dans un mouvement circulaire où on ne sait trop quel élément est premier dans les représentations collectives. À un autre niveau, la poésie s'efforce de décrire la nature canadienne. Les poètes ne dépassent guère l'admiration du grand fleuve et des vallons fertiles. Dans des œuvres maladroites, nous ne rencontrons pas d'images venues des profondeurs ; l'émerveillement est encore dans l'enfance. L'appropriation symbolique des paysages se mêle graduellement à l'évocation des ancêtres. Double remontée vers l'*origine* qui est l'habituelle reconnaissance de la patrie.

L'habitant est souvent au premier rang. N'est-ce pas lui qui représente le mieux la continuité historique ? On commence à recueillir les chansons héritées de France et celles des voyageurs, à s'intéresser aux coutumes populaires. Dans un poème de 1823, on admoneste le Canadien :

Homme pur, homme franc, colon du Canada...
Maître d'un pays libre, et roi du roi des fleuves,
Que peut-il te manquer ?

Et dans ce pays libre, une vertu commence
De mille humbles maisons paraît n'en former qu'une
[...]

Toujours digne du sang qui coule dans tes veines
Imite tes aïeux, ris au milieu des peines

Augustin-Norbert Morin, qui jouera un rôle sur la scène politique, rime au temps de ses études de droit. Pour lui aussi, la patrie est d'abord rurale :

Riches cités, gardez votre opulence,
Mon pays seul a des charmes pour moi ;
Dernier asile où règne l'innocence,
Quel pays peut se comparer à toi ?

Parmi les aïeux perdus dans l'obscurité du peuple anonyme paraissent les héros. Dans une de ses satires de 1819, Michel Bibaud suggère aux poètes de célébrer les grands hommes du passé ainsi que les jeux et les fêtes du pays. En 1843, Thomas-Jean Loranger se réfère aux Troyens et aux Grecs :

Des noms moins renommés, moins vantés des poètes,
Mais aussi glorieux embelliront nos chants.
Pour être grand faut-il avoir fait des conquêtes
Et vaincu des peuples puissants ?
Réveillez-vous héros ! Sortez de la poussière
Où vous dormez en paix, le front ceint de lauriers

Ses héros à lui sont de la Nouvelle-France : Cartier, Champlain, De Monts, Tracy, Pontgravé, Roberval, Verchères, Montcalm...

Ainsi, on se réconcilie peu à peu avec les origines françaises, alors que l'on continue, dans une sphère plus abstraite, plus politique, de condamner le régime oppressif de la Nouvelle-France et de se réjouir de la Conquête. Contradiction ? Certes. N'est-ce pas l'indice que le sentiment national se nourrit par en dessous des idéologies ?

En 1830, Isidore Bédard :

Sol canadien, terre chérie !
Par des braves tu fus peuplé ;
Ils cherchaient loin de leur patrie
Une terre de liberté.

Nos pères, sortis de la France,
Étaient l'élite des guerriers,
Et leurs enfants de leur vaillance
N'ont jamais flétri les lauriers

En 1831, dans *La Minerve* :

Rappelez-vous votre source première,
Rappelez-vous de qui vous êtes nés ;
Fils des Français, voyez l'Europe entière
Suivre l'exemple offert par vos aînés

En 1838, alors que Durham vient de quitter le pays, François-Xavier Garneau remonte plus loin dans la filiation des Canadiens :

Nos aïeux appelaient la France leur patrie ;
Comme elle ils surent conquérir.
Les champs d'Hastings, Naples, Byzance,
Furent témoins de leur vaillance.

À chanter la terre natale, les aïeux et les héros, à revenir au temps de la Nouvelle-France par les chemins du sentiment, la conscience historique emprunte ses expressions premières à la poésie. Il faudra davantage pour qu'on écrive l'histoire d'un peuple qui soit référence d'une nation ; on devra descendre vers l'angoisse de la disparition et remonter aux raisons de survie qui ne dépendent pas seulement des luttes politiques. Néanmoins, avec la complicité de la poésie s'éveille la curiosité historique. Cette curiosité qui n'a rien d'utilitaire n'est-elle pas elle aussi une variété du sentiment, et qui la rapproche de la littérature dans la nébuleuse mal différenciée d'un imaginaire collectif ? Augustin-Norbert Morin, passionné de politique, écrit à Isidore Lebrun qui prépare un ouvrage sur les deux Canadas : « J'ai beaucoup vécu, quoique jeune, avec les aïeux de la génération actuelle, et avec leurs trisaïeux, au moyen des récits des vieillards : je me ferais au besoin généalogiste des migrations les plus reculées de la population du pays. Je vois avec regret que nos contes s'oublient, que nos vieux dictons cessent d'être entendus du peuple : c'est autant d'effacé de notre nationalité[2]. »

Des journaux et des périodiques s'engagent à publier des documents et des récits historiques. Dans son prospectus du 29 octobre 1806, *Le Courrier de Québec* promet d'offrir des articles sur l'histoire du Canada à côté des nouvelles politiques et littéraires. On y revient dans le premier numéro avec l'intention de « rappeler à nos concitoyens la valeur, la fidélité et les mœurs exemplaires de nos pères ». Effectivement, dans les fascicules suivants, paraissent des articles sur les Indiens, sur des personnages de la Nouvelle-France, sur la guerre de Sept Ans et la capitulation de Québec. Même le prospectus de *La Minerve,* en 1826, qui se préoccupe d'abord de politique, inscrit l'histoire dans son programme : « Nous prions ceux qui connoissent d'anciennes traditions canadiennes, de vouloir bien nous les communiquer, afin de les soumettre à la critique avant que les monumens qui peuvent servir à leur examen disparaissent entièrement. »

Des érudits font la chasse aux documents. Jacques Viger en tête. Très jeune, il est rédacteur au *Canadien* ; il participe à la campagne de 1812 dans la guerre entre les États-Unis et le Canada et il restera très fier de ses états de service militaires. Fonctionnaire très actif, maire de Montréal, homme du monde et homme d'action, sa passion première est pourtant la collecte de pièces qu'il rassemble dans *La Saberdache rouge, La Saberdache bleue* et des *Albums*[3]. On y trouve de tout : des textes, des portraits de personnages, des reproductions de tableaux historiques, des autographes, etc. Viger compile en outre une *Néologie canadienne,* inventaire du langage de son époque, qui ne sera publiée que bien plus tard. D'après l'un de ses contemporains, « des savants d'Amérique et d'Europe le consultent sur les faits les plus anciens et les plus obscurs de notre histoire, comme on consultait autrefois les oracles de Trévoux et de St-Maur ; comme on consulte aujourd'hui l'*Art de vérifier les dates*. Il semble à lui seul une académie des inscriptions et belles-lettres, une société royale, ou plutôt nationale — très nationale — des antiquaires[4] ».

De ces chantiers de l'érudition naissent des projets d'écrire l'histoire du pays.

En février 1792, *La Gazette de Québec* offre d'imprimer un manuscrit historique : « La publication peut être d'un service essentiel au peuple, en lui faisant connaître son existence politique précédente, ainsi qu'aux législateurs en les mettant à même de faire servir aux grands objets de la prospérité du païs la sagesse et les fautes, les vertus et les vices de leurs prédécesseurs. » Le programme est modeste : on souhaite prolonger jusqu'à la Conquête l'*Histoire* de Charlevoix qui s'arrêtait à 1725. Il est aussi astucieux : pour le Régime français, la tâche serait confiée à un francophone ; pour le Régime anglais, à un anglophone... Le dessein est en étroite continuité avec la politique : tirer de l'histoire des leçons pour le peuple dans l'exercice de ses privilèges de citoyen et des enseignements pour le législateur. Dans *Le Canadien* du 13 juillet 1831, un correspondant anonyme se désole que l'on ne dispose pas d'une *Histoire du Canada* digne du « nom Canadien » : « Dans les pays étrangers, on commence par inculquer aux jeunes gens l'histoire de leur patrie. » L'auteur s'en tient encore à une perspective politique : selon lui, c'est depuis une vingtaine d'années, entendons depuis la Constitution de 1791, que la matière serait particulièrement intéressante...

À partir de 1825 vraisemblablement, le docteur Jacques Labrie rédige une *Histoire du Canada,* qu'il ne peut publier avant sa mort. Jeune rédacteur au *Courrier de Québec,* c'est lui sans doute qui insère dans chaque numéro des études et des documents historiques. Au dire d'Augustin-Norbert Morin, qui eut un temps la garde du manuscrit, Labrie a laissé un gros ouvrage de trois ou quatre volumes in-octavo. En 1832, l'Assemblée législative discute d'une somme qui serait affectée à la publication du livre. Dans ce débat, on relève les propos accoutumés sur les exemples que fournit le passé, avec une nuance nouvelle cependant : un député « observe combien la jeunesse canadienne est intéressée à voir paraître une histoire qui enseigne les grandes actions de leurs (*sic*) pères ». Le manuscrit de Labrie périt dans l'incendie de Saint-Benoît, lors de la Rébellion.

Le curé Jacques Paquin est connu à l'époque pour sa farouche opposition aux patriotes ; curé de Saint-Eustache pendant la Rébellion de 1837, il se solidarise avec les « bureaucrates ». Il fonde *L'Ami du clergé et du peuple canadien* pour lutter contre l'anticléricalisme. Il se veut historien dans ses *Mémoires sur l'Église du Canada,* vaste compilation qui est, en vérité, un fourre-tout : l'auteur y place même des extraits de l'un de ses sermons, des poèmes de sa composition, une chanson, un récit en vers... Il s'offre pour mettre au point le manuscrit de Jacques Labrie, peut-être afin de le plier à ses idéologies politique et cléricale. Sa contribution à la conscience historique est, pour le moins, négligeable[5] !

Celle de Michel Bibaud retient davantage. Bibaud est un polygraphe, un inlassable fondateur de périodiques ; il s'est donné pour mission de convertir ses compatriotes à l'éducation et au travail de l'esprit. En 1830, il publie le premier recueil de poésies canadiennes : *Épîtres, Satires, Chansons, Épigrammes, et Autres Pièces de vers.* Il y dénonce des vices, dont la paresse intellectuelle. Il y insère aussi quelques poèmes sur des personnages historiques. Dans les périodiques qu'il dirige, il édite des documents et des études sur l'histoire du pays, en particulier dans *La Bibliothèque canadienne* à laquelle Viger collabore. C'est là, à partir de 1826, qu'il livre par tranches son *Histoire du Canada sous la domination française* ; en 1837, ces morceaux remaniés sont réunis en volume. L'ouvrage est une compilation de Charlevoix surtout, de Smith (*History of Canada*, 1715), de Raynal et de quelques autres. Les emprunts sont assez mal dissimulés. N'en faisons pas trop reproche à Bibaud ; la consultation des archives n'est pas encore possible.

Bibaud est un chroniqueur. Il coud bout à bout des documents et des événements, il présente une suite d'épisodes et de personnages. Lorsqu'il n'a rien de spectaculaire à rapporter, l'histoire est suspendue : ainsi, « depuis l'année 1733 ou 1734 jusqu'au premier siège de Louisbourg en 1745, écrit-il, le Canada se trouve dans un état à peu près nul dans l'histoire : il ne s'y passe aucun événement digne d'entrer dans les annales de la colonie, ou, pour mieux dire, il n'y a pas, dans cet espace de temps, d'annales canadiennes[6] ». Bibaud n'explique rien ; il caractérise plutôt les personnages par de rapides énoncés de morale et de psychologie. On ne discerne dans son livre aucun fil directeur. Une seule fois, et en fin d'ouvrage, l'auteur suggère quelque causalité historique pour rendre compte de la défaite française au moment de la Conquête. La chronique de Bibaud n'est pas celle d'un peuple. On sent rarement que derrière les événements il y a une collectivité, avec ses institutions, ses labeurs, son organisation sociale. Les événements ne laissent voir que des acteurs qui viennent et disparaissent sur une scène dont l'auteur est le régisseur.

À lire l'histoire de la Nouvelle-France de Bibaud, on a du mal à deviner l'idéologie de l'auteur. Par contre, il les confesse abondamment dans son *Histoire du Canada sous la domination anglaise* (publiée en 1844, à partir d'articles parus dans *L'Observateur* depuis 1830)[7]. Cette fois, il écrit l'histoire de son temps. Il accumule toujours des documents, surtout relatifs aux luttes parlementaires et aux élections ; il s'agit encore d'une chronique, et ce serait trop dire que de la qualifier d'histoire politique. Bibaud adopte le point de vue du gouvernement. Les députés élus en 1808 ? « Des hommes d'une humeur impatiente et brusque, d'un caractère violent et vindicatif[8]. » Les jeunes gens qui s'engagent dans la politique ? Ils « devaient, en passant les bornes de la modération et de la prudence se fourvoyer, et égarer ou mener trop loin ceux qui les voulurent suivre ». Les journaux ? « Au temps dont nous parlons [1827-1828], la presse radicale, ou soi-disant réformatrice, était devenue incivile, vexatoire, injurieuse ; en un mot, avait pris une teinte fort ressemblante à celle du sansculottisme, résultat de l'amalgame *nivelisme* européen avec le républicanisme américain de la plus basse école. » Les 92 Résolutions ? « Une œuvre dont on n'aurait pu trouver nulle part le pendant, l'eût-on cherché dans les annales de la plus grande démence révolutionnaire. [...] L'effervescence cérébrale, enfin le délire politique parvenu à son plus haut paroxysme[9]. »

Pourquoi cette vindicte cent fois ressassée ? Un parti pris systématique pour les pouvoirs en place ? Surtout, à mon avis, un conservatisme rancunier. Bibaud regrette cette agitation politique parce qu'elle contrecarre son idéal d'une société où on s'occuperait de choses plus nobles et plus pratiques : « Notre beau pays avait été troublé, une partie de notre intéressante jeunesse avait été détournée d'occupations utiles, de l'application aux études nécessaires à son avenir, par une malheureuse question de finances... » Et puis, toutes ces querelles ont fait perdre « à nos mœurs et à nos habitudes sociales, quelque chose de cette franchise, de cette douceur et de cette amabilité louées par presque tous les historiens, les écrivains et les voyageurs qui ont parlé du Canada et des Canadiens ». Elles ont entravé le progrès de l'industrie, des arts, des sciences et des lettres[10].

Incité par la situation où il est placé à écrire l'histoire politique, Bibaud récuse paradoxalement la politique. La curiosité du polygraphe l'a entraîné vers le passé, jusqu'à la Nouvelle-France. La suite ne lui convient pas ; selon lui, la direction que l'histoire a épousée alors n'est que le fruit d'une méprise des élites. Et le peuple ? Aux mauvais bergers correspondent des électeurs égarés... C'est bien peu pour interpréter le destin d'une collectivité. Cette population foncièrement empreinte de « franchise », de « douceur », d'« amabilité », et qu'admirent les visiteurs en mal de pastorale, serait-ce une nation ?

Sur la base de l'imaginaire figuré par la poésie et alimenté par la curiosité du passé, les quelques tentatives pour écrire une histoire du peuple canadien sont donc un échec. Le manuscrit de Labrie disparaît, après avoir été lu par quelques familiers de l'auteur. Paquin met sa partisanerie cléricale dans une composition indigeste qui n'a rien d'une reconstitution historique. Après s'être

fait chroniqueur de la Nouvelle-France, Bibaud s'égare dans ses
préjugés lorsqu'il raconte la suite... Ne faut-il pas qu'une collectivité ait un statut quelque peu défini pour qu'on entreprenne son
histoire ? Sinon, comment se présenterait-elle comme une entité à
l'historien éventuel ? N'est-il pas requis que l'idéologie intervienne
afin que commence le travail de l'historien, quitte à ce que
celui-ci se départe ensuite de cette médiation provisoire ? Or, dans
le Bas-Canada, au moment où le passé reflue vers le présent, le
discours idéologique est fort embarrassé pour définir le peuple
dont on songe à écrire l'histoire.

Le discours sur la nation

Nous avons vu, au chapitre précédent, que le discours qui
décrit les Canadiens en fait d'abord des citoyens anglais. Pour le
mieux affirmer, on s'efforce d'effacer la dualité entre Français et
Anglais ; seule une minorité, identifiée avec la bureaucratie et ses
affidés, est vilipendée parce qu'elle trouble l'harmonie qui devrait
régner dans un peuple de citoyens. Somme toute, l'oligarchie n'est
qu'un empêchement accidentel ; cet élément perturbateur ne tient
pas au caractère de la collectivité, même s'il faut lui administrer
des correctifs énergiques. Pareille vision des choses est satisfaisante
pour l'esprit ; elle permet aussi de croire qu'après les pénibles
batailles pour la survivance les Canadiens disposent enfin, avec la
Constitution, d'une reconnaissance politique où l'égalité de tous
transcende les différences d'origines. Il reste que la magie constitutionnelle tarde à produire les effets escomptés. Il s'avère que
non seulement l'oligarchie subsiste malgré les coups qu'on lui
porte, mais qu'elle se veut solidaire d'une population plus vaste, de
l'*autre société* pour tout dire. La belle unité du *peuple,* que s'acharne
à maintenir le discours, est compromise.

Une querelle retentissante a déjà posé le problème au grand
jour, en 1805. Il s'agit de réunir les fonds nécessaires à la construction de nouvelles prisons. Quel mode de taxation adopter ?
Prélever des droits sur les importations ou imposer la propriété
foncière ? D'un côté et de l'autre, des intérêts sont en jeu qui
symbolisent d'une certaine manière les deux sociétés en présence :
le commerce extérieur est surtout aux mains des Anglais, tandis
que les Français sont plutôt confinés dans la propriété foncière. La
querelle a de longues répercussions, et jusqu'à Londres. Ce qui

aurait pu être un incident devient un puissant révélateur[11]. De plus en plus, par la suite, les partis représenteront des groupes ethniques, sans que toutefois la règle soit appliquée dans l'absolu.

Les élites canadiennes ne s'engagent pas sans réticences dans ce combat de nationalités. Dans leur appel à Londres, en 1814, leurs représentants reconnaissent que « les divisions de la Chambre d'Assemblée deviennent nationales » ; mais ils sont loin d'en déduire que les structures sociales sont en cause. Irrémédiablement attachés à une vision politique, ils pensent que des mesures appropriées remédieraient à cet état de choses : « S'il était possible qu'un nombre de places de conseillers ou d'autres places d'honneur et de profit, fût accordé à ceux qui ont le plus d'influence sur la majorité de la Chambre d'Assemblée, [...] il y a lieu de présumer que les deux partis se réuniraient bien vite tant dans la Chambre d'Assemblée qu'en dehors.[12] » On s'oriente vers le procès des « administrateurs étrangers » et la réclamation d'« une administration canadienne de sentiment », selon les formules du *Canadien.*

L'immigration provoque un virage décisif. On y voit une manœuvre de l'oligarchie pour en arriver à la destruction de la société canadienne et de ses institutions. Alors, la menace de l'assimilation ne dépend plus simplement des décisions de la métropole, mais de la concurrence de l'autre société. Une véritable hantise s'exprime dans les discours et dans les journaux. « Quel peuple n'aurait des craintes lorsque des bandes d'émigrés déclarent hautement qu'ils sont envoyés dans ce pays pour nous dompter ? Cette déclaration serait cependant passée inaperçue, si elle n'était réunie à mille autres circonstances, qui vont à prouver qu'il y a sur pied, depuis longtemps, un plan systématique de nullifier, d'anéantir le peuple canadien et ses institutions, et l'on s'est emparé de l'immigration comme un des nombreux moyens qu'on emploie pour parvenir à cette fin. [...] Tant que les Canadiens verront d'autres lois que les leurs dans les Townships, ils devront regarder les nouveaux établissemens comme autant de tranchées élevées pour battre en brèche de tout côté leurs lois et leurs institutions[13]. » L'immigration « doit avant peu de temps noyer l'ancienne population. [...] Le mot de patrie serait alors (pour le « peuple canadien ») un mot vide de sens[14]. »

La représentation de la collectivité en termes strictement politiques, selon laquelle des citoyens forment un peuple en dépit des différences ethniques, ne disparaît pas ; cependant, la contredit une représentation adventice où la dualité des sociétés est aussi une dualité nationale. L'avènement de la nation dans le discours se produit, en quelque sorte, d'une manière négative, sous la pression de l'autre société et au corps défendant des élites. Tout se passe comme si les Canadiens étaient contraints de se reconnaître comme une nation. Au surplus, je devrai montrer que cette reconnaissance conservera pour longtemps (pour toujours ?) l'ambiguïté de ses difficiles commencements.

Depuis la Conquête, les projets répétés d'assimilation appelaient des ripostes défensives. À la longue, cependant, les représentants de la métropole et les élites anglophones soupçonnent que les francophones ne songent pas seulement à conserver quelques institutions désuètes, mais que la collectivité menace de prendre des allures de nation. Dès le début du XIXe siècle, le gouverneur Craig s'en effraie : « En vérité il semble que ce soit leur désir d'être considérés comme formant une nation séparée. La Nation canadienne est leur expression constante[15]... » Dissipons une méprise. Partout en Occident, le sens du mot « nation », et donc son emploi, a rapidement évolué au XIXe siècle ; un temps, la signification traditionnelle s'est mêlée à la nouvelle acception. Ainsi, quand Mgr Hubert parle de « notre nation » en 1789, il désigne simplement une « population différente » ; on disait de cette façon au Moyen Âge. Encore en 1807, *Le Canadien* se réclame de la nation britannique « dont ils [les sujets canadiens] font partie ». Mais, en 1809, il parle des Britanniques comme d'une « race étrangère[16] ». Ces déplacements de sens sont évanescents. Dans les propos de Craig, deux énoncés chevauchent sans doute : les Canadiens forment toujours une société différente, inassimilée ; les Canadiens prétendent davantage, ils prétendent à une société séparée de l'autre, en concurrence avec elle. Craig devance quelque peu les Canadiens eux-mêmes. Philippe Reid, qui a procédé à une analyse de contenu du *Canadien*, remarque que l'emploi du mot « nation » y est rare avant 1822, qu'il est surtout utilisé pour dénoncer l'oligarchie et pauvre en connotation[17].

En 1822, dans la pétition des partisans montréalais de l'Union, les élites anglaises s'insurgent contre « l'étendue excessive des droits politiques qui ont été conférés à cette population [française] au détriment des co-sujets d'origine britannique ; et ces droits politiques, en même temps que le sentiment de sa croissance en force, ont déjà eu pour effet de faire rentrer dans l'imagination de plusieurs le rêve de l'existence d'une nation distincte sous le nom de nation canadienne, ce qui implique des prétentions qui ne sauraient être pas plus irréconciliables avec les droits de ces co-sujets qu'avec une juste subordination à la mère-patrie ». À mesure que la survivance se prolonge, le conquérant s'impatiente de la présence irréductible d'une population assurée de sa singularité. Il constate que se propagent des représentations qui débordent la simple persistance des coutumes, que s'insinue ce qui pourrait bien être la prétention d'une nation. De l'autre bord, on s'en défend, protestant d'une loyauté qui est sans doute éprouvée mais qui, à force de se répéter, ouvre sur une autre étape. Les conqué-rants incitent les Canadiens à se définir ; ceux-ci hésitent, attachés qu'ils sont à une conception des libertés britanniques qui leur sert à défendre leurs droits avec plus de force qu'avec les pauvres moyens d'avant 1791. Et puis, la provocation de l'autre aidant, ils s'aventurent vers la reconnaissance qu'ils sont peut-être une nation, après tout. En quel sens ? Les Canadiens n'arriveront pas à le préciser tout à fait.

On se souvient des dénonciations du Régime français que proférait Papineau en 1820, à l'occasion de la mort de George III. Or, dans les 92 Résolutions adoptées par la Chambre d'assemblée du Bas-Canada en 1834, et sous l'inspiration de Papineau, on lit : « La majorité des habitants du pays n'est nullement disposée à répudier aucun des avantages qu'elle tire de son origine et de la descendance de la nation française qui, sous le rapport des progrès qu'elle a fait faire à la civilisation, aux sciences, aux lettres et aux arts, n'a jamais été en arrière de la nation britannique, et qui, aujourd'hui, dans la cause de la liberté et la science du gouver-nement, est sa digne émule. » Les changements survenus en France compensent, si on comprend bien, le régime oppressif d'avant les Révolutions. Le revirement est radical ; on ne se borne plus aux anciens arguments de la survivance ; on se réclame d'un héritage venu de France, « de qui ce pays tient la plus grande partie de ses lois civiles et ecclésiastiques, la plupart de ses établissements d'enseignement et de charité, et la religion, la langue, les habitudes, les mœurs et les usages de la grande majorité de ses habitants ». La filiation avec le passé est rétablie. On s'éloigne des arguments utilitaires invoqués en faveur de la survie, même s'ils ne cessent pas d'être répétés à un autre niveau.

L'origine est rappelée comme garante de la valeur des institutions, de la collectivité tout entière.

Mais n'est-ce point confirmer une accusation que répètent les élites anglaises ? Justement, celles-ci prétendent que ce peuple n'a pas changé, qu'il est demeuré français comme sous l'ancien régime ; cela expliquerait pourquoi il se refuse aux obligations qu'impliquent l'allégeance à l'Angleterre et l'expansion de l'économie. Les élites francophones devront donc démontrer que les Canadiens ne sont plus des Français comme ceux de France, qu'ils se sont transformés sous l'influence du milieu et grâce aux bienfaits de la Constitution. Une fois encore, ce sont les nécessités de la riposte qui contraignent à ajouter un élément à l'élaboration du discours national.

Les Canadiens répètent avec insistance qu'ils ne sont plus des Français. Affirmation utile pour prouver qu'ils sont d'authentiques sujets britanniques, égaux aux autres, citoyens à part entière. Ne va-t-on pas leur rétorquer : si vous n'êtes plus des Français, qui êtes-vous donc ? La réponse ne sera jamais parfaitement claire.

Arrêtons-nous à ce qui me semble une tentative exemplaire. En 1809, Denis-Benjamin Viger publie une brochure : *Considérations sur les effets qu'a produits en Canada, la conservation des établissements du pays, les mœurs, l'éducation, etc. de ses habitants ; et les conséquences qu'entraînerait leur décadence par rapport aux intérêts de la Grande-Bretagne*[18]. L'auteur est député ; néanmoins, il ne s'attarde pas aux discussions constitutionnelles. Il veut remonter au-delà, à ce qui justifie l'existence de la collectivité. Il se tient dans un entre-deux : d'une part, il répète les vieux arguments en faveur de la survie ; de l'autre, il postule l'existence d'une entité sociale particulière qui pourrait bien être une nation. Il semble embarrassé. Ce n'est pas dû seulement à la maladresse du jeune écrivain ; on le sent sur la défensive, et s'il maîtrise mal son apologie, c'est qu'il est obsédé par les objections éventuelles de l'adversaire. Je ne vais donc pas le suivre pas à pas, mais je chercherai plutôt le nœud de son argumentation.

Viger utilise les arguments convenus en faveur de la survivance. La religion catholique profite à la conservation de la colonie par la Grande-Bretagne ; elle a d'ailleurs créé des « établissements utiles ». Les lois anglaises sont bonnes ; elles font cependant partie d'un ensemble qui ne saurait être importé au Bas-Canada comme tel. La langue est indispensable pour la mise en application des institutions juridiques. L'auteur s'étend avec plus d'abondance sur l'immigration venue des États-Unis : il n'est pas opportun de « favoriser en cette province l'établissement des Américains, enfants ingrats, sujets rebelles, pour remplacer les Canadiens soumis et dociles ». Ceux-ci sont d'autant plus loyaux que la France leur a laissé le souvenir de « guerres ruineuses », d'« abus grossiers », d'une « marâtre » ; la Conquête a été « un bienfait du ciel », un changement « doux et léger ».

Jusqu'ici, l'auteur n'a guère innové. Il s'aventurera plus loin. Un peuple original s'est progressivement formé en ce pays, et pas seulement par la vertu de la Constitution. Son existence dépend d'une histoire autrement plus profonde : « Les Canadiens [sont] relégués dans un coin isolé du monde. Sans parler d'une infinité d'autres circonstances, nous sommes par notre position géographique destinés à former un peuple entièrement différent des Français et de nos voisins mêmes. La nature de notre sol, la différence prodigieuse de nos besoins et de notre agriculture, doivent nécessairement mettre entre nos mœurs et celles des autres peuples une différence marquée. » Avant la Conquête, les Canadiens et les Français « formaient déjà deux peuples ».

Alors, où est l'intérêt de la Grande-Bretagne ? « Travailler de toutes ses forces à consolider en ce pays déjà isolé par la nature, une population homogène. » Au conquérant, « il suffit de laisser, pour ainsi dire, aller les choses d'elles-mêmes ». Peu à peu, Viger fait passer l'apologie de la défensive à l'affirmation positive. Sans doute, la pensée n'est-elle pas originale ; on sent l'influence de Montesquieu, de Burke, de penseurs apparentés[19]. En tout cas, des craintives démonstrations en faveur de la survivance on passe à une loi sociologique : « Tout se tient dans le système politique : ôtez une pièce qui souvent ne paraît aux yeux de l'observateur superficiel qu'un hors-d'œuvre ou un ornement superflu, vous en dérangez souvent, par cela même, toute l'économie. »

L'argument est de taille. Mais il est à double tranchant.

D'une part, il suggère au colonisateur de ne pas procéder à l'assimilation, de ne pas bouleverser inconsidérément les institutions canadiennes, de ne pas céder aux pressions des immigrants américains : « Ne serait-il pas plus avantageux, écrit Viger, de travailler à tirer tout le parti dont on est capable d'un établissement tout fait, dont l'utilité est prouvée, que de songer à le renverser et à le détruire, pour en former un nouveau sur ses débris composés de parties hétérogènes ? » D'autre part, en poussant ce principe jusque dans ses conséquences extrêmes, Viger n'immobilise-t-il pas la société canadienne dans ses traditions ? Le dilemme est sous-jacent à la pensée de Viger, qui ne semble pas en mesurer les effets.

Le discours sur la nation mettra ce dilemme en évidence d'une façon de plus en plus nette. À mesure qu'on en explorera les virtualités, à mesure aussi que se fera sentir l'influence des mouvements des nationalités qui agitent l'Europe, on ne pourra plus se borner à répéter que la nation canadienne est une entité que l'histoire a formée ; il faudra la définir en fonction d'un avenir, la pourvoir d'un projet. Doit-elle rester elle-même en modifiant le moins possible les conditions de sa survivance ? Ou se libérer des vieilles entraves afin de s'épanouir selon ses possibilités ? Voilà le choix que devront affronter les élites en mal de définition.

La nation comme projet

Au tournant des années 1830, on continue la lutte pour la réforme des institutions politiques et on oppose toujours le « peuple » à l'« oligarchie » ; la conception politique de la société canadienne ne cesse point de primer. Cependant, l'idée de nation est apparue, avec ses corollaires : la référence à un passé collectif, l'appel à l'avenir. Étienne Parent l'exprime parfaitement dans un article de 1831 : « Ce peuple veut une brillante existence pour lui et pour sa postérité, mais il veut qu'elle se rattache à celle de ses ancêtres, qu'une même vie se communique depuis les hommes qui abattirent les premières forêts, jusqu'à ceux à qui le ciel permettra de fonder une puissance canadienne. C'est une triple existence pour un peuple que d'avoir un passé, comme un présent et un avenir[20]. »

Il n'est pas question, pour autant, de délaisser le combat constitutionnel. Dans l'article-programme qui annonce la relance du *Canadien*, Parent insiste sur la complémentarité des deux couches du discours : « Notre politique, notre but, nos sentimens, nos vœux et nos désirs, c'est de maintenir tout ce qui parmi nous constitue notre existence comme peuple, et comme moyen d'obtenir cette fin de maintenir tous les droits civils et politiques qui sont l'apanage d'un pays Anglais[21] ». Parent est-il tout à fait conscient que ce qui était jusqu'alors l'objectif principal, c'est-à-dire la contestation de l'oligarchie et la conquête du gouvernement responsable, devient un moyen subordonné à l'édification de la nation ? En tout cas, on rappellera souvent la priorité des libertés politiques. *La Minerve* le fait en 1827 : « Les privilèges que la Chambre d'Assemblée a défendus ne sont pas pour l'avantage des seuls Canadiens français, mais de tout le peuple du pays. [...] Les Canadiens n'ont pas de préjugés nationaux[22]. » En 1837, à l'assemblée de Saint-Laurent, Papineau blâme encore ceux qui utilisent la « séparation des races » au détriment d'une réconciliation des citoyens dans l'avènement de la démocratie. L'alternance du discours débouche parfois sur une espèce de synthèse : ainsi, Parent en appelle à « ceux qui dans la vie jettent les yeux au-delà de leur existence individuelle, qui ont un sentiment national, cette belle vertu sans laquelle les sociétés ne seraient autre chose que des assemblages d'êtres isolés, incapables de ces grandes et nobles actions, qui font les peuples. [...] Car c'est le sort du peuple canadien d'avoir non seulement à conserver la liberté civile, mais aussi à lutter pour son existence comme peuple[23]. »

Le propos n'est pas toujours aussi net et chez Parent lui-même. Il n'en reste pas moins que la conception de la collectivité comme entité politique se rapproche de plus en plus de sa représentation comme nation. L'idée de *république* servira de relais.

Longtemps, l'opposition à l'« oligarchie » locale a été un motif pour recourir à la métropole ; on accusait une minorité qui, par ses menées oppressives, contredisait les libertés anglaises garanties par l'Acte de Québec de 1774 et par la Constitution de 1791. Les Anglais d'outre-mer étaient censément de vrais libéraux ; il suffisait de les éclairer pour obtenir leur appui. Le projet d'union de 1822, même avorté, a jeté des doutes qui tournent à la rancœur et à la rupture. Les protestations de loyauté se font plus rares ; quand on y consent, c'est pour des raisons de tactique plutôt que par conviction. Les liens avec l'Empire se relâchent ; l'idéal républicain pointe à l'horizon.

D'ailleurs, l'idée de république n'est-elle pas, d'une certaine manière, la suite logique des premières représentations politiques de la collectivité ? On invoque le peuple pour revendiquer le contrôle des subsides et l'élection du Conseil législatif ; en son nom, on dénigre les faux nobles qui se donnent comme une classe à part. Au début, le roi et le « gouvernement » sont prétendument au-dessus de ces querelles ; ils symbolisent une souveraineté incontestable et intouchable. Mais le gouverneur, qui représente le roi, n'est-il pas complice de l'oligarchie ? Si le peuple est souverain, pourquoi le roi serait-il, par un principe sacré, supérieur à la volonté populaire ? C'est par un mouvement naturel que la prééminence se déplace vers le peuple. Quel peuple ? N'est-ce pas ce que, dans la France révolutionnaire, on appelle le « corps de la nation » ?

Les mouvements des nationalités qui agitent l'Europe sont un stimulant. Démocratie et libération nationale y sont indissociables. Dans les polémiques canadiennes, on met ensemble les journées de Juillet qui ont secoué la France, les mouvements de réforme en Angleterre, l'insurrection des Polonais et des Grecs contre le joug qui pèse sur leur nationalité. Confusion ? S'il en est, elle se trouve en Europe aussi. Les mouvements des nationalités, l'un des grands courants de fond dans l'Occident du xixᵉ siècle, emmêlent partout les deux éléments : le peuple devenu souverain au détriment des monarchies et des aristocraties ; le peuple comme entité concrètement formée par l'histoire, c'est-à-dire comme nation. Ces deux références ne sont pas synonymes. L'avènement du discours sur les classes sociales, qui accompagne celui qui porte sur la nation, introduira peu à peu une disjonction qui est aussi l'une des grandes innovations du xixᵉ siècle. La *république* est un compromis précaire qui néanmoins n'épuisera jamais sa puissance de suggestion.

Il est un troisième facteur de mutation des idéologies dans le Bas-Canada des années 1830 : l'interprétation du voisinage américain se modifie. Ce qui apporte d'importantes nuances à l'idée de nation, la rendant plus complexe, plus floue aussi.

On l'a vu, les États américains issus de la guerre de l'Indépendance furent d'abord considérés comme repoussoir. Les Canadiens répétaient à tout propos qu'ayant défendu la possession britannique contre l'envahisseur leur loyauté était incontestable ; bien plus, disaient-ils, par leur religion et leur langue différentes, ils formaient un rempart contre les idées démocratiques. Cette garantie pour l'Angleterre avait sa contrepartie pour les francophones : l'Empire était l'indispensable protecteur de leur collectivité contre un voisin menaçant. Dans les années 1830 se produit un rapide changement d'attitude. On passe à la menace : si le pouvoir britannique ne cède pas à leurs demandes d'une réforme politique, s'il ne leur fait pas justice, les Canadiens pourraient bien suivre l'exemple américain. Leur situation ne ressemble-t-elle pas sensiblement à celle qui prévalait dans les colonies au moment de la Déclaration d'indépendance ? En 1834, dans les 92 Résolutions, on le prétend : « Cette Chambre croirait manquer au peuple anglais si elle hésitait à lui faire remarquer que, dans moins de vingt ans, la population de l'Amérique anglaise sera autant ou plus grande que ne l'était celle des ci-devant colonies anglaises, lorsqu'elles décidèrent que le temps était venu de décider que l'avantage inappréciable de se gouverner, au lieu d'être gouvernées, devait les engager à répudier un régime colonial qui fut, généralement parlant, beaucoup meilleur que ne l'est aujourd'hui celui de l'Amérique anglaise. » La 86e résolution déclare qu'il est du devoir de la Chambre de combattre une oppression qui puisse faire regretter au peuple « sa dépendance de l'Empire britannique » et l'inciter à « chercher ailleurs un remède à ses maux ».

Et puis, ne serait-ce point une loi inéluctable de l'histoire que l'Amérique devienne entièrement républicaine ? Dans un discours à la Chambre, Papineau n'hésite plus : « Il ne s'agit que de savoir comment nous vivons en Amérique et comment on y a vécu[24]. » La république est le régime pour ainsi dire naturel au nouveau monde : l'histoire, le milieu, l'économie y concourent. N'a-t-on pas assez insisté sur le fait que les Canadiens ne sont plus des Français ? Leur société ne comporte pas de noblesse héréditaire ni de grandes différences de fortune ; la mentalité y incite à l'égalité. En conséquence, les Canadiens ne doivent-ils pas se donner un régime politique ajusté à l'entité originale qu'ils constituent désormais ? N'est-ce pas contradictoire de leur imposer des institutions copiées sur celles de l'Angleterre ? On ne se bornera donc plus à protester contre la composition du Conseil législatif au nom de la Constitution ; c'est celle-ci qui contrefait une société dont elle ne respecte pas la nature.

En bref, les Canadiens ont toutes les raisons d'identifier le devenir de la nation avec le projet d'une république. Les peuples européens y invitent par la conquête d'une liberté animée du sentiment national. N'est-ce pas, en outre, la conséquence normale du statut politique consacré par la Constitution de 1791, qui apparaît dès lors plutôt comme une étape que comme un achèvement ? Telle est la vocation de toutes les populations de l'Amérique : leurs conditions d'existence, où prédomine l'égalité, les prédestinent inévitablement à la démocratie. Aussi, il faut étendre celle-ci à tous les domaines de la vie publique, remettre partout l'initiative au peuple. Au Conseil législatif ; mais aussi, par exemple, aux conseils de fabriques, comme le montre le projet de loi déposé en 1831 qui vise à garantir aux notables de la paroisse la présence délibérative aux assemblées jusqu'alors contrôlées par le curé.

Le discours est logique, sur la lancée d'une représentation étroitement politique de la nation, et qui semble englober celle-ci, sans reste. Cependant, l'idée de nation ne se laisse pas réduire aussi facilement ; d'autant plus qu'elle est d'une origine plus lointaine que la conscience politique. Comment concilier avec la république l'ancien discours de la survivance ? On n'y arrivera que malaisément. Fondée sur la souveraineté du peuple, la république suppose la mise en route d'une démocratisation intégrale, le libéralisme instauré à tous les niveaux et dans toutes les institutions, mais les institutions nationales dont on veut assurer la survie sont des legs historiques, des coutumes, des traditions. La langue elle-même, qui fait exception sur le continent nord-américain, comment en justifier la perpétuation autrement que comme un héritage du passé ? Elle n'est pas plus d'essence démocratique que les autres parlers.

En principe, la nation n'est pas contraire à la république. Elle ne répugne pas à un statut politique, pas plus qu'à la démocratie. Cependant, dans ce cas-ci tout au moins, l'identification n'est pas simple à poser. Les leaders s'en rendent compte. Ils ont du mal à raccorder la république aux institutions de la société française : le droit, le régime seigneurial et la religion.

Il n'est pas évident que le droit civil français soit adapté à l'essor de l'économie dans la première moitié du XIXe siècle. Du moins les hommes d'affaires britanniques ne cessent d'y voir un obstacle. Ces incidences économiques de la coutume de Paris ne semblent pas avoir inquiété tout d'abord la bourgeoisie francophone ; certains même la défendent, non plus seulement pour des raisons de survivance, mais comme facteur d'égalité sociale, notamment dans le partage des biens entre les descendants ; néanmoins, selon d'autres, cette coutume de Paris n'est-elle pas un reste du régime féodal ? Ainsi, l'idée de république est susceptible de connotations contraires.

Pour sa part, le système seigneurial fait l'objet de plaintes de la part de censitaires, d'un procès très vif du côté des capitalistes.

Dès les débuts du XIXᵉ siècle, on assiste à plusieurs tentatives pour l'abolir. À cet effet, deux lois sont déposées à Londres, en 1822 et en 1825 ; les Canadiens ne s'opposent pas radicalement au changement, mais ils voudraient qu'il s'effectue en franc-alleu, ce qui serait conforme au droit français. Au cours des années 1836 et 1837, des pétitions et des journaux réclament en termes violents la disparition du système : cet « édifice vermoulu du moyen âge n'a pas de fondement solide en Amérique », écrit *La Minerve*. Mais on insiste encore sur la nécessité de lui substituer la tenure libre française[25]. Cela pourrait constituer un bon compromis pour la sauvegarde de l'héritage juridique ; pourtant, la vraie question demeure, celle de la légitimité du régime, réserve faite de ses abus. N'est-ce pas un héritage national, un des objets de la lutte pour la survivance ? À tout prendre, est-il si contraire à l'idéal républicain ? Il n'exige que de petites redevances, il permet un accès facile à la terre ; il favorise lui aussi l'égalité sociale. L'abolir, ne serait-ce pas laisser libre cours à la spéculation capitaliste, « faire tomber la propriété entre les mains d'un petit nombre », comme le dira Viger encore en 1849 ? Papineau lui-même admet qu'il donne lieu à des abus ; il faut le corriger, le ramener à sa forme première. Le régime disparaîtra en 1854 ; retenons que les querelles qu'il a engendrées illustrent à leur manière combien l'idée de république est ambivalente dans son intrication avec celle de nation.

La religion pose un problème infiniment plus aigu. L'Église canadienne du XIXᵉ siècle ne doit évidemment rien à l'idéologie républicaine. Elle dépend d'une forme monarchique de gouvernement, et ses chefs ne perdent jamais l'occasion de le souligner. Le clergé est une élite sociale dont la légitimité est étrangère à celle des élites laïques. Plusieurs des chefs patriotes sont des nonpratiquants. L'opposition des évêques à la montée de la démocratie est constante. Par contre, la religion est la plus importante des institutions nationales ; elle pénètre la vie quotidienne, les croyances et les mœurs ; de haut en bas, elle contribue à encadrer la collectivité. Ici encore, les attitudes et les propos de Papineau sont représentatifs. Il répudie la collusion de l'Église et de l'État, la domination des religieux sur l'éducation ; il prône un enseignement universitaire sous une direction laïque et ouvert à tous, sans distinction de religions. Les membres du clergé, dit-il, « prétendent former dans l'État, dans la Société civile, au milieu des citoyens tous assujettis aux lois, un ordre privilégié indépendant ».

Il tient souvent des propos semblables. Mais, plusieurs fois aussi, il lui arrive de formuler des opinions d'une autre sorte. Par exemple en 1848 : « Notre clergé sort du peuple, vit en lui et pour lui, est tout pour lui, n'est rien sans lui. Voilà une alliance indissoluble. Voilà l'union qui fait la force. [...] Voilà un gage d'indissolubilité pour une nationalité. [...] Comme politique, je répète que l'accord et l'affection entre notre clergé et nous a été et sera [sic] toujours l'un des plus puissants éléments de conservation de notre nationalité. » L'Église, reconnaît Papineau, est une institution nationale qui tient à la substance de la collectivité ; le déclarer, c'est convenir d'un fait indubitable. La république viendra quand sera consommée la rupture d'avec l'Angleterre ; en attendant, on ne compromettra pas, en diminuant le rôle de l'Église, l'existence d'un peuple que l'on entreprend de libérer[26].

Par nature, toute idéologie tente de dégager un projet d'action de la dispersion des situations et des événements ; dans cet effort, elle révèle des contradictions de structure qui autrement ne se seraient pas manifestées avec autant d'acuité. En l'occurrence, l'idée de nation et celle de république se rencontrent ; elles n'arrivent pas à se fondre. Chacune est un réactif par rapport à l'autre. Si la république est volonté d'égalité, il faudra montrer que les institutions nationales héritées s'y conforment. Sinon, n'aura-t-on pas à supprimer ces institutions pour que la république advienne selon la pureté de ses principes ? Le manifeste de 1838, lors de la seconde phase de la Rébellion, l'énoncera sans réticences. À moins de consentir à un compromis : de mettre en veilleuse l'idée de république, d'en atténuer la portée, de renvoyer à plus tard...

Un programme de développement

Au moment où le discours déborde les luttes parlementaires pour s'appliquer à la nation et à son devenir, l'horizon s'élargit. Des projets d'aménagement de la collectivité font présager des transformations sociales décisives. L'avenir est envisagé selon des stratégies plus arrêtées, qui confinent à l'utopie.

La question de l'éducation est au premier plan. Auparavant, sous l'influence des penseurs européens, on insistait sur la propagation des « Lumières », mais en des termes fort généraux ; d'ailleurs, l'éducation du peuple n'avait guère été une préoccupation pour Voltaire et associés qui songeaient plutôt aux élites éclairées. Avec l'avènement du régime constitutionnel, l'éducation est vue comme une condition essentielle à l'exercice du rôle de citoyen. Il n'est guère de périodique qui ne s'assigne une mission éducative comme objectif principal.

Les réalisations concrètes sont plus cahoteuses. Depuis le temps de la Nouvelle-France, l'Église assume la responsabilité de l'enseignement, de même que des hôpitaux. Il en est ainsi, en régime britannique, jusqu'au début du XIXe siècle. En 1801, le gouvernement fonde l'Institution royale dans le but d'instaurer un enseignement d'État. Les hommes d'affaires anglais et le clergé protestant y sont pour quelque chose. Les évêques se méfient ; certains s'opposent carrément, même si parfois on se dit prêt à créer deux systèmes distincts pour les catholiques et les protestants. L'Assemblée est réticente pour une autre raison : l'organisme ne sera-t-il pas sous la coupe de l'exécutif que l'on conteste de tant de manières ? Le problème se complique encore par la volonté des élites laïques d'enlever au clergé sa mainmise sur l'éducation pour en faire une institution vraiment « nationale ».

Une loi des écoles de fabrique laisse à la paroisse le soin d'établir des écoles. En 1829, une nouvelle loi confie l'organisation scolaire à des syndics élus ; on vise à supplanter les curés, comme on tentera de restreindre leur pouvoir dans les affaires de la fabrique paroissiale. En 1836, une législation des écoles normales a peu d'effet ; nous sommes à la veille des rébellions. D'abord sensible, le progrès de la scolarisation ne se maintient pas. Les établissements privés se développent à l'écart. À cela, il y a des causes profondes : une population largement illettrée, qui subit plutôt passivement les transformations économiques, est peu susceptible de se passionner d'éducation, sauf pour pousser certains de ses fils vers la promotion sociale que symbolise le collège classique. Et comment, dans cette société, mobiliser rapidement des instituteurs compétents ? On doit improviser ; les résultats sont médiocres.

Le conflit entre les conceptions de l'éducation explique aussi cet échec relatif. L'Église veut garder le monopole ; Lartigue, son porte-parole le plus résolu, parle du « désir que nous avons que le clergé s'empare, comme de droit, de l'éducation du peuple[27] ». Cette éducation doit être avant tout religieuse et morale. Une certaine élite laïque pense tout autrement. À une réunion tenue en

1837, on fustige « l'inefficacité morale et les influences anti-industrielles et anti-progressives » de l'enseignement des clercs[28]. L'encombrement des professions libérales, la concurrence avec les Britanniques et les exigences de l'économie conduisent à une perception plus vive du vice principal : d'un côté, des écoles élémentaires insuffisantes ; de l'autre, des collèges classiques, seul mode d'enseignement secondaire. Étienne Parent déplore l'absence d'enseignement spécial pour les jeunes qui se destinent à l'industrie, au commerce ou à l'agriculture ; il cite l'exemple de pays qui se sont dotés d'un véritable système d'enseignement populaire. De façon plus impérieuse qu'auparavant, on tente de tracer un plan de développement de l'éducation. Les réalisations ne correspondent pas aux intentions. Les conflits de pouvoir et d'idéologies n'expliquent pas tout ; le climat social n'est guère favorable.

Il n'en va pas autrement des programmes de développement économique ; les projets butent sur d'énormes difficultés. Le diagnostic est pourtant fort lucide ; dans les années 1830, on prend nettement conscience de l'infériorité économique des francophones.

En 1832, une assemblée réunit à Montréal les fondateurs de la Maison canadienne du commerce[29]. Un constat : « Le pays a fait de grands progrès depuis quelques années sous presque tous les rapports, les Canadiens français sont restés dans un état non seulement stationnaire, mais même ont rétrogradé sous le rapport du commerce extérieur. » Les causes ? L'analyse en est pénétrante. Dans une colonie, les capitaux proviennent de la métropole ; ce qui favorise l'emprise par les marchands britanniques sur le commerce en gros. Les hommes d'affaires canadiens se confinent, en conséquence, dans le commerce de détail et la « propriété territoriale » ; ce qui ne favorise guère la mobilité des capitaux. Il y a donc, dit-on, des liens entre l'oligarchie politique et la maîtrise de l'économie. Aussi, on fonde la Maison canadienne du commerce « pour contrer la puissance du parti qui, quoique peu nombreux, s'est opposé depuis si longtemps [...] en ce pays à l'exercice par le peuple de ses droits constitutionnels ». On ne manque pas de mettre en évidence des motifs proprement économiques ; mais on ambitionne de « soutenir au moyen de quelques sacrifices une nationalité et des principes qu'il nous importe de maintenir ».

La Maison canadienne du commerce est l'initiative d'un groupe d'hommes d'affaires et de leaders politiques. Dans leur esprit, elle doit être le départ d'entreprises diverses auxquelles ils se prennent à rêver : des manufactures, une marine marchande, des banques, des compagnies d'assurances. Un bateau à vapeur est mis en service. L'agriculture aurait sa part. Programme grandiose qui révèle une ferme volonté de reconquérir l'économie. Devant la menace de la création d'une compagnie londonienne pour accaparer les terres incultes du Bas-Canada, *Le Canadien* réclame une expropriation par l'Assemblée : « On veut s'emparer de nos terres, en avoir la pleine propriété : eh ! n'est-ce pas assez que tout ce qu'elles produisent soient pour nos maîtres ? [...] Il faut que le gouvernement provincial, c'est-à-dire la législature soit saisie au plus tôt de toutes les terres incultes du pays[30]. » En 1835, on annonce la fondation de la Banque du Peuple pour faire contrepoids aux banques anglaises qui sont, au dire de Papineau, « le plus puissant engin maintenant en opération pour nuire aux intérêts du pays ».

Le diagnostic dont procède le programme indique lui-même les empêchements qui s'opposent à sa réalisation. Les capitaux ne proviennent pas de la collectivité canadienne. Les ressources dont celle-ci dispose sont surtout investies dans la propriété immobilière. Les entrepreneurs canadiens sont peu nombreux et ils ne possèdent pas des connaissances semblables à celles que leurs concurrents importent d'Angleterre. Ou bien les Canadiens entreront dans le mouvement capitaliste qu'ils ne contrôlent pas, quitte à y jouer les subordonnés et les porteurs d'eau ; ou bien ils se mettront à l'écart dans l'agriculture et le petit commerce, quitte à exalter plus tard les vertus de cet exil. Par la suite, on ne tranchera jamais entre ces deux options, que les interprètes de la collectivité défendront en alternance.

Pour l'heure, dans l'ébullition idéologique des années 1830, la question politique se mêle à celles de l'éducation et de l'économie. Les réclamations pour le contrôle des subsides, pour l'élection du Conseil législatif se font plus virulentes ; l'animation autour de l'idée nationale et de l'idéal républicain leur donne une force accrue. À la fin, l'indépendance du Bas-Canada complète le programme global de développement.

L'indépendance politique apparaît à beaucoup d'esprits comme une condition indispensable à la survie et à l'épanouissement de la collectivité. On revient sur les doléances accoutumées : des étrangers dominent cette société ; la Constitution est un instrument du « parti anglais » ; on ne peut plus faire confiance à la métropole. On remonte jusqu'à la Conquête pour démontrer la constance de l'oppression. Un correspondant de *La Minerve* est catégorique : « Il existe ici deux partis entièrement opposés d'intérêts et de mœurs, les Canadiens et les Anglais. Les premiers, nés Français, en ont les habitudes et les caractères, ils ont hérité de leurs pères de la haine pour les Anglais, qui, en retour, voyant en eux des fils de la France, les détestent. Ces deux partis ne pourront jamais se réunir et ne resteront pas toujours tranquilles : c'est un mauvais amalgame d'intérêts, de mœurs, de langue et de religion qui tôt ou tard, produira une collision. » L'immigration, ajoute-t-il, rendra vos adversaires plus hardis ; ils supprimeront les libertés des Canadiens comme ils l'ont fait pour les Acadiens. Et l'auteur de conclure : « Une séparation immédiate d'avec l'Angleterre est le seul moyen de conserver notre nationalité[31]. »

La position des principaux leaders est plus flottante. L'indépendance à court terme est-elle réalisable ? Est-elle même opportune ? Le Bas-Canada est encore peu populeux ; une nationalité aussi fragile pourrait-elle se maintenir sans quelque soutien extérieur ? Si un tel appui est nécessaire, lequel choisir ? Garder un certain rattachement à l'Empire britannique ou chercher une intégration à la république américaine voisine ?

Papineau passera, en quelques années, d'une option à l'autre. En 1834, il veut conserver « une autorité de surveillance dans le gouvernement impérial, pour décider de la paix ou de la guerre et des relations de concurrence avec l'étranger[32] ». Par ailleurs, lui et d'autres insistent sur le caractère exemplaire de la république voisine ; si la nature des sociétés américaines les destine fatalement à la république, et par là à un destin commun, pourquoi pas l'annexion du Canada aux États-Unis ? En 1839, Papineau en viendra à souhaiter l'insertion dans la fédération américaine, « avec individualité pour chaque État souverain, sous la protection du Congrès, qui ne pourrait être tyran n'ayant ni sujets, ni colonies, et ne possédant d'attribution que dans les questions de paix ou de guerre avec l'étranger et de commerce extérieur[33] ». Rappelons-nous que les États-Unis sont loin de connaître alors la centralisation qui viendra plus tard ; on peut penser qu'y survivraient les institutions des Canadiens francophones, au moins leur religion et leur langue. Edmond de Nevers en sera encore convaincu au début du XX⁵ siècle.

Étienne Parent écarte résolument l'annexion d'un peuple « encore dans l'adolescence ». « Le sort de la Louisiane, dit-il, nous fait trembler[34]. » L'indépendance est un idéal légitime, mais il faut en reporter la réalisation dans cinquante ans, à plus tard peut-être. En attendant, la protection de l'Empire est indispensable, quitte à la réduire graduellement. La pensée de Parent dénote la persistance du discours politique antérieur : selon lui, le conflit des nationalités n'est pas le problème déterminant. Le combat contre l'oligarchie demeure l'objectif premier, et qui rapproche le Bas-Canada du Haut-Canada et de bien d'autres contrées : « Dans tous les pays de l'Europe, le principe de la domination du petit nombre, héritage de la féodalité, est aux prises avec les droits imprescriptibles du grand nombre, création vigoureuse de la civilisation moderne[35]. »

Aussitôt apparue, l'idée d'indépendance s'oriente donc dans des directions divergentes. Elle s'y évanouira rapidement.

Retour à la survivance

Commencé au lendemain de la Conquête, le discours idéologique est parvenu, dans les années 1830, au bout de ses conséquences et de ses contradictions. Dans cette perspective, la Rébellion de 1837-1838 n'est qu'un épiphénomène. Aurait-elle réussi, on ne voit pas comment la victoire eût pu surmonter les imbroglios accumulés au cours des décennies précédentes. Cette révolte demeure le symbole pathétique d'une impasse dans l'édification de la conscience historique d'un peuple.

À la suite de la Conquête, une collectivité peu nombreuse était réduite à sa vie communautaire. La nouvelle organisation politique lui était étrangère ; incapable de se l'approprier, elle devait démontrer en outre sa loyauté et, plus encore, l'utilité de sa présence. Elle se résignait à la survivance comme à un pis-aller, jusqu'à ce qu'elle devienne une vocation. Peu à peu, avec la consolidation sur le même territoire d'une société parallèle à la sienne, ce n'est plus seulement un pouvoir étranger qui pesait de loin sur elle ; la sujétion est venue de l'intérieur, elle a pris une figure économique et politique.

Dans la Constitution de 1791, la survivance semblait pour-

tant récupérer de nouveaux arguments et de nouveaux moyens.
On croyait dépasser les vieilles manœuvres. Indépendamment des
origines des uns et des autres, tous faisaient désormais partie d'un
peuple de citoyens. Les élites francophones se consacraient avec
ferveur à la politique. Passion qui s'explique par l'origine même de
ces élites ; héritières et responsables de la survivance, dépourvues
de pouvoirs économiques, elles auraient au moins accès aux
structures gouvernementales. Au discours contre l'assimilation
s'en surperposait un deuxième : il fallait montrer que la Constitution avait effectivement fondé une société politique qu'il
s'agissait de raffermir par l'avènement de la responsabilité ministérielle. Mais cette nouvelle avenue n'était pas sans péril : le *peuple*
dont il était dorénavant question, celui auquel la Constitution
conférait existence et statut, en quoi rejoignait-il le peuple qui se
repliait sur ses institutions françaises ?

L'élite francophone veut maîtriser les mécanismes de la
nouvelle société politique au nom de la majorité et avec le désir de
réconcilier les groupes ethniques. Les leaders de la société anglaise
ne l'entendent pas ainsi : quand on domine l'économie, répètent-
ils à satiété, il est normal qu'on domine la politique. La division
des deux sociétés envahit la sphère politique ; elle n'en devient que
plus aiguë. Et puis, l'idée de nationalité, qui surgit de partout en
Europe, commence à déborder au Canada les préoccupations uniquement défensives ; elle est attisée par les menaces persistantes
d'assimilation, en même temps que la poésie et la curiosité historique raniment le souvenir des origines françaises.

N'est-on pas fatalement entraîné à hausser encore l'élaboration du discours, pour conformer l'organisation politique à la
nation ? C'est porter fort loin l'utopie : se détacher de l'Empire par
un coup de force ou autrement, transmuer en une république
indépendante la société politique instaurée par la Constitution de
1791, reprendre en main le pouvoir économique... Logique, le
programme est irréalisable. Le beau projet des années 1830 ne
peut qu'avorter.

Mais les trois couches du discours auxquelles on est parvenu
subsistent ; elles poursuivront leur existence sans jamais se
confondre. Le discours sur la survivance restera fondamental ; les
promoteurs de l'assimilation le rendent toujours indispensable. Le
discours sur le statut politique de la collectivité oscillera perpétuellement entre le compromis et l'indépendance. Quant au

discours sur la nation, il dépendra des deux autres dans ses variations : on ne survit qu'à la condition de justifier sa différence ; mais un peuple encore peu nombreux peut-il accéder à la solitude de la pleine autonomie ?

Rester dans l'Empire, quitte à prendre progressivement ses distances ? S'intégrer à la république américaine, au prix de son identité ? Le dilemme ne sera pas tranché. Il ne peut pas l'être.

Pour qualifier les idéologies des années 1830, des historiens ont utilisé le mot *nationalisme*. J'avoue ne pas comprendre. Certes, l'étiquette est commode ; elle est assez élastique pour recouvrir des réalités disparates. En l'occurrence, elle masque ce dont on cherche à rendre compte plutôt que de l'éclairer. Si on veut dire qu'après la Conquête les Canadiens d'origine française ont voulu sauvegarder des institutions qui leur étaient familières, ne suffit-il pas de parler de survivance ? Si on veut qualifier les idéologies politiques qui ont suivi l'établissement de la Constitution de 1791, on est obligé de reconnaître qu'elles mettaient dans l'ombre les caractères ethniques des deux sociétés en présence. Quant à l'apparition de l'idée de nation au cours des années 1830, elle se heurte à des exigences tellement antinomiques, à des éléments tellement difficiles à réunir, qu'elle demeurera ambiguë, et pour un long avenir[36].

Car, en ce temps-là, on se fait des représentations plutôt confuses de la *nation* dont on envisage l'autonomie.

Dans son apologie des 92 Résolutions, Papineau réclame des « remèdes qui feront de tous les colons un peuple de frères en leur donnant des motifs de se lier ensemble. Les distinctions, les privilèges, les haines et les antipathies nationales, tout cela sera détruit ». Le manifeste des Fils de la liberté dira de même ; en 1838, la déclaration d'indépendance de Robert Nelson proclamera le bilinguisme officiel.

Auparavant, *La Minerve* avait formulé une distinction entre *généalogie* et *politique*. « Qu'est-ce qu'un Canadien ? Généalogiquement, ce sont ceux dont les ancêtres habitaient le pays avant 1759, et dont les lois, les usages, le langage leur sont politiquement conservés par des traités et des actes constitutionnels. Politiquement, les Canadiens sont ceux qui font cause commune avec les habitants du pays, ceux en qui le nom de ce pays éveille le sentiment de la patrie. [...] Dès qu'un habitant du pays montre qu'il est vraiment citoyen, on ne fait pas de différence[37]. » La dialectique est remarquable. Généalogiquement, c'est-à-dire historiquement, la nation canadienne s'est formée avant la Conquête ; mais, par la vertu de la politique, deviennent aussi Canadiens ceux qui se rallient à la nation déjà constituée. À la condition de joindre à l'appartenance politique un même senti-ment de la patrie commune. Mais ceux qu'on veut ainsi gagner à la patrie ne sont pas des marginaux, ils appartiennent à une société parallèle ; par quelle magie épouseraient-ils un sentiment national puisé dans une histoire à laquelle ils se veulent étrangers ?

En 1831, Étienne Parent, qui est la voix des modérés et qui s'opposera à l'insurrection, parle des « deux parties de la popu-lation canadienne ». La dénomination de « Canadien » s'élargit : « La partie saine de la population anglaise [...] veut faire cause commune avec ceux qui ont planté l'arbre de la civilisation dans le pays ; elle veut aussi unir sa destinée à la leur, sûr moyen de former un peuple heureux et puissant[38]. » La « partie saine » ? C'est vague et plutôt difficile, sinon odieux à évaluer. L'intention y est pourtant : en arriver à une nation ou un peuple où se fondraient les différences ethniques, mais sous l'égide des francophones. Parent est quelque peu embarrassé lorsqu'il traite des « lois des usages, des institutions du peuple canadien *proprement dit*[39] ». Sa pensée glissera encore lorsqu'il envisagera, en 1842, l'éventualité d'une fédération canadienne, la « création d'une nationalité assise sur de larges bases et nourrie de grandes espérances[40] ». Voilà une *nation* tout autre que celle qui, peu d'années auparavant, a donné naissance à l'idéal de l'indépendance...

Comment s'y retrouver entre une nation « généalogique » selon le vocabulaire de *La Minerve,* une nation canadienne « pro-prement dite » selon celui de Parent et une nation qui serait uni-quement de nature politique ? Par un compromis qui ramène à la conception, acquise depuis longtemps, de la *réserve* française.

Désigné comme gouverneur à la veille des insurrections, Lord Gosford est astucieux. Aussi rigoureux que Durham, mais plus enclin à l'observation concrète, il n'hésite pas à admettre qu'au-delà des luttes de nationalités, il y a ici deux sociétés dont la coexistence est possible sans qu'on les dérange dans leur développement. Il suffit de convenir de leur originalité respective et d'y reconnaître une heureuse complémentarité. Gosford s'adresse à la Chambre dans le discours du Trône qui inaugure la session de 1835-1836 ; après avoir invité à la tolérance, à la modération, au respect mutuel, il décrit les « deux partis » qui divisent à tort le Bas-Canada.

Le premier de ces « partis » (disons la première de ces deux sociétés) est composé d'une « race d'agriculteurs », possédant ses « arrangements sociaux particuliers », sous la houlette du clergé. Il vaut la peine de citer longuement : « L'Angleterre ne peut qu'admirer les arrangemens sociaux par lesquels on est parvenu à faire d'un petit nombre de colons industrieux, une race d'agriculteurs bons, religieux et heureux, remarquable par ses vertus domestiques, par la gaîté avec laquelle elle supporte les fatigues et les privations, et son alacrité et sa bravoure dans la guerre. On est loin de penser à détruire un système qui soutient une population rurale et compacte sans qu'il existe aucune classe de dépourvus. L'Angleterre veut protéger et encourager le sacerdoce bienfaisant, actif et pieux par les soins et par l'exemple duquel tant d'ordre, tant de bonne conduite et de bonheur tranquille existent et sont conservés et sont transmis de génération en génération[41]. » Il y a pourtant des ouvriers francophones dans les villes et des journaliers à la campagne ; il y a aussi une bourgeoisie francophone, dont certains des membres sont présents à l'Assemblée. Eh bien non : le paradigme tracé par Gosford n'admet pas ces nuances. Des changements sont intervenus qui bouleversent cette société par les effets d'un capitalisme commercial et qui ne seront pas étrangers aux rébellions toutes proches : cela non plus n'entre pas en ligne de compte dans ce portrait d'une société heureuse et tranquille, gouvernée par des curés. Idéalisée, cette imagerie ? Oui, dans le sens où elle dicte à cette société un projet... qu'elle finira d'ailleurs par adopter.

C'est l'autre société qui monopolise les traits d'une collectivité urbaine, industrielle, bourgeoise. Celle-là, il n'est pas question qu'elle survive à l'écart dans les joies bucoliques de la tradition : « Quant aux classes d'origine britannique, et surtout aux classes commerciales, je leur demanderais s'il est possible qu'on ait le dessein de sacrifier leurs intérêts lorsqu'il est évident à tout le monde que le commerce est un des principaux soutiens du système britannique de finance, et que sans lui la fabrique merveilleuse de la puissance et de la domination britannique tomberait en poussière, et qu'il est l'objet, le but spécial pour lequel l'Angleterre maintient à des frais énormes, ses immenses colonies dans toutes les parties du monde. Vous pouvez compter que le grand et puissant État d'où vous êtes venus vous établir sur ces rives n'abandonnera pas sa politique qui a fondé la prospérité de ses peuples dans toutes les autres régions. » Cette fois, le portrait de la société anglophone ne retient ni les agriculteurs ni les ouvriers, qui pourtant sont des Anglais et qui existent sur le territoire ; cette société est identifiée avec sa bourgeoisie des affaires. Nouvelle idéalisation, qui est aussi un projet. Alors que la société francophone est vouée à l'immobilisme, l'autre société est créditée d'une vocation au dynamisme, qui coïncide en outre avec celle de l'Empire.

Est-il meilleure définition d'une répartition de la coexistence, une plus fidèle approximation du sort de cette « réserve française » dont la figure s'est profilée depuis la Conquête ? Est-il plus parfaite consécration de la survivance ?

Comment ceux qui, parmi les élites francophones, s'inquiètent des combats politiques menaçant de dériver vers l'insurrection armée ne seraient-ils pas tentés de s'approprier cette vision des « arrangemens sociaux » ? Étienne Parent s'engage dans cette direction : « Il a toujours été parfaitement compris que le mot *institution* dans notre épigraphe [celle du *Canadien*] ne s'applique nullement aux institutions politiques ou gouvernementales mais seulement aux institutions purement civiles et religieuses[42]. » Dans un article de l'année suivante, Parent acquiesce de façon plus explicite aux propos de Gosford. Il ne faut pas, dit-il, donner au mot « nationalité » le même sens qu'en Europe : « Pour les Polonais et les Belges, il s'agissait de l'établissement d'une existence politique séparée, tandis qu'ici il n'est question que d'une existence purement sociale, provinciale ; le consensus des usages et des lois[43]. » Après avoir renoncé à ce qui serait un statut politique pour la collectivité francophone, Parent ira jusqu'à mettre en doute la légitimité des leaders politiques dont il approuvait jusqu'à il y a peu l'idéologie et l'action. Sont-ils vraiment les porte-parole de « cette population agricole qui fait le plus bel ornement des bords du Saint-Laurent » ? Entré dans la vie publique « avec l'idée dominante de conserver à cette population les institutions qui font son bonheur », Parent se demande si ces institutions ne seraient pas compromises par des contestations politiques qui visent à « précipiter l'avènement d'un état de choses qui pourra bien tourner au profit des hommes qui sont à la surface de notre population[44] ». À la « surface », parce que politiques ? L'élite authentique ne serait-elle pas plus enracinée dans ce que Parent appelle l'« existence sociale » ? Le clergé par exemple ? En tout cas, ceux qui contestent le clergé ne « peuvent fournir au peuple les anté-cédents aussi nationaux, aussi recommandables sous tous les rap-ports, aussi pleins de garanties incontestables en faveur de la cause canadienne[45] ».

Gosford et Parent sont donc d'accord sur la nature aussi bien que sur l'avenir de la société canadienne-française[46]. Cet accord n'est pas de circonstance. Il résume une longue histoire : celle de la défense contre l'assimilation, du combat pour la survivance. La *réserve* francophone en est la synthèse. Ce que disent Gosford ou Parent, dans une remarquable rencontre du colonisateur et du colonisé, n'est pas l'exclusif énoncé de leurs idées personnelles. L'idée perçait déjà en filigrane dans les idéologies antérieures dont il se pourrait que ce fût le présupposé foncier.

En veut-on un exemple éloquent ? En 1822, Papineau et Neilson sont délégués à Londres pour contrecarrer le projet d'union des deux Canadas soumis aux Communes. Dans le mémoire qu'ils remettent aux autorités britanniques, voici ce qu'ils disent du sort de la langue française : « Le langage de la majorité dans un peuple dont les éléments ont entre eux des relations suivies finit toujours par prévaloir. La langue anglaise deviendra inévitablement la langue prédominante en Amérique du Nord, avec ou sans texte de loi. Il n'y a probablement pas dix membres de la présente Chambre d'Assemblée du Bas-Canada qui ne com-prennent pas l'anglais ; plusieurs le parlent facilement ; et dans la province aucun citoyen ayant de la fortune ou une situation un peu notable ne néglige de faire apprendre l'anglais à ses enfants. C'est ainsi que les choses changent avec le temps et cèdent aux circonstances. Mais le langage d'un père, d'une mère, de la famille et des amis, des premières impressions et des premiers souvenirs est cher à tous. » L'avenir de la collectivité est clairement tracé, et par deux représentants éminents du parti patriote : l'anglais sera la langue privilégiée de la société ; les élites d'argent ou de prestige seront capables d'en user et ils transmettront cet avantage à leurs enfants ; le français, unique langage des gens du peuple, demeu-rera cependant la langue couramment utilisée dans les relations de la vie privée, expression des affections et des liens commu-nautaires.

Provenant de chefs patriotes, voilà la parfaite définition d'une identité de survie : de cette *réserve* française dont le conquérant a médité depuis longtemps la formule, quand sa générosité consentait à dépasser les brusques sursauts d'assimilation. Et n'est-ce pas ce que font entrevoir des structures sociales mises en route dès le Régime français, confirmées par la suite ? Cette collectivité n'a-t-elle pas ses plus solides assises dans une organisation communautaire dont la famille est la clef de voûte ? Ne puise-t-elle pas les normes de son existence dans des relations de voisinage, dans les solidarités des villages, dans une certaine ségrégation ethnique des quartiers urbains où la paroisse joue un rôle de plus en plus grand ? Depuis bien avant la Conquête, la cohésion de ce peuple s'effectuait par le bas. Contraint de défendre sa religion, ses lois, sa langue par des arguments empruntés aux nécessités de la vie quotidienne, comment ne trouverait-il pas toute naturelle l'idée d'une nationalité qui ne serait qu'une communauté sans statut politique, gardienne d'une langue « de la famille et des amis, des premières impressions et des premiers souvenirs » ?

Après avoir exploré tant de voies sans issues, après que se seront dissipées les fumées des vaines et héroïques rébellions, il ne restera plus qu'à aménager la survivance.

CHAPITRE VI

L'AMÉNAGEMENT
DE LA SURVIVANCE

L'Union des deux Canadas est promulguée en février 1841. De la période qui suit, une interprétation a longtemps dominé l'historiographie québécoise, et elle n'a pas perdu tout à fait sa séduction aujourd'hui. Je résume le scénario : alors que l'Union semblait mettre fin à l'existence du peuple d'origine française, la menace fut renversée grâce à l'action conjuguée de leaders des deux nations ; on obtint le gouvernement responsable pour lequel on avait tellement combattu auparavant ; la Confédération de 1867 assura ensuite aux Canadiens français les garanties d'un État provincial en même temps que leur participation à un gouvernement central...

Interprétation conforme à l'insistance mise sur la politique par la bourgeoisie francophone au long de la première moitié du xixᵉ siècle. Interprétation simplificatrice. Car, durant les décennies 1840-1870, de l'économie aux modalités des pouvoirs, l'ensemble des structures sociales est remanié ; les idéologies remodèlent les orientations de la collectivité ; la reconstitution du passé s'impose comme une nouvelle urgence ; la littérature devient une institution nationale. En somme, la construction de la référence collective connaît alors son premier achèvement.

Dans ce chapitre, après avoir décrit rapidement les modifications de l'économie et de la morphologie, j'insisterai sur la politique et sur l'Église, ces deux pouvoirs qui pèseront aussi bien sur l'organisation sociale que sur la redéfinition de la collectivité. On verra comment la dépendance des Québécois fait d'eux des marginaux. De sorte que la référence qui sera l'objet des chapitres suivants nous semblera, plutôt qu'un reflet, une compensation où se décèlent des obstacles de plus en plus rigides et la volonté de survie d'une société qui en arrive péniblement à la conscience historique.

Un nouvel espace économique

L'Union des deux Canadas est un vieux projet, plusieurs fois ramené à la surface. En proposant de le mettre enfin à exécution, Durham insiste sur la nécessité d'en finir avec le conflit des deux nations. Ne nous méprenons pas cependant sur ses motifs premiers. Il est préoccupé avant tout par le développement économique des Canadas et la fonction des colonies britanniques dans l'Empire. Durham constate le retard de ces colonies en comparaison de la vitalité des États-Unis : faiblesse du peuplement et fuite de l'immigration vers les voisins du Sud ; insuffisance des communications ; absence d'une politique conséquente. Il faut donc réaliser les conditions nécessaires à un démarrage et, pour cela, structurer un espace de croissance qui déborde les frontières politiques artificielles.

La dualité des « races » est une question subordonnée. Il importe de s'en souvenir quand on lit les pages où Durham mène une impitoyable critique des attitudes et de la culture des Canadiens français qui, d'après lui, sont contraires aux besoins de l'économie. Lord Grey avait prévenu Durham : « En examinant l'histoire déjà longue des dissensions dans le Bas-Canada, il convient de se rappeler qu'un des principaux sujets de grief de la minorité [anglaise] contre la majorité [française] de l'Assemblée a été la législation d'inspiration anticommerciale de cette majorité, ou sa soi-disant indifférence à l'égard de mesures visant à promouvoir l'industrie de la colonie et le développement de ses richesses naturelles. » Et, ajoutait Lord Grey, cela est considéré comme un frein « par les habitants du Haut-Canada, étant donné que cette province est absolument dépendante de la législation du Bas-Canada pour tout ce qui touche le commerce extérieur[1] ».

Pour Durham, deux objectifs s'ensuivent : homogénéiser la

culture de la colonie britannique par l'assimilation des Canadiens français et réunir les moyens de poursuivre de grands travaux publics. Nommé gouverneur au début du régime de l'Union, Lord Sydenham, lui-même homme d'affaires, inaugure cette politique.

Le Haut-Canada s'est endetté ; ce n'est pas le cas du Bas-Canada. La dette devient un fardeau commun, au profit des intérêts de la banque britannique Baring. La population du Bas-Canada dépasse de loin celle du Haut-Canada ; la représentation au Parlement-Uni sera néanmoins égale. La politique impériale rejoint enfin les requêtes de la bourgeoisie canadienne des affaires. Depuis longtemps, le Bas-Canada a contrecarré son rêve de faire de Montréal le pivot du commerce entre l'Ouest et la métropole ; par le canal Érié, les Américains menacent de drainer le commerce vers le sud. Il est temps d'écarter les programmes de développement comme celui qu'ont conçu les élites francophones, pour mettre au premier plan les exigences des marchés, conformément aux principes du capitalisme.

Mais voici que se produit un changement de la politique impériale. En 1848, l'Angleterre met fin au mercantilisme ; la nouvelle classe au pouvoir dans la métropole, soucieuse elle aussi de l'accès aux marchés, prône le libre-échange. Il n'existe plus de tarif favorable à la colonie. Le contrecoup est catastrophique pour les hommes d'affaires canadiens : il atteint le commerce du blé, les meuneries, le commerce du bois de construction. La bourgeoisie anglophone se tourne vers l'annexion aux États-Unis, dans une flambée de rancune qui montre la fragilité du loyalisme à l'Empire quand des intérêts économiques sont en jeu. Avec l'assentiment de la métropole et la ferme volonté du gouverneur Elgin, la riposte survient grâce aux accords de réciprocité entre le Canada et les États-Unis (1854-1866).

Le remède aura des répercussions à long terme. Hincks, qui jouera un rôle éminent dans les affaires et dans la politique du Canada-Uni, est le principal collaborateur du gouverneur Elgin dans la conclusion du traité de réciprocité ; en 1851, s'adressant à des capitalistes américains, il établit ainsi les règles du jeu : les Canadiens fourniront des matières premières (bois, céréales, etc.), tandis que les Américains leur expédieront des produits manufacturés. Sans doute ne peut-on expliquer uniquement par une politique délibérée ce qui deviendra une dépendance économique envers les États-Unis ; le manque de charbon et de fer, de même que le petit volume de la population et du marché interne sont des facteurs incontestables de la faiblesse du développement industriel canadien. Les conditions géographiques aussi bien que les intérêts des capitalistes comptent pour beaucoup, à cette époque comme plus tard, dans les hésitations entre les concessions à la dépendance américaine et les tentatives pour s'en émanciper. Pour l'heure, le boom des chemins de fer contribue au premier chef à agrandir les marchés et à stimuler l'industrialisation. Il requiert une importation de capitaux prodigieuse pour l'époque : elle est de 35 millions de dollars entre 1841 et 1849 ; elle grimpe à 100 millions entre 1850 et 1859.

En 1854, on abolit le régime seigneurial. Depuis longtemps, le vieux système avait fait l'objet de nombreuses critiques ; les apologies n'avaient pas manqué non plus. De part et d'autre, on échangeait des thèses fort diversifiées. Cette fois, on se concentre sur des arguments économiques, ce qui est révélateur d'un esprit nouveau ; le capitalisme impose ses idéologies et ses pratiques. Le régime seigneurial est un anachronisme, une contradiction à la logique économique qui se répand de plus en plus. Il nuit à la libre extension des marchés et des transports, à la mobilité de la population, à la spéculation foncière. Il est, répète George-Étienne Cartier qui travaille fort pour l'abolition, « une entrave à l'esprit d'entreprise ».

Au cours d'un débat préliminaire à la Confédération, Galt exprime clairement un vaste projet : « l'ouverture du marché de chacune des colonies aux produits de l'industrie de toutes les autres. [...] C'est un empire que nous voulons faire, et tout son commerce d'importation et d'exportation sera concentré entre les mains de commerçants et de fabricants canadiens si nous agissons dès maintenant. » Pour y parvenir, les chemins de fer sont un élément indispensable. La menace d'annexion du Canada par les États-Unis constitue un arrière-plan, lui aussi d'ordre économique. On veut intégrer l'Ouest au projet : comme le déclare encore Galt, « si nous laissons l'Ouest aller aux États-Unis, si le reste du continent, en dehors du Canada et des provinces de l'Atlantique, se laisse attirer par la puissance de la République, nous ne pourrons pas rivaliser avec elle. Notre absorption finira par être inévitable ». Ce n'est pas une parole en l'air ; du côté américain, on songe effectivement à l'annexion des colonies britanniques.

Parmi les causes de l'Union et de la Confédération, il n'est pas question d'accorder l'exclusive à l'économie ; mais celle-ci est certainement prédominante dans les plans des acteurs principaux. Durham lui donne la priorité ; en cela, il reflète les préoccupations de la bourgeoisie anglaise des affaires. Plus étroitement qu'auparavant les intérêts économiques et la politique s'imbriquent ; l'allégeance à l'Empire est contestée ou utilisée dans cette perspective, du moins dans le cercle des élites financière et politique. La Confédération obéit aux mêmes impératifs, plus ou moins dissimulés par les arguments relatifs à la nationalité ou à la survivance.

Quelle est la place du Québec dans le nouvel espace économique ? Il serait artificiel de parler d'une économie québécoise comme d'un ensemble articulé. L'éclatement devient plutôt la règle ; de même que la dépendance. L'économie du Québec obéit largement à des pulsions de l'extérieur ; elle est soumise à des mouvements qui travaillent l'ensemble du continent. Au cours des années, l'Ouest nord-américain connaîtra un essor rapide, grâce surtout au chemin de fer ; l'émigration y sera attirée par l'essor de l'agriculture dans des terres plus rentables, par l'industrie et le commerce. L'agriculture de l'Est américain se réorientera vers la production de fruits, de légumes et de foin, vers l'industrie laitière. La Nouvelle-Angleterre s'industrialisera (textile, chaussure, machinerie). D'amples déplacements de population en résulteront, dont l'émigration des Canadiens français vers les États-Unis n'est qu'un cas parmi d'autres[2].

L'espace social

En 1851, la population du Canada-Est compte environ 890 000 personnes ; en 1871, elle dépasse un peu le million. En 1851, on dénombre près de 126 000 Anglais nés au pays, plus de 77 000 nés en Grande-Bretagne ; à quoi s'ajoutent, à la même date, près de 125 000 Américains. Les anglophones se concentrent surtout dans les villes, dans les Cantons de l'Est et l'Outaouais.

L'intégration de la population n'a guère progressé. Le transport par eau est encore le moyen de circulation le plus utilisé. Le réseau routier est peu développé ; les chemins sont le plus souvent dans un état pitoyable. On met quinze heures pour se rendre de Montréal à Saint-Hyacinthe, deux jours et demi pour aller de Montréal à Québec par diligence. Les chemins de fer connaissent un développement rapide à partir des années 1850 ; ils favorisent surtout Montréal, quelques petites villes et des villages. Avec la Confédération, l'Intercolonial et le Pacifique Canadien se joindront à de petites compagnies. La colonisation demande une extension du réseau routier ; les travaux dépendent fréquemment du patronage[3]. Par suite de l'insuffisance des communications, la population reste dispersée selon des solidarités locales.

Le faible degré de scolarisation empêche le peuple d'accéder à une culture d'ensemble et l'opinion publique d'être à la mesure de la société globale. D'après l'enquête de Buller en 1838-1839, 27% des Français du Bas-Canada savent lire et écrire, dont 12% des ruraux. Les causes sont connues : pauvreté de l'organisation scolaire, manque d'instituteurs compétents. La scolarisation est très supérieure, pour les hommes notamment, dans le Haut-Canada et la Nouvelle-Angleterre. Cette disparité entre Français et Anglais dépend de facteurs complexes : beaucoup d'immigrés britanniques viennent de régions plus scolarisées et ils sont de condition plus aisée ; l'adaptation à un milieu nouveau incite à donner une meilleure instruction aux enfants ; les protestants pratiquent la lecture individuelle de la Bible...[4]

Le prolétariat urbain a d'autres préoccupations que l'instruction. Dans les campagnes francophones, cloisonnée dans les étroites limites des coutumes et des relations, l'existence quotidienne se satisfait de la communication orale. La résistance à l'établissement des écoles aux lendemains de l'Union, en plus d'être dirigée contre la taxe directe, prend sa source dans un genre de vie où apparaît mal la nécessité de l'instruction. Les législations nombreuses à partir de 1841 et l'établissement de corporations scolaires contribuent à hausser le niveau de la scolarisation. La tâche n'est pas aisée. Le problème est toujours le même : les instituteurs sont peu instruits et le métier n'attire guère les candidats. Plusieurs commissaires d'école sont illettrés. Comment trouver de meilleures ressources dans une population peu scolarisée ? Cercle vicieux que l'on ne parviendra pas à rompre par des mesures rapides. Assurée d'avoir la haute main dans l'éducation, l'Église appuie les législations scolaires, à la condition que soit respecté l'enseignement confessionnel. Elle fonde de nouveaux collèges classiques : douze entre 1841 et 1875, dont certains donnent un enseignement commercial et industriel, avec des succès variables[5].

Les villes de Montréal et de Québec continuent de dominer comme pôles de l'économie et centres administratifs.

Montréal reçoit des produits de la Grande-Bretagne et des Antilles ; elle y expédie des céréales de l'Ouest. En concurrence avec New York, Toronto, Halifax, elle conservera néanmoins son rôle de métropole jusqu'à la fin du siècle. L'industrie y connaît un nouvel essor à partir des années 1850 : cuir, chaussure, vêtement, alimentation, tabac, équipement de transport. Une sorte de complexe industriel s'installe le long du canal Lachine. La population croît rapidement : d'un peu plus de 57 000 en 1851, elle dépasse 90 000 en 1861 et 107 000 en 1871. La population ouvrière augmente ; des conflits surgissent, notamment chez les travailleurs des chemins de fer, des entreprises du canal Lachine. Les francophones sont légèrement majoritaires (53 % en 1861). La stratification ethnique est plus visible que jamais ; Anglais et Écossais, Irlandais, Français ont tendance à s'agglomérer en îlots autour de leurs institutions et de leurs associations respectives. Stratification ethnique et stratification sociale inscrivent dans le paysage urbain la dualité des deux sociétés. Selon les géographes Marcel Bellavance et Jean-Daniel Gronoff, « la répartition spatiale du prolétariat et des populations françaises adopte des profils identiques : profils de collectivités laborieuses où les individus sont peu instruits, locataires, concentrés dans un habitat restreint, où l'hygiène est absente et la mortalité infantile élevée. Inversement, la population anglaise et écossaise, généralement bourgeoise, s'établit dans le quartier Saint-Antoine surtout et sur les pentes verdoyantes du Mont-Royal dans de coquettes maisons unifamiliales, parfois dans de riches résidences, et entourée d'une domesticité nombreuse. Description valable aussi pour la bourgeoisie française, moins influente et moins nombreuse, dont le lieu de résidence n'est pas le quartier mais la rue ou le bloc. [...] Deux villes semblent coexister, l'une française, l'autre britannique, l'une bourgeoise, l'autre ouvrière, l'une commerçante, l'autre industrielle[6]. »

La ville de Québec compte environ 45 000 habitants en 1851, à peu près 57 000 en 1861, 59 700 en 1871. La croissance est moins rapide qu'à Montréal. Québec est un centre administratif et religieux ; cependant, la ville n'abrite plus le Gouvernement-Uni depuis 1865. La garnison britannique quitte les lieux en 1871. L'industrie connaît une certaine expansion, particulièrement dans les tanneries et les manufactures de chaussures. Le commerce du bois et la construction navale l'emportent encore au milieu du siècle (la moitié de la main-d'œuvre y travaille) ; ils déclineront à partir des années 1860.

À Québec, la stratification ethnique est aussi présente qu'à Montréal. La population anglaise atteint 35 % en 1851, 40 % en 1871. Elle augmentera peu par la suite. La grande bourgeoisie anglaise continue d'accaparer le commerce du bois, la construction navale et les affaires. En 1842, 47 des 52 membres de la chambre de commerce sont des Anglo-Canadiens. Les nombreux débardeurs et ouvriers irlandais concurrencent les travailleurs francophones. Comme à Montréal, la stratification sociale est de plus en plus marquée. À la haute-ville résident les marchands, les gens de professions libérales et les fonctionnaires. Des maisons cossues jalonnent le chemin Saint-Louis, la Grande-Allée. Dans la basse-ville, les institutions financières se concentrent rue Saint-Pierre, dont l'importance diminuera avec l'affaiblissement des activités portuaires. La basse-ville est surtout habitée par des ouvriers ; 47% de la population urbaine vit à Saint-Roch, à Saint-Sauveur, près de la rivière Saint-Charles. Les logements sont exigus, les conditions sanitaires pitoyables. Visitant Québec en 1854, Mme Bird trace un sombre tableau : « La bonne société est enfermée dans une très belle étendue à Québec. Ses élites sont groupées autour des remparts et au quartier Saint-Louis. [...] Le petit monde de la partie haute de la ville est probablement le plus brillant qui puisse se trouver dans une si petite enceinte. Mais il y a un monde en bas, une autre nation, rarement mentionnée dans le quartier aristocratique de Saint-Louis, où le vice, le crime, la pauvreté et la misère se bousculent, comme le plaisir et la politique à la Haute-Ville[7]. » De temps à autre, les débardeurs irlandais se révoltent. Des grèves se produisent ; celle de 1869 est réprimée par les militaires. En 1862, les Irlandais forment une mutuelle, embryon d'une organisation syndicale ; le Board of Trade la conteste au nom de la liberté du commerce. Libéralisme et capitalisme vont de pair à Québec aussi bien qu'à Montréal.

Les autres villes ne sont que de gros bourgs : Trois-Rivières, Sherbrooke, Saint-Hyacinthe, Sorel, Valleyfield, Joliette, etc. Leur population varie entre 5 000 et 3 000 habitants. Des industries y coexistent avec des activités de service. Étant donné la faible intégration des communications sur l'ensemble du territoire, ces petites villes exercent une influence régionale notable. Les tendances antérieures vers l'intensification de l'organisation sociale locale s'accentuent avec l'instauration du régime municipal et des commissions scolaires, dont les limites recoupent celles des paroisses et en accentuent la symbolique communautaire. Des élites s'appuient sur ces institutions. Curés, notaires, marchands, artisans, rentiers et agents recruteurs pour le travail en forêt voisinent avec des cultivateurs à l'aise et un prolétariat rural. Dans certains cas, le pouvoir des élites ne tient pas seulement au prestige ou à la rhétorique. Les prêts sur billets ou hypothèques relèvent de l'usure : 15 %, 20 % d'intérêt ; jusqu'à 72 % selon *La Gazette des campagnes* en 1861[8]. Beaucoup d'agriculteurs s'endettent, recourent au travail en forêt pour rembourser des emprunts exorbitants, finissent par s'exiler à la ville ou aux États-Unis. À moins qu'ils ne s'engagent dans la colonisation des terres neuves.

Dans les années 1850, le monde rural regroupe 80% de la population. Il est très diversifié. Certaines régions profitent de l'ouverture des marchés, américains notamment : c'est le cas de la région montréalaise et des Cantons de l'Est. D'autres milieux vivent dans une situation d'agriculture de quasi-subsistance ; la spécialisation viendra plus tard, avec la percée de l'industrie laitière. La combinaison du travail agricole et du travail en forêt est fréquemment la règle, au Saguenay–Lac-Saint-Jean, en Mauricie, dans l'Outaouais et même aux environs de Québec. Depuis longtemps, la Gaspésie est le fief des Robin, installés dès 1776, et qui font peser une véritable oppression coloniale sur la population. Encore en 1879, dans un article du *Naturaliste canadien,* Provencher énumère les déficiences de l'agriculture : absence d'engrais, égouttage imparfait, labours défectueux, animaux trop peu nombreux, pratique rarissime de la comptabilité[9]. De toute évidence manque un leadership susceptible d'être un facteur d'entraînement. Largement répandu, le partage entre le travail agricole et le travail en forêt ne favorise guère la modernisation des cultures ; la plupart du temps, l'insuffisance des communications empêche l'accès aux marchés et la propagation de méthodes novatrices.

Un déversoir est donc indispensable à l'accroissement de la population. Peu industrialisées, les villes ne sauraient absorber à elles seules les surplus démographiques. La colonisation et l'émigration sont des débouchés nécessaires. Dans l'esprit du clergé et des politiciens, la colonisation doit remédier à l'émigration aux États-Unis ; en fait, elle en est le complément. Et il arrive qu'un même individu adopte successivement ces deux expédients.

Depuis le temps de la Nouvelle-France, la migration a été une pratique commune. Tour à tour, le commerce des fourrures, le commerce du bois et le développement de l'Ouest américain drainent des Québécois à l'extérieur du pays. La frontière entre les États-Unis et le Québec est fluide. Un temps, l'émigration vers les voisins du Sud a surtout été saisonnière, bien qu'en 1850 un grand nombre de Canadiens français d'origine vivent aux États-Unis. On évalue les départs à 160 000 entre 1830 et 1860 ; à 225 000 entre 1860 et 1870 ; de 100 000 à 200 000 entre 1870 et 1880[10]. Le sommet sera atteint dans les dernières années du siècle. Les causes ? L'endettement ou le désir d'amasser un pécule qui permette d'acheter une terre ; les ententes de réciprocité entre les deux pays ; l'ouverture de l'Ouest des États-Unis et l'industrialisation de la Nouvelle-Angleterre ; la propagande des agents américains de recrutement et les incitations des émigrés déjà établis outre-frontière... En fait, il s'agit d'un vaste mouvement de population à la dimension du continent, et qui bouscule les Québécois comme bien d'autres[11].

Le destin des émigrants n'est pas partout le même. Certains s'assimilent assez rapidement. D'autres sont encadrés par des institutions semblables à celles du pays qu'ils ont quitté ; en 1880, on recense aux États-Unis plus de quarante paroisses nationales de Canadiens d'origine française. Ayant abandonné une paroisse au Québec, beaucoup d'habitants en retrouvent une autre là-bas. Souvent, les émigrés partent avec le désir de revenir ou hésitent avant de s'intégrer tout à fait : par exemple, en 1871, dans la paroisse Notre-Dame-des-Canadiens, 90 seulement des 2805 émigrés sont naturalisés américains.

La colonisation est l'autre option possible face aux contraintes de l'économie et de la démographie. L'idéologie y a sa part, après que le mouvement s'est enclenché. Les causes que l'on retient à l'époque sont sensiblement les mêmes que celles qui sont imputées à l'émigration. Démarré dans les années 1840, le mouvement atteint un sommet dans les années 1890 ; la courbe s'apparente à celle de l'émigration. Les nouveaux colons se dispersent dans diverses régions, ce qui rend impossible une politique coordonnée et efficace : les Cantons de l'Est (un tiers de la population est française en 1851), la Beauce, Dorchester, le Saguenay, la Mauricie, les Laurentides...

Le colon ne s'éloigne pas des vieilles paroisses de gaieté de cœur. Il cherche à s'établir dans des zones limitrophes, au risque d'affronter des conditions difficiles. Un *Rapport sur l'agriculture* de 1868 le confirme : « En général, ceux qui sont forcés de quitter les vieilles paroisses pour aller se créer un établissement dans la forêt tâchent de ne pas perdre de vue le clocher natal : plutôt que de renoncer à revoir souvent leur paroisse et tout ce qui les attache, ils préféreront défricher un sol aride et montagneux, tracer des sentiers impraticables. [...] Quant à s'en aller loin de la paroisse, une fois partis, autant gagner les États-Unis, se disent-ils, où les salaires sont plus élevés qu'ici, et un grand nombre y vont en effet[12]. »

D'ordinaire, le bûcheron précède le colon. Celui-ci se partage entre le défrichement de sa terre et une maigre agriculture de subsistance, la production de foin et de vivres pour le chantier du voisinage, le travail en forêt ou dans les scieries, etc. Partout, il rencontre de durs obstacles. Les communications sont difficiles avec le terroir déjà occupé aussi bien qu'à l'extérieur de l'espace colonisé. Pour les compagnies d'exploitation forestière, le colon est un imposteur, même s'il est un utile apport de main-d'œuvre dans bien des cas. Et les titres d'occupation ne sont pas toujours sûrs.

Avec ses faibles moyens, la politique provinciale ne peut guère encadrer efficacement le mouvement. On discute beaucoup de colonisation dans les enceintes du minuscule Parlement de Québec ; les journaux s'y intéressent vivement. Cette éloquence et cette littérature, dont le ton est vite de convention, ont peu d'effets. Des sociétés de colonisation naissent en grand nombre, à l'imitation de celles qui procèdent d'initiatives spontanées dans le Charlevoix et Kamouraska. Elles revêtent deux formes principales : par des cotisations prélevées auprès de la population, des sociétés aident les colons ; d'autres sont des sortes de coopératives qui groupent les colons eux-mêmes. Dans les régions anglophones, les sociétés favorisent plutôt la venue d'immigrants recrutés à l'extérieur du pays. Chez les francophones, le prêtre-colonisateur accompagne les pionniers ; ceux-ci tiennent à conserver les pratiques et les symboles de la paroisse.

Si l'on considère maintenant l'espace social dans son ensemble, on constate que, formées bien avant les années 1850, les deux sociétés continuent de coexister. Dans les villes importantes, la ségrégation s'est affermie, tandis que les campagnes sont en grande majorité françaises. Les issues qui s'offrent à la croissance démographique sont trop souvent des impasses : en grande partie, l'émigration pare aux insuffisances de l'industrialisation ; quant à la colonisation, comment pourrait-elle progresser en s'appuyant sur une agriculture déficiente ? C'est encore le repli sur une organisation sociale tissée à la base qui permet à la population d'affronter les défis d'une situation historique nouvelle à tant d'égards. On doit d'abord parler de « survivance » à ce niveau, avant de mettre en cause des idéologies.

Politique et nationalité

L'Union des deux Canadas amène un changement politique radical, dont la Confédération de 1867 sera somme toute le prolongement. La nouvelle province du Canada est sous l'autorité d'un gouverneur, d'un Conseil exécutif et d'un Conseil législatif. La Chambre d'assemblée compte quarante-deux députés pour chacune des deux sections alors que, rappelons-le, la population du Canada-Est dépasse de beaucoup celle du Canada-Ouest (650 000 habitants contre 450 000).

Dans l'Assemblée ainsi constituée, les leaders des deux groupes parviendront avec peine à réunir les majorités nécessaires. Un temps, par l'alliance des réformistes des deux sections, La Fontaine et Baldwin y arriveront. Les coalitions ne sauraient être que précaires. Elles ne sont possibles qu'en cas de double majorité[13]. Ceci suppose des allégeances semblables de part et d'autre. Que se passe-t-il, en effet, quand une coalition se trouve en majorité dans une section et en minorité dans l'autre ? C'est la crise. Celle-ci s'amplifie lorsque se forment des groupes plus radicaux, les Clear Grits du Haut-Canada et les Rouges du Bas-Canada. Les compromis sont fragiles ; une dizaine de ministères se succèdent de 1854 à 1864.

Comment surmonter ces difficultés chroniques ? En recourant à la fédération. Durham lui-même y a songé. D'ailleurs, l'Union ne fonctionne-t-elle pas comme une espèce de fédération ? Sous bien des aspects, les deux Canadas conservent leur entité propre : l'égalité des représentants à l'Assemblée, le jeu de la double majorité, la dualité partielle du système administratif. Les projets de lois concernent tantôt l'ensemble, tantôt uniquement l'une des deux sections. Par ailleurs, la crainte du voisin américain incite au renforcement des colonies. Les impératifs de l'économie pareillement. À l'expiration du traité de réciprocité avec les États-Unis (1854), la création d'un nouveau marché s'impose. On doit rassembler des ressources pour construire les chemins de fer, mobiliser la collaboration des hommes d'affaires et des politiciens. Sans que les populations soient consultées, la fédération du Québec, de l'Ontario, du Nouveau-Brunswick et de la Nouvelle-Écosse est réalisée en 1867. L'extension est ensuite progressive : on achète l'Ouest en 1868 ; s'intègrent tour à tour le Manitoba (1870), la Colombie-Britannique (1871), l'île du Prince-Édouard (1873), la Saskatchewan et l'Alberta (1905). Ce sont là quelques repères de surface qu'il est utile de se remémorer ; mais ce qui nous intéresse avant tout ici, c'est la répercussion de l'Union et de la Confédération sur la configuration et l'identité du groupe social qu'elles prétendent modeler.

L'Union de 1841 est censée opérer la fusion des deux collectivités. La volonté de la métropole est ferme. Le gouverneur chargé de la mettre en œuvre est l'homme de la situation ; Poulett-Thompson (qui sera bientôt Lord Sydenham) est un politicien de calibre et un homme d'affaires expérimenté. Il a l'intention d'imposer vigoureusement le nouveau régime. Sur les Canadiens français, ses idées sont arrêtées. À peine arrivé au pays, il écrit : « De la part des Français, je ne m'attends qu'à des ennuis. Le fait est qu'ils sont inaptes à tout gouvernement représentatif. » Son opinion sur les habitants du Haut-Canada est plus favorable : « Un quelconque de ses districts (du Haut-Canada) contient plus de véritable richesse et d'intelligence que tout le Bas-Canada à l'exception des Cantons » (où les Anglais sont en majorité). Ce monsieur n'est guère porté sur la démocratie, du moins lorsqu'elle risque d'être pratiquée par les Canadiens français : « Si la chose était possible, la meilleure solution pour le Bas-Canada serait une dizaine d'années de despotisme, car à vrai dire le peuple n'est pas mûr pour cette forme supérieure de gouvernement qu'est l'auto-nomie. » Face à cette différence manifeste d'intelligence et d'apti-tudes politiques entre le Haut et le Bas-Canada, le représentant de la Grande-Bretagne est forcé de recourir à des expédients. Le Conseil exécutif ne comprendra aucun Canadien français ; le gouverneur déplace la capitale à Kingston afin d'éloigner les députés francophones de la mauvaise influence de leurs commettants ; à Montréal et à Québec, il découpe des circonscriptions électorales de façon à majorer la participation des Britanniques au suffrage ; dans certaines régions, il situe les bureaux de vote le plus loin possible des électeurs français ; il ne répugne pas à recourir à des fiers-à-bras pour faire triompher la bonne cause. Rien n'est épargné pour créer une nouvelle communauté politique...

Trouve-t-on dans les groupes eux-mêmes des ressources pour un quelconque esprit communautaire ?

Le gouverneur consulte les gens du Haut-Canada, à commencer par les Chambres. Voici le témoignage d'Étienne Parent : « Nous nous attendions à trouver chez la population britannique du Haut-Canada, dans la personne de ses représentants, cet esprit de justice, de tolérance, de fraternité, de bienveillance avec lequel nous étions nous-mêmes disposés à entrer dans l'Union ; mais que nous ont dévoilé les Débats, Résolutions et adresses des Chambres du Haut-Canada ? Justement les mêmes arrogances, les mêmes prétentions à la supériorité et à l'ascendance qui ont dominé le parti soi-disant britannique dans le Bas-Canada. » Les échevins de Toronto demandent au gouverneur que les privilèges attribués aux anglophones ne soient pas accordés aussi à « cette partie de la population qui, par l'éducation, les habitudes et les préjugés, est étrangère à notre nation ». Dans le Bas-Canada, les journaux anglophones participent à ce concert. Le *Montreal Herald* propose de répartir ainsi la députation au futur Parlement : 103 Anglais, 25 francophones. La *Montreal Gazette* entre dans plus de détails : les électeurs devront pouvoir signer leur nom ; les candidats devront parler l'anglais puisque le français sera éliminé des débats de l'Assemblée. En 1849, alors qu'une loi réparatrice est votée pour indemniser les personnes qui ont subi des pertes pendant les rébellions, la haine des journaux anglais éclate ; suivent l'émeute et l'incendie du Parlement. Dans un débat à l'Assemblée, Sir Allan McNab s'exclame : « L'Union a complètement manqué son but. Elle fut créée pour l'unique motif d'assujettir les Canadiens français à la domination anglaise. Le contraire en est résulté. Ceux qui devraient être écrasés dominent ! Ceux en faveur de qui l'Union a été faite sont les serfs des autres ! » Sir MacNab profère un avertissement solennel : le peuple du Haut-Canada n'acceptera pas d'être « gouverné par des étrangers ».

La menace prend bientôt effet. Déçus par la nouvelle

politique britannique qui ne protège plus le commerce canadien, les hommes d'affaires anglophones du Canada-Uni mettent en branle un mouvement en faveur de l'annexion aux États-Unis. Les journaux anglais les appuient ; le *Herald,* le *Courrier,* la *Montreal Gazette,* d'autres encore ; Galt, un futur Père de la Confédération, se fait leur porte-parole. La *Gazette* traduit la brusque défection du loyalisme britannique : « Vous serez anglais, dussiez-vous n'être plus britanniques. » Formée pour l'occasion, la British American League tente de rallier les Canadiens français, mais elle dissimule à peine ce que le *Courrier* affirme ouvertement : l'annexion serait un excellent moyen d'assimiler les francophones. Pour le *Hamilton Spectator,* « plutôt que d'être dominés par la déliquescence française, essayons du moins de faire alliance avec une race de même famille ».

Du côté anglophone, l'Union est donc loin de laisser présager l'édification d'une *référence* commune. Qu'en pensent les Français du Bas-Canada ? Pour eux, la situation est tout autre, et les choix autrement difficiles. L'Union se présente comme une répétition de la Conquête de 1760 ; elle ramène aux anciennes menaces d'assimilation radicale. Les leaders politiques se divisent en deux camps. Les uns condamnent catégoriquement le régime, demandent son rappel ; certains prônent même l'abstention de toute participation au Gouvernement. Les autres, tout en protestant contre l'injustice de l'Union, plaident pour un engagement résolu dans la voie du compromis.

Depuis longtemps, les Canadiens français votent en bloc aux élections ; le groupe de Papineau était une sorte de parti national. Le gouverneur Metcalfe s'en désole. Son successeur, Lord Elgin, voit lucidement la solution : « Je pense pour ma part, écrit-il à Lord Grey en 1847, que les difficultés que pose le gouvernement du Canada uni se dissiperaient si les Français étaient divisés entre un parti libéral et un parti conservateur et s'ils se ralliaient aux partis qui portent ces noms au Canada. [...] Le facteur national doit donc se fusionner au politique si l'on veut obtenir la division dont je parle. » Cet homme est bon prophète. Ce remaniement des partis, qui se fera petit à petit, produira effectivement un chassé-croisé de la conscience nationale et de la conscience politique qui marquera en profondeur les idéologies pour le siècle futur.

À l'annonce de l'Union, la question nationale se repose dans un climat d'angoisse. Nous sommes en 1839 ; Parent vient de prendre connaissance du rapport Durham. Sous le choc, dans *Le Canadien* du 13 mai, il invite ses compatriotes à accepter l'inévitable « dans l'espérance que les peuples voisins ne rendront ni trop durs ni trop précipités les sacrifices que nous aurons à faire ». Parent rappelle qu'en 1791, avec le régime constitutionnel, les Canadiens français ont cru à leur survivance, se fiant à l'appui de la métropole ; maintenant, ils doivent faire confiance aux populations anglaises, leurs voisines, « porter sur elles leurs espérances et confondre leurs intérêts sociaux et leurs affections nationales avec les leurs ». L'assimilation ? Parent n'hésite pas à dire qu'elle « se fera graduellement et sans secousse, et sera d'autant plus prompte qu'on la laissera à son cours naturel, et que les Canadiens y seront conduits par leur propre intérêt, sans que leur amour-propre en soit trop blessé[14] ».

En lisant de pareils propos, tenons compte de la conjoncture, du découragement d'un homme qui a longtemps défendu une position contraire et qui cède à la fatalité. Pourtant, Parent ne contredit pas tout à fait ses efforts antérieurs ; il se replie sur les réactions de survivance qui remontent aux lendemains de la Conquête. Ce que nous « entendons abandonner, soumet-il, c'est l'espoir de voir une nationalité purement française », mais pas « nos institutions, notre langue et nos lois en tant qu'elles pourront se coordonner avec le nouvel état d'existence politique qu'on se propose de nous imposer ». Jusqu'à quand ? On croit réentendre des paroles prononcées lors de la première session du Parlement de 1792 : conserver la langue française, oui, mais jusqu'à ce que la langue anglaise soit devenue familière au peuple. En définitive, quelle issue est encore possible ? Avec les « populations qui nous environnent, écrit Parent, former une masse de peuple homogène, ayant une communauté d'intérêts, de vues, d'affection, d'où naîtra une grande nationalité canadienne[15] ». De quelle nature sera cette nationalité ? Si je comprends bien une pensée qui se cherche avec peine, cette nation sera essentiellement politique. Position extrême de recul, d'où ressort une dichotomie : d'un côté, une nation *politique* ; de l'autre, une nation *culturelle*. La Confédération consacrera cette dualité, autour de laquelle les idéologies balanceront jusqu'à notre époque.

Au fait, ne va-t-on pas renouer, par-delà l'ébullition des années 1830, avec l'idéologie élaborée après l'avènement de la Constitution de 1791 ? On se souviendra que la définition de la collectivité défendue alors par les élites francophones était avant tout politique et que l'idée de nation lui était subordonnée. Les batailles constitutionnelles d'avant 1837 n'avaient-elles pas pour but principal de mettre fin à l'arbitraire du gouverneur, de lui arracher le pouvoir exécutif pour le rendre à l'Assemblée élue par le peuple ? N'y voyait-on pas une condition d'égalité politique entre des populations divisées en ethnies différentes ? Le rapport Durham récusait les « préjugés de race », mais il se déclarait favorable au gouvernement responsable. Ne pourrait-on se concentrer de nouveau sur ce vieil objectif ? Parent invite à mettre de côté le « préjugé » national afin de s'allier avec ceux qui poursuivent le même dessein. Il s'adresse donc aux réformistes du Haut-Canada.

On s'achemine vers une coalition fondée sur cette base. Hincks, un des leaders du Haut-Canada, écrit à La Fontaine dès avril 1839 pour tâter le terrain. Hincks est très favorable à l'Union, comme plusieurs de ses pairs ; les velléités « nationales » des Canadiens français ne l'embarrassent guère : « Lord Durham vous impute des visées nationales ; s'il dit vrai, l'Union signifie la ruine pour vous ; mais s'il a tort et si vous désirez réellement des institutions libérales et un gouvernement économique, l'Union vous apporterait, à mon avis, ce que vous pourrez souhaiter puisqu'un Parlement uni aurait une immense majorité réformiste. » Aux uns et aux autres, Hincks propose de s'unir « comme citoyens canadiens », en éliminant « le prétexte de la haine nationale[16] ». La langue, dit-il, ne ferait pas difficulté puisque les leaders canadiens-français parlent tous l'anglais...

Le but est de mobiliser les Canadiens français pour en arriver à un gouvernement responsable que les réformistes du Haut-Canada sont incapables d'obtenir à eux seuls. L'apport des Français du Bas-Canada est d'autant plus important qu'ils ont l'habitude de voter en bloc. Mais ce vote est unanime parce qu'il se fonde sur la solidarité nationale. Aussi, tout en mettant officiellement en veilleuse les motifs ethniques, La Fontaine les utilise comme thème majeur dans sa campagne sur le terrain. Cette duplicité sera cultivée par la suite par un grand nombre d'hommes politiques, on le sait. Il convient d'y mettre de la discrétion, comme La Fontaine le signale à l'un de ses fidèles, Joseph Cauchon. Celui-ci lui rétorque poliment : « Je me rappelle ce que vous m'avez dit par rapport à la question nationale ; mais je vous répondais que c'était la seule corde qu'il était possible de faire vibrer avec succès[17]. »

Ce sentiment national est un outil utile, à manier avec prudence, car il menace de contredire la communauté politique à laquelle on songe de plus en plus. En effet, dans l'esprit des promoteurs de la Confédération, il s'agira de créer une « nation nouvelle ». L'expression est de Tupper, qui la commente : « Au lieu d'être des Terre-Neuviens, des Néo-Écossais, des insulaires de l'Île-du-Prince-Édouard, des Nouveaux-Brunswickois et des Canadiens, nous serons connus universellement comme des *British Americans.* » Macdonald ne pense pas autrement : la Confédération rassemblera « des British Americans sous l'empire du souverain britannique ». Pour George-Étienne Cartier, ses compatriotes sont « des citoyens anglais parlant le français ». D'habitude, les responsables canadiens-français ne s'aventurent pas aussi loin. Hector Langevin intervient dans les débats de 1865 : « On nous a dit : vous voulez former une nation nouvelle. Il faut s'entendre sur ce mot, M. l'Orateur. Ce que nous désirons et voulons, c'est défendre les intérêts généraux d'un grand pays et d'une puissante nation, par le moyen d'un pouvoir central et fort. D'un autre côté, nous ne voulons pas faire disparaître nos différentes coutumes, nos lois : au contraire, c'est là précisément ce que nous désirons le plus protéger par la Confédération[18]. » On retrouve l'oscillation entre la « nation nouvelle », *politique* celle-là, et l'autre qui est un ensemble de coutumes et de lois à conserver... Pour sa part, au cours du même débat, Cartier est partisan du multiculturalisme à l'intérieur d'« une nationalité politique indépendante de l'origine nationale ou de la religion d'aucun individu ».

Si on se place du point de vue de la province de Québec, le propos n'est plus tout à fait le même. Dans son numéro du 1er juillet 1867, *La Minerve,* qui est au service des Pères de la Confédération, voit dans la nouvelle Constitution « la reconnaissance de la nationalité canadienne-française comme nationalité distincte et séparée ; nous formons un État dans l'État, dans la pleine jouissance de nos droits, la reconnaissance formelle de notre indépendance nationale ». Voilà qui contredit singulièrement l'idée de « nation nouvelle ». Le 6 avril, *La Minerve* fournit des éclaircissements : « Si les horizons de la Province de Québec sont moins vastes que ceux de la Puissance, ils renferment en revanche plus d'idées et d'objets applicables aux besoins de tous les jours ; c'est la vie humaine qui s'y déroule. » Présentant son premier budget à l'Assemblée provinciale, Christopher Dunkin reprend la même idée : « Il y a, parmi les questions de notre ressort, des intérêts qui touchent de plus près aux sentiments et au cœur de la masse du peuple, qui affectent plus directement ses intérêts. Les pulsations de la vie sociale seront plus sérieusement affectées par ce qui se fera ici que par les actes du Parlement d'Ottawa. » Siméon Lesage écrit à Hector Langevin en juillet 1867 que c'est à Québec « que les damned French Canadians vont enfin se sentir vivre à leur vie propre[19] ». La notion de « société distincte » a un long passé...

Les conceptions de la Confédération ne sont donc pas fondées uniquement sur des textes juridiques. Elles oscillent entre la « nation nouvelle », que le Canada est censé incarner, et le refuge de la nation canadienne (française) dans la province de Québec. En fait, on concrétise une vieille idée que, dans des chapitres précédents, nous avons vu entretenir depuis la Conquête, chez le conquérant d'abord, chez les Canadiens aussi : celle de la *réserve* française.

Les responsabilités octroyées au gouvernement du Québec sont apparemment nombreuses. L'éducation, le droit civil, la justice, les routes, la vie municipale : voilà ce que *La Minerve* appelle « la vie de tous les jours ». L'agriculture, la colonisation et l'exploitation des ressources naturelles relèvent de la province. Le gouvernement fédéral s'est gardé cependant le gros morceau. Macdonald, qui aurait voulu une union législative, affirme que les provinces sont soumises au fédéral de la même façon que celui-ci est subordonné à l'Empire ; ce qui signifie que les provinces sont des colonies de la Confédération. D'ailleurs, le budget du Québec le confirme : du 1er juillet 1867 au 31 décembre 1868, il totalise 1 076 677 $, dont 600 175 $ proviennent de la subvention du gouvernement central ; en 1870-1871, les revenus s'élèvent à 1 651 287 $, dont 790 000 $ de subside fédéral. Le lieutenant-gouverneur est nommé par le gouvernement fédéral et la Constitution stipule qu'il exerce un droit de réserve sur les législations provinciales ; de 1867 à 1896, soixante-six lois du Québec seront annulées. Le premier cabinet des ministres au Québec est formé avec l'approbation du chef fédéral George-Étienne Cartier ; celui de 1873 résulte d'une décision de Langevin, autre leader fédéral. Le double mandat, qui permet jusqu'en 1874 d'être élu aux deux parlements, assure la présence des responsables fédéraux au sein de la législature provinciale. De part et d'autre, on se concerte sur les stratégies et le patronage. Le parti est le lien le plus solide entre les deux gouvernements ; les ficelles sont tirées à Ottawa.

La Confédération consacre une organisation des deux sociétés parallèles qui est une vieille tradition. Elle la reproduit à l'intérieur même de la province québécoise. Les anglophones du Québec disposent de journaux, d'institutions, d'associations bien à eux ; les plus riches dominent l'économie. Le trésorier de la Province sera un anglophone, ce qui garantit la liaison avec le monde des affaires. Cartier est intervenu à cet effet, à l'instigation des milieux financiers de Montréal. Le discours du budget sera rédigé en anglais jusqu'en 1878. Le bilinguisme est de rigueur à l'Assemblée québécoise où près d'un tiers des discours sont prononcés en anglais. Les anglophones ont leurs leaders reconnus : Dunkin, Robertson, Church... Les députés anglophones sont solidaires au-delà de leur appartenance partisane. Des circonscriptions électorales sont protégées à leur avantage ; tout changement exige le consentement unanime de leurs représentants. Macdonald refuse un Conseil législatif pour l'Ontario, mais Cartier en demande un pour le Québec : officiellement, afin de rehausser le prestige des instances législatives ; en fait, pour défendre la minorité anglaise contre la majorité française de l'Assemblée québécoise. La dualité ne s'arrête pas aux institutions politiques ; à partir de 1869, coexistent au Québec deux systèmes scolaires. Le ministère de l'Éducation étant supprimé en 1875, le Conseil de l'instruction publique comprendra deux comités distincts, catholique et protestant ; le Conseil se réunira ensuite rarement, plus jamais à partir de 1908... Les enfants des deux sociétés québécoises seront scolarisés séparément : ultime consécration d'une scission consommée depuis longtemps entre les deux sociétés.

Faut-il comparer avec les autres provinces ? Au début de la Confédération, 75 000 Canadiens français habitent le Haut-Canada. Il semble que les Pères francophones de la Confédération les oublient ; les deux sociétés n'existent apparemment que dans la province de Québec. En 1865, Hector Langevin déclare : « Le Haut-Canada a une population homogène professant différentes religions. » George-Étienne Cartier pense de même en 1866 : « Le

Haut-Canada n'est habité que par une seule race, il en est autrement du Bas-Canada. » Lors des débats préliminaires à la Confédération, les Acadiens ont droit à des rappels émus de la déportation ; en tant que catholiques, on leur promet quelque protection, dont il ne sera plus question une fois conclue la Confédération. Pour le reste, selon Cartier, le principe est sauf : « Sous le système de fédération, qui laisse au gouvernement central le contrôle de grandes questions d'intérêt général dans lesquelles les différences de race n'ont rien à démêler, les droits de race ou de religion ne pourront pas être méconnus. » Les anglophones du Québec ne partagent pas cet optimisme et exigent des précautions en conséquence. Les francophones des autres provinces apprendront, au long du siècle qui suivra, que les quelques Pères francophones de la Confédération ont mal balisé les ornières de la survivance.

Le politicien et les pouvoirs

Avant l'Union, le gouverneur et les Conseils exécutif et législatif réunissaient les favoris du régime, qui prolongeaient leur influence dans des clientèles. Le gouverneur et son entourage avaient la mainmise sur le patronage dans les deux Canadas ; ils distribuaient les faveurs, les postes, les prébendes. On comprend qu'au lendemain de l'Union les gouverneurs britanniques résistent farouchement à l'idée de la responsabilité ministérielle, sous prétexte de la nécessaire subordination de la colonie à la métropole. La raison véritable est moins avouable : en confiant le pouvoir exécutif à des élus, on dépendra des majorités parlementaires et on donnera aux partis une expansion considérable ; surtout, on abandonnera le patronage au ministre.

Sur ce point, la position de la métropole est claire. Stanley, secrétaire aux Colonies, écrit au gouverneur Metcalfe : « En tant que chef de la Couronne, le patronage demeure sous votre contrôle. Tant que vous le contrôlez et refusez de l'utiliser uniquement à des fins partisanes, on sentira que vous détenez réellement un pouvoir important. » Important en effet, car les attentes sont infinies. Le prédécesseur de Metcalfe, le gouverneur Bagot, décrit à Grenville « la soif universelle pour une position. Chaque homme de ce pays, qui qu'il soit, se présente à son Excellence et souhaite qu'il lui plaise de lui confier une petite (il pense toujours à une

grande) position dans une quelconque institution politique[20]. »
Comment les politiciens ne s'en rendraient-ils pas compte eux
aussi ? La Fontaine ne dissimule pas que « le patronage, c'est le
pouvoir ». J'épouserai sa conviction pour étudier la réorganisation
de la société québécoise qu'a provoquée le gouvernement
responsable.

Commencée bien avant l'Union, la bataille pour le gouvernement responsable a été menée au nom d'un grand principe : les
ministres doivent rendre compte de leur administration   aux
députés et démissionner s'ils perdent l'appui de la Chambre. Le
caractère démocratique des institutions est en jeu, de même que
l'autonomie des colonies pour ce qui regarde leurs affaires
internes. L'obtention du gouvernement responsable en 1848
marque donc une étape d'une extrême importance dans l'évolution du pays ; les historiens ont eu raison de la saluer avec enthousiasme. Mais, parmi les affaires internes, il y a la collaboration de
l'État avec les hommes d'argent, les contrats de toutes sortes, les
emplois publics : le patronage pour tout dire. La question est à
deux dimensions : l'établissement de liens étroits avec les pouvoirs
économiques implique un nouveau statut du politicien ; les partis
et le patronage s'immiscent dans tous les réseaux de la vie
collective.

Les changements dans les rapports entre la politique et les
affaires s'harmonisent avec les nouvelles orientations de l'économie. Le capitalisme commercial se combine avec le capitalisme
industriel, le boom des chemins de fer avec la création d'industries. Le besoin de capitaux exige le concours de l'État. Pour les
chemins de fer, le Grand Tronc en particulier, il faut des subventions, des dons de terrains, des garanties d'emprunts, des législations favorables. Les politiciens en retirent toutes espèces
d'avantages : dons personnels, participation aux conseils d'administration, clients pour leurs bureaux d'avocats, fonds électoraux.
Les capitalistes se mêlent de la politique, soit directement, soit par
politiciens interposés. À l'inverse, des hommes politiques s'occupent de finance ou d'industrie : c'est le cas notamment de Galt, de
Sandfield Macdonald, d'Allan, de Merritt, de Hincks, pour ne
mentionner que des personnages politiques parmi les plus éminents. Cauchon, Morin, Langevin et Cartier sont dans le même
cas ; Ross est à la fois procureur général et président du Grand
Tronc, dont neuf membres du conseil d'administration sont aussi

membres du Parlement. Après la Confédération, le ministre québécois Robertson préside la Québec-Central, le premier ministre
Joly préside la Québec-Gosford, le lieutenant-gouverneur
Robitaille préside le chemin de fer de la baie des Chaleurs. Et cet
inventaire n'est pas exhaustif...

Au Québec, l'exploitation forestière offre de larges possibilités à la collaboration des entrepreneurs et des politiciens. Le
Gouvernement vend des concessions ; les entreprises s'attirent ces
faveurs en souscrivant à la caisse électorale, en appuyant des
députés, en mobilisant leurs employés pour la cause. De très gros
monopoles se consolident, en particulier avec Price au Saguenay et
Hart en Mauricie. Les prix exigés par le Québec en retour des
concessions sont ridiculement bas : 8,27 $ par mille carré, alors
qu'ils s'élèvent à 113,96 $ en Ontario.

Selon l'image idéalisée que suggèrent la Constitution et les
idéologies, le politicien est le représentant du peuple au sein du
gouvernement. Sans doute. Mais avec le gouvernement responsable, la mainmise du politicien sur les ressources de l'État, sur sa
faculté de légiférer, de réglementer et de subventionner lui permet
de s'entremettre entre les instances politiques et les autres
pouvoirs. Son statut, son prestige et son revenu en sont profondément modifiés, si on compare avec son homologue d'avant
1840 ; celui-ci étant écarté de l'exécutif, son autorité auprès du
peuple avait pour principal atout un siège à l'Assemblée législative
et le maigre patronage dont celle-ci disposait.

Les dimensions de ce nouveau rôle sont de taille variable. Je
suis tenté de classer les élites politiques et les types de leurs liaisons
avec les autres pouvoirs en fonction d'une échelle de la bourgeoisie
déterminée par l'aire de son influence[21].

Être seulement député limite à une action plutôt locale. Cela
ouvre cependant bien des possibilités. La tâche de législateur n'est
guère accaparante. C'est autrement que l'on peut s'occuper utilement : comme porte-parole des élus municipaux, des gens
intéressés aux chemins de fer de la région, des institutions de
charité, du clergé à l'occasion ; en se faisant attentif aux entrepreneurs, auxquels on dispensera des fonds destinés aux chemins
de colonisation par exemple.

D'autres politiciens étendent leur influence à des régions
entières ; tout en n'étant pas étrangers aux affaires, ils cherchent
l'alliance de pouvoirs parallèles, celui du clergé entre autres.

Comment faire voir concrètement l'activité de ce groupe de politiciens, sans doute le plus important ? Ouvrons les *Mémoires Chapais,* où Mme Julienne Barnard a voulu faire œuvre de piété envers sa famille dont les messieurs sont toujours « courtois » et les dames « distinguées ». À cet ouvrage qui puise copieusement aux archives familiales, j'emprunterai une petite galerie des élites du temps passé[22].

Voici Amable Dionne, beau-père de Jean-Charles Chapais et homme politique de poids. Autodidacte, il travaille comme commis au magasin du seigneur Casgrain ; encore très jeune, il apprend l'anglais. Commerçant à son tour, il devient riche, seigneur même. Il est au mieux avec le clergé. Il ne néglige pas non plus les pouvoirs profanes. Lors des troubles de 1837, il fait circuler un document qui exprime « les dispositions loyales et paisibles » des habitants de l'Est de la province à l'égard du Gouvernement. En décembre 1837, il accueille avec Casgrain les officiers des régiments anglais en route pour Québec pour y prévenir le soulèvement du peuple. Il est nommé membre du conseil spécial de Colborne en 1838. On ne lit pas le portrait flatteur de ce « membre marquant de notre Législature » par l'un de ses contemporains sans se perdre en quelques rêveries sur le statut social du politicien d'autrefois.

En voici un autre, bien différent, mais qui illustre aussi une lignée : Letellier de Saint-Just, l'adversaire politique de Jean-Charles Chapais. Il est avocat, bohème, causeur prolixe, amateur de chevaux. Il distribue l'éloquence sans compter. Il s'appuie sur de riches notables qui connaissent d'autres moyens d'atteindre l'électeur. Le supérieur du Collège de Sainte-Anne, qui a momentanément délaissé l'oraison et ses rudes travaux pédagogiques pour la politique, écrit à son évêque qui s'inquiète du « parti anarchique » : « Il sera bon de se souvenir que le seigneur Casgrain, opposé aux établissements (dessertes) de Saint-Pacôme et de Mont-Carmel, est aussi le plus chaud partisan de son neveu Letellier et que ses débiteurs comme seigneur et marchand, doivent voter dans son sens au risque d'être ruinés. Lorsqu'il se présentera à l'Archevêché, il sera bon qu'on s'en souvienne. »

Jean-Charles Chapais mérite plus d'attention. Autodidacte, à la fois agriculteur et marchand, son père a des idées précises sur l'éducation d'un jeune homme qui doit monter dans l'échelle sociale : après des études au Collège de Nicolet, il fait suivre à son fils des cours d'anglais à Québec auprès du révérend Daniel Wilkie ; il lui prescrit de nouer des relations dans la bonne société de Québec et l'engage à prendre, à cet effet, des cours de danse auprès d'un spécialiste. Jean-Charles s'établit ensuite marchand à son tour sur le fief Saint-Denis. Il prend une part prépondérante dans les longues démarches qui aboutiront à l'établissement d'une nouvelle paroisse où il sera le bras droit du curé. Premier maire de la nouvelle municipalité, premier maître de poste, président de la commission scolaire, officier de milice, « toujours en tête des mouvements populaires de sa région pour revendiquer des droits légitimes et défendre les bonnes causes », écrit Mme Barnard. Il fait un riche mariage. Devenu très à l'aise, lié avec les curés de la région qui interviennent pour lui en chaire et ailleurs, il pose sa candidature comme députe en 1851, contre Letellier qui est d'ailleurs de ses parents.

Père de la Confédération, il deviendra ministre. On trouve çà et là dans l'ouvrage de Mme Barnard de précieuses indications sur la psychologie du Canadien français d'alors, un peu perdu dans les hautes sphères de la politique canadienne. De son bureau d'Ottawa, Jean-Charles Chapais écrit à sa femme : « Le peinturage avance (à la maison de Saint-Denis), tant mieux ! Je suis en esprit constamment à la maison. J'ai bien regretté le retard apporté aux escaliers. » Dans la même lettre, le ministre rapporte qu'il vient de soumettre le budget de son ministère : « Si j'ai peu d'argent à dépenser il y aura peu d'ouvrage. S'il y a peu d'ouvrage, il y aura peu de responsabilité. S'il y a peu de responsabilité, ma présence sera peu nécessaire ici et je pourrai rester au milieu des miens avec moins d'inconvénients. » Il parle rarement en Chambre. Sur la clientèle cléricale de Chapais, retenons ce passage d'une lettre que lui adresse sa femme au moment où on l'exclut du ministère (16 janvier 1873) : « Il est venu des prêtres ici hier et, sans affectation, sans avoir l'air d'y toucher, j'ai fait tomber la conversation sur toi et j'ai insinué que probablement tu allais te retirer prochainement de la vie publique, te sentant fatigué et ayant besoin de repos après toutes ces luttes. On s'est récrié et on a paru affecté péniblement de la nouvelle et on a été jusqu'à dire que, si tes collègues entendaient bien leurs intérêts, ils n'accepteraient pas ta résignation. Un des messieurs a dit : c'est toujours lui qui commande l'influence du clergé et on aurait tort de le laisser partir ».

Ce personnage illustre assez bien, je crois, l'enracinement régional de l'élite politique et aussi sa faible participation au gouvernement central. Quelques politiciens francophones se hausseront plus haut dans l'échelle du pouvoir politique et de la collaboration avec les puissances économiques. Un des Pères de la Confédération et le plus éminent des hommes politiques du Québec, George-Étienne Cartier est l'exemple le plus frappant du nouveau statut du politicien parvenu au faîte du pouvoir. De 1857 à 1867, il est président du Comité du chemin de fer à la Chambre. Il est membre de trois comités à l'Assemblée législative : ceux des chemins de fer, des canaux et télégraphes ainsi que des usines et corporations industrielles. Il est membre de la Commission du port de Montréal. En 1871, il est un des principaux artisans de la création du Canadien Pacifique. Son rôle d'intermédiaire est bien ancré. Car, par ailleurs, il est membre de conseils d'administration de banques, de mines, de compagnies d'assurances, d'entreprises de transport. Il est actif dans l'immobilier. Il se fait le promoteur de plusieurs lignes ferroviaires. Il est avocat du Grand Tronc durant vingt ans, ce qui l'amène à faire des démarches pour l'obtention de faveurs politiques, à défendre la compagnie dans divers procès. Cette énumération ne rend pas entièrement compte de sa prodigieuse activité. L'avocat du grand homme d'affaires Hugh Allan lui rend hommage, en justifiant les grosses contributions de son patron à la caisse électorale de Cartier : « Sur toutes ces questions — les navires à vapeur, les chemins de fer, les canaux — le gouvernement a suivi des politiques favorables à son point de vue (celui de Hugh Allan) et à mon avis le triple de la somme versée aurait été bien dépensé s'il l'avait fallu pour maintenir au pouvoir un gouvernement qui selon son opinion, qui est aussi la mienne, avait tant à cœur le progrès du pays[23]. » Cartier appuie son action sur un principe : « Le temps est venu de faire mentir notre réputation d'hommes apathiques, sans énergie et sans esprit d'entreprise. Que ces épithètes cessent de s'attacher au nom Canadien [français]. »

Le patronage comme organisation sociale

Sous le régime de l'Union et de la Confédération, la politique entretient donc des liens nombreux et complexes avec les pouvoirs petits ou grands. Cette influence dévolue aux partis et aux politiciens n'est possible que par la conquête de l'électorat. À cet effet, les entreprises fournissent des fonds ; l'État lui-même dispose de places, de subventions et de privilèges. À l'aide de ces ressources convenablement distribuées, la politique s'infiltre dans l'organisation sociale, lui imprime même des traits jusqu'alors inédits. Translation de services où les puissants aussi bien que les petits trouvent leur compte, réseau d'échanges dont l'analyse pourrait faire l'objet d'une science économique élargie...

Depuis l'avènement du gouvernement responsable, le pouvoir exécutif dépend des majorités parlementaires, finalement des élections. On doit aller chercher l'appui populaire, réunir de larges clientèles et garder leur fidélité. C'est la tâche des partis. Au départ, ceux-ci n'ont pas la cohésion qu'ils acquerront par la suite ; les factions sont encore fluides, les solidarités sujettes à des fluctuations. Avec la distribution des faveurs de l'État et des fonds électoraux fournis par les gens d'affaires en retour d'avantages obtenus, le système s'amplifiera. Il faut encourager la loyauté partisane, en évitant de la trop restreindre au cercle étroit des amis du régime. Selon Arthur Dansereau, un des fameux organisateurs de l'époque, Sir George-Étienne Cartier s'est trop soucié de ses amis : « À la dernière élection, pas un homme n'a voulu marcher sans argent. [...] Il n'y a réellement plus d'esprit de parti parce qu'on n'a pas songé à l'entretenir[24]. » Rien n'empêche de récompenser les amis, mais on doit aussi user du patronage pour agrandir la clientèle. Le patronage inclut l'entraide entre politiciens. Devenu le bras droit d'Hector Langevin qu'il a aidé à obtenir son double mandat de député, Cauchon le supplie de le nommer à un emploi lucratif, sénateur, président du Sénat. Sa prière est entendue.

L'éventail du patronage est vaste. On rend des services ; on accorde de petites subventions, des contrats de chemin ou de construction, de l'aide aux œuvres de charité. Un curé suggère à Cartier d'acheter le Séminaire de Nicolet, ce qui améliorerait les finances du diocèse et récompenserait Mgr Laflèche pour son appui au parti. On n'oublie pas la parenté et les camarades. Langevin vient d'être nommé ministre des Postes et il écrit à son frère : « Tu auras su hier soir mon nouveau titre. Je n'y tenais guère pour moi-même, mais pour les miens, parents et amis, c'est quelque chose de mieux qui me mettra dans une position meilleure pour leur être utile tout en rendant service à mon pays[25]. » Le patronage se fait aussi agence de placement et de création d'emplois. Le champ est immense : juges, greffiers, examinateurs de médecine, inspecteurs d'écoles, capitaines de milice, agents des terres, commissaires au recensement, commis de douane, coroners, etc. La Fontaine crée des postes par centaines. Cartier y va plus généreusement encore.

Le sort de la bourgeoisie professionnelle en est changé. Souvent, avant l'avènement du patronage, elle quêtait vainement des emplois ; les récriminations foisonnaient contre le monopole des amis du gouverneur. On critiquait l'enseignement classique qui provoquait l'encombrement des professions. Le patronage offre maintenant bien des possibilités, à condition de se résoudre à quémander et de rendre service au parti. Une anecdote ? Le Parti libéral vient de prendre le pouvoir à Ottawa ; son chef, Mackenzie, rend visite à un partisan de Québec. Une jolie femme lui témoigne alors beaucoup d'attention. Il écrit à son épouse : « *It was sure my little Lady had some special object in view. An hour or two before I left, she managed a tête à tête so well she was able to solicit a Senatorship for her Papa, a Judgeship for her brother-in-law and a cabinet office for her husband*[26]. »

Grâce au patronage, le parti manipule l'opinion publique. Un grand nombre de journaux, à vrai dire les plus importants, sont la propriété des partis ou sont subventionnés par des financiers amis des partis. Par exemple, Chapleau est actionnaire et directeur politique de *La Minerve* ; il dirige *Le Monde,* financé par le grand homme d'affaires de l'époque, Sénécal. C'est le même Sénécal qui verse 100 000 $ à la caisse du Parti conservateur en 1882, à condition que le gouvernement fédéral rachète le chemin de fer du Nord ; ce qui aurait rapporté un bénéfice d'un million. Chapleau sauve *La Presse,* qu'il cède à Berthiaume, tout en restant directeur politique du journal. Langevin contrôle *Le Courrier du Canada* à Québec, puis *Le Monde* à Montréal. Sans posséder un journal, on dispose d'un autre moyen de le mettre de son côté : en lui confiant la publication des avis officiels. Même les publications médiocres méritent qu'on les soutienne, comme l'écrit Cauchon à La Fontaine : « Il ne faudra pas oublier quand vous donnez des annonces d'en donner aussi à *L'Ami de la religion,* qui je crois ne peut pas vivre bien longtemps, mais qui, malgré qu'il soit à présent bien mal écrit, montre de bonnes dispositions et fait tout le bien qu'il peut[27]. »

En définitive, partis et patronage exercent une véritable domination sur la société tout entière. Les petits contrats et les petits emplois sont sous leur coupe, parfois par pouvoirs interposés ; des entreprises, qui profitent des avantages de la politique, engagent des hommes, accordent des contrats en tenant compte des allégeances partisanes ; leurs employés sont souvent des agents électoraux convenablement instruits des directives des patrons.

La corruption électorale complète le patronage. Le scrutin public, qui sera aboli plus tard, la favorise. On prend sa défense au nom des principes les plus élevés : doit-on rougir de dire publiquement son opinion et n'est-il pas normal que ceux qui détiennent prestige et propriété influencent les autres ? En 1867, *Le Courrier de Saint-Hyacinthe* réprimande les partisans du scrutin secret qui prétendent que les électeurs sont égaux et ne doivent subir aucune pression : « L'influence de l'homme instruit sur les esprits incultes, de l'homme de talent sur les intelligences bornées, du grand propriétaire sur les pauvres, est parfaitement légitime ; c'est celle de la supériorité naturelle ou acquise sur l'infériorité relative[28]. »

À la fin, que retenir de la nouvelle fonction de la politique après l'avènement du gouvernement responsable ?

· Au sommet, la politique est étroitement complice de la grande bourgeoisie des affaires. Souvent le politicien est lui-même mêlé à la finance. Par son intermédiaire, et de bien des façons, l'État se met au service de grands intérêts qui président aux activités économiques, ce qui lui fournit les moyens de conquérir l'électorat, par le patronage et grâce à la caisse du parti alimentée par les milieux des affaires. Du côté francophone, Cartier est le prototype de ce grand personnage. D'autres profitent surtout de leurs positions au niveau régional, d'un réseau de relations qui ne sont pas seulement d'ordre économique. Certains se bornent à des tractations locales. Partis et patronage servent ainsi de lien entre des paliers et des secteurs très divers de la vie collective.

À plusieurs reprises, je suis revenu sur une constante dans la genèse de la société québécoise : celle-ci s'est surtout structurée à la base. L'organisation électorale trouve là un terrain tout préparé. Au début, comptent d'abord la personnalité du député ou de l'aspirant député, son prestige, ses relations. Les partis se consolidant, les familles se distribueront progressivement selon l'allégeance partisane. « Virer son capot » sera une hérésie. Le parti jouera, en quelque sorte, un rôle semblable à celui du clan dans les sociétés archaïques.

On a parlé de l'« apolitisme » des Canadiens français d'autrefois ; selon certains auteurs, les Québécois auraient longtemps vécu en marge de la politique. Les observations qui précèdent inclinent à poser autrement la question. Depuis le gouvernement responsable et de plus en plus nettement par la suite, la politique est la préoccupation principale, un facteur décisif de cohésion pour toutes les classes sociales, pour le développement de l'économie, pour les solidarités de base. Quelle politique ? À l'échelle fédérale, l'État est investi par des intérêts qui n'y voient qu'un appui parmi d'autres et qu'ils tournent vers leurs propres objectifs. À l'échelle du Québec, le budget de l'État est infime et dépend, pour deux parts déterminantes, des subventions fédérales et des droits sur l'exploitation forestière ; celle-ci est aux mains des barons du bois. Le politicien est omniprésent, mais l'État est absent : tel est le paradoxe avec lequel la société québécoise se débattra pendant longtemps.

L'Église et les pouvoirs

Au tournant du demi-siècle, le pouvoir de l'Église et ses rapports avec la collectivité subissent des remaniements aussi significatifs que ceux qui touchent la politique. L'accroissement rapide de la puissance ecclésiastique n'est pas sans antécédents. Les paramètres principaux du destin de cette Église se sont mis en place depuis la Conquête, non pas d'après des vues arrêtées dès le départ, mais par des tâtonnements où les événements ont imposé des contraintes et suggéré des choix. Par ses modes de recrutement et d'accession à l'autorité, une Église est plus susceptible que d'autres institutions d'introduire une certaine continuité dans les vicissitudes de l'histoire.

Au cours du temps, malgré d'énormes difficultés de la part du gouvernement, la politique menée par les leaders de l'Assemblée, les faibles effectifs du clergé et l'adhésion pas toujours étroite des fidèles, l'Église s'était tracé quelques lignes de conduite. Protestant de son loyalisme envers le gouvernement britannique qui la tenait en lisières, défendant sa survivance en rusant avec l'autre pouvoir, l'Église en profitait pour s'émanciper et accroître sa propre organisation. Avant 1837, Mgr Lartigue avait clairement conçu un programme : se dégager tout à fait de la tutelle des gouverneurs dans la nomination des évêques, mettre au pas les sulpiciens trop indépendants et trop loyalistes, avoir la mainmise sur l'éducation. Dans les années 1840 et après, ce qui constituait jusqu'alors des gains épisodiques se mue en un plan plus systématique. Y contribueront les changements politiques et la volonté mieux articulée des responsables.

La fidélité à l'égard du pouvoir britannique reste indéfectible. En janvier 1838, une pétition approuvée par Mgr Lartigue est envoyée au gouverneur Gosford pour lui rappeler que la loyauté du clergé « est fondée non sur la politique mais sur la religion qui nous fait un dogme immuable de la fidélité aux Puissances établies par l'ordre de Dieu sur la société ». En juillet 1848, Mgr Bourget écrit au gouverneur Elgin : « Votre Excellence peut compter sur la loyauté du peuple tant qu'il s'occupera de fêtes religieuses et qu'il s'acquittera de ses devoirs envers Dieu. Or, pour cela, il faut nécessairement qu'il y ait un bon nombre de prêtres tout occupés de l'exercice de leur ministère. Je n'insisterai pas davantage là-dessus car je sais que Votre Excellence comprend parfaitement que la religion est le lien le plus fort qui attache un peuple à son gouvernement. » En janvier 1849, l'évêque de Montréal s'adresse cette fois à ses diocésains dans une lettre pastorale : « Soyez fidèles à Dieu et respectez toutes les autorités légitimement constituées. Telle est la volonté du Seigneur. [...] Croyez que vous pouvez très certainement conquérir les vraies libertés, celles qui rendent les peuples vraiment heureux, beaucoup mieux par une conduite morale et par une sage soumission aux lois, que par des violences qui nous exposeraient à ces mêmes malheurs que vous avez eu à déplorer et dont vous ne perdez jamais le triste souvenir. »

Le langage est le même qu'auparavant. Les motifs n'ont pas changé, ni une certaine astuce. Situons dans leur contexte les déclarations que je viens de citer : Mgr Lartigue et son clergé, bientôt suivis par l'évêque de Québec, tentent de conjurer la menace de l'Union des Canadas qui s'annonce ; s'adressant au gouverneur, Mgr Bourget cherche à obtenir la permission de créer un nouveau diocèse à Bytown ; parlant à ses fidèles, il veut éviter une nouvelle flambée de vaine insurrection. Dans tous les cas, l'objectif premier est de sauvegarder l'autonomie et l'expansion de l'Église. Il se retrouve dans les réactions de l'épiscopat au moment de l'Union et plus tard de la Confédération. À propos de l'Union, les évêques de Québec et de Montréal signalent au gouverneur le danger que la colonie ne se détache de l'Empire ; argument diplomatique qu'ils ne sont pas les seuls à utiliser. Si les évêques se montrent favorables à la Confédération, c'est parce qu'ils partagent la crainte répandue de l'annexion aux États-Unis, mais aussi parce que le nouveau régime réserve à la province la responsabilité de protéger le peuple francophone et délimite un terrain favorable aux pouvoirs de l'Église.

Au cours de ces années, l'organisation ecclésiastique se renforce singulièrement. Sur ce point encore, une ligne antérieure de conduite ne se dément pas.

L'idée de créer une province ecclésiastique était dans l'air avant 1837 ; cette institution devait donner aux diocèses une orientation commune sous l'autorité d'un archevêque et grâce à des conciles périodiques. À son ordinaire, Mgr Bourget évalue l'enjeu avec lucidité : « Il y aura unité de conduite chez tous les évêques de la province [...], plus de majesté et de pompe dans le culte, ce qui n'est pas peu de choses pour attacher les peuples à la religion et leur inspirer pour elle un profond respect, plus d'union entre les évêques dans leurs rapports avec le gouvernement qui y regarderait plus d'une fois avant de se mettre à dos le corps épiscopal, si jamais il voulait gêner la religion ou adopter quelques mesures qui blesseraient ses droits et privilèges. » Le projet se réalise en 1844, grâce à l'insistance de Mgr Bourget et malgré les hésitations du timide évêque de Québec qui craint le gouvernement. Les évêques se réunissent en conciles au cours des années suivantes. Au départ, la province ecclésiastique groupe des diocèses francophones et anglophones, en plus du vicariat de l'Ouest. Le clergé anglophone répugne à la nomination d'un francophone à London ; quant aux évêques des Maritimes, ils sont réticents depuis le début. En 1870 est créée la province de Toronto ; en 1871, c'est le tour de l'Ouest. La province ecclésiastique initiale finit par ne rassembler que les diocèses du Québec et d'Ottawa. Le processus est achevé : on se trouve devant une Église québécoise à laquelle l'archevêque Taschereau imprimera une ferme direction. L'organisation ecclésiastique coïncide avec un peuple, comme il en est ainsi en principe pour une province de la Confédération[29].

La discipline du clergé se raffermit. Des retraites sacerdotales et des conférences ecclésiastiques ont lieu à Montréal, à Québec.

De grands séminaires sont créés, parfois embryonnaires dans les nouveaux diocèses. Surtout, phénomène le plus spectaculaire de ces années de transition, des communautés religieuses européennes s'installent au pays. D'autres sont fondées. Entre 1841 et 1866, on dénombre quatorze nouvelles communautés dans le diocèse de Montréal. Les religieux venus de France introduisent des idées nouvelles, et aussi une organisation du travail mieux structurée que celle du clergé séculier. Le nombre de prêtres passe de 464 en 1840 à 948 en 1860. Les vocations s'accroissent ; elles toucheront 60 % des diplômés de collèges en 1885.

Donc, une première voie de développement : conquérir l'autonomie, consolider l'organisation ecclésiastique. Sur ce terrain, l'Église avait déjà rencontré un concurrent. Avant 1840, la bourgeoisie libérale qui se destinait à la politique lui opposait un autre projet collectif ; par son immixtion dans l'éducation, par son influence sur la population, elle menaçait les précaires avantages de l'Église. Il avait donc fallu tantôt s'allier, tantôt s'opposer à ce pouvoir qui invoquait lui aussi la légitimité de son appartenance à la collectivité. Après 1840, grâce surtout au gouvernement responsable et au patronage, le politicien se donne une solide insertion dans l'organisation sociale ; que deviendra la ligne de conduite adoptée antérieurement par l'Église envers la bourgeoisie politique ?

Entre autres raisons qu'elle a de s'objecter à l'Union des Canadas, l'Église redoute l'accroissement de la puissance des politiciens. Dans une lettre à Lord Gosford, l'évêque de Québec affirme que les radicaux désirent l'Union « dans l'unique espoir de voir augmenter la désaffection dans le Bas-Canada, ainsi que les sympathies américaines, et de parvenir par cette voie à l'indépendance ». Comment contrer l'école neutre qui fait partie du plan envisagé par Durham et que les radicaux, fidèles à leur ancienne tendance, ne manqueront sans doute pas de soutenir ? L'Union est bientôt chose faite ; viendra le gouvernement responsable. L'Église ne pourra plus se borner à traiter avec le gouverneur, dont le pouvoir est entamé au profit des politiciens et de leurs électeurs. Elle devra modifier ses stratégies, s'entendre avec les politiciens, influer à sa manière sur l'électorat.

Les démarches sont d'abord un peu confuses. Des projets de lois scolaires se succèdent au cours des premières années de l'Union ; comme elle l'a fait auparavant, l'Église refuse un régime où le clergé n'aurait pas droit de surveillance sur l'enseignement, en particulier sur le recrutement des instituteurs et la sélection des manuels scolaires. On discute de l'attribution des biens des jésuites ; seront-ils partagés entre les deux Canadas ou remis à l'Église ? Dans ces débats, les partisans de La Fontaine se révèlent des alliés : à la défense de la langue, ils joignent celle de la foi. Papineau est de retour d'exil ; il est réélu à la Chambre d'assemblée. Autour de lui, le radicalisme rouge reprend la lutte politique. Les journaux du groupe, *L'Avenir* et *Le Moniteur,* contestent les États pontificaux, la dîme, l'éducation cléricale, etc. Les publications qui sont au service de La Fontaine, *Le Journal de Québec, Le Canadien* et *La Minerve,* prennent le parti du clergé. Dans *Le Journal,* Cauchon emprunte des arguments promis à une abondante utilisation par la suite : « D'où vient cette haute portée d'intelligence, ce caractère si beau, si noble, si grand de franchise, d'honneur, de grandeur d'âme et de religieuse honnêteté qui distingue nos premiers citoyens et qui contraste étonnamment avec cette populace des banqueroutiers qui soudoient les incendiaires, les parjures, les voleurs et la lie des villes ? [...] Du clergé national[30]. » Sous prétexte de défendre l'Église, on en profite pour hausser l'élite, donc le politicien, au pinacle de la dignité.

L'Église pourrait se borner à des pressions sur les hommes politiques, se prêter même à des alliances circonstancielles. La conjoncture aidant, elle adopte une position plus extrême. Les Rouges la rejettent du côté des conservateurs ; ceux-ci la rallient à leur propre cause et, sous prétexte de la protéger, l'embrigadent dans les luttes de factions. En s'appuyant sur le Parti conservateur et en entraînant une grande partie du clergé dans les querelles électorales, une fraction de l'épiscopat contribue à diviser l'Église et à la compromettre au service des politiciens. Ces derniers ne méprisent pas ce coup de main fort utile auprès des électeurs ; par contre, la dévotion n'étant pas leur unique souci et les relations avec les curés leur seule compromission, ils risquent de déroger à la docilité qu'on attend d'eux en retour. N'est-il pas urgent de leur imposer des règles de conduite ? Ainsi s'explique la parution du *Programme catholique* rédigé par des laïcs avant les élections provinciales de 1871 et entériné par les évêques Bourget et Laflèche. Il réitère l'appartenance de principe au Parti conservateur, « le défenseur de l'autorité sociale » et « le seul qui offre des garanties sérieuses aux intérêts religieux ». Mais il ajoute que des questions transcendent cette allégeance : le mariage, l'éducation, la fondation des paroisses, la tenue des registres de l'état civil et ainsi de suite. Là-dessus, les parlementaires ont le devoir de modifier les législations « selon que Nos Seigneurs les Évêques de la Province pourraient le demander afin de les mettre en harmonie avec les doctrines de l'Église catholique romaine ». Suivent des normes précises à l'usage des électeurs... Les chefs du Parti conservateur n'ont pas envie de s'enfermer dans de pareilles obligations ; des évêques refusent de souscrire à une position aussi périlleuse. Un dilemme de fond demeure : la solidarité avec les conservateurs n'entraîne-t-elle pas l'Église à entériner l'ensemble de la politique du parti ? Ne vaudrait-il pas mieux qu'elle se mette en retrait de toutes les factions pour mieux sauvegarder son autonomie et son aire d'influence ?

La chronique de l'époque rapporte les querelles des évêques à propos de la fidélité au Parti conservateur, des solidarités inconditionnelles de Mgr Bourget ou de Mgr Laflèche ou des réserves de Mgr Taschereau soupçonné de sympathies envers le Parti libéral. Que l'on ne s'y trompe pas : la position des uns et des autres est foncièrement la même. Elle est fort bien définie dans la lettre pastorale des évêques de la province ecclésiastique de Québec de septembre 1875. Œuvre de compromis, que les évêques Bourget et Laflèche n'ont pas signée sans réticence et que d'autres auraient peut-être nuancée, ce texte réunit les critères essentiels qui guideront l'action d'une Église qui n'entend pas se désintéresser de la politique tout en prétendant se maintenir dans une sphère supérieure.

Il vaut la peine de reconstituer sommairement l'argumentation de cette lettre pastorale. L'Église est une « société parfaite » : principe courant dans la théologie de l'époque, selon lequel l'Église possède toutes les qualités d'une société originale. « Distincte et indépendante de la société civile », elle lui est supérieure « par son origine, par son étendue et par sa fin ». De sorte que « la société civile se trouve indirectement, mais véritablement subordonnée ». Bien plus, « l'État est dans l'Église et non pas l'Église dans l'État ». L'Église n'a de comptes à rendre qu'à elle-même : les prêtres ne peuvent être traduits devant les tribunaux civils ; « ils ne sont pas justiciables devant l'opinion publique », pas plus que les « établissements dont les Évêques sont les protecteurs et les juges naturels ». Par contre, les prêtres ont le droit d'intervenir dans la politique : « Les plus grands ennemis du peuple sont ceux qui veulent bannir la religion de la politique. » Enfin, « il ne peut plus être permis en conscience d'être un *libéral catholique*[31] ». On ne saurait être plus catégorique : l'autorité de l'Église ne relève pas des discussions communes ; même son magistère sur les établissements d'éducation ou d'assistance est soustrait à l'opinion publique. Position pour le moins ambivalente : comment participer à la gestion des choses de ce monde tout en se réclamant d'une légitimité qui semble ne rien leur devoir ?

Une partie du clergé se mêle des élections, appuie des candidats censément acceptables et vilipende les autres. Le « libéralisme catholique » étant une étiquette fort élastique, on l'utilise pour dénoncer les adversaires. De leur côté, les politiciens habiles usent avec profit des déclarations des évêques, des alliances de familles ou de clientèles à des fins qui ne concernent les grands principes qu'en apparence. Selon la formule restée célèbre d'Israël Tarte, « on ne fait pas des élections avec des prières » ; sans doute, mais l'appui de la religion n'est pas négligeable.

N'oublions tout de même pas que ces petites querelles agitent des milieux somme toute restreints. Les prêtres ont aussi des liens avec les clans familiaux, dont les couleurs partisanes constituent des emblèmes. Au cours de leurs études classiques, ils côtoient les futurs professionnels. Avec l'avocat, le notaire, le médecin et le marchand, ils partagent le statut dévolu aux élites locales. Comment ne seraient-ils pas entraînés, comme tout le monde, dans les passions et les divertissements des joutes politiques ? L'ultramontanisme ou le libéralisme, les grands principes sur l'Église « société parfaite » ou les protestations d'autonomie des politiciens ont certes des retentissements dans l'opinion ; mais dans la réalité profonde, le pouvoir du clergé est de plus en plus confirmé, celui des politiciens aussi, dans une solide division du travail.

L'Église et la nation

Depuis la Conquête, beaucoup d'ecclésiastiques auraient pu reprendre les propos de l'abbé Lartigue pressant des paysans de se soumettre à la loi de milice en 1812 : « Rien en moi ne peut vous être suspect ; je n'ai jamais rien reçu du Gouvernement et tous ceux qui me connaissent savent bien que je n'en attends rien, sinon sa protection qui est commune à tous les sujets de Sa Majesté : vous êtes Canadiens, je le suis aussi, et nos véritables intérêts ne peuvent être séparés. » En effet, cette solidarité avec le peuple allait de soi. Le peuple conquis tenait largement son identité de son appartenance au catholicisme ; en retour, l'Église pouvait se dire le porte-parole des francophones. Il arrivait même à ses adversaires libéraux de parler de « clergé national ». Passer de cette solidarité à une définition de la nation en regard de l'Église : telle est la transition qui s'effectuera au milieu du siècle.

Le contexte est favorable. Un moment apparue avant les rébellions de 1837-1838, la conception proprement politique de la nation est passée à l'arrière-plan au profit d'une représentation en fonction des coutumes, des lois, de la langue et de la religion — des « institutions », selon le vocable couramment utilisé. La Confédération accentue cette tendance : on veut construire une « nation nouvelle », l'autre « nation » coïncidant avec une culture. Dès lors, quel pouvoir pourra définir en toute légitimité cette entité formée de coutumes originales ? L'Église n'a qu'à se saisir des postulats laissés en plan par les idéologues et les politiciens. En les entérinant, elle leur redonne de la vigueur. Sans elle, que deviendraient des traditions désormais livrées aux vicissitudes de la quotidienneté et de l'histoire ? En mettant la religion au cœur des coutumes de la communauté, l'Église en rehausse la qualité ; elle leur garantit une pérennité.

Dès 1842, au service de Mgr Bourget, *Les Mélanges religieux* reprennent des propos que les leaders d'opinion et les politiciens ont rendus familiers : « Ce ne sont pas des frontières ni même des lois et des administrations politiques et civiles qui font une nationalité, c'est une religion, une langue, un caractère national, en un mot ; et si nous sommes de quelque valeur aux yeux de la politique anglaise, soyez assurés que c'est parce que nous sommes catholiques et que nous parlons français. » Dans le même journal, en 1843 : « Notre religion, c'est notre première distinction natio-nale, en même temps qu'elle est la base de nos institutions. C'est parce que nous sommes catholiques que nous sommes une nation en ce coin de l'Amérique[32]. »

Ce sont ces idées que Mgr Louis-François Laflèche systé-matise dans une série d'articles publiés dans *Le Journal de Trois-Rivières* et rassemblés en 1866 dans une brochure[33]. « La famille, écrit-il, n'est que la nation en petit ; et la nation, c'est la famille en grand. » Ce qui modèle une nation, c'est « la langue maternelle, la foi des ancêtres, les mœurs, les coutumes et les usages formés dans la famille ». Il y a donc une nation canadienne-française : « Nous sommes un million d'âmes parlant la même langue, professant la même foi, ayant des coutumes, des usages, des lois et des institutions à nous en propre. » La vallée du Saint-Laurent est le pays de cette nation. De l'État comme élément de la nation, il n'est point question. Dans une conférence donnée la même année à Ottawa, à l'occasion de la Saint-Jean-Baptiste, Mgr Laflèche écarte le postulat qu'un organisme politique est nécessaire à la nation ; les Irlandais et les Indiens ne sont-ils pas, comme les Canadiens français, sous la tutelle de gouvernements étrangers ? L'essentiel, ce sont les mœurs, les coutumes, la langue et, en une espèce de synthèse, la religion. Un corollaire obligé en découle. Si la nation est avant tout un héritage de coutumes, c'est moins un projet qui peut lui convenir qu'un idéal de conservation, de survivance. Certes, Mgr Laflèche, et il sera suivi en cela par une foule d'idéologues, pense que cette nation a une mission parti-culière en Amérique, mais les conquêtes qu'il annonce ne sont que de l'ordre de la présence, du *témoignage*.

Sur ce postulat d'un caractère essentiellement culturel de la nation, qu'elle partage avec la majorité des politiciens, l'Église appuie la légitimité de son pouvoir. À quoi l'idéologie ultra-montaine, qui se répand alors, ajoute un complément de poids.

L'idéologie ultramontaine vient d'Europe ; elle est importée au Canada comme tant d'autres vêtements de confection. Elle prend sa source dans le vaste mouvement de restauration reli-gieuse qui a suivi la Révolution française. Prise de distance envers les pouvoirs civils, elle veut être une reconquête de l'indépendance de l'Église, une exaltation de l'autorité du pape comme arbitre des grands conflits sociaux. Pas toujours formulées en un système rigide, ces idées sont soutenues même par des laïcs libéraux en politique ; si les traditionalistes les plus étroits s'en réclament comme étant leur propriété exclusive, elles inspirent des mou-vements de doctrine et d'action d'une tout autre espèce ; ce qu'on a appelé le « catholicisme social » leur doit beaucoup.

Idéologie complexe donc, où on a puisé de divers côtés. Reprenant des hypothèses d'Émile Poulat, l'historien français Jacques Gadille interroge : « N'avons-nous pas affaire ici à une manifestation de l'incompatibilité foncière, séculaire, de l'Église romaine avec l'individualisme libéral de la bourgeoisie ? La réaction contre-révolutionnaire n'a-t-elle pas fourni à Rome l'occasion de réaffirmer avec force son attachement à une conception quasi *organique* de la société, faite des corps intermédiaires qui, de la famille à la nation et à l'Église, enserrent l'individu dans un réseau de relations qui commandent son initiative, comme autant de relais de la paternité divine[34] ? » Ces vues très générales sont susceptibles d'être adoptées dans des situations fort variées. Venues d'ailleurs, ces idées s'ajustent cependant de quelque façon au Québec francophone du siècle passé. L'Église canadienne y perçoit la consécration, colorée d'une sorte de portée universelle, de sa longue bataille pour l'autonomie. Par ailleurs, une vision organique, communautaire, du social comme celle que propose l'ultramontanisme ne convient-elle pas à une nation confinée dans ses coutumes et dans ses institutions, sans organisation politique vigoureuse ?

Les politiciens croient monopoliser la politique parce qu'ils s'occupent des affaires économiques et du patronage. Mais, en écartant autant qu'elle le peut l'intrusion de l'État dans l'éducation et l'assistance sociale, l'Église assume une tâche politique que l'État laisse vacante. Une politique de la culture, puisque la nation est d'abord identifiée à des genres de vie. À partir des années 1850, sous l'égide de l'Église, la culture québécoise consolide donc ses caractéristiques originales pour le siècle à venir. N'y voyons pas une construction artificielle plaquée sur la société par le clergé. Pour que ce travail réussisse, il faut que les circonstances s'y prêtent, que le pouvoir ecclésiastique soit confirmé par l'abandon de l'État ; il faut surtout que la collectivité elle-même s'offre à pareille entreprise par les traits de sa propre structure.

En se donnant comme un pouvoir autonome et une « société parfaite », en s'alimentant aux sources de l'ultramontanisme européen, l'Église s'attribue une responsabilité première dans la définition de la nation. Reste à propager ces conceptions. Dès 1830, Mgr Lartigue confiait à l'évêque de Québec le projet de « former et maîtriser l'esprit public » par une presse d'inspiration ecclésiastique. À l'initiative de son successeur, Mgr Bourget, *Les Mélanges religieux* sont fondés en 1841. En 1858, le jésuite Larcher encourage Cyrille Boucher et Joseph Royal, ses anciens élèves, à publier *L'Ordre*. Puis ce seront *Le Nouveau Monde* en 1867, *Le Franc-Parleur* en 1870. À Québec, à partir de 1857, *Le Courrier du*

Canada se situe selon les mêmes lignes de pensée et s'appuie aussi sur le clergé. *Le Courrier de Saint-Hyacinthe* (1853), *Le Journal des Trois-Rivières* (1865), *La Voix du Golfe* (1867), entre autres publications, distribuent ailleurs la bonne parole[35]. En même temps, Mgr Bourget entreprend sa lutte spectaculaire contre l'Institut canadien, coupable à ses yeux de compter dans sa bibliothèque des ouvrages pernicieux. L'œuvre des bons livres devient, grâce aux sulpiciens, le Cabinet de lecture paroissiale. Le jésuite Vignon dote l'Union catholique d'une bibliothèque et d'une salle au Gésu : l'association, à la fois culturelle et religieuse, regroupe des anciens du collège Sainte-Marie et d'autres jeunes gens. À Québec, le curé Baillargeon établit une bibliothèque où il convie les paroissiens en même temps qu'il condamne les colporteurs de mauvais livres : « Quand sera-t-on assez catholique pour se laisser guider par les autorités ecclésiastiques ? Ne voit-on pas que ce prétexte de juger par soi-même est déjà un penchant vers le protestantisme[36] ? » Ce ne sont là que quelques exemples d'une activité intense, qui témoigne d'une volonté résolue de prendre part aux débats idéologiques.

Quelle est l'influence de ces initiatives sur la population ? Les publications sont lues par une fraction du clergé, par des laïcs proches des cercles cléricaux ; on y puise quelques slogans à l'usage du peuple. À parcourir certaines d'entre elles, on ne voit pas qu'elles puissent avoir une large audience. En tout cas, ce n'est pas la prose hermétique et indigeste de *La Gazette des campagnes* qui trouble les loisirs des cultivateurs auxquels on la destine. Cette fermentation idéologique peut faire illusion quant à l'image qu'elle diffuse d'une société foncièrement religieuse. Ce n'est pas parce qu'elle décrit de haut la collectivité qu'elle touche profondément les élites. On le sait par l'opposition spectaculaire de la bourgeoisie groupée sous la bannière des Rouges ; on le constate aussi par la persistance plus discrète des libéraux tout au long du siècle et par la suite ; on le vérifie enfin par la duplicité de politiciens qui empruntent volontiers à ces idéologies dans leur discours, tout en nourrissant par-devers eux de tout autres sentiments.

L'Église de l'époque met son empreinte sur la culture par des voies plus efficaces. Depuis longtemps, son autorité sur l'éducation lui est une préoccupation constante. Les collèges classiques sont aux mains du clergé ; Mgr Bourget songe à les prolonger par une université catholique qu'il confierait aux jésuites. Le contrôle de l'enseignement primaire a rencontré des obstacles avant 1840 ; le régime de l'Union en suscite de nouveaux, avec le projet d'écoles non confessionnelles. Dans une brochure qui connaît un certain retentissement, Mondelet esquisse un système où la place première serait faite à l'anglais et qui comporterait une formation biblique commune. Les menaces disparaissent peu à peu. La loi de 1845 institue des commissions scolaires confessionnelles. Les curés seront « visiteurs » des écoles. En 1846, on leur accorde un veto (de même qu'aux ministres protestants) sur le choix des maîtres et des livres scolaires. La loi de 1869 concède une autonomie quasi complète aux protestants dans la gestion de leurs établissements ; l'Église catholique est pourvue d'un privilège analogue. Le ministère de l'Instruction publique sera aboli en 1875 ; le comité catholique du Conseil de l'instruction publique réunira les évêques et des laïcs choisis pour leur dévouement aux ecclésiastiques. L'État sera finalement mis à l'écart de l'éducation. On s'en justifiera constamment par la suite : l'éducation, dira-t-on, est de nature trop élevée pour être laissée aux mains des politiciens et à la merci des luttes électorales.

Ce n'est pas assez. Il faut s'assurer de la qualité religieuse des maîtres. Les instituteurs laïcs se donnent une organisation en 1845, avec l'appui du surintendant de l'Instruction publique. À partir de 1864, ils disposent d'une publication où ils expriment leurs problèmes et leurs griefs ; leur attitude envers le clergé n'est pas très sûre. Aussi multiplie-t-on les efforts pour confier l'enseignement à des religieux, à des frères et des sœurs moins exigeants et plus dociles.

L'Église se fait l'apôtre de l'éducation dans des milieux populaires peu enclins à encourager l'instruction des enfants, comme le montre de façon spectaculaire la « guerre des éteignoirs » mobilisée contre les taxes scolaires. De nombreux documents de l'époque rapportent l'insistance des curés auprès des parents pour qu'ils envoient leur progéniture à l'école. L'instruction religieuse est privilégiée ; étudiant les prônes du curé de Notre-Dame de Québec, René Hardy constate que l'argument principal utilisé pour convaincre les parents est la nécessité d'apprendre la doctrine catholique aux enfants[37].

Dans les milieux populaires, l'Église dispose d'un moyen d'encadrement d'une autre espèce encore. Par le patronage, les politiciens pratiquent à leur façon l'assistance sociale ; mais leurs motifs électoraux sont un peu loin des besoins de l'époque et ils ne bénéficient pas de cette analyse sur le terrain que le clergé est amené à faire dans son ministère quotidien. Nous sommes en période de croissance démographique ; les ruraux émigrent vers les villes où les attendent souvent le chômage et la pauvreté. À Montréal, les sulpiciens distribuent des secours. C'est encore Mᵍʳ Bourget qui est le grand coordonnateur ; il alerte des laïcs, quête au profit des miséreux. Il suscite une grande variété d'œuvres : une confrérie de la charité, une congrégation sur le modèle des filles de Saint-Vincent-de-Paul, un Asile de la Providence, des associations d'aide mutuelle[38]. À Québec, les problèmes sont les mêmes : chômage, pauvreté ; avec, en plus, sept épidémies de typhus et de choléra entre 1830 et 1860, un incendie en 1845. Le curé de la vaste paroisse Notre-Dame organise secours et assistance. L'hiver, il parvient à nourrir un millier de personnes, puisant dans les fonds de la fabrique, ordonnant des quêtes, faisant appel à une association de dames charitables. Il forme des comités de secours lors des incendies. Il stigmatise les profiteurs qui haussent les prix des denrées et exigent des loyers exorbitants. Il s'occupe de loger des orphelins. À partir de 1846, il peut compter sur la Société Saint-Vincent-de-Paul qui collecte des vêtements et d'autres objets de première nécessité, se fait agence de placement pour les chômeurs, s'occupe des enfants pauvres en âge d'aller à l'école. L'Asile du Bon-Pasteur recueille des filles-mères. Activité prodigieuse qui ressemble à celle dont l'évêque de Montréal est l'instigateur.

Plus près du peuple par la paroisse, par les communications informelles dont elle dispose, par sa faculté de rallier les dévouements les plus divers, par l'appel à la charité qui a toujours fait partie de sa doctrine, l'Église répond à sa manière aux misères du temps. En conséquence, elle en acquiert une présence dans la vie des communautés populaires qu'aucune autre institution n'est capable d'égaler.

On s'en persuade plus encore si on considère le travail pastoral. Celui-ci n'avait jamais cessé d'être actif avant cette époque. Cependant, en bien des milieux, les faibles effectifs du clergé ne permettaient pas une présence très intense. La fermentation antérieure aux rébellions et la rébellion elle-même ont provoqué chez plusieurs Canadiens une rancune envers l'Église qui s'y était opposée ; le prosélytisme protestant inquiète les évêques[39]. Au début des années 1840, un « réveil religieux » découle d'une stratégie pastorale concertée[40].

L'évêque français Forbin-Janson, fervent ultramontain, séjourne au pays de septembre 1840 à novembre 1841[41]. Il prêche des missions, particulièrement à Québec, à Montréal, à Trois-Rivières. Il en inspirera d'autres que des religieux prendront en charge. La mission donne lieu à une prédication intensive, à des confessions nombreuses, à la fondation d'associations de tempérance. À Montréal, de 1840 à 1842, la moitié du diocèse est touchée ; d'après les estimations de Louis Rousseau, l'observance de la communion pascale augmente de 20 % entre 1840 et 1850. À Québec, 10 000 personnes assistent aux sermons du matin ou du soir ; un millier de personnes reviennent à la pratique des sacrements. À Trois-Rivières, selon un témoin, la foule remplit l'église, envahit les marches de l'autel, les escaliers ; le presbytère et les confessionnaux sont assiégés[42]. On connaîtra quelque chose de semblable aux missions dans les cérémonies organisées lors du départ des zouaves pontificaux en 1870[43].

Que résulte-t-il à plus long terme de ces ébranlements spectaculaires où on fait appel aux émotions autant qu'à la conviction ? Une fois la ferveur retombée, la routine s'installe ; la secouent périodiquement des retraites, qui sont comme des missions raccourcies, dont la périodicité est plus fréquente. Une élite s'active dans des confréries. On fonde des sociétés de tempérance qui auront une grande influence ; le clergé y verra l'un des principaux instruments de correction des mœurs.

Les missions et les retraites à grand déploiement préfigurent une religion populaire qui finira par empreindre profondément la culture commune. La prédication utilise la peur de l'enfer, et elle y met parfois la plus furieuse éloquence. Le confessionnal tempère toutefois ces éclats. La morale y est moins austère qu'auparavant ; ce qui explique peut-être la remontée de la fréquentation des sacrements. Cette religion met l'accent sur les cérémonies de toutes espèces, plantation de croix, processions, etc. Elle revêt un caractère festif : par ses liens avec le rythme des saisons et les grands moments de l'existence, par son insertion dans les fêtes même profanes, ces sorties du quotidien monotone qui est le lot du grand nombre. Cette religion est ritualiste : des enfants apprennent « par cœur » des réponses stéréotypées de catéchisme ; des adultes assistent à la messe en latin ; des hommes chantent à vêpres des psaumes qu'ils ne comprennent pas. L'orthodoxie est sauve ; qu'en est-il des croyances entretenues par ces bribes de liturgies et de traditions ? Plus tard, lorsque les supports communautaires seront ébranlés, ce genre de culture religieuse résistera mal à la désintégration.

Pour l'heure, c'est la parenté de cette culture religieuse et de la vie communautaire qui la rend possible. Cette vie communautaire est ancienne, on l'a vu. Les gens du peuple sont très attachés à la paroisse natale, à la famille[44]. Ils se déplacent cependant : ils s'en vont à la ville ; ils émigrent aux États-Unis ; ils s'aventurent vers les terres de colonisation. Partout, ils transposent leurs premiers modes d'enracinement ; partout, le prêtre est présent et, avec lui, une organisation ecclésiastique qui se mêle à l'organisation sociale, profitant de sa vitalité et lui en communiquant une nouvelle. La paroisse est une famille, semblable à l'autre, dont elle emprunte la figure et les symboles. Ne peut-on en voir une confirmation dans les milieux de récente implantation par la corrélation entre le progrès de l'organisation sociale et l'évolution de la pratique religieuse vers l'unanimité[45] ?

De là, à mon sens, la raison première du succès de la grande offensive pastorale des années 1850. Avant qu'elle ne commence, le terrain était déjà préparé. Durham soulignait l'influence des prêtres des paroisses : « Pourvus d'un revenu suffisant, même considérable par rapport aux idées du pays, ayant l'avantage de l'instruction, ils ont vécu sur un pied d'égalité et de bienveillance avec les plus humbles et les plus illettrés de leurs paroissiens. Connaissant les besoins et la mentalité de ceux qui les entourent, ils ont été les champions et les dispensateurs de la charité, les gardiens des mœurs du peuple[46]. » Aux constatations un peu générales de Durham, et qu'il paraît appliquer d'abord aux milieux ruraux, s'en ajoutent d'autres qui portent plus directement sur les années ultérieures. Le prêtre qui anime ces communautés jouit d'une certaine instruction, d'un statut séparé que lui confèrent le caractère sacré de son ministère, son célibat et son costume ; il est proche de ses concitoyens à bien d'autres égards. De plus en plus, il est d'origine rurale plutôt qu'urbaine[47]. Très tôt, dans un milieu particulièrement favorable, il a fait l'apprentissage de la vie communautaire et des coutumes populaires. Il sait du latin, mais il est peu instruit en matière religieuse[48]. De sorte que, dans sa prédication, dans les conseils qu'il distribue au jour le jour, il renvoie à ses ouailles des opinions, des idées, des stéréotypes d'un milieu dont il est partie prenante au lieu de le dominer[49]. Il est le relais d'informations qui lui viennent de plus loin ; il est le porte-parole de sa communauté au moment même où il paraît lui dicter sa conduite.

Survivre

Ceux qu'on appelait auparavant des Canadiens sont devenus des Canadiens français destinés désormais à la survivance.

Ils poursuivent cette *vocation* sous l'égide de l'Empire britannique qui tantôt a voulu les assimiler, tantôt s'est servi d'eux comme d'un rempart contre les États-Unis. Il leur est arrivé de se porter à la défense de leur tuteur ; ils n'ont jamais accepté de se soumettre tout à fait. Ils n'ont pas toujours approuvé les déclarations répétées de loyalisme que l'on a faites en leur nom. Dans la flambée de 1837-1838, beaucoup d'entre eux ont tenté de s'émanciper ; il leur a fallu reprendre le joug. Résignés à leur sort, ils ne seront quand même pas insensibles dans l'avenir à l'appel périodique de leaders qui voudront les soulever contre un impérialisme dont l'appétit de conquête ne s'apaisera pas de sitôt. Tout comme l'Union des Canadas, la Confédération trouve son origine dans des calculs économiques qui ne répondent guère aux exigences de croissance d'une économie québécoise qui n'a pas d'assise propre de développement. L'Empire, la Confédération, le Québec : autant de paramètres pour une géométrie variable pratiquée par les hommes politiques.

À tout considérer, les élites canadiennes-françaises ne disposent pas de l'immense pouvoir que la chronique locale leur attribue. Les politiciens et les ecclésiastiques brandissent des proclamations d'autorité ; pour la plupart, ils ne sont que des intermédiaires. Leur influence leur vient moins des hauts lieux où se prennent les décisions importantes que de leur insertion dans la vie quotidienne du peuple par le patronage, le contrôle de l'opinion publique, l'activité pastorale, l'éducation ou les œuvres d'assistance.

Les jeux de la politique de parti distraient les esprits des grands défis : la dépendance économique, les insuffisances de l'agriculture dans plusieurs régions, la prolétarisation et le chômage, les obstacles que rencontre la colonisation, l'hémorragie de l'émigration. La population s'habitue à l'étroitesse des horizons, à moins de s'aventurer dans les marges ou au loin. Une culture populaire, où des solidarités de base se conjuguent avec la religion, constitue un bagage de modèles et un fonds d'identité que l'on peut emporter à la ville, en territoire de colonisation ou aux États-Unis. Parfois soulevé de vains ressentiments envers les barons du bois ou les entrepreneurs anglais, le peuple est d'ordinaire maintenu dans le droit chemin par les élites, consolé par la religion, résigné à une condition d'infériorité qui lui paraît congénitale. Tel est le prix de la survivance.

Pourtant, la survivance, ce n'est pas seulement ce cours monotone de l'existence. Il est inévitable qu'elle soit animée par le besoin d'un dépassement, fût-il une diversion. Comment survivre sans déborder l'inertie du présent vers l'avenir, sans en appeler à l'utopie ? Comment survivre sans invoquer le passé, puisqu'une nation qui est avant tout une culture se ramène à un héritage ? Ce double recours à l'espérance et à la mémoire est une justification. C'est aussi une garantie de durée. Car il en résultera, par le pouvoir de l'écriture, l'édification d'une *référence* qui rendra un peuple présent à l'histoire.

CHAPITRE VII

LE RECOURS À L'UTOPIE

Déjà, grâce aux coutumes et aux institutions, les hommes parent aux aléas de l'histoire. Se hausser jusqu'à la représentation d'une identité commune objectivement repérable, jusqu'à la construction d'une référence collective, cela exige des conditions plus complexes. Ces conditions, nous les avons vues se mettre progressivement en place. L'apparition d'une opinion publique, le régime parlementaire de 1791 et les conflits des idéologies ont frayé l'accès à la conscience historique. De même, les modestes essais d'une littérature ont amorcé la percée d'une écriture indigène. L'idée de nation est apparue. Il s'est produit ensuite, malgré l'intermède des années 1830, une scission consacrée par le discours entre nation politique et nation culturelle. Faut-il y voir un retour en arrière de la conscience historique ? Pas tout à fait. En consacrant les coutumes et les institutions au rang de fondements distinctifs d'une nation, on en modifie la nature ; on en fait autre chose que ce qu'elles sont dans l'ordinaire des jours. On en extrait une sorte d'essence abstraite qui les éloigne de la signification première qu'elles ont dans les comportements. La noblesse qu'on leur prête est un effet de discours ; elle les éloigne de ce qui est vécu par ailleurs.

Alors, la construction d'une référence collective prendra deux directions. Le destin de la collectivité sera transposé en avenir possible, en anticipations d'actions conçues tantôt comme des confirmations du caractère original de la société, tantôt comme des correctifs aux obstacles qui empêchent son essor. Dans tous les cas, l'utopie interviendra. Mais il ne saurait y avoir de projet, quelles que soient les images qu'on s'en fait, sans l'édification d'une mémoire où la collectivité se donne une figure d'elle-même, retrace son cheminement dans l'histoire. Encore là, l'entreprise hésitera entre des extrêmes : ou bien chercher dans le passé un héritage à conserver fidèlement ou bien se reporter en arrière pour détourner le courant de l'histoire qui aurait enlisé le développement.

Dans ces allers et retours entre l'avenir et le passé, nous avons affaire à une réciprocité ; il est somme toute indifférent de commencer notre examen par l'un ou l'autre pôle. En choisissant d'aborder les utopies dans ce chapitre, je demeurerai plus proche de ma démarche antérieure, plus près de la situation de la collectivité au mitan du XIXᵉ siècle. À partir de cette situation, des impasses qu'elle comporte, des issues qu'elle laisse entrevoir, je pourrai mieux retracer la germination des utopies. Les recours à la mémoire historique, qui nous retiendront au chapitre suivant, n'en seront pas de stricts parallèles. Pas plus que la mémoire des individus, celle des peuples n'enserre l'avenir et le passé dans des chemins toujours convergents. Même si elle s'évertue, parfois désespérément, à les conjoindre.

Des utopies en situation

Raymond Ruyer a défini l'utopie dans une célèbre formule : « un exercice mental sur des possibles latéraux[1] ». Je développerai librement cet énoncé à partir d'une constatation banale : l'« exercice » prend de plus en plus d'ampleur dans la mesure où il se déplace vers la latéralité. Des gradations sont en effet observables : la moindre action repose sur la détection d'une possibilité et se détache du déjà-là pour faire un pas de côté ; un dessein de plus grande envergure se combine avec l'évaluation plus large de la conjoncture ; prenant appui sur une appréhension des forces en présence, une révolution provoque la transmutation de la situation elle-même. À la limite, la construction d'un monde parallèle, tout en empruntant ses matériaux au réel, applique sur la société existante une société imaginée. Au terme, l'utopie confine à l'évasion.

L'utopie est une *action,* comme Freud l'a montré pour les rêves qui hantent nos nuits. Autant elle tente de dénouer les embâcles qui obstruent l'histoire, autant elle en révèle le poids inéluctable. Elle peut mener à des aventures heureuses ou catastrophiques ; elle peut servir de substitut au courage d'entreprendre, consoler de l'impuissance historique. Dans tous les cas, l'imaginaire laisse voir ce qu'il paraît dissimuler, les aspérités du réel qu'il veut déborder.

Ne préjugeons pas de la pertinence ou de la vanité des utopies que je vais reconstituer : puisque nous aurons, dans une certaine mesure, à déchiffrer l'histoire grâce à elles. Cependant, pour les rendre intelligibles, n'est-il pas préférable de les mettre en regard des problèmes dont elles annoncent le dépassement ? Ne prenons-nous pas pareil retrait envers nos rêves nocturnes, qui ne nous interrogent qu'à la condition de les confronter avec nos conduites et nos pensées du jour ? A partir des enjeux les plus manifestes, et pour autant que les éclairent nos analyses précédentes, quels sont les impératifs d'où naissent les utopies ?

L'annonce de l'Union des Canadas désespère beaucoup d'esprits. Repoussée plusieurs fois, l'échéance de l'assimilation paraît maintenant inévitable. C'en est fini de la survie d'une nation fragile. Un vieux lutteur comme Étienne Parent abandonne le combat, se résigne à la fusion avec la nation anglaise. Méditant d'écrire l'histoire de son peuple, François-Xavier Garneau se remémore sans doute ses vers écrits en 1837 :

Non, pour nous, plus d'espoir, notre étoile s'efface
Et nous disparaissons du monde inaperçus...

Pour le jeune Pierre-Joseph-Olivier Chauveau, la proclamation de l'Union est « le jour des banquiers » :

Voyez : la table est mise et pour un seul repas,
Sur une nappe affreuse et par le sang rougie,
Les ogres du commerce ont les deux Canadas

Chez beaucoup, ce sont angoisse et colère du moment. Ils reprendront plus tard confiance dans les manœuvres politiques, dans la permission de parler français à la Chambre, dans la conquête du gouvernement responsable. Ils oublieront les élans de leur jeunesse ou feront semblant d'en avoir perdu mémoire.

L'incertitude n'en continuera pas moins de planer dans l'atmosphère politique. Elle réapparaît lors des préparatifs de la Confédération. Dès la conférence de Charlottetown, l'opposition s'organise ; elle se fait plus vive après la conférence de Québec (1864).

Des jeunes gens surtout, des libéraux, des conservateurs qui ont rompu avec leur parti, se refusent à l'arrangement envisagé. On a prévu un plébiscite, finalement écarté par crainte du résultat ; la Constitution est modifiée sans consultation populaire. Courtisés par les chefs fédéralistes, les évêques se rallient ; Cartier se réclame de leur appui. En 1865, au Parlement, 27 députés canadiens-français se prononcent en faveur du projet ; 22 s'y opposent[2]. Commencé ainsi, le nouveau régime laisse persister des doutes et des ressentiments. S'adressant à ses ouailles pour les convaincre de la nécessité d'obéir au pouvoir légitime, l'évêque de Saint-Hyacinthe leur prédit les joies de la survivance à titre de consolation. La Confédération n'est pas sans laisser quelque incertitude quant à l'avenir des croyances et des mœurs des Canadiens français ? « Eh bien, nos très chers frères, nous vous le disons avec conviction : tant mieux pour nous qu'il en soit ainsi, puisque pour un peuple aussi bien que pour un individu, une occasion de lutte rencontrée avec courage et énergie est un moyen assuré de multiplier ses forces et de se faire respecter ! » Voilà aussi une utopie, celle qui sera la plus couramment traduite dans la pratique par la suite.

L'attraction envers les institutions démocratiques américaines connaît une reviviscence dans les années 1850, particulièrement parmi la jeunesse instruite. Au même moment, se gonfle le flot de l'émigration outre-frontière. Un homme de jugement aussi rassis que l'abbé Jean-Baptiste Ferland admoneste un comité parlementaire : « Si vous manquez de courage et d'adresse, dans cinquante ans, vous ne trouverez plus de Canadiens français que sur les rives du Missouri et du Mississipi ». Que faire ? Les esprits sont divisés, autre symptôme d'une époque troublée. Les jeunes démocrates sont tentés par l'annexion. Dessaules se fait leur porte-parole dans ses *Six Lectures sur l'annexion du Canada aux États-Unis* (1850-1851) : « Je suis américain, ces mots résument pour moi les idées de grandeur politique, de splendeur nationale, de sagesse législative, de liberté dans sa vérité et sa plénitude, de progrès sans exemple dans le passé, sans borne dans l'avenir. Cela veut dire : je suis citoyen du premier peuple du monde. » Je doute que Dessaules traduise les motivations qui entraînent, de 1844 à 1851, une foule de paysans et d'ouvriers des villes à franchir la frontière, poussés par la misère ou le goût de l'aventure. Affolées ou exaltées, les élites passent par toutes sortes d'attitudes. Ceux qui partent trahissent prétendument la terre natale ; Cartier laisse échapper un moment que c'est la « canaille » qui débarrasse le pays. Il faut trouver les moyens de retenir l'hémorragie ou, au contraire, encourager les émigrants à rester là-bas, ainsi que les presse le jeune Arthur Buies : « L'Amérique n'est pas une terre étrangère pour les vaillants. Là, pour une idée, pour un mot vrai, pour une parole indignée, vous ne voyez pas s'ameuter autour de vous la noire cohorte des vautours cléricaux qui vous pose le pied sur la conscience, et la déchire quand elle ne peut l'étouffer. »

La saignée de l'émigration rend plus vive une interrogation ancienne quant à l'état de l'économie, à la place qu'y occupent les Canadiens français. Ceux-ci, exceptions mises à part, en ont perdu la maîtrise depuis longtemps. On s'était rendu compte de cette dépendance ; d'où les tentatives avortées de la bourgeoisie dans les années 1830. On s'était également aperçu des déficiences de l'agriculture. Maintenant, le spectacle des migrations vers les États-Unis et vers les villes, le chômage et la prolétarisation, le sous-emploi de la jeunesse instruite et les insuffisances de l'éducation mettent en évidence les déficiences de l'économie au moment où les conditions en sont bouleversées à l'échelle du continent. De tous les côtés fusent les examens et les propositions. Emparons-nous du sol, prescrivent les uns. Convertissons-nous aux exigences de l'économie et modifions notre mentalité en conséquence, conseille Étienne Parent. Ample matière pour les utopies, ingrédients mélangés selon des recettes variées.

Réaménagements politiques de l'Union et de la Confédération, émigration aux États-Unis ou dans les villes, sujétion économique de la collectivité et nouveaux défis du développement agricole et industriel : les prises de position, les solutions avancées s'entrecroisent. Selon les tempéraments ou les intérêts, l'insistance est mise sur un aspect plutôt que sur un autre.

L'utopie n'est-elle pas avant tout le privilège de la jeunesse, qui emploie son ardeur à dénoncer les illusions des vieux messieurs arrivés ? Nous ne connaissons guère les réflexions ou les ruminations des jeunes agriculteurs et des jeunes ouvriers en quête de gagne-pain, partant pour les États-Unis ou une terre à défricher. D'ordinaire, ce sont les jeunes hommes instruits qui confessent leur angoisse et leurs réflexions. Écoutons-les avant que leur première ferveur ne s'évanouisse.

En 1845, Louis-Octave Letourneux a vingt-deux ans. Dans

une conférence, il veut étudier l'état de la société canadienne. Il se réjouit du maintien des solidarités, particulièrement dans les campagnes ; il croit constater cependant que, par l'immigration britannique et sa mainmise sur le commerce, le milieu anglophone introduit dans les villes des mœurs différentes. En conséquence, la collectivité francophone hésite, selon lui, entre deux avenues contraires : s'engager dans la voie du progrès ou conserver son caractère national. « Nous sommes presque obligés de regarder avec regret les progrès de la civilisation dans notre pays, parce que dans les grands centres, dans les villes, ils nous enlèvent tout ce qui nous distingue comme un peuple et une nation à part. Et comment résister à ce pouvoir qui en agrandissant nos villes, ouvrant toutes les branches d'industrie, améliorant chaque jour la condition matérielle et morale du peuple, en répandant partout l'abondance et l'activité, emporte dans sa marche et efface petit à petit les traits distinctifs de notre nationalité[3] ? » Devenu avocat, Letourneux dirige diverses publications, avant de mourir, à trente-cinq ans.

En 1846, à vingt-six ans, Pierre-Joseph-Olivier Chauveau publie un roman, *Charles Guérin. Roman de mœurs canadiennes.* Son héros est étudiant en droit. Un soir d'hiver, deux collègues le rejoignént dans sa mansarde. La discussion s'anime, et l'un des compagnons demande : avons-nous un pays ? « Deux longues lisières, à peine habitées, à peine cultivées, de chaque côté d'un fleuve, avec une ville à chaque bout : de petites villes, au milieu desquelles on voit les forêts qui se terminent au pôle ! » Henri Voisin conclut à la nécessaire fusion avec la population anglaise, à commencer par les milieux aisés. Mais, rétorque Guérin, qu'arrivera-t-il à la classe populaire ? Devenus anglais, les gens instruits n'exploiteront-ils pas le peuple ? N'avons-nous pas une nouvelle noblesse, la « noblesse professionnelle », née du peuple ? Voisin répond : « Nous sommes serrés entre l'émigration d'Angleterre et la population des États-Unis. Si vous ne voulez pas être Anglais, soyez Yankees ; si vous ne voulez pas être Yankees, soyez Anglais. Choisissez[4] ! »

La « nouvelle noblesse professionnelle » pourra-t-elle « choisir » ? Plus loin dans son roman, cette fois sans le truchement d'un personnage imaginaire, l'auteur décrit la situation des jeunes hommes qui terminent leurs études classiques. Ils ont le choix entre le sacerdoce et trois professions encombrées. Les uns

« s'épouvantent, se désespèrent et s'enfuient ; d'autres hésitent et
tâtonnent longtemps pour n'arriver à rien ; d'autres se consument
honnêtement et laborieusement dans l'obscurité et la misère ;
d'autres enfin se jettent à corps perdu dans le charlatanisme et
l'intrigue. L'émigration forcée, voilà tout ce que l'on offre à notre
brillante jeunesse, dont on s'efforce de cultiver et d'orner l'intelligence pour un pareil avenir[5]. » Délaissant le roman, Chauveau
ne s'en tirera pas si mal : fonctionnaire, premier ministre de
la province de Québec, il décède en 1890 après une vie plutôt
aisée.

      James Huston quitte l'école très tôt pour l'apprentissage de la
typographie. Il participe à la fondation de l'Institut canadien de
Montréal où, à vingt-sept ans, il prononce une conférence sur la
situation de la jeunesse canadienne-française. Il dénonce la rareté
des emplois offerts aux jeunes, qu'il attribue principalement à la
faiblesse des établissements d'enseignement, au monopole des
Britanniques et au verbiage des politiciens : « Où sont les actions
de tous ces grands patriotes à discours interminables, que nous
voyons se débattre avec tant de fracas dans les rangs ministériels,
dans le juste milieu et dans l'opposition ? Quelles institutions ont-
ils créées ? Quelles sociétés ont-ils fondées ? Qu'ont-ils entrepris
pour l'avantage de la jeunesse canadienne ? Rien, messieurs,
rien[6]. » Huston obtient le poste d'adjoint au traducteur français de
l'Assemblée législative ; il meurt à trente-quatre ans.

      En 1867, Antoine Gérin-Lajoie publie *Jean Rivard, le
défricheur.* Il vient d'avoir trente-huit ans. Le héros de son roman
reçoit de temps à autre des nouvelles de son camarade de collège,
Gustave Charmenil, qui vivote à Montréal de la profession d'avocat. Dans ses lettres, Gustave trace un tableau cruel. Les jeunes
gens instruits qu'il côtoie vivent d'expédients. Des centaines se
disputent un emploi de copiste. « Vers la fin de l'hiver on rencontre une nuée de jeunes commis-marchands cherchant des
situations dans les maisons de commerce ; un bon nombre d'entre
eux sont nouvellement arrivés de la campagne et courent après la
toison d'or ; plusieurs d'entre eux en seront quittes pour leurs frais
de voyage ; parmi les autres, combien végéteront[7] ? » Gérin-Lajoie
ne suit pas l'exemple de Jean Rivard ; aussi miséreux que Gustave
Charmenil dans sa jeunesse, il deviendra fonctionnaire.

      J'ai laissé parler longuement ces jeunes hommes, en leur nom
ou par les personnages de leurs fictions. Ils ne nous dispensent pas

d'analyses plus abstraites sur le contexte de l'époque ; ils nous rendent sensibles à son climat tragique. Nous saisissons mieux en quoi les carrières conformistes des élites du temps, destinées à la politique, au fonctionnarisme et à l'Église, dissimulent des angoisses plus obscures ; nous sommes préparés à comprendre les échappées des utopies qui contribueront à la référence d'une collectivité menacée.

La république

En décembre 1844, l'Institut canadien de Montréal est fondé par quelques commis-marchands et quelques étudiants en droit. Pourvu d'une bibliothèque, l'Institut est abonné à de nombreux journaux. Il tient des séances hebdomadaires où sont invités des conférenciers ; les membres eux-mêmes donnent des exposés. Il reçoit à ses débuts l'appui du clergé. Les jeunes gens sont chaleureusement encouragés par un aîné considérable, Étienne Parent[8]. Voilà qui laisse présager un tournant dans l'histoire de la collectivité, et qui serait l'œuvre d'une génération nouvelle. Celle-ci semble mieux avertie que ses aînés des impasses de la politique ; ou plutôt, admettant que les luttes de naguère ont été nécessaires, elle croit que c'est à d'autres devoirs qu'il faut maintenant se vouer en priorité. L'exemple de Montréal est imité ; on comptera un grand nombre de cercles du même genre dans les localités du Québec[9].

En 1847, paraît un journal, *L'Avenir*. Ce périodique prolonge le travail de l'Institut, en insistant surtout sur la promotion de l'éducation, en vue d'un renouveau de l'agriculture et pour préparer aux affaires où les Canadiens français n'occupent pas la place qui leur revient. Cependant, l'attraction de la politique ne tarde pas à se faire sentir. Un temps, ces jeunes gens appuient La Fontaine ; ils se félicitent de la lutte pour le gouvernement responsable où ils voient l'aboutissement des réclamations d'antan. Revenu d'exil, Papineau entre à nouveau sur la scène politique ; quand on est jeune, on se doit d'approuver le manifeste électoral du grand tribun. Alors que dans son adolescence, on a vu avec consternation et colère l'instauration du régime de l'Union, n'est-on pas obligé de s'y opposer au nom du sentiment national ? Un article de *L'Avenir* sur « L'Union et la nationalité » (1848) s'insurge contre « ceux qui ont consacré notre mort nationale en échange de cette liberté politique constitutionnelle que nous avons si chèrement achetée avec elle ». La position est nette ; elle ne le restera pas.

Elle se heurte au compromis auquel en arrive au même moment une élite de politiciens conservateurs, de professionnels ou d'hommes d'affaires plus ou moins dépendants de la politique. Pour gouverner, on fait appel au sentiment national de la population, surtout en période électorale où l'éloquence s'abandonne à de pathétiques accents sans conséquence. À cette rhétorique se marient le loyalisme à l'Empire et l'acceptation de ses institutions et de sa tutelle. Le patronage fait le reste. Les anciennes querelles doivent être oubliées au profit du nouvel ordre social. Porte-parole du groupe de La Fontaine, *La Revue canadienne* met en garde les jeunes rédacteurs de *L'Avenir* : « Nos idées et nos dispositions, convenons-en, ne vont pas à la guerre. Le peuple a été assez mal nourri de théories et par suite d'interminables batailles inutiles, avant l'Union, qu'aujourd'hui qu'il a le pouvoir en main (ce qu'il n'eut jamais alors), qu'il voit les hommes qu'il a choisis pour le représenter dans les conseils de la Souveraine et de fait gouverner en son nom le pays, le peuple, disons-nous, trouvera fort mauvaise et passablement originale, étrange, fantastique, votre idée de récuser l'ordre des choses actuel pour le remplacer par la République une et indivisible ou quelque chose de plus merveilleux encore[10]. » La page est tournée sur les luttes des années 1830. Des objectifs de naguère, on ne retient que le gouvernement responsable ; puisque celui-ci est devenu réalité, que le pouvoir est passé aux mains du peuple, il n'y a plus qu'à jouir confortablement d'un ordre social où les conflits sont dorénavant abolis.

Fait significatif, cet article est reproduit par *Les Mélanges religieux*, périodique d'inspiration cléricale. En effet, l'Église est partie prenante de l'ordre qui s'installe. Les échanges de bons procédés se multiplient entre les autorités ecclésiastiques et les politiciens. Méfiante envers la démocratie, l'Église est plus à l'aise avec les institutions britanniques. Alors que les initiatives pastorales portent fruit, que croissent les effectifs du clergé, il n'est pas question de s'abandonner aux aventures politiques.

Le nouvel ordre social ne s'applique pas seulement à l'organisation de la vie collective ; il s'exerce sur les personnes et les groupes. Pour se soumettre aux allégeances partisanes, pour profiter du patronage, pour répondre aux vœux d'entrepreneurs qui invitent leurs employés à voter du bon côté, il est impérieux de se conformer du haut en bas de l'échelle sociale à des modèles convenables de conduite et d'opinion. Utilisant la chaire de l'église ou des pressions plus discrètes, des curés indiquent la voie à suivre en politique. Le clergé surveille étroitement les mœurs et les idées. Un climat en résulte où règne la suspicion. Au retour de son équipée dans les troupes de Garibaldi, le jeune Arthur Buies écrit dans sa première *Lettre sur le Canada* (octobre 1864) : nous « croupissons dans la plus honteuse ignorance et la plus servile sujétion à un pouvoir occulte que personne ne peut définir, mais que l'on sent partout, et qui pèse sur toutes les têtes ». D'après Buies, il n'en était pas ainsi autrefois : alors existait « une grande famille dont le clergé était l'âme, les hommes politiques l'instrument et le peuple l'appui. Aujourd'hui, le clergé, les hommes d'État et le peuple sont séparés ; le premier veut dominer tous les autres, ceux-là le servent par ambition et celui-ci privé de ses guides désintéressés, se laisse aller au courant sans savoir où il le conduira ». La peinture est tracée à gros traits ; le clergé y tient une place disproportionnée par rapport à l'influence des politiciens. Elle n'est pas dénuée de justesse. Elle reflète assez bien la mentalité du groupe radical qui se forme autour de l'Institut, et que l'on prend l'habitude d'appeler les Rouges.

Ceux-ci dressent un programme politique et s'engagent dans les campagnes électorales. Ils ont un certain succès, surtout dans la région de Montréal où n'est pas éteinte la ferveur des années d'insurrection. Le programme de 1849 prône l'abolition du régime seigneurial, de la dîme et des réserves du clergé protestant, l'élection à tous les postes des départements du gouvernement. La convention de 1854 dénonce le caractère confessionnel de l'éducation, la condition précaire des instituteurs et le sort misérable fait aux femmes dans le régime scolaire. Les députés élus sous la bannière des Rouges tentent de faire adopter des mesures en conséquence. Vu à distance, pareil programme n'a rien de très révolutionnaire ; des éléments réapparaîtront périodiquement dans les débats électoraux et dans des journaux libéraux au cours du siècle qui suivra. Le prolétariat et la misère qui sont alors le lot d'un grand nombre n'y ont pas beaucoup de place ; ce libéralisme s'inspire des révolutions bourgeoises européennes.

Tandis que s'installe la domination des politiciens d'esprit conservateur, pourquoi livre-t-on les combats les plus spectaculaires à l'autre pouvoir, à l'Église ? La religion pénètre la culture autrement que la politique ; elle est en mesure d'influer plus profondément sur les mœurs, de cultiver des conceptions de la vie liées intimement aux mentalités populaires, de s'appuyer sur une autorité et des sanctions qui débordent la sphère terrestre. D'ailleurs, n'est-ce pas la raison qui pousse les politiciens à y quêter du renfort ? Dès lors, une dialectique s'enchaîne où, d'abord soucieux de contourner le clergé ou de le détourner de l'arène politique, les Rouges sont entraînés, par leurs adversaires politiques autant que par le clergé lui-même, à attaquer l'Église de front.

Les arguments se ramènent à trois thèmes principaux : le clergé est l'allié du pouvoir politique et de l'Empire ; l'Église domine l'enseignement et y insuffle un esprit et des méthodes contraires aux exigences du progrès ; elle est, pour reprendre une formule de Dessaules, l'« ennemi naturel de la démocratie ». Sur ce dernier point, les opinions sont toutefois partagées. Certains supplient le clergé de ne pas s'opposer à la grande cause de la démocratie et disent ne combattre que les prêtres qui se mettent au service d'un parti[11]. En 1848, à propos de la révolution qui vient de se produire en France, *L'Avenir* invite à se préparer pour un événement semblable qui devra se dérouler au Québec. Le mouvement pour l'unité italienne, qui menace le pouvoir temporel du pape, aura encore plus d'éclat. L'administration des États pontificaux est dénoncée comme rétrograde, contrevenant aux libertés civiles. Une polémique très vive s'ensuit où Mgr Bourget défend cette administration « toute paternelle ». Dessaules, le plus érudit et le plus actif des conférenciers de l'Institut, sonne la charge dans des conférences sur l'histoire de l'Église, sur l'Inquisition, sur l'affaire Galilée...

En 1854, Mgr Bourget avait obtenu du concile provincial un règlement disciplinaire visant l'Institut. Dans trois lettres pastorales de 1858, il s'engage dans une lutte d'usure. La dernière lettre emprunte à l'encyclique *Mirari Vos* (1832) des arguments que l'évêque croit sans appel. La liberté d'opinion ? Les commotions de la Révolution française et de l'Empire napoléonien sont dues, selon lui, à « la liberté d'opinion que l'on cherchait à faire régner à la place du principe de l'obéissance, que la religion enseigne à ses enfants, envers tous les gouvernements ». Le pape, « qui écrit sous les divines inspirations du Saint-Esprit, signale comme favorable et salutaire la concorde de l'Empire avec le sacerdoce ». L'autorité de l'Église dans les affaires politiques ? « Chaque prêtre étant le représentant de Jésus-Christ » et « l'autorité dont il est revêtu, étant celle de Jésus-Christ lui-même, ce serait attaquer cette divine autorité que de vouloir faire perdre au Clergé son influence ».

Mgr Bourget ne s'arrête pas à l'énoncé des principes. Par un décret, en avril 1858, il condamne l'Institut canadien et ordonne aux confesseurs de refuser les sacrements à ceux qui ne démission-neront pas. Après avoir vainement demandé que l'on épure la bibliothèque, des dissidents fondent l'Institut canadien-français. D'autres protestent contre le diktat de l'évêque ; ils en appellent au pape. En 1869, un décret de l'Index atteint l'*Annuaire de l'Institut*. L'évêque renouvelle sa prescription quant à la privation des sacre-ments, même à l'article de la mort ; il exige la révision par l'Ordi-naire des constitutions et des règlements de l'institution. L'im-primeur Guibord, affilié à l'Institut, meurt en 1868 ; on lui refuse la sépulture religieuse ; après un interminable recours en justice, il est inhumé sous la protection des forces de l'ordre.

Je ne m'attarde pas davantage à ces affrontements dont on lira la chronique détaillée dans de nombreux ouvrages. Certes, Mgr Bourget ou Mgr Laflèche constituent l'aile extrême de l'ultra-montanisme, comme Louis-Antoine Dessaules ou Joseph Doutre représentent les membres les plus radicaux de l'Institut. Que ces spectaculaires adversaires ne nous masquent pas ce qui est plus profondément en jeu : la participation de l'Église à l'ordre social que les politiciens conservateurs sont en train de mettre au point pour un siècle. Tout le clergé, tous les évêques n'approuvent pas Mgr Bourget ; pour être plus tempérée en pratique, leur vision des choses n'en est pas moins semblable. Excessive, la formule de Joseph Doutre, dans une chronique de 1850, n'est pas dénuée de quelque fondement, lorsqu'il parle d'un « parti mixte politico-religieux ». Pourtant, ce n'est pas contre l'Église en soi que tous les Rouges se révoltent. Il arrive même aux plus intransigeants de faire l'éloge du clergé. Ils pressentent que les conceptions poli-tiques de l'Église et ses tentatives pour concilier son autonomie avec ses interventions dans les affaires de ce monde favorisent des politiciens qui en retour protestent de leur soumission, souvent apparente, aux directives ecclésiastiques.

Le combat des Rouges ne se réduit pas à la contestation des pouvoirs ; il s'inspire d'un idéal. Quels sont les « possibles latéraux » qu'ils explorent ? Quelle est la *référence* que leur utopie propose à la collectivité ?

Au départ, on l'a vu, leur position est précise. Intégrée à l'Union, la nation francophone est devenue une minorité politique alors qu'elle est en fait une majorité démographique : « Ne nous a-t-on pas vus pendant cinq ans condamnés à jouer le rôle d'une faction, [...] cela après avoir formé seuls une société parfaitement organisée, avec unité de langage, de mœurs, de religion, de lois, d'institutions qui composaient la nationalité canadienne ? » Les rédacteurs de *L'Avenir* s'inquiètent de ce « dédale de lois, de mœurs et de langage qui nous imposent une double nationalité[12] ». Ils souhaitent sortir de l'Union des Canadas pour que la nation reçoive un statut politique approprié. Antoine-Aimé Dorion suggère de modifier le régime de l'Union en faveur d'une fédération des deux Canadas où le pouvoir fédéral serait investi d'une simple autorité déléguée. Plus tard, alors que la Confédération est sur le point d'être conclue, Charles Daoust prédit que le gouvernement du Québec sera « un grand conseil municipal ». Jean-Baptiste-Éric Dorion prévient ses compatriotes que leur influence se ramènera à un Canadien contre sept Anglais. On n'est pas loin de ranimer le projet d'indépendance des années 1830. Charles Daoust suggère de ne conserver qu'un minuscule pouvoir central ne s'occupant que de douane et de tarifs. De jeunes conservateurs comme Laurent-Olivier David et Joseph Leblanc rejoignent de jeunes libéraux comme Médéric Lanctôt, Louis-Amable Jetté, Narcisse Valois... et Wilfrid Laurier. La campagne est menée contre la Confédération mais aussi contre les vieux partis. Un nouveau mouvement de jeunesse, comme au début des années 1830 ? Cette agitation fait long feu.

En réalité, il n'y a pas de continuité dans la position de l'ensemble des Rouges envers la question nationale parce qu'ils ont peine à concilier le salut de la nation avec l'établissement d'une république démocratique qui, pour plusieurs, est la visée première. Les institutions britanniques ne correspondent pas à cet idéal, pas plus que l'ordre social que défendent les politiciens et l'Église ; or l'idéal est là, tout proche, incarné par la société américaine. La soumission à l'Empire empêche de l'importer ; y a-t-il une autre solution que l'annexion aux États-Unis ?

On commence par chercher une conciliation avec la survie nationale. Resurgit la comparaison avec la Louisiane, déjà utilisée dans les années 1830 ; là-bas, la langue française n'est pas disparue. Selon Labrèche-Viger, la démocratie ne peut être qu'un apport supplémentaire pour la nation. L'annexion serait un bon moyen de ramener les prêtres à des sentiments de collaboration ; aux États-Unis, le clergé est d'esprit libéral. Et puis, le clivage des partis n'y passe pas par les frontières ethniques.

Le glissement s'accélère. Au fait, tout ne doit-il pas céder le pas à la démocratie ? Il faut se garder, dit-on, de confondre la nationalité et la politique, celle-ci ayant ses normes et ses pratiques propres. Francis Cassidy va jusqu'à prétendre devant l'Institut canadien que la langue et la religion ne sont pas des constituants de la nation et que les Canadiens français auraient tort de vouloir conserver à tout prix leur originalité. On dénonce l'abus des « grands mots de nationalité et de religion ». Dans une conférence à l'Institut, en décembre 1864, Gonzalve Doutre dénie aux Canadiens français le droit de former une entité distincte ; les juifs et les protestants n'auraient-ils pas la faculté d'en faire autant ? La nation, dit-il, c'est la « conscience des intérêts communs ». Doutre ne s'effraie pas du projet de Confédération. C'est qu'il anticipe un avenir plus lointain où même la perspective de l'annexion est dépassée : les « intérêts communs » s'étendront, « et alors le Nouveau-Monde ne sera qu'une seule nation ». Un temps, Étienne Parent a soutenu une thèse semblable.

Tous les Rouges ne suivent pas le même itinéraire. Des membres quittent l'Institut pour des motifs religieux. D'autres se bornent à prôner l'annexion en espérant que les francophones conserveront néanmoins leur caractère propre. Pour les plus résolus, posée au départ comme une référence irréductible, la nation finit par se dissoudre dans une autre référence : la démocratie sans la nation.

Comment en sont-ils arrivés là ? Leurs adversaires y sont sans doute pour beaucoup. Nation et démocratie paraissent inconciliables dans le cadre des institutions britanniques telles que les interprètent les tenants de l'ordre en voie de consolidation. On a vu ce que pense Mgr Bourget des libertés démocratiques. Après la proclamation de la Confédération sans consultation populaire, l'évêque de Québec prévient les fidèles que la contrecarrer conduit « dans la voie de l'anarchie, de la trahison et de la révolte ». L'évêque de Rimouski, frère de Sir Hector Langevin, n'est pas moins catégorique : « Vous la respecterez donc, cette nouvelle constitution qui vous est donnée, comme l'expression de la volonté suprême du législateur, de l'autorité légitime, et par conséquent de celle de Dieu même. » Voilà la conception de la démocratie que se font les milieux ecclésiastiques. Du côté des politiciens en place, pense-t-on autrement ? L'éminent leader de l'époque, Georges-Étienne Cartier, compare le Canada aux États-Unis et explique que « les institutions purement démocratiques ne peuvent produire la paix et la prospérité des nations, et qu'il nous fallait en arriver à une fédération pour perpétuer l'élément monarchique ». Aux États-Unis, ajoute-t-il, « le pouvoir de la populace a supplanté l'autorité légitime ». Face à de pareilles idées politiques, comment poursuivre dans la voie de la démocratie sans songer à l'annexion aux États-Unis ?

Quant au sentiment national, il se prête à d'utiles appropriations par les politiciens au pouvoir. Ceux-ci répètent à tout propos qu'ils sont les vrais défenseurs de la foi et de la nation. À l'approche de la Confédération, des Rouges s'opposent au régime que l'on prépare ; La Minerve, un des principaux journaux conservateurs, se scandalise : « Eux, les rationalistes, les ennemis du prêtre, les excommuniés, venir sur les hustings, défendre la religion contre les prêtres, les évêques et le parti dont le plus beau titre est celui d'avoir constamment défendu le clergé[13] ! » Pour une grande part, si des Rouges finissent par délaisser la nation, c'est qu'on la leur a enlevée.

Malgré les hésitations et les conflits de ses partisans, l'utopie des Rouges n'est pas dénuée de logique. Devant le divorce du caractère politique et du caractère culturel de la nation, n'est-il pas naturel que cette utopie oscille de l'un à l'autre, fidèle en cela à un balancement dont l'origine remonte à 1791 ? En mettant l'accent sur la démocratie, elle reconnaît que cet idéal est impossible à réaliser sous l'égide britannique où les politiciens conservateurs voient un frein à la gouverne de la « populace ». Enfin, les politiciens et le clergé utilisent contre les Rouges la nation dont ils se prétendent les seuls porte-parole légitimes.

L'échec des Rouges, c'est celui des meilleurs éléments d'une génération. Gonzalve Doutre et Charles Laberge sont des jeunes hommes particulièrement doués ; farouches défenseurs de la démocratie et de la liberté, ils sont aussi des catholiques fervents ; privés des sacrements, ils ne parviendront pas à fléchir Mgr Bourget. Découragé des batailles de Montréal, Jean-Baptiste-

Éric Dorion s'en va fonder un village auquel il donne le nom du journal *L'Avenir* ; animateur de la localité, qu'il n'oubliera pas de doter d'une église et d'un presbytère, il se reconnaîtra dans le *Jean Rivard* du roman de Gérin-Lajoie. Joseph Doutre sera jusqu'au bout un anticlérical farouche. Dessaules poursuivra en Europe ses rêves d'inventions scientifiques et y mourra après un long exil. Médéric Lanctôt créera une association ouvrière, se lancera dans de rocambolesques aventures politiques où il finira par se ruiner. Wilfrid Laurier deviendra premier ministre du Canada...

L'utopie ne disparaîtra pas tout à fait. Le Parti rouge se muera peu à peu en un Parti libéral auquel Laurier redonnera un visage plus convenable dans sa célèbre conférence de 1877. En dehors des cercles libéraux, l'annexion aux États-Unis demeurera l'objectif de plusieurs ; même le sage Gérin-Lajoie, fonctionnaire respectable, en sera secrètement partisan jusqu'à sa mort, selon le témoignage de son épouse. Il n'est pas le seul. À la toute fin du XIXᵉ siècle, De Nevers la prônera encore dans son ouvrage sur *L'Avenir du peuple canadien-français* (1896). Et puis, l'ordre politique et religieux progressivement édifié à partir des années 1850, confirmé par la Confédération, tissant des ramifications de plus en plus serrées, refoulera bien des individus dans une sourde résistance accommodée d'apparents consentements. L'utopie républicaine poursuivra sa vie cachée, jusqu'à ce qu'elle resurgisse plus tard à la lumière, avec d'autant plus d'éclat qu'elle aura été longtemps censurée.

Le progrès

Les Rouges sont les héritiers des luttes d'avant 1837 ; ils en récapitulent les thèmes, en poussent les conséquences à la limite. Leur contestation et leur utopie sont avant tout de couleur politique ; ils espèrent une société républicaine à l'image des États-Unis, au risque de compromettre par l'annexion l'existence de la nation. L'utopie que j'aborde maintenant représente un déplacement considérable. L'organisation sociale, et non pas d'abord un aménagement politique, en est le prétexte. Dans la conjoncture des années 1850, orienter le développement de la collectivité en tenant compte des empêchements et des chances qui se présentent à elle : tel est le projet d'Étienne Parent.

Privilégierai-je abusivement la pensée d'un seul homme ? Les

utopies ont pour premier intérêt d'explorer des « possibles latéraux », et par conséquent de nous éclairer sur les ouvertures aux
changements qui s'offrent à une société. Parfois, elles reposent sur
un groupe, un mouvement social ; c'est le cas pour les Rouges, et
pour d'autres utopistes que j'aurai à étudier. Parfois, l'utopie est
l'œuvre d'un individu ; elle n'en porte pas moins témoignage sur
l'esprit du temps. Au cours des années 1830, Parent a exercé un
leadership incontestable, comparable à celui de Papineau ; sous
l'Union, il continue de jouir d'une influence certaine. En 1847, il
passe du journalisme au fonctionnarisme ; il sera tour à tour
greffier du Conseil exécutif, sous-secrétaire de la province du
Canada et, en 1868, sous-secrétaire d'État du gouvernement
fédéral, jusqu'à sa retraite en 1872. Ce qui ne gêne pas sa liberté
de pensée. Mais sa réflexion prend une autre direction ; davantage
détaché de l'événement, il s'abandonne à des réflexions plus
amples sur la collectivité et son avenir. Dans une série de
conférences, il esquisse peu à peu une vision globale de la société
à construire[14].

Je ne respecterai pas l'ordre chronologique des conférences,
d'ailleurs rapprochées dans le temps (1846-1852). Je voudrais
plutôt mettre en évidence les articulations essentielles de l'utopie.

Pour Parent, la survivance de la nation est désormais la question primordiale : « Lorsque dans un mouvement, dans une
démarche quelconque, il y aura clairement à gagner pour notre
nationalité, ne nous inquiétons du reste que secondairement.
Notre nationalité pour nous, c'est la maison ; tout le reste n'est que
l'accessoire, qui devra nécessairement suivre le principal[15]. »
Comment Parent est-il parvenu à pareille conviction ? Reportons-
nous à ses écrits des années 1830 : il accordait alors la priorité au
statut politique de la collectivité garanti par la Constitution ; la
nation était subordonnée. Or voici qu'elle devient la préoccupation
première. C'est que, selon Parent, la lutte politique menée autrefois est terminée par la victoire du gouvernement responsable :
« Au prix des longs et rudes travaux de vos aînés, dit-il aux jeunes
gens qui l'écoutent, nous voilà entrés dans la terre promise. » Il
n'est plus question de discuter de l'organisation de l'État. Les
tâches à venir concernent la structure même de la société. Le vieil
antagonisme entre les deux nations en présence, loin d'être disparu
avec l'avènement d'un meilleur régime politique, deviendra plus
aigu : « Nous nous sommes battus pendant un demi-siècle sur la

forme que devait avoir la maison commune ; et maintenant que ce point est réglé, chacun va travailler de son côté à y occuper la meilleure place qu'il pourra. » D'où l'impératif : « Soyons nationalement ou socialement forts, et nous le serons politiquement. »

Observant les nations environnantes, aussi bien l'anglaise que l'américaine, Parent est frappé par la primauté qu'elles accordent à l'activité économique, à la conquête de la richesse, à la valeur du travail. Il n'en éprouve aucun mépris ; il y voit, au contraire, l'annonce de l'avenir des sociétés du continent. En Amérique, c'est l'industrie qui « est la fondatrice des sociétés civilisées ».

Si Parent écarte le régime républicain, il ne répugne donc pas à l'économie américaine ; il commande même d'en adopter les valeurs et les stratégies. À cet égard, la nationalité canadienne-française stagne dans une grave situation d'infériorité : « Nous avons bien nos hommes de peine, nos artisans mercenaires ; mais où sont nos chefs d'industrie, nos ateliers, nos fabriques ? Avons-nous dans le haut négoce la proportion que nous devrions avoir ? Et nos grandes exploitations agricoles, où sont-elles ? Dans toutes ces branches nous sommes exploités ; partout nous laissons passer à d'autres mains les richesses de notre propre pays, et partant le principal élément de puissance sociale. » L'autre nation se fait des francophones une image en conséquence ; ils sont « destinés à lui servir de charrieurs d'eau et de scieurs de bois ». D'où l'appel pathétique à la jeune génération : « Hâtez-vous de vous mettre au niveau des nouveaux venus, sinon attendez-vous à devenir les serviteurs de leurs serviteurs, comme plusieurs d'entre vous l'êtes déjà devenus dans les environs des grandes villes. »

Par quels moyens sortir de cette condition d'infériorité économique ? En divers passages de ses conférences, Parent suggère des mesures : la formation de grandes compagnies, l'exploitation des ressources hydrauliques, la modernisation de l'agriculture, la colonisation, etc. Ce n'est jamais élaboré. Manifestement, en matière de stratégie économique, Parent est assez dépourvu ; il s'en tient à des généralités. Il ne s'attarde pas non plus sur les causes historiques de la sujétion économique des Canadiens français ; il se borne à la culture et aux attitudes. Pour expliquer la dépendance comme pour prescrire des remèdes, le retiennent avant tout des facteurs de mentalité. Il insiste donc sur la révolution à effectuer dans les valeurs. Pour démontrer la noblesse du commerce, il remonte loin dans l'histoire, aux Phéniciens, à

Athènes, à Carthage, à Venise, dans une laborieuse dissertation qui fait sourire. La conclusion est d'un optimisme radical : le commerce a toujours été le facteur principal de l'extension de la civilisation. Il est vrai que les Canadiens français manquent de capitaux et d'instruction pour concurrencer leurs voisins ; néanmoins, l'insuffisance réside avant tout dans le pernicieux préjugé qui les attache aux professions libérales, préjugé hérité de leurs ancêtres français. Ils doivent « ennoblir la carrière de l'industrie, en la couronnant de l'auréole nationale ».

Si on en restait là, on aurait le sentiment que Parent est simplement le propagandiste d'une émancipation économique et de l'essor d'une bourgeoisie des affaires qui prendrait la relève de la bourgeoisie professionnelle. C'est surtout ce qu'on a retenu de sa pensée, en faisant de lui l'ancêtre d'une longue suite d'écrivains qui ont soutenu, sans grand succès, des thèses analogues. Malgré les premières apparences, Parent n'est pas un économiste, même s'il lui arrive de se réclamer avec discrétion de quelque compétence de cette espèce. Je fais l'hypothèse qu'il a pris le départ de sa réflexion dans l'économie, qu'il ne la perd jamais de vue, mais qu'il s'est progressivement engagé dans une autre direction, vers le projet d'un renouvellement de toutes les élites de la société canadienne-française.

Des élites économiques, auxquelles il paraissait octroyer la suprématie en de robustes formules, il passe à ce que j'appellerai les élites *politiques*. Il n'emploie guère ce dernier qualificatif ; il convient cependant à son propos. Après avoir affirmé que les industriels sont « les nobles d'Amérique », il soutient plus tard que « c'est aux intelligences supérieures dans les sociétés humaines qu'il faut donner et laisser incontesté le gouvernement des peuples ». Sans doute, l'intelligence supérieure est aussi le lot du grand industriel. Mais il s'agit ici d'une autre catégorie d'élite, de ce que Parent appelle une « aristocratie de l'intelligence », une « classe » ou un « corps des lettrés ». Ce rêve d'une aristocratie de l'intelligence implique le programme d'une réforme de l'éducation. Dorénavant, l'instruction sera gratuite. Des bourses encourageront les mieux doués, quelle que soit leur origine, à poursuivre des études, et jusqu'au sommet. On favorisera ainsi une véritable circulation des élites à l'encontre des privilèges acquis par la naissance ; car faute de pouvoir s'exercer, l'intelligence risque de tourner à la révolte et au bouleversement social. Enfin, la démocratie a besoin d'une aristocratie : le « corps des lettrés » jouera un rôle semblable à celui de la Chambre des lords dans le gouvernement britannique. On accédera à l'administration publique par concours ; ce qui en fera une corporation garantie par des diplômes et des privilèges ; le peuple ne sera plus à la merci de médiocres politiciens, de batteurs d'estrades férus de rhétorique.

Cela ne suffit pas à notre conférencier : il voudrait encore réformer l'élite religieuse. Car, dit-il, « il manque aux peuples une grande puissance morale au-dessus et en dehors des intérêts et des passions individuels et terrestres ». Le pouvoir religieux et le pouvoir civil incarnent, d'après lui, deux principes fondamentaux de la nature humaine. Parent pense réconcilier l'importance qu'il a donnée à l'économie avec ce qu'il appelle ici et là le « spiritualisme » : « Le spiritualisme et le matérialisme, dans le sens que je donne à ces mots, doivent se prêter la main. » Parent n'approuve pas l'immixtion des autorités ecclésiastiques dans les querelles électorales ; il se souvient tout de même avec nostalgie de ces temps anciens où l'Église jouait un rôle civilisateur, où elle était capable de morigéner les despotes. Il regrette que l'Église de son temps se taise, sauf pour condamner la lutte des peuples opprimés : allusion aux édits pontificaux contre les nations en mal de libération. Il souhaite la « réalisation sociale de l'Évangile », un « christianisme social ». Contrairement aux Rouges, Parent se refuse à enfermer le prêtre dans le sanctuaire ; il lui reproche même de trop se confiner dans la morale privée, alors qu'il devrait s'attaquer aux rapports sociaux. Le politicien est homme de parti ; le prêtre « sera plutôt national ». Il a une mission politique dans un sens que Parent indique dans une curieuse formule : « diriger le mouvement religieux, dont il dispose, dans des vues de progrès social et humanitaire ; considérer ce progrès même comme la fin première de la religion ici-bas, comme l'œuvre par excellence des sociétés chrétiennes et la voie la plus sûre pour arriver à la patrie éternelle ». On devra initier les prêtres à la science politique.

En bref, l'utopie esquissée peu à peu se résume à un renouvellement radical de la culture collective. L'éducation sera l'instrument primordial. Les réformes des structures politiques et économiques passent à l'arrière-plan, au point où il en est rarement question, et d'une façon tellement sommaire que, de toute évidence, cela n'intéresse guère l'auteur. Élitisme ? Certes, et on le vérifie sans peine lorsqu'il arrive à Parent de parler du peuple :

« Le peuple, dans l'acception restreinte du mot, est et sera toujours, dans la grande famille politique, un enfant qu'il faut aimer, protéger, mais gouverner, et cela dans son intérêt autant que dans celui de la société. »

Quand il est expressément invité à traiter du « sort des classes ouvrières », Parent avoue sa pensée profonde. Aux ouvriers, « les abeilles travailleuses de la ruche sociale », il enjoint de refuser les coalitions pour fixer les salaires ; il n'approuve que les caisses d'épargne afin de parer à « l'imprévoyance naturelle » de l'ouvrier et les mutuelles d'assistance dans la recherche de l'emploi. Il est partisan du plus strict libéralisme économique et s'insurge, à propos du salaire comme du reste, contre toute interférence dans les lois de la concurrence. Il énonce quelque part une profession de foi : « Laissez faire le commerce, et vous verrez comme il saura remplir la mission providentielle dont il est chargé, de rapprocher les hommes, de les faire se connaître, se communiquer leurs idées, échanger leurs richesses, et par là de réformer la grande famille humaine dispersée à la Tour de Babel. Il s'est fait et se fait encore de beaux rêves sur la fraternité humaine, sur les moyens d'arriver à la fraternisation universelle. Le plus sûr de ces moyens, nous l'avons dans le commerce, dans le commerce libre. » C'est le dernier mot de la pensée économique de Parent.

À terme, quel est le poids de l'utopie que je viens de reconstituer à larges traits ?

À partir de la question économique, Parent s'oriente vers un examen de la société canadienne de son temps. Cette société, il la prend par en haut, en se fondant sur les mentalités et les élites. Or les élites sur lesquelles il compte sont intégrées dans un ordre social de plus en plus ferme. Comment réformer l'éducation qui est aux mains de l'Église ? Comment détacher des professions libérales des jeunes pour qui le prestige, sinon la carrière, tient aux jeux politiques ? Cet ordre social, conspué par les Rouges, Parent ne l'entérine pas ; il le conteste à sa manière. Mais ses racines lui échappent. Satisfait du triomphe du gouvernement responsable, obsession de ses jeunes années, il espère détourner l'attention vers d'autres objectifs. Il pense avoir trouvé un solide appui dans la nation. Avec quel levier politique ? On est tenté de lui objecter aussi : si l'industrie est, à son dire, fondatrice de la société civile, qu'importent « notre langue, nos institutions et nos lois » ? N'est-ce pas là un folklore qui se concilie mal avec les valeurs américaines dont Parent fait grand éloge et qu'il voudrait voir adopter par la collectivité canadienne-française ? Ceux qui préconisent carrément l'annexion ne font-ils pas preuve d'une plus ferme logique ? L'indéfectible fidélité aux ancêtres et la continuité nationale ne sont-elles pas l'obstacle principal à l'adoption de la mentalité américaine qu'il prêche avec obstination ?

Parent veut être réaliste. Il souhaite mettre la collectivité au travail, enrôler la jeune génération dans des tâches utiles. Il a lu les économistes classiques, surtout Jean-Baptiste Say à ce que je puis déduire. Comment concilier ses admonestations sur la nécessité de reconquérir une place pour la nation canadienne-française dans l'économie nord-américaine avec le laissez-faire du libéralisme qu'il défend comme un principe absolu ? Par quelles mesures impératives réunir les capitaux nécessaires ? Ne faudrait-il pas l'intervention d'un pouvoir politique pour soutenir l'effort gigantesque de redressement ?

Dans les années qui suivent, les spéculations grandioses de Parent sur le renouvellement des élites ne seront guère reprises, du moins sous une forme aussi systématique. Mais le problème de l'infériorité économique de la communauté canadienne-française ne cessera pas de préoccuper les esprits. À la Chambre provinciale, on s'interroge sur les causes de l'émigration ; on invoque le manque de manufactures, l'insuffisance des connaissances agricoles. De tous côtés, on répète les mêmes constats ; on ne sait trop comment y répondre. En 1871, un groupe se forme sous l'étiquette de « Parti national » ; en fait, il s'agit moins d'un parti que d'un regroupement de jeunes libéraux. Les idées agitées n'ont rien d'original. De nouveau, on remet en question l'éducation dominée par le clergé, l'obsession des professions libérales et la mauvaise utilisation des capitaux. On plaide pour une association des hommes d'affaires et pour la création d'une société qui réunirait les épargnes de la population. On demande l'ouverture du marché américain et l'abolition des barrières tarifaires, en étant conscient que cela est du ressort du gouvernement fédéral.

Plusieurs de ces idées se retrouvent dans une série d'articles de Laurent-Olivier David qui a le mérite de les rassembler dans une synthèse assez rigoureuse. Pour lui comme pour Parent, la dépendance économique des francophones sera la cause de leur infériorité politique. « Il faut montrer que nous ne sommes pas un peuple dégénéré, sans force, sans vitalité et sans intelligence, destiné à être le jouet et la risée des autres peuples de l'Amérique[16] ». David énumère des causes de l'infériorité économique : l'ignorance, un système d'éducation peu pratique, le mauvais emploi des capitaux dû à l'avarice des possédants ou à la spéculation. À la suite de Parent, il se reporte aux valeurs de la société. Le rôle des Canadiens français est de contrebalancer le matérialisme régnant en Amérique ; pour assumer cette responsabilité, la richesse est indispensable. Il faudra démontrer que leurs institutions sont compatibles avec l'esprit d'entreprise[17]. Parmi les causes de l'infériorité économique des Canadiens français que retient David, il en est une qui trahit un accent nouveau : aux lendemains de la Conquête anglaise, les Canadiens français se sont réfugiés dans l'agriculture, pendant que les Anglais s'emparaient du commerce et de l'industrie.

David propose des mesures déjà mentionnées par d'autres. Il se bute aux mêmes obstacles. Quel pouvoir politique prendra l'initiative du développement ? Le gouvernement provincial est dépourvu de moyens. Pour promouvoir l'industrie, l'exploitation des ressources naturelles, où trouver les capitaux ? La suite de l'histoire répondra à ces questions. Les capitaux viendront des États-Unis, sollicités avec empressement par les gouvernements successifs. Au début du xxe siècle, Errol Bouchette prédira que les ressources naturelles du Québec seront exploitées à grande échelle, mais sous domination étrangère. Avec la même clairvoyance, il plaidera pour que l'intervention des pouvoirs publics, au lieu de se limiter à ouvrir les portes au capitalisme américain, oriente le développement de concert avec les entrepreneurs du pays[18]. Il ne sera pas entendu. Des ministres se contenteront de siéger aux conseils d'administration des entreprises américaines établies au Québec. Jusqu'à la Révolution tranquille, on reprendra périodiquement le bilan de la dépendance économique de la société canadienne-française[19].

La reconquête

Jean Rivard s'est enfin endormi à l'aube d'une nuit d'insomnie. Il rêve : « Il se crut transporté au milieu d'une immense forêt. Tout à coup, des hommes apparurent armés de haches, et les arbres tombèrent çà et là sous les coups de la cognée. Bientôt, ces arbres furent remplacés par des moissons luxuriantes ; puis des vergers, des jardins, des fleurs surgirent comme par enchantement.

Le soleil brillait dans tout son éclat ; il se crut au milieu du paradis terrestre. En même temps il lui sembla entendre une voix lui dire : il ne dépend que de toi d'être un jour l'heureux et paisible possesseur de ce domaine[20] ».

Ce jeune homme s'interroge sur son avenir. Conseillé par son curé, il écarte la profession d'avocat, prélude d'une éventuelle carrière politique. Il s'engage plutôt dans la sombre forêt du canton de Bristol. Il y achète un lot avec son modeste héritage, se taille un domaine avec la collaboration d'un fidèle serviteur. Il se marie avec une fille de son village qui lui sera une admirable compagne. Des routes s'ouvrent ; des concitoyens le rejoignent. Une paroisse s'organise ; une ville naît avec le commerce et l'industrie. Se forme peu à peu une société idéale où on pratique l'autarcie et où s'instaure un heureux équilibre grâce à la sage autorité du héros.

Un roman ? L'auteur s'en défend dans son avant-propos. Une fiction, mais dont le but n'est pas de divertir. La deuxième partie notamment, *Jean Rivard, économiste,* est d'une allure didactique qui nous vaut des fragments d'un traité d'agriculture. Gérin-Lajoie offre un modèle, un idéal : une utopie, pour tout dire. Il souhaite, dit-il dans sa préface de 1874, détourner les jeunes des carrières libérales et du commerce pour les voir adopter la carrière agricole. Il ne prêche pas cependant un simple retour à la terre. Son héros ne devient pas un habitant comme tant d'autres, adonnés aux éternelles routines de la campagne. C'est un entrepreneur : pour lui, le défrichement n'est qu'une étape vers la grande exploitation méthodiquement gérée. Et dès le début de son aventure, il écrit à son ami Charmenil, qui se prépare de son côté à la profession d'avocat : « Qu'étaient, il y a un demi-siècle, les villes et villages de Toronto, Bytown, Hamilton, London, Brockville dans le Haut-Canada et la plus grande partie des villes américaines ? Des forêts touffues qu'ont abattues les haches des vaillants défricheurs. Je me sens le courage d'en faire autant[21] ». À la fin, alors qu'il vient d'être élu maire de Rivardville, il avoue à Charmenil un dessein plus vaste encore : « Toute mon ambition serait de faire de Rivardville une paroisse modèle ; je voudrais la constituer, s'il était possible, en une petite république, pourvue de toutes les institutions nécessaires à la bonne administration de ses affaires, au développement de ses ressources, aux progrès intellectuels, sociaux et politiques de la population[22] ».

Cette république n'est possible que grâce à son isolement du reste de la société. Le visiteur qui nous rapporte ses entretiens avec Jean Rivard n'est parvenu dans ce pays enchanté que par le hasard d'un accident de chemin de fer. Les fabricants d'utopie supposent toujours un milieu fermé, une île ou une contrée coupée du reste du monde, entourée du mystère que lui confèrent sa figure idéale et sa valeur de modèle. Les autres villes, les villes réelles, sont lieux de misère et de chômage pour les uns, de vaines glorioles pour les autres. À Rivardville règnent une relative égalité et une paisible émulation. Cette ville est un recommencement de la vie sociale. Pour cela, elle doit rester à l'écart. Jean Rivard est élu député ; il connaîtra « la corruption, la vénalité, la démoralisation, l'esprit de parti ». Il brisera bientôt avec ce monde extérieur, qui est l'envers de sa république. Pour nous en mieux convaincre, l'auteur supprime cette partie de sa narration dans le volume destiné à la publication[23].

Jean Rivard est un conquérant. Un des rares petits livres qu'il emmène lors de son départ pour la forêt est une vie de Napoléon. Ce n'est pourtant pas un individu exceptionnel ; c'est pourquoi il peut être offert en modèle. Il est tenace, fuit l'oisiveté, évalue soigneusement ses efforts, n'entreprend rien sans calcul et planification. Il n'a pas de vie intérieure compliquée, sauf le courage, la droiture, à peine une brève poussée de jalousie causée par sa promise et quelque tentation de mélancolie dans la solitude des premiers défrichements. On se prend à songer qu'il est le prototype des nouvelles élites laïques dont Étienne Parent dessinait les traits dans ses conférences. S'étant détourné des professions libérales, il se lance dans une vaste entreprise au point d'être qualifié d'économiste ; il est comparable aux grands entrepreneurs américains que Parent proposait comme modèles. C'est un homme instruit, il possède une excellente bibliothèque et il consacre régulièrement des heures à l'étude ; il ferait indéniablement partie de la « classe des lettrés » que Parent appelait de ses vœux. Son ami, le curé Doucet, est un homme de progrès, qui figurerait fort bien dans la galerie des prêtres tournés vers la mission sociale du christianisme que Parent a également esquissée. Jean Rivard et le curé placent au premier rang l'éducation ; l'auteur critique longuement l'organisation scolaire en vigueur dans le pays et, à l'opposé, il décrit avec complaisance les réformes dont Rivardville est l'exemple. La réforme de l'éducation et sa généralisation : ce sont des thèmes de discussions privilégiés parmi les élites francophones de l'époque ; à Rivardville, on réalise ce qui reste ailleurs un souhait. Miracle de l'utopie, son achèvement aussi : pas d'authentique république sans le règne des Lumières.

Voilà, à entendre Jean Rivard et Gérin-Lajoie, à quoi devrait aboutir le mouvement de colonisation des terres neuves qui est la préoccupation unanime au mitan du XIXᵉ siècle. Cette préoccupation procède d'abord de deux sources. Je me suis déjà attardé à la première : la prise de conscience, présente dans les années 1830, lancinante après 1850, de la dépendance économique des francophones. La seconde remonte à l'inquiétude, sinon à la colère, suscitée par l'occupation anglophone des Cantons que les Canadiens français considèrent comme faisant partie de droit de leur patrimoine. « Emparons-nous du sol » : cet impératif, devenu un mot d'ordre largement partagé, n'est pas nécessairement un plaidoyer pour l'agriculture ; il est avant tout la revendication d'occupation du territoire sous la menace d'une désappropriation. Pour un grand nombre de propagandistes de la colonisation, l'agriculture n'est pas l'unique intérêt ; elle doit déboucher sur l'exploitation des ressources naturelles, sur l'industrie, sur des villes nouvelles. Comme pour Jean Rivard, il s'agit d'ouvrir de nouveaux espaces à la collectivité francophone. Le projet rallie l'ensemble des élites : de Papineau à Mᵍʳ Bourget, de Dessaules à Étienne Parent, d'Arthur Buies au curé Labelle. Les politiciens y sont solidaires du clergé que, pour la circonstance, même les leaders des Rouges qualifient de nouveau de « clergé national ». Si les divergences s'effacent, c'est sans doute par la vertu d'une commune opposition à l'envahissement de la puissance anglophone, mais aussi parce que la profession de cette utopie ne met pas foncièrement en cause, aux yeux de beaucoup, l'ordre politique et ecclésiastique.

La prolifération de l'utopie autour de la colonisation comporte des orientations divergentes et difficiles à démêler : ce qui a trompé des analystes pressés de les confondre sous l'étiquette d'un *agriculturalisme* syncrétique. Pour nous y reconnaître, il est prudent de faire d'abord un retour à la diversité des contraintes et des motifs originaires.

À l'époque, on voit dans la colonisation un déversoir de l'excédent de population. Le vieux terroir est occupé. Les difficultés économiques poussent les gens vers l'émigration aux États-Unis. La colonisation n'enclencherait-elle pas un développement économique qui serait le remède approprié ? Les capitaux sont rares. Le curé Labelle explique qu'il s'est orienté vers la colonisation faute de moyens pour financer l'industrie. En principe, l'État provincial devrait prendre l'initiative d'un développement économique plus largement orienté : « Malheureusement, écrit François Éventurel dans *Le Canadien*, les revenus qu'on a laissés à sa disposition sont beaucoup trop faibles. Cependant, il faut bien coloniser nos terres incultes et ouvrir des chemins pour y parvenir car, pour nous, c'est une question vitale. C'est à peu près le seul avantage matériel que nous a laissé le pouvoir fédéral. » Le gouvernement central a d'ailleurs d'autres soucis que la croissance économique du Québec ; ses ressources sont principalement consacrées à l'extension vers l'Ouest, pour des raisons de protection militaire contre le voisin américain. La défense de l'Empire et l'image du grand Canada à construire l'y contraignent...

L'émigration vers les États-Unis n'est pas seule à susciter des inquiétudes et à orienter vers la colonisation. On craint l'engorgement urbain. Ce n'est pas toujours par méfiance envers les villes puisqu'on espère en fonder d'autres par l'ouverture de nouveaux territoires ; on veut plutôt éloigner le spectre de la prolétarisation. À la fin de l'une de ses conférences, Étienne Parent conseille aux jeunes travailleurs d'économiser en vue de l'achat d'un lot de colonisation ; ce qui, pour lui, représente l'ultime solution. Le curé Labelle admet que « l'ouvrier peut gagner parfois plus d'argent que le cultivateur, mais la constitution du premier se détériore au travail délétère des fabriques et l'affaiblissement de ses descendants qui suivent la même carrière ne fait que progresser de génération en génération et entraîne les maux lamentables qui sont la plaie des pays manufacturiers ». Laurent-Olivier David, que l'on a vu plaider pour le développement industriel, tente néanmoins de fonder une société de colonisation pour tirer de la misère les ouvriers de Montréal.

Et puis, les villes sont dominées par les Anglais qui ont mainmise sur les affaires. C'est là que la dépendance des Canadiens français est la plus manifeste, que la dualité des deux sociétés est inscrite sur le sol. Il semble que ce thème englobe tous les autres, que l'utopie en procède dans sa plus grande ambition : échapper à l'étreinte de l'autre collectivité ; édifier en parallèle une société différente, par l'occupation exclusive d'un territoire ; *refonder* la nation dans une croisade de reconquête.

Les fronts de l'utopie sont nombreux et se déploient à peu près dans toutes les directions.

Dès 1848, dans une conférence à l'Institut canadien, l'abbé Bernard O'Reilley, missionnaire à Sherbrooke, dénonce le monopole des spéculateurs britanniques qui ont vendu les terres de la province afin d'en dépouiller les Canadiens français. La colonisation ouvrira heureusement sur un avenir grandiose : « Avant vingt-cinq ans, vous verrez la plus grande partie de cette vaste lisière des Townships jusqu'à la Beauce, se remplir d'une population dont l'industrie exploitera les richesses minérales et les ressources manufacturières qui abondent sur chaque lieue carrée. Vous verrez plus de vingt-cinq paroisses nouvelles, où la croix du clocher veillera sur la jeune colonie ; où dans les écoles nombreuses, on enseignera la langue de France, où des mains canadiennes dirigeront des moulins, des factories, des ateliers, au lieu de se mettre à la merci des étrangers dans les États voisins[24] ». Nous ne sommes pas loin de Rivardville...

Le curé Labelle vient plus tard. Cette fois, c'est le Nord qu'il faut conquérir. Le motif est le même : « On voit le fond de la pensée d'un certain nombre de protestants qui voudraient circonscrire la race française dans son expansion et mieux faire de nous une nouvelle Irlande. » Il n'est d'autre issue que de devenir « les rivaux des Anglais et des Américains dans le commerce et l'industrie ». Pour y arriver, il est indispensable de déplacer le terrain du combat, d'occuper un autre territoire, le Nord, tout le Nord, de Montréal à Winnipeg. Labelle écrit au curé Filion du Manitoba : « Les deux rivières qui portent le même nom de la Rouge, la mienne et la vôtre, sont appelées à se joindre. Nous nous acheminons tranquillement vers les belles et fertiles régions de la Baie James. Une fois là, nous nous donnerons la main[25]. » Le plan de Labelle est imposant : exploitation des ressources agricoles et minières ; industrie, commerce, tourisme ; construction d'un chemin de fer ; appel à l'immigration en provenance de France ; nouveau diocèse... Un empire nordique, assise exclusive des Canadiens français ? Buies se fait le propagandiste du curé Labelle : former « derrière les montagnes un long et indissoluble chaînon de race canadienne-française ». Buies rêve de « fonder un asile impérissable pour notre nationalité », un « camp retranché inexpugnable[26] ».

Ce n'est pourtant pas un Québécois mais un étranger qui définit l'utopie dans toute son ampleur. Disciple de Le Play, François-Edmé Rameau de Saint-Père se passionne pour la politique coloniale de la France ; il acquiert des propriétés en Algérie et c'est là que, par des missionnaires, il entend parler du Canada. Dans *La France aux colonies*, il résume l'histoire du Canada et de l'Acadie et trace un programme d'avenir. L'ouvrage est fort bien accueilli par les élites canadiennes-françaises ; lors d'un voyage en Amérique où il visite le Québec, l'Acadie, les Franco-Américains, Rameau noue des relations durables avec Papineau, Parent, Garneau, Ferland, Casgrain, d'autres encore ; par la suite, il entretient avec eux une correspondance suivie et abondante[27].

Rameau est impressionné par la progression démographique de la population francophone et par son expansion territoriale : « Dans son vieux foyer national et primitif, le Canadien est entièrement demeuré lui-même et maître chez lui ; dans les nouveaux établissements où il envoie des émigrants, ceux-ci restent parfaitement distincts au milieu du mélange ; ils se groupent, se condensent et s'étendent d'année en année, en évinçant peu à peu devant eux la race anglaise[28]. » La colonisation s'inscrit dans cette dynamique ; elle est une revanche sur le destin, une mutation du peuple conquis en peuple conquérant. Il faut canaliser ce mouvement, l'orienter vers un grand dessein, en vue de la création d'« une patrie nouvelle ». Le Nord-Ouest canadien se prête à cette extraordinaire aventure : comment douter « que la population canadienne, après avoir remonté l'Ottawa, se poussant de proche en proche, ne gagnera pas par la rivière française le haut des lacs pour arriver un jour à se rattacher ainsi par une chaîne de colonies à celle que l'émigration aurait déjà solidement établie au nord-ouest ? La race franco-canadienne se trouverait alors à avoir pour domaine tout le nord de l'Amérique[29]. »

L'utopie serait donc importée ? Labelle et Buies se réclament souvent de Rameau dont ils ne semblent parfois que répéter les propos. Ne nous méprenons pas : les nombreuses relations que Rameau entretient avec les élites du Canada français lui apportent autant de suggestions qu'il en fournit lui-même. Un moment désespéré lors de la parution du rapport Durham et de l'Acte d'union, Étienne Parent a déjà rêvé d'une fuite de la population francophone vers le Nord. Ne serait-ce pas lui qui aurait soufflé l'utopie à Rameau ? En tout cas, dès avril 1859, il écrit à ce dernier qu'un jour sans doute un peuplement continu reliera la vallée du Saguenay à celle de l'Outaouais : « Et cet empire futur du nord paraît devoir être l'apanage incontesté de notre race. » D'ailleurs, dans la correspondance de Rameau avec Parent et d'autres, on discute abondamment des lieux à choisir pour la grande offensive ; ce qui indique que l'utopie n'est pas définie à sens unique.

Elle pointe d'ailleurs un peu partout dans le sillage des entreprises de colonisation. Nous l'avons vue apparaître dans les Cantons de l'Est, avant Rameau. Elle réapparaît plus tard dans la Beauce ; dans la Mauricie où elle laisse libre cours aux projets grandioses que les travaux de René Verret nous révéleront bientôt. Elle prendra une singulière vigueur dans la région du Saguenay, où l'a étudiée Gérard Bouchard[30]. Là aussi elle procède de constats que nous avons rencontrés : la présence prééminente de l'Anglais dans l'économie et dans la politique, la saignée de l'émigration, la prolétarisation des villes. Il est toujours question de bâtir un nouveau pays, par-delà la barrière des Laurentides. Il s'étendra de la vallée du Saguenay jusqu'à la baie d'Hudson. Chicoutimi deviendra une grande métropole, plus importante que Québec et Montréal, en concurrence avec Chicago et New York ; les villes se multiplieront sur le territoire. La France fournira des capitaux qui financeront l'implantation de l'industrie, la fabrication des pâtes et papiers à une grande échelle et l'exploitation de l'hydro-électricité. Bien plus, le Saguenay sera l'un des pivots d'un réseau planétaire de communication ; par le nord, une route traversera tous les continents, de l'Asie au Saguenay[31].

Dans tous les cas, le bouillonnement utopique comporte les mêmes paramètres. Il faut sortir de l'enfermement qui étrangle la nation francophone. Pour cela, on doit quitter le territoire occupé, s'éloigner des villes où domine l'étranger et où la jeunesse instruite végète auprès du prolétariat naissant. On recommencera à neuf, sur un territoire encore vierge, patrimoine incontesté de la nation où elle dominera à son tour. Le Nord est là, encore désert. Comme le canton de Bristol où s'engage Jean Rivard. Comme le Saguenay isolé de la plaine du Saint-Laurent par les montagnes. Sur ces terres mystérieuses, où ne règnent encore que le silence et l'imagination, pourra naître un pays nouveau, protégé de la servitude, terre promise à une nation autrefois conquise et toujours tenue en servitude.

La Conquête de 1760 sera effacée grâce à une autre conquête, pacifique celle-là. L'abbé Proulx résume l'intention du curé Labelle, dont il est le disciple : « Il veut que nous fondions une province aussi grande, aussi riche que celle du Québec, à elle en tout semblable, par les idées, les sentiments, la langue, les mœurs et la religion. » Du côté du Saguenay, on entreprend aussi de jeter les bases d'une « nouvelle province », d'« un nouveau Canada » et même d'une autre Nouvelle-France. Et l'indépendance politique achèvera la reconquête, confie Labelle en secret...

La vocation agricole

La colonisation est susceptible de se prêter à deux variantes de l'utopie. D'une part, elle est vue comme une phase dans la perspective d'un développement intégral : on commencera par l'agriculture ; viendront ensuite des villes, des industries, du commerce à grande échelle. Par contre, ce qui est alors envisagé comme une étape peut être conçu autrement, comme un achèvement : l'agriculture devient le mode par excellence de l'occupation des nouveaux territoires, le parachèvement d'une vocation que détiendrait en propre la collectivité.

Distinctes en principe, ces deux variétés de l'utopie s'emmêlent plus ou moins indistinctement dans les discours ou les textes. On comprend que des historiens ou des sociologues aient été enclins à les confondre. Or l'inventaire des possibles, qui est l'œuvre de l'utopie, au lieu de s'effectuer toujours suivant de nettes démarcations, le fait plus souvent selon des dénivellations aux arêtes estompées, ce qui traduit les embarras des acteurs. Ainsi, les partisans de la colonisation du Nord sont partagés. Tantôt ils disent vouloir étendre plus loin l'agriculture ; tantôt ils déclarent ambitionner bien davantage, la création d'une société nouvelle. Néanmoins, tous parlent parfois le même langage : selon les circonstances, par diplomatie, par un flottement inévitable du discours lorsqu'on tâtonne autour des mises en œuvre. La conquête du Saguenay ne fait pas exception : des pionniers, surtout des membres du clergé, escomptent une extension de l'agriculture quand la majorité des leaders rêvent d'un empire industriel et commercial dont l'agriculture ne serait que partie prenante.

Comment décrire le virage où, de la volonté de reconquête, on se retourne vers la vocation agricole ? Les thèmes sont fréquemment les mêmes ; les accents sont différents. On s'entend pour dénoncer le chômage, la misère, les dures conditions du prolétariat urbain ; on est unanime à chercher une solution dans la migration d'une partie de la main-d'œuvre vers les terres de colonisation. Prenant un chemin de traverse, certains enchaînent pour dénoncer l'immoralité des villes et exalter, en contrepartie, la grandeur de l'agriculture et les vertus rurales. En somme, c'est l'échec de la reconquête qui entraîne le repli sur la vocation agricole.

Selon *Les Mélanges religieux,* l'industrie est démoralisante. Elle engendre la désaffection envers la religion. Quant au commerce, il favorise la spéculation, au détriment des intérêts de l'ensemble de la population : « Il est essentiellement agiotage, et l'agiotage qui peut par circonstance faire la fortune de quelques individus, ne fera jamais celle d'une nation[32]. » L'image est inversée lorsqu'on se tourne vers le cultivateur, qui partage un genre de vie éminemment favorable à la moralité : « Obligé de travailler à la sueur de son front, il n'a pas le temps ni l'occasion de chercher ces plaisirs qui ruinent la santé, amolissent les constitutions, tandis qu'un exercice rude et continu forme ces natures mâles et vigoureuses qui assurent la force et la prépondérance aux peuples adonnés aux travaux des champs[33]. »

De cette supériorité de la vie à la campagne, on conclut à une vocation agricole du peuple francophone. L'industrie et le commerce détournent de cette vocation, écrit *La Gazette des campagnes* : « Dispositions vertueuses et vocation agricole [sont] deux ordres de choses liés entre eux plus étroitement qu'on ne le pense habituellement[34]. » Cette vocation n'engage pas à des transformations sociales ; elle est loin de ce rêve de reconquête dont il a été question précédemment. Nous sommes devant l'autre face des utopies de la colonisation : sauvegarder plutôt que combattre, se replier plutôt que conquérir. Car « l'agriculture est de sa nature essentiellement conservatrice. L'attachement à la patrie, à ses institutions s'identifie pour l'agriculteur à l'attachement au sol auquel il est fixé par la propriété[35] ».

La vocation agricole relève donc de valeurs prétendument mieux protégées à la campagne qu'à la ville, d'une sorte de déterminisme social de la bonne vie. Un autre déterminisme est en cause : la pratique de l'agriculture est inscrite dans la nature de la collectivité francophone. En abandonnant l'agriculture, demande

Charles Thibault, « n'avons-nous pas profondément altéré notre caractère national[36] » ? Thibault est un extrémiste, partisan farouche du retour à la terre. Arthur Buies, qui soutient avec ferveur la thèse de la reconquête, n'en pense pas moins que, « poussés par un instinct irrésistible », les Canadiens français cherchent « à s'emparer du sol de leur vaste province, dont eux seuls peuvent devenir les maîtres, car ils sont les seuls défricheurs du nouveau-monde[37] ». Le principe est le même chez les deux auteurs ; l'intention est différente. Dans un cas, c'est le genre de vie qui est valorisé ; dans l'autre, c'est l'emprise sur le territoire qu'authentifie la tradition du métier agricole. On reconnaît, à partir d'un foyer identique, les deux vecteurs de l'utopie.

Si la vocation agricole est inhérente au caractère national, le passé de la nation devrait en fournir le témoignage. Le mythe prend alors le relais de l'utopie. Le mythe est un récit qui reporte aux commencements du temps, où se sont fixées les règles qui président aux institutions et aux pratiques sociales et qui, par conséquent, doivent servir de modèles pour l'avenir ; les partisans les plus résolus de la vocation agricole se livrent à d'étranges évocations d'un âge d'or de l'agriculture québécoise qui n'est situé dans aucune période historiquement repérable. Le journaliste des *Mélanges religieux* s'attriste : « Il n'est plus possible de nos jours de se contenter de la simplicité antique de cette vie modeste et paisible que coulaient nos pères à l'abri de leur toit champêtre, entre leurs travaux et leurs jours de fête, entre l'oubli de la veille et l'insouciance du lendemain. Beaux jours que ceux-là, âge d'or véritable qui rappelait aux yeux étonnés le charme des temps bibliques et des mœurs patriarcales[38]. » *La Gazette des campagnes* enjolive encore la peinture : « Dans nos campagnes, chaque famille était semblable à une petite communauté religieuse[39]. » De quoi dissuader ceux qui sont tentés de partir pour les États-Unis : « Restons, Canadiens, en Canada, et vivons de la vie de nos glorieux ancêtres, pour mourir de la mort heureuse dont presque tous sont morts entourés des soins de la religion[40]. »

Refusons-nous à l'humour facile et bornons-nous à retenir comment bifurquent les utopies de la colonisation. « S'emparer du sol », selon le slogan de l'époque, cela consistera à fonder un nouveau pays où la nation mettra en œuvre un vaste programme de développement. Par ailleurs, à l'intérieur cette fois du terrain occupé, un enclos parfaitement préservé par le genre de vie agricole pourra, lui aussi et à sa manière, constituer une forteresse imprenable ; par la colonisation, il faudra seulement l'élargir, en conservant soigneusement le modèle original. Un enclos ? Pas seulement : une société idéale, où la moralité et l'harmonie régneraient sans partage, sauvegardées par une longue tradition, par la sanction de l'origine. D'après la logique de l'utopie, deux voies paraissent donc se présenter à un peuple d'agriculteurs par hérédité et par destin : s'emparer d'un empire ou se cramponner au terroir. Les artisans de l'utopie ont du mal à choisir carrément entre les deux.

La réalité tranchera pour eux, comme pour les Rouges, comme pour Parent et les promoteurs de l'émancipation économique. Pendant que continue l'émigration vers les États-Unis, la colonisation se poursuit sur des terres souvent peu propices à l'agriculture. Elle est combattue par les compagnies d'exploitation forestière, concurrentes naturelles des colons, pourvoyeuses des finances publiques et des fonds électoraux. Lancée dans toutes les directions, elle se heurte à l'insuffisance des voies de communication. Le prolétariat qu'on veut contrecarrer dans les villes se reproduit dans les territoires nouveaux. Le rêve de la reconquête se tarit rapidement ; mais les tenants de la vocation agricole ne cessent point de ressasser l'utopie. De plus en plus, l'éloquence des congrès tient lieu d'analyse.

La vocation agricole sert d'alibi à la collectivité francophone face à un développement de l'économie qui lui échappe. Lors du congrès de la colonisation de 1919, un orateur proclame encore : « Nous rêvons d'une plus grande expansion commerciale et industrielle ; nous rêvons d'indépendance économique. Eh bien ! Multiplions les paroisses canadiennes-françaises ; et si nous ne pouvons encore rivaliser avec les gros capitalistes et les grands financiers, nous tâcherons au moins de bâtir solide, en bâtissant sur la terre[41]. » Les rêves s'obstinent par-dessus les contradictions que la réalité leur oppose.

La vocation agricole est davantage qu'une solution, évidemment illusoire, aux déficiences de l'économie ; elle n'est pas non plus un égarement que cultiveraient en exclusivité quelques orateurs du Canada français. Elle réanime un vieil archétype. Que l'habitant soit plus libre que le commerçant, Hésiode l'affirmait longuement dans *Les Travaux et les Jours,* aux lointaines origines de la pensée grecque[42]. Que le vrai peuple se trouve à la campagne, un savant professeur de la Sorbonne en faisait la raison d'être des études folkloriques et même l'incitation à un renouveau de la littérature au tournant de ce siècle[43]. Les campagnes sont plus homogènes que les villes ; elles se transforment, croit-on, plus lentement : elles sont donc, par excellence, des lieux de mémoire de la culture. Comment n'y aurait-on pas vu le garant de la survivance d'une nation réduite à ses composantes culturelles ?

La mission providentielle

La vocation agricole est censée imprimer sur la collectivité la marque du destin. Mais, après tout, elle ne concerne qu'une partie de la population et le groupe de ses promoteurs est restreint. L'idée d'une mission providentielle du peuple canadien-français est d'une plus grande ampleur.

Des historiens, des sociologues et des essayistes ont cité à satiété le célèbre sermon prononcé par Mgr Pâquet en 1902 : « Notre mission est moins de remuer des capitaux que de manier des idées ; elle consiste moins à allumer le feu des usines qu'à entretenir et à faire rayonner au loin le foyer lumineux de la religion et de la pensée[44]. » Ce texte a provoqué les sarcasmes ou l'humour de bien du monde. Plutôt que d'ajouter inutilement à cette litanie, je soulignerai d'abord que l'idée de mission nationale n'est pas exclusivement le fruit d'esprits canadiens-français égarés. Elle est partout répandue au XIXe siècle. Michelet la découvre dans l'histoire de la France. Elle accompagne le mouvement des nationalités en Allemagne, en Italie, chez les peuples slaves, ailleurs encore. La mission civilisatrice de l'Empire britannique en est un exemple ; aux États-Unis, la *Manifest Destiny* en est un autre. L'idéal du progrès, diffusé par le libéralisme, n'est-il pas une vision sécularisée de la mission religieuse ? Même le capitalisme se fait missionnaire : des hommes renommés comme Carnegie ou Rockefeller propagent l'« évangile de la richesse » dans des conférences écoutées avec ferveur en Amérique ; un darwinisme vulgaire, garant du succès des plus aptes dans la lutte sociale et combiné avec une morale protestante édulcorée, justifie la puissance des uns et la misère des autres. Pour faire bonne mesure, Marx n'a-t-il pas attribué une mission au prolétariat, soutenu en cela jusqu'à il y a peu par des intellectuels fort sérieux ?

Pour en rester au Québec, chez les élites de la seconde moitié du XIXᵉ siècle québécois, l'attestation d'une mission du peuple canadien-français est courante et elle est utilisée par des écrivains qui ne sont pas tous des cléricaux.

Plaidant pour la survivance des institutions nationales, Étienne Parent soutient que « c'est l'accomplissement d'un décret providentiel, de la volonté de Dieu, qui crée les nationalités pour qu'elles vivent[45] ». Parent n'est certes pas un ultramontain, pas plus que le jeune libéral Laurent-Olivier David, qui écrit en 1872 : « Chaque nation a un rôle spécial à remplir dans les destinées du monde et des facultés propres à l'accomplissement de sa mission. » C'est là, pour lui, « une vérité dont l'expérience et la raison constatent l'existence et les effets[46] ». Félix-Gabriel Marchand, futur premier ministre libéral, déclare dans son journal *Le Franco-Canadien*, à la veille d'être élu député en 1867 : « La race française a sur ce continent une mission providentielle qu'il n'est pas donné à ses ennemis ou à ses enfants dénaturés de détruire[47]. »

Le curé Labelle évoque tout naturellement « cette belle vocation que la Providence nous a assignée ». De son côté, Arthur Buies n'hésite pas à faire appel à « la conscience d'une mission à accomplir » et aux « desseins providentiels ». Edmond de Nevers lui-même, à la fin du siècle, n'échappe pas à l'entraînement général. Il est vrai que le sociologue prend quelque peu distance : il fait leur part « aux rigueurs de l'évolution naturelle, à la lutte des forces, à la concurrence vitale » ; il sait que la marche de l'histoire est soumise à des mouvements qui lui sont propres. N'empêche qu'il se souvient que les « anciens historiens » attribuaient aux peuples des missions et il s'écrie : « Je voudrais que tous les descendants des vaincus de 1760 eussent de leur mission dans le monde une aussi haute idée et qu'ils vissent leur devoir tracé d'en haut par une volonté éternelle[48]. »

Ainsi, loin d'être une variété accessoire des autres utopies, l'idée d'une mission du peuple canadien-français en constitue le plus souvent un complément obligé. L'émancipation économique que prêche Parent, la reconquête et la vocation agricole renvoient toutes à la nation, à sa précaire survivance ; celle-ci exige donc d'être justifiée. Ce à quoi pourvoit l'idée d'une mission. Celle-ci peut avoir des contenus divers. Pour Nevers, par exemple, elle consiste dans une société où se perpétueront les vieilles traditions d'hospitalité, d'égalité, de fraternité et d'où seront bannies les grandes entreprises, facteurs d'oppression et d'injustice. La mission des Canadiens français est « d'édifier chez nous une civilisation sur plusieurs points supérieure à celle des peuples qui nous entourent, de fonder dans ces régions du nord une petite république un peu athénienne où la beauté intellectuelle et artistique établira sa demeure en permanence, où elle aura ses prêtres, ses autels et ses plus chers favoris ». Nevers insiste sur l'activité intellectuelle de la république future ; il ne s'arrête pas autrement à la religion, sauf pour évoquer au passage « un petit peuple en même temps religieux et progressif ». D'autres donnent à la mission providentielle une teneur strictement religieuse. Mgr Laflèche est l'un des premiers à illustrer cette orientation. La Providence ayant confié aux ancêtres la mission de convertir les Indiens, l'avenir est tout tracé pour les Canadiens français : « l'établissement d'un peuple profondément catholique dans cette terre que [la Providence] leur a donnée en héritage[49] ».

De tous les bords, on use fréquemment d'analogies avec le destin du peuple juif. Étienne Parent y fait allusion à propos du rôle qu'il prescrit au clergé : il espère voir celui-ci, « comme autrefois l'arche d'alliance devant le peuple d'Israël, marcher à la tête de notre peuple vers la terre promise du progrès et de la liberté[50] ». Mgr Laflèche compare Jacques Cartier à Abraham, tous les deux prenant possession d'une terre nouvelle[51]. Il décèle une analogie entre la Conquête de la Nouvelle-France et la dispersion d'Israël. L'abbé Proulx se représente le curé Labelle devant l'espace à coloniser tel Moïse face à la Terre promise.

L'image de la Terre promise et la comparaison avec l'histoire d'Israël conviennent admirablement à une nation modeste, aux caractéristiques originales, voisine d'un peuple audacieux et en pleine expansion. Alors que les Rouges souhaitent une intégration au géant américain, tandis que Parent pousse qui veut bien l'entendre à imiter sa fiévreuse activité, les tenants de la mission religieuse renversent radicalement la perspective : pour eux, les Canadiens français conquerront l'Amérique.

D'après l'abbé Casgrain, la civilisation américaine est minée par la multiplication des sectes et par le rationalisme : « Fondée sur le sable, morcelée en cent petits États, comme l'Amérique du Sud, elle dévorera elle-même son influence, et avec elle, celle du protestantisme. » La France est en train de conquérir le Mexique, d'y établir l'empereur Maximilien : avant peu, « l'empire du protestantisme, pressé du golfe mexicain et du Saint-Laurent, fendra par le milieu ; et les enfants de la vérité s'embrasseront sur les rives du Mississipi, où ils établiront pour jamais le règne du catholicisme[52] ». Adolphe-Basile Routhier s'abandonne à des visions non moins grandioses. La civilisation américaine est vouée à l'échec ; elle a connu un accroissement anormal, désordonné ; l'immigration a noyé le germe primitif. Heureusement que les Canadiens français sont présents et qu'ils sont destinés à prendre en Amérique la place qu'occupe la France en Europe. Sans compter qu'ils sont des Français d'un type exceptionnel. Il n'y a donc aucune raison de mettre en doute la survie du Canada français, et même de nier « la prépondérance qui lui appartient sur ce continent ». Et puis la situation est favorable : la Conquête a protégé les francophones de la Révolution française et la Confédération a fait disparaître pour jamais les conflits ethniques[53].

Pour des esprits moins portés à la vaticination, l'avenir des États-Unis est tout aussi problématique. Dans une édition révisée de son *Histoire du Canada* (qui paraît après sa mort), François-Xavier Garneau prévoit que les États-Unis éclateront en plusieurs pays différents, de sorte que l'Amérique du Nord ressemblera un jour à l'Europe[54]. À la fin du siècle, envisageant et souhaitant l'annexion du Québec aux États-Unis, Nevers se rassure : la nationalité francophone sera sauvegardée par l'éventuelle fragmentation de l'État américain en des nationalités distinctes[55].

Dès lors, l'hémorragie de l'émigration vers les États-Unis prend une autre signification. Après une période où les émigrants ont été considérés comme des traîtres attirés par l'appât du gain et guettés par l'apostasie, en un miraculeux revirement ils deviennent des agents de la mission providentielle : des « avant-gardes », des « sentinelles avancées », pour reprendre les métaphores les plus répandues. Même Chapleau, qui lui non plus ne prise guère les ultramontains, prend part à ce concert oratoire : celui qui émigre aux États-Unis ou en Ontario s'avance comme « un éclaireur de la grande armée d'invasion dont M. Rameau nous a prédit la victoire pour le siècle qui suivra[56] ». L'hégémonie américaine n'est plus à craindre ; par sa culture, la nation canadienne-française est appelée à transcender les frontières. Le leader franco-américain Ferdinand Gagnon parle d'une « union nationale » de tous les Canadiens, qu'ils soient du Canada ou des États-Unis, puisqu'ils appartiennent à une même « patrie morale ». Gagnon acquiert la nationalité américaine en 1872, tout en affirmant préférer l'histoire du Canada à celle des États-Unis : « Je suis heureux d'être citoyen loyal de ce pays, mais également je suis fier et orgueilleux d'être canadien français[57]. »

Déliée des embarras de la politique et de l'économie, la représentation de la collectivité finit par accéder à une sphère supérieure. De ses conditions empiriques, la survivance est reportée à l'univers symbolique. La nation étant essentiellement une culture, n'est-il pas inévitable qu'on la propulse de plus en plus haut dans des spéculations où l'utopie s'égare ?

Naissance du nationalisme

Avant tout, ce sont la proximité des États-Unis et la dépendance économique qui ont suscité les utopies. Et celles-ci ont fini par enclencher une vaste interrogation sur la nation. Pour les uns, l'accès à la république est crucial, au point où, par l'annexion, la nation pourrait disparaître, ce qui est parfois admis, parfois récusé. Pour d'autres, dont Étienne Parent, l'avenir de la nation prend le pas sur les aménagements politiques. Les partisans de la reconquête rêvent d'une nouvelle société où la nation sera enfin chez elle. Certains pensent que la culture nationale repose essentiellement sur le genre de vie agricole. La plupart attribuent à la nation une mission providentielle. De toutes les façons, la nation est au cœur du débat : c'est un premier trait qui se dégage d'utopies par ailleurs différentes à tant d'égards.

Il en est un second qui, cette fois, indique un déplacement de la spéculation utopique sous le coup des échecs qu'elle subit. Le projet de république conduit dangereusement à l'assimilation ; le souci de la conservation l'emporte finalement sur la tentation de l'annexion. Parent et consorts ont beau soulever le problème de la dépendance économique de la collectivité, les moyens proposés sont dérisoires et le problème sera vainement repris par la suite. Quant à la reconquête, elle s'enlise dans les précaires entreprises de colonisation. Une *inversion* des utopies ne doit-elle pas s'ensuivre ? L'annexion aux États-Unis, comme l'émigration, se muent en une mission du Canada français sur le continent ; la reconquête se replie sur la vocation agricole. Cette inversion est aussi une *évasion* : dans la vie rurale devenue microcosme de la survivance ; dans une expansion spirituelle de la collectivité au profit d'une histoire parallèle à la dure réalité empirique. La conscience de l'enfermement de la collectivité qui a donné impulsion aux utopies ne disparaît pas ; elle se juxtapose aux rêves de compensation.

À mon avis, le nationalisme canadien-français est né de ce contexte. La thèse pourra surprendre ; beaucoup d'auteurs font remonter ce nationalisme bien avant. Je vais m'en expliquer.

Dans les chapitres précédents, nous avons vu émerger le sentiment national et, par la suite, la nation dans la première moitié du XIX\ :::e:::\ siècle. Mais la conscience nationale ne mène pas fatalement au *nationalisme*. Nous avons même constaté que, dans la pensée politique exprimée dans *Le Canadien* et ailleurs, la primauté était accordée au statut politique conféré par la Constitution de 1791 ; ce statut interférait avec celui de la nation, au point d'en brouiller la représentation. Il n'en allait pas autrement des tentatives d'émancipation dans les années 1830 et des idéologies qui ont inspiré les chefs de la Rébellion. La nation était présente ; elle n'avait pas la prédominance. À l'inverse, le nationalisme suppose, si l'on veut bien donner aux mots un sens un peu précis, que la nation devient une référence première de la collectivité. Voilà ce qui se produit effectivement au mitan du XIX\ :::e:::\ siècle.

On se souviendra de la déclaration d'Étienne Parent que j'ai déjà citée : « Lorsque dans un mouvement, dans une démarche quelconque, il y aura clairement à gagner pour notre nationalité, ne nous inquiétons du reste que secondairement. » N'est-ce pas une parfaite définition du nationalisme ? La première, à ma connaissance, qui soit énoncée en des termes aussi nets. Elle n'intervient pas par hasard et elle ne s'explique pas simplement par l'évolution des idées. Elle correspond à un réaménagement des structures sociales. Les Pères de la Confédération veulent fonder une « nation nouvelle », c'est-à-dire une entité politique. L'autre nation, la canadienne-française, devient une entité culturelle. En plus d'être modestes, les pouvoirs dévolus à la province de Québec ressortissent d'abord à la culture. Tout concourt à concentrer la référence autour de la communauté. Comment se surprendre que la langue et la foi représenteront pour un siècle les marques de la collectivité et que l'Église prendra le relais d'une organisation politique déficiente ?

On entrevoit ce que sera le discours de ce nationalisme. Il répétera, comme un sédiment jamais oublié, les thèmes des utopies avortées. Périodiquement, on prônera l'indépendance du Canada, substitut peut-être de l'utopie républicaine. À chaque génération, on rappellera la subordination économique de la nation. La reconquête connaîtra encore d'autres versions, dont l'idéal de la souveraineté du Québec, qui ne date pas d'aujourd'hui. Pour sa part, l'Église ne se lassera pas d'opposer sa mission à la montée du matérialisme, jusqu'au jour où elle subira le contrecoup du rôle qu'elle a assumé au détriment de la politique. En somme, l'échec des utopies, en reportant l'échéance des rêves qu'elles ont entretenus, engendre le nationalisme canadien-français.

À travers le monde, on le sait, les nationalismes ont toujours constitué un large éventail. Il en est de conquérants ; il en est de totalitaires. Celui qui naît au Québec dans la seconde moitié du XIXe siècle appartient à une autre espèce, par ailleurs très répandue : un nationalisme du retrait, de la survivance. Que les velléités de reconquête ou de mission ne fassent pas illusion : ce sont des produits de remplacement. On se console par en haut de ce qui est perdu par en bas. Dès les lendemains de la Confédération, on protestera contre les empiétements du gouvernement fédéral, contre l'abolition des écoles françaises dans les autres provinces. On réclamera la monnaie et le timbre bilingues, tant d'autres symboles dérisoires d'une nation distincte qui, pour le reste, n'a d'autres ressources que de ranimer la cendre des utopies défuntes.

Chapitre VIII

LE RECOURS À LA MÉMOIRE

L'utopie est tendue vers l'avenir ; néanmoins, on ne s'adonne pas à des projets sans des vues sur le passé puisqu'il est question du destin collectif à poursuivre ou à réorienter. Les projets se tournent alors vers la mémoire. Prônant l'instauration de la république, les Rouges se réclament des luttes politiques d'avant 1837, dont ils espèrent la reprise et l'achèvement. Pour Étienne Parent et ses continuateurs, en maîtrisant les leviers de l'économie, on sera digne du courage des ancêtres qui ont fait le pays. Pour d'autres, la colonisation tient du caractère inné de la nation et engage à la reconquête ; elle confirme la destinée agricole ou la mission providentielle... Pas d'utopie sans une lecture de l'histoire qui soit une assurance ou une convocation.

Le recours au passé peut avoir lui-même une saveur utopique. La rébellion de 1837-1838, le temps des pionniers de la Nouvelle-France et l'âge d'or dont les tenants de la vocation agricole cultivent la nostalgie sont élevés au-dessus de l'histoire. Ces événements ou ces périodes ne sont pas révolus au même titre que les autres ; ils offrent des modèles à reproduire, ils indiquent des tâches à poursuivre. Rien, là encore, qui ne soit propre au Québec du XIXe siècle : l'Exode de l'Ancien Testament pour les juifs ou pour les théologies de la libération, le Moyen Âge pour les romantiques ou la Révolution française pour Michelet sont des archétypes et des préfigurations. L'histoire ne se fait pas seulement en avant ; se souvenir, c'est aussi récapituler et recommencer.

L'utopie tranche par un projet sur l'incertitude de l'avenir en libérant du fleuve du passé un mythe qui s'y est formé. Cette réciprocité est plus étroite dans les sociétés archaïques ; pour se détendre davantage dans les nôtres, elle n'en est pas moins présente. Et elle se fait polémique : la diversification des utopies engendre la pluralité des mythes et de leurs interprétations.

Je crois reconnaître quelque chose de semblable à l'intérieur même du travail de l'historien. Celui-ci ne dissocie-t-il pas, de la multitude des événements, certains d'entre eux qui sont plus importants ou plus significatifs et autour desquels d'autres s'agglomèrent ? La Conquête anglaise, la Rébellion de 1837-1838, la Confédération, la Révolution tranquille font percevoir des tendances, des causes ou des achèvements, ce qui est essentiel pour rendre la temporalité intelligible. Certes, le savoir historique introduit une rupture : l'utopie est orientée vers l'action à poursuivre ; autant qu'il peut, l'historien s'interdit cette issue, il construit des modèles d'explication plutôt que des stratégies politiques. La différence est-elle toujours absolue ?

Le passé vient jusqu'à l'historien, non pas seulement par ces vestiges que sont les documents, mais au cœur même de son propre emplacement existentiel. En reconnaissant son immersion dans l'histoire, le chercheur y puise l'indispensable moyen de la comprendre et de l'interpréter ; par là, il est un sujet historique comme tous les autres. Dans ce chapitre, partant des historiens, je ne me limiterai donc pas à eux. Je ferai état d'un large contexte. Ce qui nous portera plus loin, vers l'institution de la littérature : vers ces précautions et ces désistements grâce auxquels l'écriture cherche à conquérir sa légitimation aux dépens de ce qui lui donne naissance. En compagnie de la politique...

Une construction de la mémoire historique

Michel Bibaud a écrit une histoire du Canada, du moins d'après le titre qu'il a mis à son ouvrage. La seconde partie, *Histoire du Canada et des Canadiens sous la domination anglaise,* paraît en 1844, un an seulement avant la publication du premier volume de l'ouvrage de François-Xavier Garneau. Que la proximité chronologique ne nous abuse pas. Je l'ai souligné dans un autre chapitre : ce n'est pas Bibaud qui édifie une mémoire collective de quelque conséquence. L'en empêchent aussi bien la faible répercussion de son œuvre sur le public de l'époque et sur les générations à venir que la médiocrité de son travail. Bibaud est avant tout un chroniqueur. Pour une partie du Régime français, Charlevoix lui fournit un fil conducteur ; pour le Régime anglais, il juxtapose les pièces documentaires. Les luttes constitutionnelles l'horripilent ; chez lui la polémique se substitue à l'analyse.

Pour sa part, François-Xavier Garneau porte souvent un jugement, et confie même ses préférences personnelles ; mais il tâche d'analyser objectivement ses choix. Ainsi, ses sympathies envers Papineau et les leaders parlementaires sont évidentes, ce qui ne le dispense pas d'évaluer les conséquences de leurs prises de position. Cette distance lui permet de mettre en évidence des ruptures et des lignes de développement, d'entrevoir l'allure d'un destin collectif.

Alors que s'enfièvre la politique, qu'un homme un peu ambitieux ne songe qu'à s'engager dans l'action publique ou à la commenter dans les journaux, Garneau poursuit un cheminement parallèle. Issu d'une famille modeste, il quitte l'école très tôt ; malgré son vif désir, il ne peut poursuivre des études classiques. Par un travail acharné, il apprend presque seul le latin, l'anglais et l'italien ; il se livre à d'abondantes lectures. Il pratique des métiers qu'il n'aime pas : notaire, commis de banque, traducteur adjoint à l'Assemblée législative, greffier de la Ville de Québec. Il est souvent malade. Effacé dans les salons où d'autres s'efforcent de briller, mais disert dans les conversations entre intimes, timide avec les hommes d'action mais audacieux la plume à la main, on ne l'imagine guère briguer la députation ou déclamer de longs discours à la Chambre. Non pas qu'il méprise la politique : en 1834, il est l'un des secrétaires du Comité constitutionnel ; en 1840, il fait circuler une pétition contre l'Union ; en 1844, il proteste contre le sort des exilés de la Rébellion de 1837-1838. Sa culture n'est pas seulement livresque. Très jeune, il voyage. Brièvement aux États-Unis ; plus de deux ans en Angleterre et en France, où il est secrétaire de Viger, délégué de l'Assemblée du Bas-Canada. Il rencontre des écrivains, des hommes politiques ; il fréquente des militants de la cause irlandaise, des Polonais en exil.

Il veut avant tout être écrivain. Il commet de nombreux poèmes. À deux reprises, il lance des publications éphémères. Entre ce désir d'écrire et sa sensibilité aux affaires publiques,

comment en est-il arrivé à la vocation d'historien dont il ne
dérogera plus ? Sans doute parce que le métier d'historien a été
pour lui un engagement politique. Pour s'être tenu un peu à l'écart
des luttes constitutionnelles, Garneau n'en a éprouvé que de façon
plus vive l'enjeu profond : l'angoisse de la disparition de sa nation.
En 1837, au moment où la crise est à son apogée, alors que
d'autres s'abandonnent tout entiers au combat, il est obsédé par
l'éventualité que meure la nation et qu'elle soit livrée à l'oubli :

> Peuple, pas un seul nom n'a surgi de ta cendre ;
> Pas un, pour conserver tes souvenirs, tes chants,
> Ni même pour nous apprendre
> S'il existait depuis des siècles ou des ans.
> Non ! tout dort avec lui, langue, exploit, nom, histoire ;
> Ses sages, ses héros, ses bardes, sa mémoire,
> Tout est enseveli dans ces riches vallons
> Où l'on voit se courber, se dresser les moissons.
> Rien n'atteste au passant même son existence ;
> S'il fut, l'oubli le sait et garde le silence.

La résistance serait-elle désormais sans espoir ? Que peut-on
faire encore, sinon dresser le tombeau de la mémoire, sauver par
le récit ce qui ne vivra plus dans l'avenir ? L'entreprise d'écrire
l'histoire a commencé chez Garneau par le désespoir historique.
Quant à savoir à quel moment la recherche a débuté, nous en
sommes réduits à des conjectures. À partir de 1845, les tomes se
succèdent rapidement : 1846, 1848, 1852[1]. Ce qui suppose une
documentation péniblement compulsée au milieu des besognes
alimentaires. Il est impensable que l'auteur se soit mis au travail,
comme on l'a parfois suggéré, seulement au début de l'Union des
Canadas. Quoi qu'il en soit, le premier volume achevé, Garneau
décrit son intention dans une lettre au gouverneur Elgin : « J'ai
entrepris ce travail dans le but de rétablir la vérité, si souvent
défigurée, et de repousser les attaques et les insultes dont mes
compatriotes ont été et sont encore journellement l'objet de la part
d'hommes qui voudraient les opprimer et les exploiter tout à la
fois. J'ai pensé que le meilleur moyen d'y parvenir était d'exposer
tout simplement leur histoire. » Dans une lettre à La Fontaine, il
y revient : « Je veux, si mon livre me survit, qu'il soit l'expression
patente des actes, des sentiments intimes d'un peuple dont la
nationalité est livrée au hasard d'une lutte qui ne promet aucun
espoir pour bien des gens. Je veux empreindre cette nationalité

d'un caractère qui la fasse respecter par l'avenir[2]. » L'œuvre est une apologie de la collectivité par le recours à la mémoire.

Paru en 1845, le premier tome conduit des origines à 1701, au moment de la paix avec les Indiens. Le tome II (1846) mène à l'invasion américaine de 1775. Le tome III (1848) s'achève avec l'avènement de la Constitution de 1791. Le tome IV (1852) se clôt avec l'Acte d'union des deux Canadas[3]. L'*Histoire* est précédée d'un « Discours préliminaire » où Garneau célèbre les progrès de la civilisation, se réjouit du recul de l'ignorance et de la superstition, dit sa foi dans la liberté ; il insiste sur l'avènement de la science historique moderne où il situe sa propre entreprise. Abordant son récit, il rappelle brièvement les grandes découvertes, dont celle du Canada. Il s'attache davantage à la fondation de l'Acadie et de la Nouvelle-France. Dans la suite, l'exploration du territoire, les conflits avec les Indiens, le siège de Québec, les exploits d'Iberville, les guerres avec les colonies américaines et les établissements de la Louisiane sont les thèmes principaux. Il s'attarde longuement aux récits de batailles ; celui de la bataille de Sainte-Foy est un morceau d'anthologie. Les conflits de l'Église et de l'État, au début du Régime français, prennent une grande place ; nous aurons à nous demander pourquoi. Enfin, le récit est coupé de tableaux synthétiques : description géographique du Canada, état des nations indiennes, gouvernement civil et ecclésiastique, comparaison entre colons américains et colons canadiens, survol de l'économie, etc. Après avoir jeté un regard sévère sur le « despotisme » du régime militaire aux lendemains de la Conquête et sur le gouvernement de Haldimand, Garneau marque une étape décisive avec la Constitution de 1791. La suite (le tome IV), à l'exception de la guerre de 1812 qui est l'occasion de nouveaux récits de batailles, est centrée quasi exclusivement sur les luttes constitutionnelles, jusqu'à l'Union. La persistance des tentatives d'assimilation en forme la trame dominante.

Je ne m'étends pas davantage ; chaque chapitre de l'ouvrage est pourvu d'un sommaire détaillé que l'on consultera utilement. Ce qui m'importe ici, ce sont les procédés de construction que Garneau met en œuvre.

À première vue, et cela est davantage patent pour le Régime français, alternent les récits, parfois étendus, et les commentaires de diverses espèces. De cette alternance découlent les explications, très explicites ou seulement suggérées. Les *tableaux* que j'ai mentionnés servent d'arrière-plan ; il arrive qu'ils forment système derrière le récit. En s'appuyant sur cette observation générale, on peut examiner le déchiffrage des enchaînements, des constantes et des causalités.

Poser des causes ou des constantes, cela suppose des jugements : jugements de faits, jugements de valeur, les deux sortes n'étant pas toujours faciles à disjoindre chez Garneau, comme chez n'importe quel historien d'autrefois ou d'aujourd'hui. L'historien écrivant à partir de sa propre situation dans l'histoire, son appartenance au présent influe sur son interprétation du passé. Chez Garneau, ce report à l'aujourd'hui est particulièrement mis à découvert, ce qui s'explique par l'objectif qu'il poursuit, et que nous l'avons vu définir dans ses lettres à Elgin et à La Fontaine. Je noterai quelques exemples. L'historien raconte qu'en 1682, dans un rapport au roi d'Angleterre, Randolph recommande de révoquer la charte de la colonie du Massachusetts ; Garneau cite un passage de ce rapport qui, dit-il, « réfléchit parfaitement les opinions émises de nos jours au sujet de mes compatriotes ». Ailleurs, il mentionne le projet de l'Angleterre d'unifier les colonies américaines pour servir de barrière contre la Nouvelle-France ; l'Union des Canadas lui paraît provenir de la même intention, cette fois contre les États-Unis. Successeur de Frontenac, Callières amène « la métropole à reposer cette confiance dans les colons, qui est si rarement accordée aujourd'hui malgré les assurances du contraire sans cesse répétées, mais répétées derrière un rempart de bayonnettes ». En Acadie, l'Angleterre a commencé par persécuter la population conquise, puis elle a changé de conduite par crainte des voisins français. De même, après la Conquête, elle consent à des concessions aux Canadiens ; ceux-ci lui étant devenus inutiles, elle les écarte. Lors de l'invasion de 1775, Carleton croit que la population canadienne restera neutre dans une guerre qui oppose les Anglais entre eux, craignant qu'on ne les persécute quand ils ne seront plus utiles, « ainsi que nous venons de le voir après les troubles de 1837 ». La ville de Sorel est incendiée par Carleton en 1776 : « Comme en 1759, comme en 1837 et 1838, la torche de l'incendie suit toujours leurs soldats [anglais], comme si, dans ce pays, ils avaient plus confiance en elle que dans leurs armes[4]. » Le procédé est fréquent ; il rappelle l'engagement de l'auteur dans son récit, le motif qui l'anime en se consacrant à l'histoire.

En d'autres endroits, Garneau se fait plus strict dans la détection des causes. Affirmant que les desseins qui ont présidé à la fondation de la Nouvelle-France étaient d'abord religieux, il y voit la raison d'être du faible développement de la colonie. Plus loin, il mentionne d'autres facteurs de cette déficience : l'interdiction des vaisseaux étrangers et de leurs marchandises ; la traite des fourrures et la guerre qui ont fait perdre « le goût de la paix » ; l'émigration vers la Louisiane qui n'était pas compensée par une immigration venue de France ; l'absence d'associations qui eussent favorisé l'immigration agricole, etc. Il insiste sur l'entraînement à la guerre, « carrière où le génie français s'élance toujours avec joie ». Il signale les faiblesses de l'industrie et de la marine de la métropole, le manque de numéraire dans la colonie. Après la Conquête, l'Angleterre n'a pas créé une Chambre d'assemblée à cause de la religion des Canadiens et elle a laissé subsister les lois françaises par crainte des Américains. Pourquoi, parmi une population en très grande majorité française, 16 Anglais sur 50 députés sont-ils élus au premier Parlement de 1792 ? Les gens ont cru que, par leur origine, les Anglais avaient plus l'expérience des institutions parlementaires que les leaders de leur nationalité ; et puis, les Anglais ont cherché par tous les moyens à se faire élire. Comment expliquer l'âpreté des conflits au cours des années 1830 ? « Dans une petite société les passions personnelles obscurcissent les vues élevées, et les injustices senties trop vite et trop directement font oublier la prudence nécessaire pour atteindre des remèdes efficaces et souvent fort tardifs[5]. » Ce ne sont là que quelques illustrations de la manière de Garneau dans l'établissement des causalités.

Franchissons un cran, et nous accéderons à des causes ayant une portée beaucoup plus large. Je retiendrai deux cas, probablement les plus importants dans la pensée de l'auteur.

Les dures polémiques qui accueillent le premier volume de l'*Histoire* de Garneau s'en prennent particulièrement aux considérations de l'auteur sur l'exclusion des huguenots de la Nouvelle-France. La critique y décèle l'expression de ses convictions en matière de liberté de conscience ; ce n'est pas inexact, mais l'analyse de Garneau a une tout autre dimension. Pour lui, l'émigration dépend toujours d'« une nécessité absolue » : la guerre, l'oppression, la misère. Or le xviie siècle était une époque favorable à la colonisation ; les conflits religieux incitaient à fuir la persécution. Les huguenots avaient donc toutes les raisons d'émigrer en Nouvelle-France. « Richelieu fit une grande faute, lorsqu'il consentit à ce que les protestants fussent exclus de la Nouvelle-France ; s'il fallait expulser l'une des deux religions, il aurait mieux fallu, dans l'intérêt de la colonie, faire tomber cette exclusion sur les catholiques qui émigraient peu. » Perte de population, perte aussi de talents et de ressources, et dont les conséquences furent immenses, selon Garneau ; il y voit même la cause lointaine de la Conquête anglaise. Sans cette mesure, croit-il, l'empire d'Amérique serait français[6]. On le constate : il s'agit ici d'un facteur de longue durée qui contribue à une explication globale.

Nous en trouvons un autre, d'un poids semblable, au sujet du Régime anglais. Le voisinage américain apparaît à Garneau comme la cause principale de la politique britannique envers les Canadiens français. Il y fait allusion à maintes reprises. Il lui arrive de formuler une sorte de loi générale : « On doit remarquer que la guerre réelle ou imminente avec la république voisine a toujours assuré aux Canadiens des gouvernements populaires, et qu'au contraire, la paix au-dehors a été généralement le temps des troubles au-dedans. En temps de danger extérieur, toute agression contre les droits des Canadiens cessait ; le danger passé, la voix de l'Angleterre se taisait et aussitôt la consanguinité de race assurait sa sympathie à celle qui voulait leur anéantissement national, et en attendant leur asservissement politique. » Garneau ne manque pas d'en tirer un argument pour le maintien de la survivance : en sauvegardant la nation canadienne, l'Angleterre consolide sa possession du Canada à l'encontre de la menace américaine[7]. Il insiste là-dessus dès son « Discours préliminaire » ; il y revient dans sa lettre à Elgin.

J'ai exploré brièvement l'infrastructure de l'édifice construit par Garneau. Remontons maintenant de l'œuvre au plan de l'ouvrier.

Dans son « Discours préliminaire », Garneau résume ce qu'il croit être le sens de toute l'histoire du peuple canadien-français : « Sa destinée est de lutter sans cesse, tantôt contre les barbares qui couvrent l'Amérique, tantôt contre une autre race qui, jetée en plus grand nombre que lui dans ce continent, y a acquis depuis longtemps une prépondérance qui n'a plus rien à craindre. » Dès lors, l'histoire se partage en deux phases, la domination française et la domination britannique, « que caractérisent, la première, les guerres des Canadiens avec les Sauvages et les provinces qui forment aujourd'hui les États-Unis ; la seconde, la lutte politique et parlementaire qu'ils soutiennent encore pour leur conservation nationale[8] ». Le point de vue est rigoureux : il commande l'interprétation, sinon dans le détail, du moins dans les articulations principales de la construction. L'auteur le rappellera de temps en temps pour en bien marquer la continuité. L'histoire qu'il reconstitue est celle d'une nation menacée depuis toujours, qui le restera, et dont les réactions instinctives font appel à la lutte, à la conservation. Cette histoire relève d'une vocation ; Garneau rejoint ce que nous avions aperçu dans les utopies de l'époque.

La partie de l'ouvrage consacrée au Régime français traite de la politique, de l'économie et des découvertes. Par ailleurs, Garneau s'attarde amplement à des récits de batailles. Il se complaît dans les affrontements où grondent les bruits de la guerre. Nous voici au siège de Québec en 1690 : « Ce combat dans le magnifique bassin de Québec présentait un spectacle grandiose. Les détonations retentissaient de montagne en montagne, d'un côté jusqu'à la crête des Alléghanys, et de l'autre jusqu'à celle des Laurentides, tandis que des nuages de fumée où étincelaient des feux, roulaient sur les flots et le long des plans escarpés de Québec hérissés de canons ». Les pages de cette encre abondent. Il n'est pas certain que Garneau cède ainsi à cette ferveur guerrière que des intellectuels aiment cultiver dans la retraite de leur cabinet ; dans toutes ces évocations, qui l'enchantent visiblement, Garneau entend prouver. Il veut illustrer la bravoure des Canadiens qui doivent combattre, il le souligne constamment, contre des forces très supérieures en nombre. Je retiens quelques passages. En 1690, les Anglais viennent de lever le siège de Québec : « Ainsi le Canada avec ses 11 000 habitans avait non seulement repoussé l'invasion, mais encore épuisé les ressources financières de provinces infiniment plus riches et vingt fois plus nombreuses que lui. » Avec le traité d'Utrecht (1713) tombent « les trois plus anciennes branches de l'arbre colonial français. Cet arbre reste comme un tronc mutilé par la foudre ; mais on verra que ce tronc vigoureux, enfoncé dans les neiges du Canada était encore capable de lutter contre de rudes tempêtes et d'obtenir de belles victoires. » En 1759, en dépit de leur dénuement extrême, les Canadiens « ne parlèrent pas de se rendre et demandèrent encore à marcher au combat : c'était l'opiniâtreté vendéenne, c'était la détermination indomptable de cette race dont descendent la plupart des Canadiens ». Les provinces anglaises ont mobilisé des forces énormes pour la Conquête : « C'était, certes, rendre un hommage éclatant à la bravoure française[9]. » Il importe constamment de réhabiliter les vaincus de la Conquête, de montrer qu'ils ne l'ont été que sous le poids du nombre, de venger l'honneur collectif. Et d'opposer la fierté à l'agression dont l'histoire du Régime anglais est la persistante répétition.

Sous la domination britannique, à l'exception des invasions américaines de 1775 et de 1812, les récits de batailles font place aux luttes constitutionnelles. La guerre a changé de terrain. Le défi, c'est désormais l'assimilation : « En religion comme en politique, les désirs secrets de la métropole étaient toujours la destruction de toutes les anciennes institutions canadiennes[10]. » À la fin de son ouvrage, Garneau se justifie de l'avoir mené jusqu'à l'Union des Canadas : « Nous y avons été forcés par l'enchaînement des événements, qui seraient restés sans signification bien précise sans la conclusion qui nous les explique en expliquant la pensée de la métropole[11]. » L'Union est un achèvement non seulement du récit mais de la signification d'ensemble que Garneau a cru déchiffrer dans l'histoire du régime britannique.

L'histoire : politique ou tradition ?

Ce peuple qui lutte depuis le commencement, qui est-il ?

Dans son « Discours préliminaire », Garneau parle d'une « race ». Ne le chicanons pas là-dessus ; il n'entend pas le mot dans le sens d'une anthropologie physique à connotation raciste. La race dont il est question est un produit de l'histoire, d'une histoire très longue où s'est fixée une forme durable. Les Français d'Amérique, dit Garneau, ont conservé « ce trait caractéristique de leurs pères, cette puissance énergique et insaisissable qui réside en eux-mêmes, et qui, comme le génie, échappe à l'astuce politique comme au tranchant de l'épée ». Cette « énergie est comme indépendante d'eux ». La solidarité qui en résulte les rend inassimilables[12]. Garneau aime à rappeler que les ancêtres de cette race ont conquis l'Angleterre avec Guillaume le Conquérant et ont contribué à faire « de cette petite île une des premières nations du monde[13] ».

Une collectivité dont les traits sont gravés depuis si long-temps, pourquoi en montrer les variations dans une histoire relativement courte, parsemée d'épisodes circonstanciés ? À quoi sert-il de composer des chaînes d'événements si la « race » qu'ils mettent en situation est déjà déterminée pour l'essentiel ? Aussi bien, cherchant la présence du peuple dans l'*Histoire* de Garneau, nous avons peine à la trouver. Quand elle se manifeste, c'est comme une force pérenne. Acteur qui serait toujours le même, le peuple apparaît de temps en temps sur la scène pour regagner aussitôt la coulisse.

Dans l'histoire du Régime français, où Garneau raconte abondamment guerres et batailles, le peuple se confond avec une masse anonyme de combattants. Nous n'apprenons presque rien sur son habitat, ses travaux, son genre de vie. Dans la guerre, on le voit en mouvement ; quand il retourne à ses occupations agricoles, il semble ne plus dépendre de l'histoire. Lors du traité d'Utrecht, « après une guerre de vingt-cinq ans, qui n'avait été interrompue que par quatre ou cinq années de paix, les Canadiens avaient suspendu à leur chaumière les armes qu'ils avaient hono-rées par leur courage dans la défense de leur patrie, et ils avaient repris paisiblement leurs travaux champêtres abandonnés déjà tant de fois ». En 1756, « les Canadiens étaient occupés aux travaux des champs[14] ». L'année 1760 achève la conquête anglaise : désormais, les luttes armées sont finies. Le peuple rentre dans la répétition d'une existence qui ne se raconte pas : « Les habitans ruinés, mais fiers d'avoir rempli leur devoir jusqu'au dernier moment envers la patrie, ne songèrent plus qu'à se renfermer dans leurs terres pour réparer leurs pertes ; et, s'isolant autant que possible du nouveau gouvernement, ils parurent vouloir, à la faveur de leur régime paroissial, se livrer exclusivement à l'agriculture[15]. »

Sous le gouverneur Craig, le conflit de l'Assemblée et de l'oligarchie atteignait un paroxysme. *Le Canadien* était supprimé, les rédacteurs emprisonnés. Mais « le peuple sortit à peine de son calme ordinaire devant tant de bruit[16] ». En 1837, les appels à l'insurrection trouvèrent peu d'écho dans le peuple : « La peinture qu'on lui faisait des injustices et de l'oppression n'excitait que bien rarement les passions de son âme et ne laissait aucune impression durable. Loin des villes, loin de la population anglaise et du gouvernement, il vit tranquille comme s'il était au milieu de la France, et ne sent que très rarement la blessure du joug étranger[17]. » Seules les guerres l'ayant mis en mouvement, le peuple se tient dorénavant dans une sorte d'immobilité[18]. L'histoire qui l'a formé est si ancienne qu'elle a laissé un sédiment ; le temps qui passe n'a plus qu'à l'entretenir. Même les événements les plus spectaculaires ne le changent pas vraiment. Pour expliquer les réactions du peuple, Garneau n'a qu'à faire appel à son « caractère » ou à ses « instincts[19] ».

Il y a de quoi s'étonner. Voici un historien qui raconte l'histoire d'une collectivité et qui ne fait allusion à cette dernière qu'épisodiquement, et dans des termes tellement généraux qu'on ne voit pas en quoi le devenir la concerne. Certes, Garneau n'a accès qu'à une maigre documentation ; il n'a pas les ressources d'aujourd'hui pour étudier les genres de vie populaire, l'économie agricole ou les mouvements de population ; il doit se contenter de retenir les grands événements. Cette explication est insuffisante. En fait, nous sommes devant un paradoxe. Garneau parle peu du peuple, au point de le maintenir loin des fluctuations politiques ; or, dans son « Discours préliminaire », c'est l'apparition du peuple dans l'histoire qui est, pour lui, le grand événement inaugurant les Temps modernes : « Nous voyons maintenant penser et agir les peuples. » Les révolutions batave, anglaise, américaine et française ont établi le peuple « sur un piédestal ». En Amérique surtout, il n'y a qu'« une seule classe d'hommes, le peuple[20] ».

Le peuple dont il est question, et qui devrait occuper dorénavant le devant de la scène de l'histoire, est-ce simplement la *race,* la masse anonyme ? Peut-être bien. Si c'était clairement le cas, l'historien serait fort dépourvu : comment placer le peuple au cœur de la préoccupation de « l'école historique moderne », pour ensuite n'en parler que par des allusions furtives ? Il doit y avoir une autre clé pour comprendre la position de Garneau.

Remarquons que, dès le « Discours préliminaire », lorsque l'auteur répartit en deux phases l'histoire du Canada, il insiste sur l'établissement du gouvernement constitutionnel de 1791. Il s'enthousiasme : « L'histoire de cette colonie redouble d'intérêt à partir de ce moment. L'on voit en effet les sentiments, les tendances et le génie du peuple, longtemps comprimés, se manifester soudainement et au grand jour[21]. » Cette fois, il ne s'agit plus de la race, mais d'un peuple au sens politique du terme. Par la Constitution et le système parlementaire, le peuple devient enfin une entité nouvelle, une entité politique. On reconnaît là les idées des journalistes du *Canadien* et des leaders parlementaires des années 1830, que Garneau n'a pas cessé de partager. L'instauration du gouvernement représentatif fut un moment historique capital : « La portion de liberté qu'elle introduisait suffirait pour donner l'essor à l'expression fidèle et énergique des besoins et des sentiments populaires[22]. » À l'Assemblée, « l'esprit, les sympathies et l'intérêt de l'ancienne population s'étaient réfugiés[23] ».

Si on relit l'ouvrage de Garneau à partir de là, on s'aperçoit qu'il est, de bout en bout, une histoire *politique* et même de polémique politique. Et pas seulement, j'y insiste, pour ce qui concerne les luttes constitutionnelles. Garneau justifie sa critique de l'exclusion des huguenots de la Nouvelle-France en soulignant qu'il l'envisage « sous le rapport politique ». Il est extrêmement sévère envers Mgr de Laval parce que celui-ci pratiquait un « gouvernement absolu » ; « il y a loin de là, dit-il, au système quasi républicain de la primitive Église » et « le gouvernement civil devait reprendre tous ses droits ». Bien plus, dès les commencements de la Nouvelle-France existait déjà une oligarchie qui fait songer à celle que combattront parlementaires et journalistes après 1791 : « Dans ce partage des pouvoirs publics le peuple n'eut rien. [...] Il n'y avait pas l'ombre de responsabilité à ceux pour lesquels il était institué, c'est-à-dire au peuple[24]. » Garneau en fait une constante historique, en blâmant « l'oligarchie, espèce de caste privilégiée qui s'implante dans toutes les colonies qu'elle exploite et gouverne, et à laquelle ce pays doit principalement le résultat de la guerre de 1755, et les troubles qui ont de nos jours ensanglanté ses rives paisibles[25] ». Il souligne qu'avec l'Acte de Québec de 1774 les intérêts du peuple ne sont pas représentés[26]. Il compare la Nouvelle-France avec la colonie américaine voisine ; le système municipal et parlementaire importé par les immigrants américains a été la « première cause de leurs succès futurs ». De sorte qu'« ils possédaient tous les éléments nécessaires pour devenir une grande nation ». Dans les colonies américaines, « les principes de la liberté, les droits de l'homme, la nature et l'objet d'un gouvernement, étaient des questions qui occupaient tous les esprits, et qui se discutaient jusque dans le village le plus reculé du pays avec une extrême chaleur[27] ».

Garneau transpose donc l'idéologie politique des années 1830 dans l'ensemble de sa reconstitution historique. Il s'en inspire aussi dans sa critique de l'Église, qu'il reprend

périodiquement. Nous l'avons vu mettre en cause le pouvoir de
Mgr de Laval à l'encontre du pouvoir civil. Il va plus loin en
s'insurgeant contre la primauté des motifs religieux au début de la
colonie. En Acadie, « l'intérêt du pays fut sacrifié à la dévotion
sublime mais outrée du XVIIe siècle ». Ventadour se préoccupait de
la conversion des Indiens au détriment du développement de la
colonie : « Tandis que nous érigions des monastères, le Massachusetts se faisait des vaisseaux pour commercer avec toutes les
nations. » Marie de l'Incarnation s'abandonnait au « délire de la
dévotion ». Le clergé, à qui la métropole française confiait l'éducation, a maintenu le peuple dans l'ignorance. Le jésuite a eu « la
passion de trop faire sentir son influence ». Après la Conquête, le
gouvernement britannique constatait qu'un clergé bien organisé
pouvait avoir une heureuse influence ; aussi il s'appuyait sur lui ;
« il soudoya ainsi quelque temps après libéralement le chef, laissé
sans revenus par la conquête[28] ». Dans son « Discours préliminaire », Garneau exalte la Réforme protestante. La colonie du
Maryland « est la première qui ait eu l'honneur de proclamer dans
le Nouveau-Monde le grand principe de la tolérance universelle, et
de reconnaître la sainteté et les droits imprescriptibles de la
conscience[29] ». Il souhaite que le clergé de son temps s'occupe de
l'éducation « en embrassant franchement et sans arrière-pensée
l'esprit d'une liberté qui est le fruit de la civilisation[30] ». Un libéral
des années 1830, même un Rouge des années 1840, aurait signé
de tels propos.

Muni d'une pareille idéologie politique, convaincu du libéralisme le plus ardent, pourquoi Garneau en arrive-t-il à conclure
son grand ouvrage par une consigne qui paraît le contredire ?
« Que les Canadiens, écrit-il dans une page célèbre, soient fidèles
à eux-mêmes ; qu'ils soient sages et persévérans, qu'ils ne se
laissent point emporter par le brillant des nouveautés sociales et
politiques. Ils ne sont pas assez forts pour se donner carrière sur
ce point. C'est aux grands peuples à essayer les nouvelles théories.
[...] Pour nous, une partie de notre force vient de nos traditions ;
ne nous en éloignons et ne les changeons que graduellement[31]. »

Cette conclusion est-elle d'un illogisme flagrant ? Non pas.
Selon Garneau, l'Union des deux Canadas est un échec irrémédiable. Les idéaux des années 1830 n'ont plus cours. Pour lui,
contrairement à ce que pensent beaucoup de ses contemporains,
l'avènement du gouvernement responsable n'est pas un renver-

sement de la situation d'injustice créée par l'Union et qui aurait tourné la défaite en victoire. Sans doute reconnaît-il que c'est un acquis et il en donne le crédit à La Fontaine. Mais, d'après Garneau, ce ne sont pas d'abord des politiciens qui ont surmonté la terrible menace, mais le peuple lui-même. D'ailleurs, il dénonce la démission des anciens chefs par goût du pouvoir, de l'argent, des honneurs. Après la publication de son *Histoire,* rédigeant le récit de son voyage de jeunesse en Europe, il y parle de l'Union : « Que voit-on en Canada sous le voile mensonger de l'Union ? Les rebelles de 1837 qui voulaient faire prendre les armes au peuple au nom de la nationalité, lèvent aujourd'hui de toutes parts leurs mains vénales pour accepter l'or du vainqueur qui a condamné cette nationalité à périr et lorsqu'ils le possèdent tiennent leur bouche muette comme la tombe sur cette même nationalité si sacrée à leurs yeux tant que l'Angleterre leur refusa une pâture[32]. »

En fait, Garneau raconte deux histoires. Celle du peuple en son existence quasi immobile, assuré de la longue durée, à l'écart des grands événements où il ne se dresse que pour défendre la patrie, revenant aussitôt après à ses chaumières et à ses traditions. L'autre histoire est politique, soit que l'auteur nous y montre le peuple privé de pouvoir, soit qu'il rapporte les luttes des parlementaires qui le représentent. Depuis que l'Union des Canadas a mis fin aux idéologies des années 1830 et discrédité les politiciens, l'avenir est tout tracé : il faut se rabattre sur l'histoire profonde, faire appel au peuple qui retrouvera le cours rassurant des traditions.

Garneau est le continuateur des leaders des années 1830, par son adhésion à leurs idéologies et sa ferveur envers l'histoire des luttes constitutionnelles. Cependant, il n'est pas homme d'action ; au surplus, après l'Union, il croit que la politique n'a plus d'avenir[33]. Chez lui, le politique se mue en historien, l'engagement se déplace vers la mémoire. C'est ainsi que naît parfois la littérature...

La mémoire et les politiciens

Si la politique a perdu sa légitimité, si les traditions doivent durer sans changer, l'écriture se déplacera donc hors de l'histoire. À moins qu'on n'interprète autrement que Garneau la période de l'Union, qu'on ne réhabilite la politique. Ce sera au prix d'une autre définition de la collectivité, d'un virage dans l'élaboration de sa référence.

Garneau s'est arrêté à l'Union. Les historiens qui le suivent poursuivent plus loin son récit ; ils ne sont ses continuateurs qu'en apparence. On s'en rend compte à la lecture de l'histoire de l'Union des Canadas que publie Louis-Philippe Turcotte en 1871 et 1872[34]. Turcotte introduit sa chronique par une esquisse de l'histoire du Canada depuis les origines. Il n'assume pas les idées libérales de Garneau ; il adopte cependant le schéma d'ensemble de celui-ci : la lutte domine le passé canadien, lutte de races adverses, lutte pour le gouvernement responsable. Turcotte approuve la Rébellion de 1837-1838 et condamne avec vigueur l'Acte d'union comme une grave injustice. Cependant, l'histoire du nouveau régime qu'il retrace ensuite lui apparaît sous un jour extrêmement favorable ; d'après lui, un retournement s'est opéré qui inaugure une ère de prospérité.

À entendre Turcotte, on croirait qu'Étienne Parent et d'autres se sont inquiétés inutilement de la sujétion économique des Canadiens français. À la suite de la Conquête, les Anglais ont dominé l'économie ; mais, au dire de l'auteur, « la concession du gouvernement constitutionnel a permis à la population française de prendre part à l'administration des affaires publiques et d'exercer ses droits de contrôle sur les finances ». L'instruction, le commerce et l'industrie ont progressé ; « les Canadiens prirent alors une part de plus en plus grande dans le haut commerce autrefois monopolisé par les Anglais[35]. »

L'avènement du gouvernement responsable a mis un terme aux réclamations d'antan puisque « le gouvernement reposera à l'avenir sur l'élément populaire[36] ». La dominante de l'histoire sera dorénavant politique. Entendons que les politiciens feront l'histoire, car ils représentent incontestablement le peuple ; et celui-ci ne leur ménage pas son appui, selon une remarquable synchronie. La Fontaine surtout, mais aussi tous les artisans de la victoire du gouvernement responsable et de la préparation de la Confédération sont des gens honnêtes, savants, distingués ; de véritables hommes d'État, dont Turcotte reprend abondamment l'éloge. Fallait-il déclencher des élections pour que le peuple se prononçât sur le projet de Confédération, demande l'auteur ? On a cru avec raison que les vues du peuple coïncidaient avec celles des politiciens[37].

Ces hommes éminents ont écarté pour toujours le règne de l'oligarchie. Ils ont fait davantage : ils ont liquidé l'autre dimension des combats d'autrefois, le conflit des nations. Avec l'Union, et mieux encore avec la Confédération, la réconciliation des deux races est enfin réalisée, grâce aux alliances de La Fontaine et Baldwin, de Hincks et Morin, de MacNab et Morin, de MacNab et Taché, de Macdonald et Cartier. À l'avenir, la politique canadienne sera plus modérée : « Les chefs les plus avancés de chaque parti se donneront la main et formeront des coalitions puissantes. On verra alors les descendants des deux grandes nations qui président à la civilisation du monde fraterniser ensemble. » Ce que les hommes politiques ont ainsi parachevé se répercutera dans le peuple. Même chez les Anglais, que Turcotte soupçonne toutefois d'être un peu plus réticents que les Français : « À mesure que la race anglaise viendra en contact avec les Canadiens, elle reconnaîtra la magnanimité de leur caractère, leur grandeur d'âme et ses préjugés d'autrefois disparaîtront peu à peu[38]. »

Par le recours à l'histoire, Turcotte confirme l'ordre social qui s'affermit au moment où il rédige son livre. Comme Cartier et les autres Pères de la Confédération, il tient à la monarchie, garante du conservatisme. La raison, il la découvre dans l'esprit des Canadiens français : « Monarchistes et conservateurs, par leurs mœurs et leur éducation, ils détestaient les principes républicains. Ils savaient que, sous le drapeau britannique, ils trouveraient une sécurité parfaite pour leurs institutions et leurs privilèges. » Interprètes infaillibles de la mentalité populaire, les chefs politiques « s'opposeront à ce que l'élément démocratique s'insinue trop dans les institutions du Canada[39] ». Ils refuseront de céder au poids du nombre, en limitant le suffrage universel, en donnant toute leur importance à la propriété et aux différences de classes sociales, en sauvegardant le privilège des élites. Évidemment, Turcotte ne veut rien savoir de l'idéologie des Rouges. Ces derniers ne sont-ils pas des démocrates intempérants ? Surtout, ils ne respectent pas la religion, pilier avec les politiciens de l'ordre social. Sur ce point aussi, le peuple est une caution, car il a répudié ces doctrines extrémistes, de concert avec les journaux catholiques importants : « Ce peuple est trop sincèrement catholique, trop attaché à ses coutumes religieuses, et respecte trop le clergé, qui s'était jusqu'alors montré le défenseur le plus intrépide de sa nationalité, pour qu'il en fût autrement[40]. »

Ce que pense vraiment le peuple ? Inutile d'y aller voir. Il suffit d'entendre les élites pour connaître les sentiments populaires. Turcotte dédie son livre aux jeunes gens qui s'apprêtent à descendre dans l'arène : La Fontaine, Baldwin, Morin, Taché, etc., leur serviront de modèles. Puisque les luttes anciennes sont terminées, que le gouvernement du peuple est advenu et que les *races* sont réconciliées, que restera-t-il d'autre à cette brave jeunesse qu'à entretenir le feu sacré des partis[41] ?

Le survol de l'histoire du Canada que Turcotte place en tête de son ouvrage est à première vue une simple introduction. Or ces préalables sont capitaux. Ils permettent d'interpréter le reste par contraste : montrer que les exactions du passé, qui ont obligé à une résistance sans doute légitime, sont disparues au cours de la période de l'Union et grâce à sa providentielle conclusion, la Confédération. De fait, malgré les premières apparences, c'est une explication d'ensemble de l'histoire du Canada que Turcotte suggère : il décrit la fin d'une histoire et le début d'une autre. Garneau s'était arrêté à l'Union, désespéré devant l'échec de l'idéologie libérale et l'allure que prenait dorénavant la politique. Turcotte s'interrompt à la Confédération ; mais celle-ci commence, selon lui, une ère nouvelle de la politique dont la légitimité est ainsi rétablie. Le peuple pourra continuer de cultiver ses traditions pendant que les politiciens feront l'histoire en son nom et avec la garantie de la mémoire collective dont s'occupent les historiens[42].

La mémoire et la religion

Aux projets grandioses des leaders patriotes des années 1830 ont succédé des positions politiques plus à la mesure de la survivance. Les utopies fleurissent encore aux horizons de la société ; mais, sur le terrain, les partis et leurs partisans de même que les intérêts qui agitent la collectivité nécessitent l'aménagement d'un ordre social plus réaliste. Cet ordre s'accommode des rêves, à la condition que ceux-ci ajoutent un certain décorum ou une utile légitimation à des pratiques qui empruntent ailleurs leurs inspirations et leurs objectifs. Il en est de même de la mémoire : se souvenir donne du champ à l'action et aux idéologies, pourvu que l'histoire, comme chez Louis-Philippe Turcotte, se plie aux ambitions des pouvoirs. Les politiciens ne sont pas les seuls à requérir les services de la mémoire historique. Un autre pouvoir, concurrent et complémentaire, doit recourir au souvenir ; l'essor de l'historiographie concerne aussi l'Église.

En 1845, l'accueil fait au premier volume de l'*Histoire* de Garneau est partagé. Des lecteurs se réjouissent de son inspiration libérale. Tout en soulignant la qualité littéraire de l'œuvre et sans trop discuter les faits relatés par Garneau, d'autres s'élèvent contre les positions de l'auteur quant au rôle historique de l'Église canadienne. Dissimulés sous l'anonymat, des critiques s'en prennent aux jugements de Garneau sur l'obscurantisme du Moyen Âge, l'exclusion des huguenots de la Nouvelle-France, l'autoritarisme de Mgr de Laval, le rôle dévolu au peuple dans les sociétés modernes. « Si M. Garneau aime le Canada, demande l'un des contestataires, ne doit-il pas aimer cette population toute catholique, remplie d'une foi, d'une piété, d'une moralité que tous les étrangers admirent ? » Un autre stigmatise « l'investigation prétentieuse des moindres faits, le style frondeur et pompeux, la teinte continue d'antipathie contre l'esprit religieux et surtout l'esprit catholique, les doléances et les récriminations les plus acerbes touchant certaines questions brûlantes, telles que la tolérance, le gouvernement ecclésiastique, l'autorité du souverain, la grande figure du peuple ». En conclusion, le censeur conseille à l'auteur de procéder aux amendements nécessaires[43]. Garneau se soumet effectivement à des corrections, sur les avis d'un ecclésiastique que l'on dit fort savant ; il lui est beaucoup pardonné. Il n'en garde pas moins son quant-à-soi ; même si, pour avoir la paix et non sans humour, il se rend aux pressantes invites de la censure, ses remaniements n'affectent pas les perspectives essentielles de son ouvrage.

On n'en reste pas à ces manœuvres de défense. Il devient urgent d'écrire autrement l'histoire, de montrer comment la religion éclaire la mémoire collective.

Voici que paraît, en 1852, une histoire de l'Église canadienne. L'auteur est un singulier personnage. D'origine française, l'abbé Brasseur de Bourbourg a passé un hiver au Canada ; accueilli au Séminaire de Québec, il y a donné des leçons d'histoire ecclésiastique tôt interrompues. Après un séjour à Boston, il est retourné en France où, entre autres ouvrages, il publie une *Histoire du Canada, de son Église et de ses missions*[44]. Pour Brasseur, l'histoire du Canada, surtout à ses origines, s'identifie pratiquement avec celle de son Église. Dans son premier volume sur la Nouvelle-France, évêques et missionnaires sont à l'honneur. À la Conquête, selon lui, les choses tournent mal. Les Canadiens perdent leurs qualités natives ; le nouveau régime a sur eux un effet débilitant. Ils deviennent mous, velléitaires, défiants ; ils ont tous les traits d'un peuple vaincu. Cela est plus visible encore dans le clergé et la noblesse. Les gouverneurs travaillent avec constance à la disparition de la religion catholique et, pour y arriver, au contrôle de l'épiscopat. Celui-ci est d'une faiblesse insigne et victime d'un « engourdissement mortel ». Les nominations des évêques dépendent de la pression des gouverneurs, de sorte que les élus sont inférieurs à la tâche et font mépriser leur fonction par les catholiques aussi bien que par les protestants. Aux yeux de Brasseur, seul Mgr Bourget échappe à une hécatombe où les évêques sont, au choix, des incapables, des vieillards capricieux ou des complices du pouvoir civil.

Cette charge appelle une réponse. Pressé de toutes parts, l'abbé Jean-Baptiste Ferland s'en occupe[45]. Rapidement rédigée, la réplique recense des plagiats et des omissions, des erreurs de chronologie et de géographie ; elle touche peu aux affirmations de fond concernant le comportement des évêques. On s'en tient encore à la défensive. De nouvelles interventions d'érudits et de personnalités ecclésiastiques orienteront Ferland vers une entreprise autrement positive ; en mars 1853, il confie à Jacques Viger qu'il recueille des documents en vue d'écrire l'histoire de l'Église du Canada.

Ordonné prêtre très jeune, Ferland a été d'abord vicaire, puis aumônier d'hôpital ; il s'est signalé par son dévouement à Grosse-Île auprès des immigrés irlandais atteints du typhus. Il a enseigné au Séminaire de Nicolet, notamment l'histoire ; il est devenu supérieur de l'établissement. À partir de 1850, il occupe diverses responsabilités à l'archevêché de Québec, dont celle de secrétaire de la propagation de la foi. Ami des principaux intellectuels de la ville, il compte parmi les initiateurs du mouvement littéraire des années 1860. Les circonstances autant qu'une inclination naturelle font de lui un historien. Peu après sa réfutation de Brasseur, il publie des *Notes sur les registres de Notre-Dame de Québec* qui confirment sa réputation d'érudit. La même année, il est chargé d'un cours public d'histoire du Canada à l'université Laval.

Ferland a lu Garneau ; il n'a pu manquer de s'inquiéter des

interprétations que celui-ci propose du passé de l'Église canadienne. Par ailleurs, en tant que prêtre, il est intéressé de près au
renouveau religieux qui se produit sous ses yeux ; comment n'en
serait-il pas influencé dans sa vision de l'histoire ? Ce n'est
pourtant pas une histoire religieuse, mais une synthèse d'ensemble
que Ferland construit dans son *Cours d'histoire du Canada,* dont le
premier volume paraît en 1861, et le second en 1865, quelques
mois après son décès[46].

Nous sommes avant tout devant un récit, ce qui est particulièrement frappant pour le second volume. À la différence de
Garneau, qui ordonne souvent les événements selon des explications, Ferland enchaîne les faits avec une élégante monotonie.
Abondants dans l'œuvre de Garneau, les tableaux sont rares dans
le *Cours,* exception faite d'un panorama de la civilisation amérin-
dienne, qui n'a pas son correspondant pour les colons français.
Par contre, les comparaisons entre la Nouvelle-France et la
Nouvelle-Angleterre sont fréquentes. La population française est
« remuante, hardie, avide d'aventures et de voyages, pleine de
gaieté et de bonhomie ». Elle est déjà fidèle aux traditions :
« Sincèrement catholique et par conséquent conservatrice, elle a
gardé les mœurs, les usages, les croyances de ses ancêtres, et en
même temps leur caractère physique. » Quant à la population
anglaise, elle est « prudente, sérieuse, habile à deviner et à saisir les
chances d'une entreprise commerciale. » Sa religion lui a conféré
un caractère de froideur qu'elle a conservé par la suite[47]. Pareilles
considérations paraissent à peine interrompre la trame du récit
tellement Ferland donne l'impression de raconter l'histoire plutôt
que de l'expliquer. Elles trahissent pourtant des vues générales sur
les peuples en présence, décrits en des traits aussi durables que
ceux de la race chez Garneau.

Ferland souligne l'acrimonie de Frontenac et des intendants
Talon et Dupuy envers le clergé. Sur l'interdiction de l'immigration des huguenots en Nouvelle-France, il adopte une position
inverse de celle de Garneau, bien qu'il s'abstienne de polémique.
Au dire de Ferland, Champlain a bien vu qu'une petite colonie à
ses débuts ne pouvait souffrir la division. De son côté, Richelieu
en avait assez de combattre le calvinisme dans la métropole sans
le laisser s'établir en Nouvelle-France. Pendant les quelques
années où David Kirke a occupé Québec après en avoir délogé
Champlain, il n'a pas permis l'exercice public du culte catholique :

à quelle tolérance aurait-on pu s'attendre de la part des protestants ? D'ailleurs, la tolérance religieuse n'était-elle pas moins
grande en Nouvelle-Angleterre que dans la colonie française ? En
fin de compte, dans les appréciations de Ferland, ce qui importe,
c'est la cohésion qu'aura apportée une immigration homogène :
« Quelles que soient les affirmations que l'on puisse entretenir sur
l'article de la tolérance religieuse, il faut avouer que l'exclusion des
Huguenots a eu pour effet de procurer plus de liaisons entre les
différents éléments de la société canadienne, et d'empêcher de
graves divisions à l'intérieur[48]. » On escompte qu'à propos
de Mgr de Laval, Ferland prendra un parti tout autre que celui de
Garneau. L'évêque était opiniâtre ? Sans doute. Affaire de tempérament. Et puis, une jeune société avait besoin d'être guidée par
une poigne solide ; n'est-il pas vrai que les errements du début
peuvent mettre en péril toute la croissance ultérieure d'un petit
peuple[49] ?

Ferland réprouve l'enlèvement d'Indiens par Cartier, l'intervention de Champlain dans les conflits entre nations indigènes, la
répression cruelle de Denonville. Tout cela est conforme à la
profonde sympathie envers les autochtones qui transpire tout au
long du *Cours*. Ferland parle de leurs coutumes et de leurs
croyances avec respect. Il décrit leur cruauté, les supplices qu'il
font subir à leurs ennemis et aux missionnaires, mais leur genre de
vie n'est pas, pour lui, un obstacle à l'évangélisation[50]. Cet intérêt
pour les Indiens est en rapport avec les travaux des missionnaires
qui constituent l'un des fils directeurs du récit.

Ferland s'attache peu à la recherche des causes. Il pèse
cependant les effets à long terme de l'engagement de Champlain
dans les guerres entre les nations indiennes. Il s'interroge sur les
raisons du faible peuplement de la colonie. Il regrette l'absence de
coalitions entre Français et Anglais contre les Iroquois ; ce qui
explique, selon lui, que les Français soient devenus des soldats et
des explorateurs. La Providence intervient parfois dans les événements, mais Ferland n'abuse pas de ce recours. C'est en arrière-
plan dans le déroulement historique que la religion est le facteur
déterminant. En France, ceux qui se sont intéressés de près à la
colonie étaient avant tout animés de préoccupations religieuses.
Cartier, Champlain et Poutrincourt partagèrent un même dessein.
Le personnage du missionnaire domine les autres. Le père de
Brébeuf, au premier rang, est le plus grand personnage de toute
l'histoire du Canada[51].

Pas plus que Garneau, Ferland ne décrit la vie quotidienne du peuple. Il lui applique quelques traits généraux qui, donnés à l'origine, lui impriment un caractère qui deviendra inné par la suite. Ce caractère est d'ordre moral et religieux. La population a été soigneusement choisie en fonction de l'apostolat missionnaire auprès des Indiens[52] ; si quelques désordres ont pu se produire, les autorités civiles et les missionnaires y ont mis bientôt fin. À la volonté des fondateurs s'est ajoutée une espèce de sélection naturelle par le climat, la vie frugale, les voyages, la guerre : « Les constitutions affaiblies succombaient sous ces rudes épreuves, tandis que les individus à tempérament robuste résistaient et devenaient les fondateurs de races acclimatées et vivaces[53] ».

Cette souche première, on peut la situer avec précision dans la chronologie : en 1663, elle comprenait deux mille cinq cents individus, « les véritables fondateurs du peuple canadien ». Des religieux plutôt que des responsables civils dirigeaient cette population initiale. La religion était le moteur de l'organisation sociale de la colonie. C'est elle qui a fondu dans un ensemble homogène une population provenant de diverses provinces de France ; l'habitant canadien « prit des habitudes d'ordre ; ses mœurs se formèrent sous les yeux de la religion[54] ».

De prime abord, Ferland ne suggère pas une vue d'ensemble de l'histoire du Canada. Contrairement à Garneau, il ne conduit pas son récit jusqu'à sa propre situation d'historien ; le *Cours* s'arrête à la fin du Régime français, sans que l'auteur avance quelque jugement sur la Conquête et ses conséquences[55]. Ce qui n'empêche pas que, pour Ferland, l'histoire du Canada a une signification globale. Son histoire de la Nouvelle-France est partagée en deux périodes, auxquelles correspondent les deux volumes ; or je remarque que cette division coïncide avec un dénivellement de la temporalité historique. Avant 1663, date à laquelle se termine le premier tome, se déroule « la plus belle portion de notre histoire », celle où « l'on voit la religion occuper la première place[56] ». Cette origine est exemplaire de tout le devenir : « L'histoire de notre pays nous retrace les moyens qu'ils [les ancêtres] ont employés pour fonder une colonie catholique sur les bords du Saint-Laurent, et désigne en même temps la voie que doivent suivre les Canadiens afin de maintenir intactes la foi, la langue et les institutions de leurs pères[57] ». En fait, la religion est aussi déterminante pour Ferland que la politique pour Garneau : « Elle a formé un peuple uni et vigoureux qui continuera de grandir aussi longtemps qu'il demeurera fidèle aux traditions paternelles[58]. » Par une voie bien différente, les deux historiens aboutissent à la même conclusion : la nécessité de perpétuer les traditions.

Le mythe de l'origine

L'explication par l'origine, pratiquée chez Ferland, se déplace aussitôt vers un véritable mythe de l'origine.

Encouragé par Mgr Bourget, Étienne-Michel Faillon commence à faire paraître en 1865 une *Histoire de la colonie française au Canada* qui devait comporter dix volumes et qui finalement n'en compte que trois, le récit s'arrêtant en 1675. L'auteur veut être objectif et il insiste longuement sur l'importance des sources. Il s'intéresse à l'économie, à la démographie. Il analyse les facteurs qui ont joué dans l'implantation de la colonie, les entraves qui ont nui à son développement : le climat, les intérêts des compagnies contraires au peuplement, la concurrence entre le commerce des fourrures et l'agriculture, l'absence de mines d'or, l'esprit mercantile de certains dirigeants, etc. Néanmoins, les causes premières se rattachent à la religion. Dans la part qu'ils ont prise aux établissements coloniaux, les rois n'ont pas été des « conquérants », mais des « envoyés célestes ». Jacques Cartier ? Un « missionnaire zélé qui ne respire que la conquête des âmes ». Champlain est de même stature, bien qu'il ait eu tort de s'immiscer dans les querelles indiennes. Les missionnaires sont des héros, d'autant plus que, contrairement à Ferland, Faillon méprise les Indiens, qui professent les « idées les plus ridicules sur Dieu et la vie future ». La population de la colonie naissante est d'une haute tenue morale et religieuse. Le mérite n'est pas également partagé parmi les grandes âmes des débuts. Sulpicien, Faillon n'apprécie guère les menées de Mgr de Laval envers ses confrères, même s'il lui pardonne au nom de la droiture de ses intentions. C'est à Montréal que se concentrent les plus hautes vertus de l'origine. L'aventure de Dollard et de ses compagnons est « le plus beau fait d'armes dont il soit parlé dans l'histoire moderne ».

Dans une série de monographies, Faillon se livre plus volontiers encore au panégyrique et à la peinture d'un âge d'or de la Nouvelle-France. Marguerite d'Youville, Marguerite Bourgeoys et Jeanne Le Ber ont fait preuve d'un héroïsme extraordinaire. Tout ce qui leur est arrivé, les épreuves comme les joies, était dicté par la Providence. Cela vaut également pour la petite colonie de Montréal dont le destin était étroitement solidaire de celui des communautés religieuses et qui offrait une réplique de l'Église primitive. Les personnalités engagées dans la naissance de la colonie étaient toutes animées de pieuses intentions, en fussent-elles éloignées à première vue. Louis XIV accomplissait sans le savoir la volonté de Dieu en confiant l'hôpital général à Mme d'Youville et ses compagnes. Jacques Le Ber, un riche marchand, s'entendait fort bien dans le maniement des affaires ; il est cependant certain qu'il est venu au pays pour « consacrer ses services et sa personne à l'œuvre sainte de Ville-Marie ». Enfin, thème essentiel du mythe, l'origine est la garantie et le modèle du temps présent : « Si jusqu'à ce jour, il règne dans ce pays une si grande douceur dans les mœurs de toutes les classes de la société, et tant d'aménité dans les rapports de la vie, c'est au zèle de la mère Bourgeoys qu'on en est redevable en grande partie[59]. »

Dans son ouvrage sur Marie de l'Incarnation, l'abbé Henri-Raymond Casgrain, un des acteurs importants du mouvement littéraire de 1860, brosse un tableau des origines où l'exaltation romantique rejoint la pensée mythique[60]. Dans la découverte du Nouveau Monde, il voit une reviviscence de l'esprit des croisades ; Cartier et Champlain lui paraissent des porte-parole de Dieu et de la civilisation. Il compare Marie de l'Incarnation aux femmes de la Bible. Le combat de Dollard « révèle à lui seul l'espèce de transfiguration qui s'opérait sous l'action religieuse ». L'œuvre des missionnaires constitue l'« un des plus beaux phénomènes que la terre ait jamais offerts au ciel, et qui fera l'éternelle admiration des anges et des hommes ». Et le peuple ordinaire ? « Les mœurs austères, la foi vive et pure, la piété solide de ces familles patriarcales faisaient revivre l'âge d'or de la foi[61]. » Les colons ressemblent en tous points au peuple d'Israël. Eux aussi ont quitté la voie droite, pour se livrer en l'occurrence au commerce de l'alcool avec les Indiens ; Dieu y a mis bon ordre par le tremblement de terre de 1663 ; « la nation, régénérée par la pénitence, sortit de ce bain salutaire, toute ruisselante des eaux de la grâce[62] ». Comme chez Ferland, l'an 1663 marque la fin d'une période, la plus héroïque, la plus sainte. Pour Casgrain aussi, la temporalité change alors de niveau. Il passe du mythe à l'histoire : « La colonie vient de

traverser l'âge critique de l'enfance ; elle entre en pleine adolescence. Les temps héroïques sont finis, et le règne de l'histoire
commence[63]. »

Une question vient spontanément à l'esprit : étant donné ce
privilège accordé à l'origine, au point d'en faire un mythe qui
éclaire l'histoire qui suit, quel sens donner à la Conquête anglaise ?
On se rappelle que Garneau marque la cassure, mais qu'il rétablit
la signification d'ensemble par l'idée d'une lutte perpétuelle, les
revendications constitutionnelles prenant le relais des combats
militaires. Comment, chez Ferland et les autres, le report à l'âge
d'or comme mythe fondateur peut-il résister à la rupture de la
Conquête ? En faisant intervenir la Providence une fois de plus.

Faillon reprend à son compte l'idée de la Conquête providentielle : si le Canada avait appartenu à la France lors de la
Révolution, la religion aurait subi les pires persécutions. Casgrain
ne pense pas autrement, et il s'en expliquera dans un ouvrage
publié à la fin du siècle. Wolfe a triomphé ? La Providence le
voulait, pour éviter à ce pays les bouleversements révolutionnaires.
Casgrain va plus loin encore. La Conquête a coïncidé avec une
espèce de renaissance dans la population : « L'ouragan avait passé,
renversant, enlevant tout ce qui n'était pas fortement enraciné au
sol. Il ne resta que les jeunes et vaillantes tiges qui reprirent une
nouvelle vigueur sous un soleil nouveau. » À l'avenir, ainsi qu'ils
l'ont fait en 1760, les « Canadiens n'auront plus qu'à rester fidèles
à eux-mêmes pour réaliser les desseins que la Providence a eus
dans la fondation de la Nouvelle-France[64] ». La tradition est la
survivance de l'origine.

La tradition s'exprime, se raconte. Les écrivains obsédés par
l'origine sont convaincus que recueillir les légendes va de pair avec
le travail de l'historien. On lit dans le prospectus des *Soirées canadiennes*, périodique lancé en 1861 et qui regroupe les principaux
artisans d'un mouvement littéraire : « Ce recueil sera surtout
consacré à soustraire nos belles légendes canadiennes à un oubli
dont elles sont plus que jamais menacées, à perpétuer ainsi les
souvenirs conservés dans les mémoires de nos vieux narrateurs, et
à vulgariser la connaissance de certains épisodes peu connus de
l'histoire de notre pays. » Pour Casgrain, la légende est « la poésie
de l'histoire ». Ou encore : « le mirage du passé dans le flot impres-
sionnable de l'imagination populaire, les grandes ombres de
l'histoire répercutées dans la naïve mémoire du peuple[65] ». Selon

Taché, les peuples y « ont versé leur âme[66] ». Ces légendes peuvent narrer des événements qui se sont effectivement produits ; alors, elles reflètent ce que d'aucuns appellent les « mœurs nationales », les caractéristiques foncières du peuple canadien. Ou bien ces légendes sont des fictions où Taché retrouve le « fonds de poésie inné qui n'est qu'une des expressions de l'homme vers sa fin[67] ». Dans les deux cas, les légendes témoignent de l'*origine*.

Il s'agit souvent d'une feinte, l'écrivain étant lui-même le fabricant de la légende. C'est le cas notamment des *Légendes canadiennes* de Casgrain où les récits sont une autre façon de faire de l'histoire, de typer et d'exalter les héros de l'origine. L'auteur en profite pour pousser jusqu'à l'imagination délirante le portrait du missionnaire ou du pionnier des premiers temps. Dans le prologue de l'une de ses « légendes », Casgrain imagine le tableau qu'il aimerait peindre s'il en avait le talent. Sur un fond de forêt primitive, près du fleuve, se dresserait un fort ; à l'arrière-plan, des Indiens en fuite ; au centre, « les cheveux au vent, un éclair dans les yeux, le front sillonné d'une balle, mon brave pionnier, près de sa charrue, tenant de la main gauche son fusil dont la batterie fumerait encore, de la main droite, versant l'eau du baptême sur le front de son ennemi vaincu et mourant qu'il vient de convertir à la foi[68] ». Pareil phantasme aurait difficilement pu s'avouer dans un ouvrage ayant une prétention historique, fût-ce dans le Québec du XIXe siècle ; sous le couvert de la légende, l'auteur peut s'abandonner sans retenue à la nostalgie du temps mythique. La pseudo-légende permet de dire davantage que ce que retient l'histoire légitime. La légende est une excuse pour se libérer du document, pour projeter dans le passé les leçons que l'on veut prêcher pour maintenant. C'est aussi une astuce pour éviter de peindre le présent dans ce qu'il a de contestable, de méprisable, de *réel* pour tout dire.

Surtout si elle a été effectivement ou prétendument recueillie dans les milieux populaires, la légende n'est pas un document comme les autres ; elle est une trace vivante, l'origine encore présente. L'histoire est une reconstitution du passé, tandis que la légende en est une actualisation. Car la légende est conservée par le vrai peuple, celui des campagnes, isolé des influences urbaines. Casgrain est allé en pèlerinage à l'île aux Coudres : « Ouvrez la Bible dans un de ces passages où elle raconte la vie des anciens patriarches ; vous y trouverez une peinture fidèle des mœurs simples, de la foi vive, des habitants paisibles, du bonheur domestique de ces bonnes gens[69]. »

Dans *Forestiers et Voyageurs*, Jean-Charles Taché nous introduit lui aussi dans un microcosme social. Au début de son livre, il raconte qu'après les fêtes du Nouvel An il s'est rendu dans un chantier dont il peint la vie harmonieuse. Il décrit le labeur des travailleurs de la forêt entrecoupé par les récits légendaires du père Michel, témoin du « bon vieux temps », incarnation vivante du vrai peuple canadien de toujours[70]. Grâce à la légende, dit Taché, l'homme est « laissé à lui-même dans ses bons instincts, sa bonne humeur, et sa poésie naturelle ». Naïf, il entretient « ce besoin de merveilleux qui est le fond de notre nature ». On reconnaît chez lui la « philosophie primitive ». Les contacts continuels avec les grands espaces « ont fait fleurir et fortifié cette précieuse semence des vérités naturelles restée dans l'homme après la chute ». Demeuré à l'écart de l'histoire, le peuple nous ramène donc à la plus lointaine origine. Aussi faut-il le préserver du faux savoir et des gens censément instruits qui ne voient que superstition dans les croyances populaires[71]. Le peuple a valeur de discriminant, de barème concret pour juger du « vrai Canadien » et le distinguer de celui qui a abandonné les traditions et s'est américanisé. Sans doute, comme tous ces écrivains qui font passer la légende de l'oralité à l'écriture, Taché s'est lui-même éloigné du terroir où subsiste le vrai peuple en son intégrité première ; cependant, l'idéal est là, et en s'y conformant un tant soit peu on reste fidèle à cette tradition pour laquelle plaident, avec des accents différents mais avec une unanimité frappante, les auteurs en quête des sources originaires.

Pour les mêmes raisons, les intellectuels vouent un culte à la chanson populaire. Ils partagent en cela un engouement qui se propage au même moment en Europe. On a recensé, pour l'époque, une trentaine de chansonniers imprimés et dix-sept recueils manuscrits. À l'égal des légendes, les chansons traditionnelles envahissent le roman : *L'Influence d'un livre* de Philippe Aubert de Gaspé fils (1837), *La Terre paternelle* de Patrice Lacombe (1846), *Charles Guérin* de Chauveau (1846), *Les Anciens Canadiens* de Philippe Aubert de Gaspé (1864). Pierre Gagnon, le fidèle et fruste collaborateur de Jean Rivard et qui incarne le peuple dans le roman de Gérin-Lajoie, en possède un riche répertoire.

Laurent-Olivier David y voit des « airs nationaux ». En présentant le recueil de chansons d'Ernest Gagnon offert en prime à ses abonnés en 1865, *Le Foyer canadien* le qualifie d'« œuvre vraiment nationale ». Hubert La Rue parle de « notre trésor national ». Le *Journal de l'instruction publique* prétend que « ces refrains si purs, remplis d'une poésie si naïve, sont l'image des mœurs d'autrefois ». Dans l'introduction de son livre, Gagnon lui-même insiste sur la continuité entre la population rurale de son temps et les gens de la Nouvelle-France, continuité incarnée par la chanson. Ces chants de la campagne sont d'ailleurs parents de la tonalité grégorienne[72]. Il en est de la chanson comme de la légende : s'y conserve l'origine, à l'abri du faux savoir et de l'artifice.

L'histoire imaginaire

De la reconstitution de l'histoire à la collecte des légendes et des chansons, il y a continuité de l'imaginaire. J'aborde maintenant une autre trajectoire : celle qui, de l'histoire, dérive vers le roman et la poésie.

L'historien n'accole pas les uns aux autres les témoignages que lui transmettent les vestiges du passé. Il les replace dans des ensembles qu'il construit : des tableaux, des séries, des intrigues. Autant de façons de faire comprendre, par des mises en contexte, la portée des événements et les intentions des personnages. L'imagination intervient pour donner de l'intelligibilité à des indices disparates de prime abord. Certes, la visée d'objectivité est constante et l'historien désire être fidèle à ce qui s'est effectivement passé. L'auteur de roman historique dispose d'une marge d'initiative beaucoup plus vaste ; il arrive cependant que ses inventions ne s'écartent guère de celles de l'historien.

Au milieu du XIXe siècle québécois, le roman historique jouit d'une vogue semblable à celle de la science historique, dont il est le prolongement d'une certaine manière. On veut faire connaître au grand public les épisodes les plus glorieux du passé canadien. L'accent pédagogique est particulièrement appuyé chez Joseph Marmette, l'un des romanciers les plus renommés de l'époque. Il oblige à respecter scrupuleusement la donnée historique, à n'y ajouter que le piment destiné à faire passer le message : « Le lecteur saisira facilement la ligne de démarcation qui, dans ce récit, sépare le roman de l'histoire. [...] Je n'ai employé d'intrigue que ce qu'il faut pour animer mon récit[73]. » Marmette n'hésite pas à interrompre le fil d'un roman pour disserter sur les causes de l'invasion de 1690 ; ailleurs, il discute en historien du rôle de Carleton lors de l'invasion américaine de 1775[74]. Aubert de Gaspé assure de son côté n'avoir d'autre ambition que de « consigner quelques épisodes du bon vieux temps[75] ».

La fabulation historique est aussi une habile stratégie pour contourner la censure. Le roman n'a pas bonne réputation, même si les journaux ne parviennent à conserver leurs lecteurs qu'en débitant des feuilletons. Les curés ne sont pas les seuls à dénoncer la futilité de ces histoires imaginées ; même Étienne Parent invite les jeunes gens à des lectures plus sérieuses. L'amateur de roman n'est-il pas enclin à s'adonner à de dangereuses rêveries, à imiter des personnages aux comportements répréhensibles ? Obligé de peindre les mœurs telles qu'elles sont sous prétexte de réalisme, l'auteur n'est-il pas amené à donner à voir ce qui autrement est discrètement dissimulé ? Le roman historique permet une heureuse diversion. Il laisse la liberté de jouer sur les différences de temps et de mentalité, d'idéaliser des personnages et d'en noircir d'autres, d'insinuer quelque leçon de morale. Selon nos auteurs, les bons sont très bons et les méchants, très méchants ; les premiers l'emportent toujours, sinon par les armes, du moins par la supériorité morale. Les femmes surtout sont admirables ; quand ce n'est pas toute une population, française bien entendu.

Les romanciers préfèrent situer leurs récits sous le Régime français. Eux aussi sont obsédés par les origines, comme les historiens, les amateurs de légendes et de chansons. À l'instar de Garneau, en décrivant la bravoure des Canadiens dans les guerres contre l'Anglais ou l'Iroquois, ils pensent compenser la Conquête et riposter au mépris de leurs contemporains britanniques. Marmette s'arrête fréquemment pour confesser son enthousiasme : « Ni les éléments déchaînés, ni les distances, ni le nombre presque toujours supérieur de leurs ennemis, rien ne pouvait arrêter cette poignée de braves transplantés sur les bords incultes et sauvages du Saint-Laurent[76]. » Napoléon Bourassa personnifie la Nouvelle-France, pour en faire un héros unique tendu dans l'effort du combat suprême : « La Nouvelle-France, épuisée par toutes les privations, accablée sous le nombre de ses ennemis, et cependant toujours debout, toujours menaçante, semblait avoir attiré dans son sein la vie de tous ses enfants pour porter de plus grands coups ou tomber tout d'une pièce[77]. » Digressions ? « Que voulez-vous, chers lecteurs et lectrices, interroge Marmette, c'est le cœur qui parle lorsqu'on parcourt les pages si bien remplies de l'histoire de nos aïeux[78]. » Aubert de Gaspé suspend lui aussi sa narration pour insister sur la leçon que le lecteur devrait en tirer : « Vous avez été longtemps méconnus, mes anciens frères du Canada. Vous avez été indignement calomniés. Honneur à ceux qui ont réhabilité votre mémoire ! Honneur, cent fois honneur à notre compatriote, M. Garneau, qui a déchiré le voile qui couvrait vos exploits[79] ! »

D'après les auteurs de romans historiques, en plus d'être le temps de l'héroïsme, le Régime français fut l'âge d'or de la société harmonieuse. Dans l'Acadie de Napoléon Bourassa, il n'y a pas de classes sociales ; les familles sont toutes solidaires ; la charité et la résignation chrétienne sont vertus courantes. La société décrite par Philippe Aubert de Gaspe est très hiérarchisée ; la plus parfaite sympathie règne néanmoins entre les censitaires et les seigneurs, les serviteurs et les maîtres. Nous sommes, une fois de plus, devant des utopies récurrentes.

Le romancier ne s'aventure guère au-delà de la Nouvelle-France. Quand il le fait, c'est avec précaution. Dans *La Fiancée du rebelle* de Marmette, l'action se déroule au cours de l'invasion de 1775 ; partisan des Américains, son héros est sympathique mais il est finalement tué. Marmette évite ainsi de paraître épouser sa cause. M. de St-Luc, le héros de Georges Boucher de Boucherville dans *Une de perdue, deux de trouvées*[80], est mêlé aux événements de 1837-1838. On ne peut pourtant lui reprocher la moindre complicité avec le désordre. Il fréquente autant le gouverneur Gosford que les chefs de la Rébellion ; de toute façon, d'après le romancier, les patriotes n'ont jamais songé à prendre les armes et, même à Saint-Denis, ils se sont constamment tenus sur la défensive. Si le régime britannique présente à un historien comme Garneau le spectacle de luttes politiques, il ne se prête pas à l'exaltation des vertus guerrières par les romanciers. D'autant plus que les événements de la Rébellion sont trop proches pour que l'écrivain prenne parti sans péril, tandis que les Anglais du temps de la Nouvelle-France sont loin dans le passé et que l'auteur peut leur manifester, par l'entremise de ses personnages, toute l'animosité possible. Chez Marmette comme chez Bourassa, le portrait des Anglais n'est pas flatteur, c'est le moins que l'on puisse dire ;

les Français leur vouent une haine constante, même si les auteurs prennent soin d'opposer le bon Anglais au méchant. Dans *Les Anciens Canadiens*, Locheill commande des incendiaires anglais jusque dans le manoir de ses amis ; étroitement surveillé par un autre officier britannique, pouvait-il faire autrement ? Et puis, il a auparavant sauvé un Canadien de la noyade, il est un ami de Jules d'Haberville, il s'établira définitivement au pays : « J'aime le Canada, dit-il, j'aime les mœurs douces et honnêtes de vos bons habitants[84]. » Dans *Jacques et Marie,* l'officier Butler est un monstre : « son type tenait du renard et de l'hyène ; c'était la cruauté unie à la fourberie ». En revanche, Gordon qui aime Marie est un brave garçon, capable d'élévation d'esprit et d'honneur ; à la fin, il se convertira au catholicisme et sera baptisé sur le champ de bataille de Sainte-Foy.

D'ailleurs, le romancier prend soin de se dissocier des personnages qu'il a magnifiés. « Je dois ici prévenir le lecteur, écrit Marmette, que je ne prétends nullement réveiller de vieilles haines. [...] Si j'avais à écrire un roman de mœurs contemporaines, mes personnages parleraient sans doute autrement ; et l'on n'y verrait pas, si je voulais rester dans le vrai, une jeune fille canadienne-française dédaigner l'amour d'un jeune officier britannique[82]. » Napoléon Bourassa précise de son côté : « J'ai pris pour sujet de mon livre un événement lugubre, conséquence d'un événement bien mauvais de la politique anglaise ; mais ce n'est pas pour soulever des haines tardives et inutiles. [...] Si elle [la Providence] a créé des liens et des intérêts communs avec nous et les nationalités qui nous entourent, ce n'est pas pour que nous les changions en instruments de guerre[83]. » Bourassa s'est attaché plus tard à une révision de son ouvrage où il supprime les passages susceptibles de heurter Britanniques et Américains. Dans *Les Anciens Canadiens*, Blanche d'Haberville refuse d'épouser Locheill qui a dirigé les incendiaires anglais lors de la Conquête, bien qu'elle aime ce jeune homme qui a été un ami de sa famille avant les tragiques événements de 1759. Mais, au mariage de son frère avec une Anglaise, Blanche ne s'oppose pas. Au contraire : « Il est naturel, il est même à souhaiter que les races françaises et anglo-saxonnes, ayant maintenant une même patrie, vivant sous les mêmes lois, après des haines, après des luttes séculaires, se rapprochent par des alliances intimes[84]. » L'auteur va jusqu'à reprendre, en un autre endroit de son récit, la thèse de la conquête providentielle[85].

Dans la société parfaite que fut la Nouvelle-France, l'héroïsme des Canadiens s'est illustré dans les combats contre les Anglais. À l'exemple de l'historien, le romancier s'enchante à le montrer ; c'est une façon de surmonter l'humiliation du peuple conquis, de lui redonner fierté. À la condition toutefois de ne pas perpétuer les haines de jadis, incompatibles avec la réconciliation des élites politiques des deux peuples. Ce qui n'empêche pas d'éprouver les sentiments d'autrefois, mais sans danger, par l'intermédiaire de personnages historiques. Le héros n'est qu'un alibi ; il n'engage pas le présent.

La promotion des origines sur le plan du mythe s'accompagne du procès de la société contemporaine. Les Canadiens ne sont plus de la taille des ancêtres. Marmette et Bourassa s'en prennent aux mœurs : les gens sont gâtés par la civilisation ; les fréquentations des jeunes hommes et des jeunes filles ont perdu la simplicité de jadis ; les lieux communs sont la plaie des soirées bourgeoises. Philippe Aubert de Gaspé tente de réhabiliter l'ancienne noblesse contre la démocratie, qu'il condamne plus encore dans ses *Mémoires*. Marmette résume le sentiment de ses collègues : « Nous sommes d'autant plus émerveillés aujourd'hui de la lutte acharnée qui retarda la Conquête qu'énervés par de longues années de paix, et le cœur racorni par cette fièvre des intérêts matériels qui va courant par le monde et ronge tous les peuples, nous ne savons plus agir que pour des motifs froidement calculés et pesés au poids d'un bien-être assuré[86]. » Ce décalage entre le présent et l'origine renforce le caractère mythique du passé. La différence est tellement grande, la dégradation si manifeste, qu'on désespère de pouvoir imiter des ancêtres prestigieux. On se contentera de se souvenir pour se consoler : « Aujourd'hui, dans ces temps mauvais où des défections déplorables nous humilient tous les jours, où une légion d'autres Bigot s'apprêtent à vendre ce grand héritage de gloire que vous nous avez transmis pour les oripeaux d'un petit pouvoir, où les miettes tombent de la table d'une bureaucratie délétère, [...] nous avons besoin de relire notre histoire pour nous sentir de l'orgueil national encore[87]. » Le recours au passé ne fournit pas des exemples à suivre ; il alimente la nostalgie... et la littérature.

La poésie se met elle aussi au service du souvenir.

Elle a failli prendre un autre tournant. De jeunes écrivains, Lenoir-Rolland et Charles Lévesque notamment, ont renouvelé le contenu et la forme d'une poésie jusqu'alors plutôt timide et conventionnelle. Les thèmes étaient plus variés : l'amour, la nature, la vie des humbles, la misère, les orients lointains. Le ton avait des accents plus personnels, même si on ne perdait pas de vue les auteurs étrangers. Comme l'historien Garneau, on redisait sa ferveur pour les idéologies politiques des années 1830 : Charles Lévesque préparait un recueil sur les « martyrs politiques » de 1837, dont restent des poèmes sur Chénier, Duquette, De Lorimier, Theller ; Joseph Lenoir-Rolland publiait plusieurs poèmes, dans *L'Avenir* et *Le Pays*, en consonance avec les idées de l'Institut canadien sur le libéralisme, l'annexion aux États-Unis et la république. Lévesque meurt encore jeune. Lenoir a le temps de se ranger :

> *Non, je ne crois plus à ces haines,*
> *Qui font ronfler tous nos journaux,*
> *Non plus qu'à ces colères vaines,*
> *Qui n'ébranlent que des tréteaux.*

La poésie, sauf exception, se détournera des troublantes explorations intérieures et des tentations du radicalisme. À l'*ordre social* qui s'organise s'ajoute un *ordre poétique*. Le « poète national », celui dont la génération de 1860 se réclamera, c'est Crémazie. Il se consacre à la mémoire collective[88] :

> *Puisse des souvenirs la tradition sainte*
> *En régnant dans leur cœur, garder de toute atteinte*
> *Et leur langue et leur foi !*

Le souvenir dessèche tout autre sentiment. Crémazie pense-t-il à la nature qu'il tombe dans le ridicule :

> *Ô printemps, d'où viens-tu,*
> *Dans des flots de lumière*
> *Lorsque, l'hiver vaincu,*
> *Tu pares ta bannière*
> *De verdoyantes fleurs ?*

Il ne peut fouler un pré ou une rive sans que surgissent les aïeux :

> *Le vent de la forêt, l'écho de nos montagnes*
> *Qui chantent nos aïeux dans nos vertes campagnes,*
> *Les flots du Saint-Laurent disant leurs noms bénis,*
> *Des souvenirs sacrés l'indestructible empire,*
> *Dans nos cœurs attendris vibrant comme une lyre...*

La nature n'est jamais vue pour elle-même. Ce n'est que par ricochet qu'elle inspire la joie ou la tristesse ; ce qui importe, c'est qu'on y rencontre des monuments anciens et la présence des ancêtres. Si le poète se rappelle

Le sentier verdoyant où, chasseur matinal,
Nous aimions à cueillir la rose et l'aubépine

il en arrive bientôt à évoquer

Le vent de la forêt glissant sur les talus
Qui passe en effleurant les tombeaux de nos pères.

Le poète poursuit la même tâche que les historiens : montrer l'héroïsme des ancêtres. Soyons dignes des morts, répète Crémazie :

Enfants dégénérés d'une race guerrière,
De ses enseignements méprisant la lumière...
Ranimons dans nos cœurs dont la force chancelle
Des combats d'autrefois le puissant souvenir.
Pour garder le dépôt de grandeur et de gloire
Légué par nos aïeux au jour de la victoire,
Fiers de notre passé sauvons notre avenir.

Pour quelle grande entreprise sonne-t-il ainsi la charge ? Pour engager les Canadiens français tentés par l'émigration aux États-Unis à se consacrer plutôt au défrichement des terres neuves. Il plaint l'émigré : « le sol sous ses pas n'a pas de souvenirs ». À la suite du fonctionnaire Étienne Parent et de tant de bourgeois des villes qui vantent les mérites de la colonisation, il encourage les vaillants défricheurs :

Fécondez de vos bras, dans cette noble tâche,
Ce sol que nos aïeux arrosaient de leur sang.

Quant au reste, les temps sont enfin devenus tranquilles. Les combattants d'autrefois n'ont plus de motifs de dissension ; les luttes politiques ont perdu leur raison d'être. Anglais et Français du Canada collaborent, comme en donnent l'exemple l'Angleterre et la France en Europe :

Unissant leurs drapeaux, ces deux reines suprêmes
Chacune a maintenant une part de nous-mêmes
Albion notre foi, la France notre cœur

Le poète interpelle les aïeux pour les rassurer :

Héroïques aïeux, aujourd'hui vos enfants
Ont recueilli le fruit d'un si noble courage ;
On les voit s'avancer, sans redouter l'orage
Sous l'étendard anglais libres et triomphants

Alors, pourquoi ranimer le souvenir des batailles de jadis ? À quoi bon ces chants de guerre, ce fracas des armes ressuscités par la rhétorique ? Certes pas pour provoquer chez les lecteurs un engagement qui ressemblerait à celui des combattants d'autrefois, puisque, leur dit Crémazie,

Nous avons eu aussi dans notre politique
Une révolution grande mais pacifique

Une révolution ? On l'aura compris, il s'agit de l'accès au gouvernement responsable, de la victoire du parti de La Fontaine. Rien pour faire surgir de sa tombe le vieux soldat canadien ou agiter le drapeau de Carillon. Tout ce débordement imaginaire de gloire et de victoire n'a pour but que d'attiser le regret du passé :

Regrettez-vous encor ces jours de Carillon,
Où, sur le drapeau blanc attachant la victoire,
Nos pères se couvraient d'un immortel renom,
Et traçaient de leur gloire une héroïque histoire ?
Regrettez-vous ces jours...

Crémazie a de jeunes disciples ; les plus connus sont Pamphile Le May et Louis Fréchette.

Le May commet quelques poèmes historiques sur la découverte du Canada et la bataille de Saint-Eustache. Il s'orientera plutôt vers une autre origine : la campagne de son enfance. Non pas celle qui change, ainsi que toute société vivante, mais celle qui s'est immobilisée dans les coutumes et les traditions dont Le May se fait le mémorialiste. Dans un roman en vers, *Les Vengeances* (1876), il décrira des coutumes et des travaux campagnards voués à disparaître : la Sainte-Catherine, le broyage au fléau, les veillées des jours gras, la fenaison, la fête de la grosse gerbe... Il y reviendra dans *Les Goutelettes* (1904) avec trente-huit « sonnets rustiques ». Conservateur de la bibliothèque du Parlement de Québec, il aura confessé au milieu des livres le regret de la campagne où il ira finir ses jours.

Dans son premier recueil, Louis Fréchette rêve en des vers fades à Herminie ou à Juliette, tout en célébrant la guerre et les héros de 1760. À partir des États-Unis où il s'est temporairement exilé, il abreuvera d'injures les politiciens responsables de la Confédération. Bientôt revenu au pays, toujours libéral et républicain mais sans excès, il deviendra à son tour poète national avec la publication de *La Légende d'un peuple* (1887). Il y reprendra la « trompette sonore » de Crémazie pour célébrer les hauts faits d'autrefois. Chez lui, la mémoire n'est pas non plus reliée à l'action ; elle la remplace, car les temps ont bien changé :

> *Ô Papineau ! bientôt disparaîtra la trace*
> *Des luttes qu'autrefois dut subir notre race.*
> *Déjà, sur un monceau de préjugés détruits,*
> *De tes combats d'antan nous recueillons les fruits*[89].

De cette fuite vers l'origine qui entraîne la poésie à la suite de l'histoire et du roman, il est un aspect plus troublant que les autres. Le regret inguérissable de la mère-France. « La France, c'est ma mère » : à cette déclaration, Crémazie revient maintes fois, et pour l'étendre au peuple canadien-français tout entier :

> *Car privé des rayons de ce soleil ardent,*
> *Il était exilé dans sa propre patrie*[90].

Louis Fréchette dédie à la France sa *Légende d'un peuple* : « Mère, je ne suis pas de ceux qui ont eu le bonheur de dormir bercé sur tes genoux... Je ne te demande pas un embrassement maternel pour ton enfant, hélas ! oublié. Mais permets-lui au moins de baiser, avec attendrissement et fierté, le bas de cette robe glorieuse qu'il aurait tant aimé voir flotter auprès de son berceau. »

La mémoire finit par être un refuge hors de l'histoire. Est-il meilleur soutien pour les idéologies de la survivance ?

Genèse d'une littérature

Recours à l'utopie, recours à la mémoire : une société prend distance par rapport aux événements et aux défis qui la pressent ; du même coup, elle se donne une image d'elle-même. Il doit y avoir quelque parenté entre la spéculation utopique et la construction de la mémoire collective que j'ai tour à tour étudiées.

Au milieu du XIXe siècle, les espoirs d'avant la Rébellion connaissent une reprise : désir d'émancipation politique, insistance sur le progrès et l'émancipation économiques, volonté de reconquête grâce à la colonisation. Ce regain est rapidement voué à l'échec : cédant devant le nouvel ordre politico-religieux, les utopies se muent en rêveries autour de la vocation agricole et de la mission providentielle. Dans le chapitre précédent, j'ai parlé, à ce propos, d'*inversion* et d'*évasion*. L'édification d'une mémoire collective suit une voie semblable. Historien majeur de l'époque, François-Xavier Garneau se fait l'écho des idéologies des années 1830 mais pour conclure à l'enlisement de la politique et à un repli sur les traditions. Les historiens religieux, les amateurs de légendes et de chansons, les auteurs de romans historiques et les poètes exaltent les origines au point d'élaborer un véritable mythe de l'âge d'or, de convier à un exil qui rejoint les utopies de la vocation agricole et de la mission providentielle. Loin d'être reprise de soi en vue d'un avenir, la mémoire est inversion du projet et évasion dans le passé.

Ces vicissitudes de l'utopie et de la mémoire sont constitutives de la référence collective ; elles sous-tendent aussi l'institution d'une littérature.

Évidemment, au Québec, l'écriture ne date pas des années 1850. Mais une littérature, c'est bien davantage : un monde imaginaire à la fois reconnu et anticipé, habité par des œuvres et en attente d'une écriture à venir. Elle exige un dédoublement de la vie sociale, l'émergence d'un monde parallèle des représentations collectives. En ce sens, on peut en voir la préfiguration dans l'apparition d'une opinion publique alimentée par les journaux et les discussions politiques. Le moment décisif se situe cependant au milieu du XIXe siècle : il ne s'agit plus seulement de la *présence* de l'écriture mais d'un *programme* d'écriture en corrélation avec un programme de société. Alors on peut parler d'une première phase dans la conquête de son autonomie par un univers littéraire.

J'y suis revenu à plusieurs reprises : dans les années 1850 se répand l'opinion que les grandes luttes politiques des décennies précédentes se terminent et que s'inaugure un nouvel état de société. Après l'avènement du gouvernement responsable, le déclin de l'Institut canadien et la défaite des Rouges, les querelles de partis se poursuivront ; mais on croit que les libertés publiques sont acquises pour l'essentiel. L'heure est venue de passer de l'action à la mémoire, du combat pour l'existence politique à l'édification d'une littérature. Henri-Raymond Casgrain arrive à cette conclusion dans un texte que beaucoup d'écrivains du temps considèrent comme un manifeste : « L'action, dit-il, avait absorbé la pensée. Mais, à l'heure du repos, elle éprouve le besoin de chanter ses exploits, et de se créer une patrie dans le monde des intelligences, aussi bien que dans l'espace. C'est l'époque de la littérature. » Casgrain décèle une parenté entre cette apparition d'une patrie littéraire et la consolidation d'une patrie politique : il parle de « la coïncidence de ce progrès littéraire avec l'ère de liberté qui succédait, à la même époque, au régime oligarchique[91] ». L'action va se dire ; la littérature se fera institution. N'est-ce pas la justification d'une société imaginaire où l'écrivain pourra se mouvoir dans un monde à lui en même temps qu'il aura la conviction d'attribuer à la société empirique une conscience de soi ? Au service de l'utopie et de la mémoire, la littérature se présente comme le prototype de l'une et de l'autre.

Dès les années 1840, l'Institut canadien avait été l'instigateur d'un renouveau intellectuel. Autour de 1860, un mouvement littéraire se dessine à Québec autour de Crémazie, Chauveau, Taché, Gérin-Lajoie, La Rue, Casgrain et de plus jeunes comme Fréchette, Le May, Alfred Garneau ; le groupe publie *Le Foyer canadien* et *Les Soirées canadiennes*. À Montréal, Napoléon Bourassa rallie amis et collègues autour de *La Revue canadienne*. Benjamin Sulte anime un cercle littéraire à Trois-Rivières. De sorte que se dessine un nouveau climat pour le projet d'une littérature autochtone. On songe à constituer un corpus de cette littérature : James Huston édite, de 1848 à 1850, *Le Répertoire national* où il veut réunir, selon ses propres termes, « les meilleures productions des littérateurs canadiens, maintenant éparses dans les nombreux journaux franco-canadiens qui ont été publiés depuis un demi-siècle[97] ». La littérature se donne une mémoire, à l'image de la collectivité. Enfin, on se plaît à rappeler que des aînés, Crémazie et Garneau au premier rang, ont produit des œuvres qui sont à la fois des modèles pour leurs cadets et les preuves qu'une littérature du cru est promise à un avenir.

Ce sont des indices que nous voilà à un tournant. À eux seuls, ils ne suffiraient pas pour conclure à l'institution de la littérature. Au milieu du XIXe siècle, c'est par une mise en situation de l'écrivain et une problématisation de l'imaginaire que la littérature se reconnaît des caractéristiques qui pèseront longtemps sur elle et, du même coup, définiront sa contribution à la référence de la collectivité.

En premier lieu, le nouvel ordre politico-religieux que nous avons vu s'affirmer exerce sur les écrivains un contrôle social étroit qui influe sur la conception de l'écriture.

Qui est écrivain ? Des gens ayant acquis quelque instruction, à qui le gagne-pain laisse un peu de loisir ou dont le travail est plus ou moins en continuité avec la culture : surtout des prêtres, des journalistes, des fonctionnaires dont les occupations ne sont pas trop absorbantes.

La politique s'insinue dans la littérature comme dans le reste. Selon *La Revue canadienne,* elle « pénètre tout, brouille tout et brise tout, même dans notre petite république des lettres[93] ». Jusqu'au prêtre qui n'y échappe jamais tout à fait. Le journaliste est d'ordinaire au service de publications contrôlées directement ou indirectement par des factions politiques ; le métier est parfois une étape avant d'accéder à la députation. Le fonctionnarisme laisse peu d'initiative aux fantaisies de l'imagination ou de l'opinion. De toutes les manières, l'écrivain doit souvent quêter des conditions qui lui permettent de se livrer aux joies de l'écriture. Joseph Marmette supplie un ministre : « Votre Excellence et son ministère ont tellement prouvé en plaçant un assez grand nombre de gens de lettres dans les bureaux publics qu'ils avaient en vue, par là, les progrès intellectuels du pays, que je ne crains pas d'insister sur ma position de littérateur. » À l'appui, Marmette invoque ses romans, *François de Bienville* et *L'Intendant Bigot*[94]. On n'est pas toujours contraint de mendier ainsi ou de s'inféoder aux coteries politiciennes ; dans tous les cas, il vaut mieux se garder de toucher aux problèmes litigieux et aseptiser prudemment sa pensée. Quand Huston compose *Le Répertoire national,* il prend soin d'en écarter tous les textes à saveur politique ; ce qui prive son recueil d'une grande partie de ce qui a fait la littérature avant 1850.

Le contrôle religieux n'est pas moins présent. L'opposition de Mgr Bourget a raison de l'Institut canadien, foyer de la pensée libérale. Sous l'égide du clergé, des associations veillent aux bonnes lectures et aux idées convenables. Le jésuite Vignon définit les objectifs de l'une d'entre elles ; après avoir insisté sur la nécessité de former les jeunes gens aux vertus civiques, il ajoute : « le but, c'est encore d'armer le jeune homme pour la défense des principes conservateurs de la patrie et de la foi[95]. »

Dans un pareil contexte, quelle littérature sera possible ? Elle ne pourra peindre les mœurs du temps ; ce serait troubler le lecteur par l'évocation des passions mauvaises. Dans son manifeste, Casgrain presse les écrivains de fuir « le réalisme moderne, manifestation de la pensée impie, matérialiste », de s'élever plutôt vers la sphère de l'idéal. D'après le prospectus de *La Revue canadienne* (1864), « la littérature est l'expression par la parole écrite du Vrai, du Bien et du Beau dans les idées et dans les sentiments[96] ». Nous l'avons vu : le mieux sera alors de déplacer l'attention du lecteur du présent vers le passé où il sera plus facile d'arranger de beaux exemples. Casgrain assigne comme mission aux écrivains « de favoriser les saines doctrines, de faire aimer le bien, admirer le beau, connaître le vrai, de moraliser le peuple en ouvrant son âme à tous les nobles sentiments, en murmurant à son oreille, avec les noms chers à ses souvenirs, les actions qui les ont rendus dignes de vivre, en couronnant leurs vertus de son auréole, en montrant du doigt les sentiers qui mènent à l'immortalité[97] ». Pareille littérature pourra-t-elle susciter quelque intérêt ? Certains soupçonnent qu'elle aura quelque teneur soporifique. Pas du tout, rétorque Faucher de Saint-Maurice : « Déjà toutes nos belles intelligences sont à l'œuvre, et grâce à Dieu qui bénit les bonnes actions, nos lettres ont noblement commencé leur carrière. Plus elles y avanceront, plus elles s'apercevront que cette route du bien n'est pas aussi ennuyeuse qu'elle en a l'air[98]. »

Soumise à un contrôle social serré, la littérature se heurte à un autre impératif : comment se situer par rapport à la littérature française ? N'aura-t-elle pas un statut semblable à la littérature d'une province de France ? C'est ce qu'affirme *La Revue canadienne*. Pour sa part, Huston y voit une « bouture de la littérature française ». En 1852, dans une conférence devant l'Institut canadien, Joseph Lenoir-Rolland est plus nuancé et plus inquiétant : « Ce que nous produisons vient de nous, c'est vrai ; nous pouvons ne rien emprunter du fond, mais la forme n'est pas la nôtre[99]. » Cette dualité serait-elle la marque essentielle de la littérature québécoise ? S'adressant au lecteur des *Anciens Canadiens*, Philippe Aubert de Gaspé insinue que la dualité atteindrait le fond lui-même : « Ce qui paraîtra insignifiant et puéril aux yeux des étrangers [...] ne laissera pas d'intéresser les vrais Canadiens[100]. » Crémazie tranche résolument : « Nous avons beau dire et beau faire, nous ne serons toujours, au point de vue littéraire, qu'une simple colonie[101]. » La littérature du pays fait face à un dilemme : ou bien imiter simplement, par vaine redondance, la littérature de France ; ou bien s'évertuer à être originale, quitte à se condamner à la consommation intérieure. Crémazie penche pour le second parti, et il y voit un choix légitime : « Renonçant sans regret aux beaux rêves d'une gloire retentissante, il [l'écrivain canadien] doit se regarder comme amplement récompensé de ses travaux s'il peut instruire et charmer ses compatriotes, s'il peut contribuer à la conservation, sur la terre d'Amérique, de la vieille nationalité française[102]. » De partout naît l'idée qu'en poursuivant son œuvre l'écrivain contribue avant tout à l'essor de son pays. Les jeunes auteurs les plus prometteurs ne manquent pas de s'en réclamer. Fréchette présente au lecteur son premier recueil qui, « quoique bien défectueux, sera toujours un pas de fait pour la littérature canadienne ». À ses *Essais poétiques*, Le May ajoute un souhait : « Puisse mon livre faire rejaillir un reflet de gloire sur mon cher Canada ! C'est ce que j'envie par dessus tout[103]. »

La littérature est instituée en tant que *nationale*. Là sera la légitimité du travail de l'écrivain. Même si son œuvre n'est pas à la hauteur des canons de l'autre littérature, la française, elle se justifie comme contribution à l'édification de « la patrie de l'intelligence ». Elle idéalise la nation par le recours au passé ; elle se hausse d'autant plus aisément au-dessus des contingences du présent que l'ordre social ambiant la refoule lui-même vers les hauteurs du « beau » et du « bien ». Dans une conférence prononcée en 1841, le jeune Laurent-Olivier David prétend que le but de l'œuvre littéraire est de transmettre les traditions nationales[104]. En effet, la littérature naissante se met au service de la survivance en se faisant moyen de communication de l'héritage, au point de devenir elle-même une tradition. Paradoxe d'une écriture qui, selon les premières apparences, n'est que laborieux prosaïsme et plate idéologie et qui, en fait, ne dit que l'absence de l'écrivain à son temps et à lui-même.

CONCLUSION

Utopie et mémoire conjuguées par l'écriture : ainsi s'achève la genèse de la société québécoise. Au-delà des événements, une collectivité est parvenue à se représenter elle même, à se fonder comme *référence*. Certes, l'histoire poursuivra son cours ; des changements imprévisibles ne cesseront pas de survenir. Mais si cette première forme de conscience historique aura à subir les contrecoups du devenir, en retour elle lui imprimera son propre mouvement et en inspirera les interprétations. J'entends de cette façon la formule de Tocqueville : « Les peuples se ressentent toujours de leur origine. Les circonstances qui ont accompagné leur naissance et servi à leur développement influent sur tout le reste de leur carrière[1]. »

Le poids de l'héritage

J'y insistais au départ : ce que nous appelons une « société » est un mode particulier de structuration des phénomènes collectifs, celui où on saisit leurs arrangements sur le plan des grands ensembles. La nation et l'organisation politique en constituent les deux axes principaux. Or, dans le cas de la société québécoise, nation et organisation politique ont émergé d'un contexte particulièrement difficile. La dépendance extérieure a pesé lourdement sur l'une et l'autre, tout au long de la genèse que j'ai retracée.

La France projetait sur la colonie ses rêves et ses incertitudes quant à son propre devenir. L'activité missionnaire, le peuplement et le commerce des fourrures dépendaient de ressources et de stratégies malaisées à concilier. En Nouvelle-France, la guerre menaçait sans cesse ; les motifs de la déclarer ou de l'interrompre relevaient d'enjeux extérieurs. L'attention portée à la colonie a varié d'une époque à l'autre, l'indifférence ou l'hostilité succédant à la ferveur. Enfin, l'espace colonial était planifié de loin, fort abstraitement et sans qu'intervienne sur place quelque institution représentative efficace.

Remplaçant la France, l'Angleterre subordonnait aussi sa nouvelle possession à son propre destin. Ce qui se passait chez elle, de l'économie à la politique, engageait à des attitudes plus ou moins contradictoires envers les Canadiens. C'est à cause de ses difficultés internes qu'au lendemain de la Conquête la métropole ne s'intéressa guère à peupler la colonie de Britanniques et laissa survivre la petite population française ; par la suite, le conquérant a vu dans cette collectivité une barrière contre la menace que le voisinage représentait pour la présence de l'Empire en Amérique. Les Canadiens furent constamment ballottés entre l'assimilation plus ou moins rapide et la préservation d'une *réserve* francophone.

Les États-Unis ont introduit un paramètre aussi important que la France et l'Angleterre dans la genèse de la société québécoise. Avant la Conquête, dans l'espace partagé par la Nouvelle-France et les colonies américaines, la guerre ou la paix armée étaient une préoccupation constante ; ce qui explique, pour une part, l'extension démesurée de la colonie française. Sous le régime britannique, les relations devinrent plus ambiguës. Les francophones, du moins leurs élites, endossaient habituellement la fonction de gardiens des frontières que l'Angleterre leur attribuait ; ils y voyaient un argument utile à retourner contre les tentatives d'assimilation. Idéologie composite où il est difficile de démêler conviction et astuce diplomatique. L'exemple de la révolution de 1775 qui conduisit les Américains à l'indépendance séduisait des Canadiens, au point où beaucoup appuyaient les rebelles. Les États-Unis ont provoqué tour à tour l'attirance et la répulsion : émigration massive, suivie parfois de retours désabusés ; plaidoyers fervents pour l'annexion contredits par des condamnations véhémentes du matérialisme *yankee* ; accueil empressé des capitaux américains accompagné de la dénonciation de leur ingérence...

Pour sa part, l'Église a été une composante intime de cette société. Après la Conquête, elle a constitué le facteur principal de sa survie. Cependant, elle aussi a connu la domestication : en

Nouvelle-France, l'État l'a mise très tôt sous sa coupe ; après la Conquête, le pouvoir britannique l'a maintenue longtemps en servitude. Quand elle se fut libérée un peu de cette tutelle, la consolidation de son pouvoir sur la société francophone a coïncidé avec la montée de l'ultramontanisme et de la centralisation vaticane. Elle ne se bornait pas à accueillir les décisions romaines ; elle les demandait avec insistance. À Rome refluaient des intrigues et des arbitrages à propos des querelles intérieures les plus anodines. Les communautés religieuses venues d'Europe ajoutèrent à la colonisation spirituelle en important des problématiques et des craintes convenant davantage à la situation de leurs contrées d'origine qu'à celle du pays.

Au total, voilà une société qui, au cours de sa genèse, a dû subir de puissantes attractions extérieures. Pour faire contrepoids, de quelle faculté d'intégration interne a-t-elle disposé ? Répondre à cette question, c'est indiquer la pente que prit la recherche tâtonnante d'une identité nationale aussi bien que les vicissitudes de l'organisation politique.

Il m'a paru impossible de reconnaître en Nouvelle-France une nation nouvelle, mais tout au plus la différenciation de ce que j'ai appelé, faute d'un meilleur terme, un « sentiment national ». Grande étant la distance qui séparait la colonie de la métropole, l'enracinement s'est accru avec la succession des générations. Les heurts se sont multipliés entre les habitants et les administrateurs venus de France, entre les élites du pays et les marchands de passage, entre les miliciens et les militaires de profession. Avec la Conquête, le sentiment national s'est exacerbé. Des langues, des religions, des institutions juridiques se heurtaient ; devait en résulter, dans la population, une prise de conscience de l'originalité de ses genres de vie, de sa culture. Il ne lui a pas suffi de se rendre compte que ses propres institutions étaient différentes ; il lui a fallu plaider pour sauvegarder leur existence. Contre le danger de l'assimilation, elle ne pouvait montrer l'utilité de sa survie qu'en se plaçant du point de vue du conquérant ; reprenant sans cesse cette argumentation, elle était conduite à intérioriser l'image que l'autre lui renvoyait. Quand, de surcroît, les journaux et les élites du Canada anglais jetaient à la face des vaincus les qualificatifs d'ignorants, d'illettrés, d'incapables que Durham reprit dans son célèbre rapport, les francophones n'étaient-ils pas enclins, sinon à approuver ce portrait d'eux-mêmes, du moins à s'interroger sur sa ressemblance ? Un certain complexe d'infériorité s'est insinué dans le peuple et dans les élites, traduit dans des gestes de soumission ou de vaines colères dont la tradition ne s'est jamais perdue tout à fait.

Né dans la seconde moitié du XIXᵉ siècle, le nationalisme a hérité de ce réflexe défensif. Qu'il ait dû s'élever contre l'impérialisme britannique, l'oppression des minorités dans les autres provinces ou les manœuvres centralisatrices du gouvernement fédéral, cela a encore accentué une conscience de soi pour ainsi dire négative. Préoccupés de ne pas laisser les influences du dehors emporter la nation, la majorité des nationalistes n'ont guère pu s'assigner un autre idéal que celui de la craintive conservation d'un héritage. En ont résulté des traits durables de mentalité : une difficulté à affronter les autres cultures, un penchant à leur faire des emprunts avec un enthousiasme naïf ou à s'en méfier avec une pointe d'envie. Cela aussi fait partie du prix à payer pour la survivance.

Le contrepoids aux pressions extérieures, il s'est trouvé dans le mode particulier d'organisation sociale propre à cette société.

Sa petite population étant disséminée sur un territoire immense, partagée entre la culture du sol et l'exploitation de la fourrure, la Nouvelle-France s'est scindée entre la vallée du Saint-Laurent et un hinterland aux limites de plus en plus lointaines. Deux structures, deux mentalités en ont découlé. L'enracinement et la mobilité ont marqué la culture de traits antinomiques. Plus tard, l'attachement au village natal n'a pas empêché les déplacements temporaires ou définitifs causés par des bouleversements économiques à la dimension du continent, tandis que les mouvements de la colonisation intérieure allaient dans tous les sens, dépourvus de plans et de politiques d'ensemble, ne disposant jamais de communications à la mesure de l'occupation du territoire.

À l'origine, le rang a été le pivot du peuplement et le foyer principal de la sociabilité. En Nouvelle-France, la ville et la campagne ont connu une faible intégration, et le village a connu une croissance tardive. Sous le Régime anglais, la stratification ethnique s'est inscrite dans le paysage urbain. Beaucoup de facteurs ont ainsi concouru à une intégration de la population dans les microcosmes sociaux, à la primauté de l'organisation sociale de base. C'est la famille qui a exercé l'influence la plus déterminante sur les genres de vie. Autour d'elle s'est maintenu l'attachement au milieu, se sont déployés le village et la paroisse ; c'est elle qui, lors des migrations, a favorisé les transitions sans rupture radicale, la continuité à travers le changement.

Sans doute, beaucoup de sociétés ont reposé sur une intégration à la base. Mais au Québec les solidarités élémentaires ont assumé une fonction d'autant plus envahissante qu'a longtemps été absente toute espèce d'organisation représentative sur le plan local. Soulignant qu'aux États-Unis la commune a pris forme avant le comté et l'État et que là a commencé l'existence politique, Tocqueville ajoutait : « L'habitude de penser par soi-même et de se gouverner est indispensable dans un pays nouveau, où le succès dépend nécessairement en grande partie des efforts individuels des colons[2]. » Ce défaut persistant d'institutions locales représentatives, alors qu'était si serré le tissu des liens de famille et du voisinage, a eu une double conséquence au Québec : la pauvreté de la socialisation politique et un certain manque d'initiative individuelle.

Leur société s'étant construite avant tout par en bas, c'est là que les Canadiens français ont puisé les conditions principales de leur survie. Les idéologies confectionnées par les élites de même que les utopies touchant la vocation agricole et la mission providentielle ont eu peu de résonance chez les agriculteurs, les colons, les prolétaires des villes et les émigrés aux États-Unis. Bien plus que par les prêches des élites, la nationalité s'est perpétuée dans la masse du peuple par la continuité des réseaux primaires de sociabilité, par la vertu de coutumes altérées peu à peu pour les besoins de l'adaptation au changement. Ce sont surtout ces réseaux et ces coutumes qui ont assuré la régulation de la vie collective ; d'autant plus que la scolarisation n'a eu qu'une incidence tardive. Là réside probablement l'une des explications de la dégradation de la langue sous l'effet de l'industrialisation et de l'urbanisation.

Dépendance extérieure, sociabilité élémentaire : au cours de la genèse de la société québécoise, ces deux pôles connurent une tension telle qu'ils semblent s'être développés et consolidés de façon quasi autonome. Comment ne pas voir dans cette distance une entrave majeure à la formation de la nation et de l'organisation politique ?

L'hiver de la survivance

Cette disjonction entre deux paliers de l'organisation sociale n'est pas la seule que nous ayons repérée. Il en est une autre, qui lui est complémentaire, entre communauté nationale et organisation politique.

Comment le sentiment national, avivé par la présence de l'*autre,* s'est-il mué en la représentation d'une nation comme entité objective ? Il a fallu qu'interviennent des élites définitrices. Aux lendemains de la Conquête, la petite noblesse se déclarait le porte-parole des colonisés ; elle était si servile, le peuple lui était si peu attaché qu'elle s'avéra rapidement incapable de jouer un rôle de quelque importance. Intermédiaire tout naturel entre le colonisateur et le peuple conquis, l'Église se considérait comme la tutrice de la collectivité francophone ; mais elle était trop mal pourvue encore de moyens d'encadrement, trop surveillée par le gouvernement anglais pour élaborer une idéologie à la mesure d'une société. C'est la tâche que s'est donnée une nouvelle classe bourgeoise, qui a trouvé l'instrument de son ascendance dans l'institution d'une Chambre d'assemblée et dans une opinion publique alimentée par une presse très active. En travaillant à définir la collectivité, en confirmant son existence par le pouvoir du discours, cette bourgeoisie décidait en même temps de sa propre légitimité.

L'organisation politique concédée en 1791 par les autorités impériales apparaissait comme une revanche par rapport au Régime français dont Papineau et les autres leaders dénonçaient le despotisme. Cette version laïque de la « conquête providentielle » brouillait l'idée de nation, qui est difficilement pensable sans le report à une origine fondatrice. Bien plus, dans l'esprit des élites francophones, la collectivité envisagée du point de vue politique ne coïncidait pas avec la communauté nationale ; elle englobait les anglophones autant que les francophones. Le *peuple* tenait son statut de la Constitution ; il se manifestait par l'opinion publique éduquée par la presse ; les parlementaires en étaient les interprètes légitimes. Cette vue des choses aurait sans doute pu s'imposer au détriment de la nation si francophones et anglophones n'avaient été autant étrangers les uns aux autres, surtout si la bourgeoisie anglaise des affaires n'avait poussé les Canadiens français à l'assimilation.

On ne qualifiera donc pas de *nationaliste* la représentation politique de la collectivité que prônaient les leaders dans la première moitié du XIXᵉ siècle. C'est même avec embarras et de pénibles tâtonnements que ces porte-parole essayaient de cerner l'entité nationale. Nous les avons vus risquer de curieuses distinctions entre, par exemple, la nation « généalogique » et la nation « proprement dite », c'est-à-dire politique. Nous en avons reconnu la suite dans la volonté des Pères de la Confédération de fonder une « nation nouvelle », nation politique là encore, par opposition à l'autre nation, culturelle si on entend bien. Il n'est pas impossible que la « souveraineté culturelle » que d'aucuns ont tenté de mettre à la mode dans les années 1970 se rattache à ce lointain parrainage.

Entre la nation et la politique, le raccord avait failli se produire dans les années 1830, par la médiation de l'idée de république. Après qu'on l'eut prise pour modèle, la société américaine devait, selon certains, intégrer le Bas-Canada. Mais comment concilier pareille orientation avec la survie de la nation ? Les institutions qui caractérisaient les Canadiens français semblaient peu compatibles avec les traits fonciers de la république voisine. Et puis, peu nombreux, les francophones n'auraient-ils pas été assimilés par les Américains en renonçant à la protection de l'Empire britannique ? Après la Rébellion de 1837-1838, les Rouges reprenaient la tentative en se butant au même dilemme politique : opter pour la république, c'était au prix de l'assimilation, à laquelle plusieurs finirent par consentir ; se replier sur la défensive, en privilégiant une conception avant tout culturelle de la nation, c'était se condamner à la marginalité.

Ce dilemme s'est dénoué au mitan du XIXᵉ siècle. Désormais, la nation sera vue avant tout comme une entité culturelle, un ensemble de traditions : « notre langue, nos institutions et nos droits », selon une formule qui deviendra un cliché. Cette nation culturelle n'était pas tout à fait dépourvue de support politique puisqu'une organisation provinciale veillait prétendument à sa protection. Ce qui restait de l'autonomie politique rejoignait ce que nous avons dit du caractère de l'identité nationale : une conscience de soi repliée sur la défensive depuis la Conquête et que l'on croyait sauvegarder par l'exaltation des traditions. Une collectivité reposant d'abord sur des réseaux primaires de sociabilité n'offrait-elle pas depuis longtemps le visage d'une nation qui pouvait se perpétuer sans projet politique ? Les tendances diverses que l'histoire avait mises au jour auparavant convergeaient pour conférer à la *réserve* francophone sa configuration durable en Amérique.

Alors on comprend que l'ordre social instauré dans cette collectivité au mitan du XIXᵉ siècle, bien loin de lui imposer sa forme de l'extérieur, en fut le sous-produit.

L'avènement du gouvernement responsable n'était que l'apparent triomphe des luttes d'avant 1840 ; il consacrait l'échec du projet de société qu'avaient entrevu les patriotes, pour ne retenir que leurs réclamations d'aménagements constitutionnels, l'accroissement des prérogatives de l'Assemblée. Le patronage passait des mains de l'oligarchie à celles du politicien. Celui-ci nouait des liens avec les pouvoirs économiques ; par le patronage, il s'attachait le peuple et les petites élites, s'insérant dans une organisation sociale de plus en plus dense à mesure qu'on se rapprochait du niveau local. Rien ne devait échapper à la fièvre politicienne et aux jeux de la politicaillerie. À la fin du XIXᵉ siècle, Edmond de Nevers a dressé un pittoresque tableau : une société québécoise de 1 300 000 habitants comptant 143 députés aux gouvernements fédéral et provincial, 24 sénateurs, 24 conseillers législatifs, un lieutenant-gouverneur, des candidats défaits fort actifs en vue des prochaines élections, une nuée d'organisateurs à l'affût de récompenses, des jeunes gens obsédés par les querelles partisanes[3]...

Libérée de la tutelle des gouvernements britanniques tout en protestant de sa loyauté sans faille, profitant du déclin des idéologies radicales, pourvue d'un clergé plus nombreux, mieux implantée dans un réseau de paroisses, l'Église s'engageait dans des initiatives pastorales qui lui attacheraient plus étroitement les populations. Le clergé imposait une autorité qu'il prétendait tenir de cette qualité de « société parfaite » que lui attribuait l'ultra-montanisme ; il exerçait ou s'imaginait exercer une domination rigoureuse sur les mœurs et les moyens de diffusion de la culture. En fait, L'Église était à l'image de la société qu'elle régentait ; défendant des coutumes, elle en devint prisonnière.

Plus tard, on ne manquera pas de dénoncer le conservatisme de cet ordre social, des élites qui l'ont soutenu et qui en ont profité. Mais c'est la société elle-même qui était conservatrice. Elle l'était par le poids des contraintes extérieures, par sa structure, par la logique de son développement. À l'écart des grandes décisions économiques et politiques, repliée sur des coutumes qui la rassuraient sur sa différence et qui légitimaient ses élites dans leur fonction d'intermédiaires, cette société trouvait sa pérennité dans sa culture. Mais, en se délestant du politique ou en acceptant qu'on l'en prive, quitte à y garder des rôles de figurants, elle isolait la culture et la condamnait à l'anémie. Elle s'évadait dans l'imaginaire, qui devenait un prétexte pour fuir l'histoire plutôt qu'une provocation pour l'affronter. Pendant que les utopies se détachaient des grandes ambitions politiques pour s'abandonner à l'idéalisation du monde rural et à une mission spirituelle évanescente, la mémoire historique reconduisait la collectivité le plus loin possible en arrière, vers une origine mythique sans danger pour les puissants et sans risque pour leurs subordonnés.

Ce n'est pas seulement en Amérique ou au Canada que cette société a été refoulée et qu'elle s'est retirée dans la farouche sauvegarde de son identité. À l'intérieur même des frontières du Québec, elle a coexisté avec une autre société. Le phénomène remonte loin, à l'époque où la bourgeoisie canadienne-française utilisait la Constitution de 1791 pour définir le Bas-Canada comme une société politique englobant Français et Anglais dans un même peuple. L'échec de cette conception, qui rejetait l'idée de nation francophone à l'arrière-plan, s'explique pour une part par l'antagonisme des deux bourgeoisies qui ambitionnaient la conduite de la collectivité. La nouvelle bourgeoisie francophone était placée devant une autre bourgeoisie qui détenait la maîtrise de l'économie et qui prétendait étendre cette suprématie à d'autres domaines, dont le politique. Ces deux classes en ascension, différentes par leurs caractères nationaux et les sources de leurs pouvoirs, défendaient deux projets de société.

Cette dissension des bourgeoisies s'est renforcée par un plus vaste affrontement des institutions. La Conquête à peine achevée, la petite faction britannique installée au pays réclamait la domination de sa langue, de sa religion, de ses coutumes juridiques, de son mode de propriété. Avec l'arrivée d'une émigration anglaise considérable, les objurgations se sont faites beaucoup plus pressantes, en même temps que s'intensifiait le mépris envers les institutions francophones au nom du progrès. Durham entérinerait finalement ces récriminations en proposant une fusion des institutions et des populations. Avec la Confédération, la paix a semblé s'établir, mais par la consécration de la dualité. La société anglaise du Québec s'est donné un système scolaire particulier, délié de toute coordination à l'intérieur du Conseil de l'instruction publique ; le cloisonnement a gagné les moyens de communication, les institutions de santé et le réseau des associations. Des élites ont maintenu des liens par en haut ; des employés, des ouvriers et des agriculteurs se sont rencontrés par en bas. Mais l'échec de la tentative pour former une véritable communauté politique dans le respect des différences culturelles a été très tôt consommé ; on en retrouve aujourd'hui les conséquences dans les difficultés à fonder au Québec un dialogue des cultures et une souveraineté de l'État qui ne s'identifie pas avec la nation francophone.

De la genèse à aujourd'hui

La genèse de la société québécoise s'achève donc au moment où commence l'hiver de la survivance.

Peut-être le lecteur aura-t-il l'impression que je me suis complu dans une peinture de notre ancienne déchéance collective, reprenant un procès cent fois remis en chantier. J'aurais ainsi prêté la main à mon tour à un jeu de massacre auquel se sont livrés des ramasseurs de ragots et même quelques chercheurs sérieux au cours de la Révolution tranquille. Confortablement installé dans les savoirs et les préjugés de son époque, rien n'est plus aisé que de faire comparaître les défunts devant le tribunal de l'histoire. Et il est de bon ton en certains quartiers de décrier le passé, avec la conviction de se hausser du même coup au rang d'acteur des grands recommencements. Je suis persuadé, pour ma part, que le métier d'historien ou de sociologue relève d'une autre urgence : celle de comprendre et, si possible, d'expliquer. Il commande de prendre une distance, de faire soigneusement la part de l'esprit critique ; il n'exclut pas pour autant la complicité avec les gens d'autrefois, l'effort pour nous réapproprier quelque chose de ce qu'ils ont senti afin de rendre un peu intelligible ce qu'ils ont vécu.

Certes, on ne revient pas sur les siècles dont il a été question dans ce livre sans que s'impose avec une force pressante la conviction qu'à l'heure où elle parvenait à des projets et à une mémoire qui lui fussent propres, à une *référence* qui lui conférait une identité pour l'avenir, cette société consacrait du même coup sa mise en marge de l'histoire. Il est des peuples qui peuvent se reporter dans leur passé à quelque grande action fondatrice : une révolution, une déclaration d'indépendance, un virage éclatant qui entretient la certitude de leur grandeur. Dans la genèse de la société québécoise, rien de pareil. Seulement une longue résistance. Mais qui n'incite pas pour autant au dédain méprisant, encore moins au cynisme rétrospectif, devant ce qui fut à tout prendre une modeste mais troublante tragédie. Aussi, on peut, à la suite de François-Xavier Garneau, admirer encore les miliciens et les missionnaires de la Nouvelle-France, les défricheurs et les prolétaires des temps obscurs, les journalistes et les hommes politiques qui ont mené les luttes constitutionnelles au nom de la démocratie, les rebelles de 1837-1838. Il n'est pas défendu non plus de s'émouvoir aux rêves des utopistes du XIXe siècle ou aux récits des vieux historiens, romanciers ou poètes appelant à la rescousse les souvenirs du passé. Il est même permis de reconnaître quelque mérite aux nationalistes d'antan, conservateurs par principe et par nécessité peut-être, qui ont proclamé l'existence d'un peuple aux heures les plus difficiles et dressé, faute de mieux, de modestes et parfois dérisoires barricades...

Les Québécois d'aujourd'hui ne font plus face aux mêmes tâches que ceux du siècle dernier. Je crois cependant que la réflexion sur les commencements peut nous être utile devant les défis actuels de la société québécoise.

Évidemment, on ne s'explique pas l'état d'une société sans recourir à l'ensemble de son histoire ; mais il m'est apparu que l'étude de la genèse avait une tout autre portée. Au cours des premières phases du développement d'une collectivité sont mis en forme des tendances et des empêchements qui, sans déclencher la suite selon les mécanismes d'une évolution fatale, demeurent des impératifs sous-jacents au flot toujours nouveau des événements. Comme si l'histoire se situait à deux niveaux, les sédiments de la phase de formation restant actifs sous les événements des périodes ultérieures. De sorte qu'en accédant à cette couche profonde de l'histoire on aurait la faculté de mieux appréhender la signification du présent.

Aboutissement de la genèse de la société québécoise, l'hiver de la survivance aura duré tout au long du siècle qui a suivi. En tentant de montrer comment il est apparu, j'aurai voulu éclairer les ressorts profonds de sa persistance.

Je ne soutiens pas pour autant la thèse ridicule que cette société serait demeurée immobile durant tout ce temps. Des transformations lentes ou accélérées l'ont touchée au cours de ces années. Les auteurs d'une synthèse récente sur l'histoire du Québec contemporain les énumèrent : l'industrialisation, la tertiarisation, l'urbanisation, l'exode rural, les innovations technologiques, la transition démographique et l'immigration, le développement du capitalisme et de la classe ouvrière, etc.[4] Il n'est pas question de ressasser le mythe d'une collectivité endormie dans la tradition et qui aurait été brusquement réveillée par un chambardement récent. Mais, s'il est certain que cette société n'a jamais cessé d'être soumise au changement, elle l'a affronté avec des mécanismes eux-mêmes élaborés dans des réactions à l'histoire et avec des idéologies dominantes qui lui en ont suggéré des interprétations.

Bien entendu, cette ère de la survivance devrait être étudiée pour elle-même et envisagée comme un ensemble. Sans négliger le mouvement, les modifications ou les dénégations, on examinerait comment elle a été structurée en profondeur par l'ordre social que nous avons vu s'établir. On comprendrait mieux ce qui, dans la révolution des dernières décennies, a été une mutation par le refus de l'ancien et une persistance de l'ancien sous les revêtements du nouveau. On saisirait plus nettement aussi en quoi la genèse nous a laissé, un siècle après, des problèmes qui n'ont pas encore reçu de solutions, des réflexes qui ressemblent à des répétitions.

En effet, les pressions extérieures qui ont modelé le contexte de cette société au long de sa genèse n'ont-elles pas continué, tout en se modifiant, d'exercer leur action jusqu'à nous ?

Il y a longtemps que la France a perdu tout pouvoir politique sur la société québécoise. Mais la Conquête anglaise a laissé une tenace nostalgie de l'origine. Crémazie et Fréchette pleuraient sur la perte de leur « mère », la France ; après eux, des écrivains du Québec ont crié périodiquement la douleur de la séparation. Y a-t-il une littérature québécoise originale ? Parlons-nous une langue française qui soit nôtre, et pas seulement l'écho déformé du *Parisian French* ? Les polémiques à propos du *joual*, langue nationale ou aliénation de la parole, ne sont-elles pas toutes récentes ? Même à distance, la culture française n'a pas cessé d'être l'indispensable aliment ; en retour, la rancune n'a pas manqué envers une marâtre qu'on accuse par moments d'impérialisme culturel. Obséquiosité devant le « français de France », rejet du « maudit Français » : l'émancipation du foyer original ne semble pas achevée. Est-ce possible de faire autrement ? Est-ce souhaitable ?

Du côté de l'Empire britannique, le joug politique s'est fait sentir jusqu'à il y a peu. Depuis la Conquête jusqu'au milieu du XIXᵉ siècle, l'Angleterre a menacé les Canadiens français d'assimilation ; Durham a sonné l'heure de l'exécution, qui n'eut d'autres suites que la survie de la *réserve* francophone. Par après, des énergies considérables ont été consacrées à la contestation de l'Empire, à la lutte pour l'indépendance du Canada. Les Canadiens français ont refusé majoritairement la conscription lors des deux guerres mondiales parce qu'elle semblait une mobilisation au service de l'Angleterre, une remémoration de la sujétion servile. Le rapatriement de la Constitution du Canada n'est survenu que dans les années 1980, et c'est encore un gouverneur général qui règne symboliquement sur le pays au nom de Sa Majesté.

Les difficultés que le Québec a connues dans la Confédération n'ont pas été étrangères à cette hégémonie britannique. D'abord parce que les partenaires anglophones des francophones se sont longtemps définis par référence à l'Empire, que leur souci d'une identité canadienne a été tardif au point où, se manifestant aujourd'hui vigoureusement, il paraît anachronique aux yeux de beaucoup de Québécois. La structure même de la Confédération ajoutait aux pressions extérieures ; la constante réclamation d'autonomie de la part du Québec s'est poursuivie en complément de la lutte contre l'impérialisme, l'une et l'autre engendrant deux variétés du nationalisme, parfois concurrentes. La Confédération a produit une double allégeance où se démêlaient mal identité politique et identité culturelle ; plus ou moins conçu comme le vrai pays à l'encontre de l'entité plus vaste, le Québec a été longtemps une simple succursale de l'État central qui contrôlait les ressources et s'ingérait dans le choix des responsables provinciaux. La persécution des minorités françaises dans les autres provinces accentuait le sentiment d'une manipulation par un pouvoir étranger censé être, par ailleurs, celui d'un pays commun. Aujourd'hui, des francophones ont beau promouvoir la souveraineté du Québec au nom d'une plus grande efficacité gouvernementale et prétendre avoir exorcisé les démons du nationalisme de leurs grands-pères, ils ne cachent pas que les désirs d'indépendance se nourrissent aussi du souvenir des vexations passées.

Les Québécois ont-ils mieux réussi envers ce qu'ils qualifient souvent d'impérialisme américain ? L'ambivalence dont j'ai retracé les sources s'est perpétuée. La dépendance économique dont on s'inquiétait déjà au XIXᵉ siècle s'est accentuée par la suite. Le genre de vie américain où les élites d'autrefois voyaient le matérialisme le plus infect et la culture que l'Église aurait bien aimé interdire ont été progressivement intégrés dans les pratiques de tous les jours. Depuis la Révolution tranquille particulièrement, c'est aux États-Unis que la plupart des scientifiques poursuivent des études avancées. Partout dans le monde, ce n'est plus seulement la langue des Américains, c'est leur conception même du savoir qui s'impose de plus en plus, pendant que leurs leaders politiques songent à prendre la tête d'un nouvel « ordre mondial ». L'influence de la culture américaine sur le Québec suscite les mêmes réactions ambivalentes que celle de la culture française : l'admiration béate et la dénonciation amère. Comme au XIXᵉ siècle, cette alternance se manifeste surtout chez les élites.

Le voisinage des États-Unis, infiniment plus que celui des provinces canadiennes, est aujourd'hui comme jadis le défi le plus décisif. Les Québécois forment un îlot étrange sur le continent. Les Canadiens anglais les convient à les rejoindre dans une commune résistance ; ils agitent même le spectre de l'annexion aux États-Unis au cas où adviendrait la souveraineté du Québec. On nous ramène à notre ancienne mission de barrage contre le danger américain. Mais ce qui demeure de façon beaucoup plus évidente, c'est le problème qu'avaient si bien posé les Rouges dans les années 1850 : celui de l'appartenance du Québec à l'Amérique. Problème ancien, problème neuf aussi, et qui mérite autant d'attention que la question d'une éventuelle souveraineté politique du Québec.

Et l'Église ? Après avoir fait office pendant un siècle de véritable organisme politique et d'instance de régulation des mœurs, elle a subi en quelques décennies la désaffection d'une grande partie de la population. L'allégeance religieuse est passée de la scène publique à la vie privée, avec des engagements moins visibles mais peut-être plus authentiques dans beaucoup de secteurs de la vie communautaire. Cette Église reprend racine d'une tout autre manière que celle qui fit autrefois sa puissance.

Quoi qu'il en soit, la société québécoise a répondu au vœu des Rouges du siècle dernier ; chez elle aussi l'ère des Lumières est arrivée et la sécularisation a fait son œuvre. Mais, en ce pays comme ailleurs, la laïcité s'accompagne d'un flottement de la culture collective qui, en si peu de temps, n'a pu se donner encore de nouveaux repères éthiques qui soient communément partagés. À ce travail, auquel il n'est pas question de tracer ici des balises, le catholicisme est susceptible d'apporter une contribution originale s'il arrive à reconquérir une autonomie spirituelle que gêne la centralisation romaine depuis les beaux jours de l'ultramontanisme.

En somme, les vieux problèmes ont changé de visage ; ils n'ont pas disparus. Tiraillée par des forces extérieures mais heureusement obligée de puiser dans des sources étrangères, isolée dans une Amérique où on parle une langue différente de la sienne mais destinée à y définir activement sa participation, la société québécoise est, au fond, dans une situation qui n'est pas sans analogie avec celle qui fut la sienne il y a un siècle. La survivance ne cessera pas de requérir une constante vigilance, contrairement à ce qu'affirment certains avec une curieuse assurance. Si la plupart des Québécois ont enfin récusé l'exclusivité des stratégies de défense, beaucoup reste à faire pour sortir de la marginalité qui fut le prix de la survivance. Les utopies de la Révolution tranquille se sont fanées ; la mémoire collective a été dévastée ; les Québécois tardent à reprendre en main l'indispensable maîtrise de la politique qui leur a échappé au milieu du siècle dernier. S'il est vrai que la langue française est devenue la seule *référence* collective, il reste à montrer qu'elle n'est pas uniquement une jolie note folklorique dans le concert américain, mais l'outil et le symbole d'une culture créatrice. La littérature a ouvert la voie ; mais l'éducation devra revenir au premier rang des préoccupations, prendre la tête des utopies des années prochaines. Ce sera une heureuse façon de renouer avec les plus hautes aspirations d'autrefois, avec les rêves de François-Xavier Garneau, des Rouges, d'Étienne Parent, de tant d'autres. Ce sera raccorder ce que la survivance avait dissocié, réconcilier la communauté nationale avec un grand projet politique.

Car si, dans ces réflexions de fin de parcours, je parais m'être un peu égaré hors des limites que me traçait le sujet de ce livre, je n'ai pas perdu de vue la question essentielle qui se posait déjà aux temps lointains de la genèse de la société québécoise. Pourquoi une si longue hibernation ? Que faire de la survivance maintenant qu'elle est débarrassée des étais qui l'ont supportée pendant un siècle ? Pour répondre, les Québécois n'ont pas à renier la patience obstinée de jadis, mais à lui joindre enfin le courage de la liberté.

APPENDICE

PRÉSUPPOSÉS ET JUSTIFICATIONS

Dans ma tentative pour éclairer la genèse de la société québécoise, je me suis inspiré de vues théoriques sur ce que j'ai appelé la *référence* nationale. Je m'y attarde ici, en développant certaines des indications présentées en tête de cet ouvrage. Ces réflexions se rattachent à mes recherches sur la philosophie des sciences humaines et l'anthropologie générale[1].

La société comme objet et comme interprétation

La société est un objet ? Demandons-nous comment elle-même nous en persuade. Des organisations politiques, des réseaux économiques, un système scolaire et des idéologies nous font pressentir qu'il existe de vastes ensembles : nations, États, Églises, mouvements sociaux, etc. Au premier regard, qu'ont de spécifique ces rassemblements ? Ils ne survivraient pas sans des personnes qui en dépendent et y adhèrent ; mais nous ne leur sommes pas indispensables en tant qu'individus. La plupart d'entre nous ne leur servons que de support, de masse anonyme. Nous nous y reconnaissons au point qu'ils influencent nos pensées, nos comportements, jusqu'à nos sentiments et nos émotions. Cependant, nous les tenons aussi à distance ; ils ne sont pas en continuité avec nos appartenances intimes. C'est ce qui nous donne l'impression qu'il y a une société pour ainsi dire *objective*.

Les sciences de la société prennent la suite de ces conventions. Leur justification initiale leur vient de ce pré-jugé grâce auquel, dans le cours habituel de l'existence, nous postulons la *réalité* de la société. Forcés de légitimer leur entreprise, les praticiens des sciences humaines le confessent : ainsi, quand Durkheim veut prouver que la sociologie a un objet, il invoque les circonstances où nous éprouvons la « contrainte » que la société fait peser sur nous. D'où la transition vers un précepte de méthode : « Il nous faut considérer les phénomènes sociaux en eux-mêmes, détachés des sujets conscients qui se les représentent ; il faut les étudier du dehors comme des choses extérieures[2]. » C'est là une feinte méthodologique ; elle est néanmoins fondée dans l'expérience que nous avons de la société, et dans les façons courantes dont nous en parlons[3]. Est-ce à dire que cette sociologie ignore le fait tout simple que, dans l'organisme social, sont comprises les représentations que les hommes s'en font ? Certes non ; mais ces représentations sont situées dans le corps social dont elles proviennent et qui les conditionne.

Cette approche de la société comme objet est-elle la seule praticable par une science rigoureuse ?

Elle abandonne un résidu, et la cohérence de sa logique oblige à l'écarter impérieusement tout au long de ses investigations. Rejetant les significations que les individus confèrent à leurs actions et aux phénomènes sociaux, cette science ne s'interdit pas de les retrouver à la fin ; ce sera comme des illusions, en décalage par rapport à l'authentique explication, celle que la science fournit. Ainsi, pour Marx, les idéologies sont des manifestations de la fausse conscience. Étudiant la religion, Durkheim n'y aperçoit que la vénération d'une entité qui n'est autre que la société elle-même. Dans les idéologies des individus ou des groupes, se profilerait autre chose que ce qu'ils prétendent y investir, une autre vérité que la science serait seule apte à mettre au jour. Évinçant les sujets des représentations sociales, le savant prend leur place comme sujet idéal.

Cette feinte n'a rien de condamnable. Ne lui opposons pas je ne sais quelle connaissance du *vécu* qui se perdrait dans l'évanescence. De quelle utilité serait la simple récollection de ce que les individus disent de leur société ?

C'est plutôt sur les préalables de cette construction de l'objet, sur la manière dont la feinte s'établit qu'il est pertinent de s'interroger. Aux fins de la démarche, il faut bien que l'objet donne prise à l'objectivité ; mais, pour le scientifique qui ne se contente pas de poser quelque axiome hâtif, il y a là un travail considérable. L'œuvre de Marx en est un exemple admirable. La portion la plus copieuse est consacrée à la critique des explications que les idéologies proposent des phénomènes sociaux. Critique du droit, de l'État, de l'économie politique, de la religion : ce n'est pas là un déblayage préliminaire ; un corps-à-corps s'y livre avec des représentations adventices. Non seulement le savoir dénie ce qui n'est pas lui, mais c'est dans cette dénégation, perpétuellement reprise, qu'il fraie sa route. On constate semblable polémique chez Durkheim. Certains s'étonnent de le voir revenir si souvent, et pas seulement dans les textes de méthode, sur le bien-fondé de la sociologie, sur son analogie avec la religion comme vue d'ensemble des sociétés : n'est-ce pas admettre que la science ne s'approprie pas d'un coup son objet ? Les sociétés s'interprètent elles mêmes ; quand la science abandonne derrière elle cette interprétation qui lui a donné naissance, c'est par une argumentation jamais achevée qu'elle affirme son autonomie.

Il y a donc un antérieur aux sciences objectivantes de la société : un antérieur où la société, loin d'être un magma informe, est à sa manière un savoir. En voulant s'en défaire, le savoir le reconnaît puisqu'il en poursuit la contestation afin de se justifier ; mais c'est pour se presser vers ses propres constructions. Pourquoi, sans nier l'intérêt de cette hâte, une autre science ne s'intéresserait-elle pas au moment d'avant ? Pourquoi ne lui serait-il pas loisible de renverser le cheminement, d'étudier directement les diverses manières dont les sociétés produisent leurs propres interprétations d'elles-mêmes ? Ce retour en arrière ne contredirait pas les visées objectives ; il en élargirait plutôt le contexte, il en éclairerait la raison d'être en même temps que la relativité.

J'en ferai une hypothèse : une science est possible qui verrait avant tout dans les sociétés un ensemble de pratiques de l'interprétation. Elle ne poursuivrait pas une vaine investigation du *vécu* des sujets, auxquels serait ainsi rendue une subjectivité dont une connaissance en mal d'objectivité les prive. Cette science reprendrait à l'envers le problème abordé par l'autre : celui des représentations collectives. Dans la société perçue comme objet, ces représentations sont présentes, mais comme élément de la matière sociale ; pour les expliquer, on les ramène à la fonction qu'elles assument dans une entité appréhendée du dehors. À l'opposé, même si les représentations tiennent du corps social leurs conditions de production, ne peut-on les privilégier pour comprendre comment se constitue un imaginaire social qui sert de référence aussi bien aux scientifiques qu'aux sujets sociaux[4] ?

Cette deuxième façon de voir peut-elle justifier un statut scientifique ? Comment appréhender cet imaginaire collectif qui paraît flotter au-dessus des sociétés ?

Dans nos plus modestes conduites, les plus observables, l'existence en société se présente effectivement comme travail d'interprétation. N'est-ce pas évident pour le langage ? Parlant, je ne me borne pas à désigner des choses ou des événements ; je fais résonner dans le langage une capacité de référence. Je délimite et j'interprète un contexte pour moi et pour autrui. C'est également vrai pour les comportements qui ne font pas appel à la parole : en me conformant à des modèles d'action, je recrée un milieu que je partage avec d'autres. Mauss définissait le phénomène social par l'« attente » : en agissant, je m'attends à ce que sera la réaction de ceux qui m'entourent. Ces attentes sont instituées ; elles obéissent à des normes préexistantes. J'en prends particulièrement conscience quand je les enfreins ; alors, je réalise qu'elles sont des *références,* et que mon dissentiment est une réinterprétation des critères qui régissent l'action en société. On conviendra ainsi sans trop de difficulté que la société n'existerait pas si nous ne lui redonnions vie et sens quotidiennement. Mais ces références qui se perçoivent dans l'ordinaire de nos paroles et de nos conduites, en retrouve-t-on des analogues dans des sphères plus étendues, jusqu'à la dimension de la société globale ?

On sait que les sciences de la nature distinguent des échelles de phénomènes ; ces derniers sont appréhendés selon des niveaux qui leur confèrent à la fois des caractéristiques différentes et des modes d'explication spécifiques. Il n'en va pas autrement des phénomènes sociaux. Je proposerai une brève typologie des groupements qui le suggérera.

Parmi les rassemblements humains, le petit groupe est le plus aisé à cerner. Des individus sont en interaction ; leurs rapports configurent l'entité qu'ils forment. Nous sommes en présence d'un objet, aussi concret qu'un organisme. Bien sûr, ce n'est là qu'une assurance provisoire : la psychologie sociale montre à quel point sont complexes les relations dans le petit groupe, combien y sont enchevêtrés des motifs, des sentiments, des projections et des conflits plus ou moins cachés.

De ce premier type, que je qualifierai par l'*appartenance,* je distingue un deuxième : le groupement par *intégration.* On le reconnaît grâce à la répartition formelle des rôles et des statuts. Dans une entreprise, par exemple, la distribution des tâches et des responsabilités est inscrite sur un organigramme où se manifeste l'autonomie du groupement. Alors que dans le groupe d'appartenance chaque individu compte pour un et que sa disparition modifie la structure des relations, dans l'entreprise ou toute autre organisation du même genre les individus sont identifiés par leurs rôles et leurs statuts, au point de paraître interchangeables. Cette fois encore, il ne s'agit que d'une aperception commode pour circonscrire ce qu'on s'efforcera ensuite de comprendre ; car, derrière cet appareil de règles, jouent des apparentements et des conflits que la sociologie s'efforce de démêler.

Un troisième type de groupement, celui qui nous occupe ici, semble à première vue ne fournir aucune prise à l'observation préalable : n'est-ce pas vrai des classes sociales et de la nation par exemple ? Cette fois, l'appartenance n'est pas un repère : le plus souvent, les individus en question ne sont pas en interaction et ne se connaissent pas. Un ouvrier de Trois-Rivières n'a jamais rencontré un ouvrier de Montréal ; ils relèvent d'une même classe sociale. Tel Québécois de la Côte-Nord n'a pas de relations avec un autre de Saint-Bruno ; on n'hésite pas à postuler qu'ils sont de la même nation. Des organisations exercent leur influence, mais elles n'expliquent pas l'essentiel : les syndicats ne sont pas la classe ouvrière ; il y a des nations sans États correspondants et des États à plusieurs nations. Alors, si on ne peut invoquer ni l'appartenance ni l'intégration, comment désigner ce qui est en cause dans ces rassemblements humains ?

À première vue, des individus peuvent être rangés dans une même classe parce qu'ils dépendent de conditions sociales similaires. Cela suffit-il pour découper des frontières ? Considérant une liste de revenus, par principe continue, en vertu de quel arbitraire pratiquerait-on des césures à partir desquelles les gens seraient de telle classe plutôt que de telle autre ? On n'arriverait pas à des résultats plus valables avec les occupations ; leurs hiérarchies sont multiples. Il est évident que ni le revenu ni l'occupation ne sont étrangers aux classes sociales ; c'est par leur transposition dans un ensemble de signes et de symboles collectifs qu'ils deviennent des références pour les individus qui ont ainsi conscience d'être d'une classe plutôt que d'une autre. N'en va-t-il pas de même de la nation ? Pas plus que pour les classes sociales, les indices ne font défaut : origine commune plus ou moins mythifiée, territoire, État, langue, etc. Il ne suffit pas d'additionner ces indices pour délimiter des groupements. Comme pour les classes sociales, ces données concrètes ne se composent entre elles, et de façons fort diverses selon les cas, que par leur transmutation dans des signes qu'utilisent les individus pour l'interprétation de leur identité nationale.

En plus des groupements par *appartenance* ou par *intégration*, il y a donc ce que j'appelle des groupements par *référence*. De quoi est faite cette référence ? Que des individus soient semblables par leurs comportements et même leurs institutions, ils en éprouvent un sentiment de différence par rapport à d'autres ; pour que ce sentiment se transforme en un groupement dont on puisse nommer la singularité, l'identité doit devenir un horizon. Je rejoins ainsi la formule de Delos lorsque, à propos de la nation, il insiste sur le passage de la communauté de conscience à la conscience de former une communauté. Cette transposition, qui n'est pas une transcription, exige l'intervention du discours.

Voyons comment se construit pareil discours dans le cas de la nation.

La référence

Dans les petites communautés, les solidarités de parenté et de voisinage sont intenses ; les conflits le sont aussi, par voie de conséquence. Le contrôle social qui s'exerce sur les uns et les autres est d'autant plus ferme qu'il est à la portée des personnes ; la présence d'autrui assure la sauvegarde des règles et sanctionne les infractions. Des limites sont fixées qui ne peuvent être franchies sans provoquer l'exclusion, au moins symbolique, du groupe. Des traditions soutiennent la vie collective, servant à la fois de modèle et d'explication aux décisions à prendre, aux conduites à tenir.

L'apparition des grands ensembles sociaux compromet cette relative homogénéité des normes, des situations et des traditions. Le développement des communications, l'extension des marchés, l'accroissement des agglomérations urbaines et de leur influence, l'éclatement des métiers traditionnels sous les impératifs du commerce et de l'industrialisation provoquent des contradictions dans les genres de vie, nécessitent de nouveaux aménagements. Les rapports sociaux font appel à des modèles plus nombreux et plus flous ; l'individu est pris dans des appartenances qui ne sont plus d'emblée conciliables. La délibération est plus fréquente et elle dépend de critères moins arrangés. Le contrôle social est plus lâche, et l'espace social de l'individu, plus distant. Cela se trahit dans le langage, qui se fait plus incertain, à la mesure des ramifications de l'existence. Des traditions perdurent dans les cercles de famille ou de voisinage ; elles ne commandent pas à elles seules le cours de la vie.

Ne cherchons pas là quelque déterminisme, comme si les conditions nouvelles produisaient automatiquement une référence inédite. Ces conditions n'ouvrent qu'une béance ; elles font appel à des modes collectifs d'interprétation différents des coutumes. De cet appel naît la production des *idéologies*. Celles-ci s'efforcent de rendre une cohérence aux situations engendrées par les grands ensembles sociaux, de refaire l'espace social de façon que l'action soit possible. Les idéologies prennent le relais des traditions ; elles ressemblent aux mythes anciens puisqu'elles instaurent un ordre intelligible dans un univers autrement disparate.

Ces idéologies rallient des unanimités précaires. Plurielles, elles sont prônées par des mouvements sociaux divergents. Les grands ensembles sociaux ne s'y laissent pas saisir selon des vues arrêtées. Classes et nations comportent des symboliques diffuses où les discours idéologiques puisent leurs matériaux ; ces discours s'évertuent à tracer des frontières ; ils n'y arrivent jamais parfaitement. Au moment où les sociétés humaines donnent un essor aux grands ensembles, elles font place à des combats pour les définir : combats où entrent en lice des pouvoirs de tous genres, dont ceux des intellectuels. Alors que les traditions sont reçues, les idéologies sont des productions, et qui font voir, par leurs polémiques, les procédés de leur édification.

Les conditions sont alors réunies pour qu'advienne une conscience politique.

Longtemps, les empires et les États ont exercé leur ascendant sans pénétrer vraiment les collectivités traditionnelles qu'ils assujettissaient. Les coutumes suffisaient à maintenir un contrôle social que n'avait guère à perturber un pouvoir extérieur. C'est la cassure, lente ou rapide, de ce compromis qui a rendu possible la conscience politique. En effet, celle-ci suppose que le cours des choses n'est plus uniquement réglé par le jeu habituel des modèles sociaux, que les institutions ne fonctionnent plus selon des schémas hérités. Il faut parer aux aléas du devenir par des partis, des organisations, des mouvements sociaux qui mettent au point des objectifs et des mécanismes pour la régulation des conflits. La société devient objet de discussions. Des conséquences s'ensuivent : le modelage de l'opinion publique par des idéologies, l'officialisation de lieux (les parlements, par exemple) où s'exprime légitimement une conscience politique.

En arrière-plan, le devenir est désormais marqué d'incertitude ; les institutions apprivoisent l'histoire sans en épuiser les virtualités. En définissant des situations, en mobilisant des mouvements sociaux, les idéologies laissent entendre que tout cela est exigé par le devenir de la société. Néanmoins, les idéologies étant concurrentes, aucune n'arrive à imposer une interprétation prééminente de l'histoire. Celle-ci garde sa présence énigmatique ; la conscience politique se hausse à une plus complexe conscience historique.

D'où la raison d'être d'un discours qui se veut science de l'histoire.

La conscience politique requiert l'historiographie, au point où l'apparition de l'une est concomitante de celle de l'autre. François Châtelet l'a montré pour l'origine de la pensée historienne dans la Grèce antique : « C'est par la médiation de la vie politique que s'effectue la prise de conscience du caractère *temporel* de l'existence humaine et c'est d'abord en tant que citoyen que l'homme peut se penser comme volonté agissante au sein de la réalité sensible-profane. [...] Le fait de se reconnaître dans une réalité dont la vie est tout entière liée au monde profane détermine l'homme à prendre en charge son destin temporel, et la culture à fixer dans un discours les événements qui la scandent[5] ». Sainte-Beuve a remarqué à quel point, dans la France d'après la Révolution, les parlementaires usaient continuellement du recours à l'histoire ; les plus éminents d'entre eux furent d'ailleurs des historiens. Dans le mouvement d'unification de l'Allemagne au XIXe siècle, les historiens (qui jouèrent souvent un rôle politique) ont éminemment contribué aux discussions sur les raisons de faire converger une poussière d'États vers une même nation. Et on sait l'importance qu'a toujours eue l'historiographie dans la fabrication des idéologies au Québec.

Bien plus, la structure du savoir historique est semblable à celle des idéologies. Selon la juste expression de Lucien Febvre, l'historiographie « négocie l'accord du contingent et du nécessaire » : n'est-ce pas vrai de toute idéologie ? La contingence est le lot des grands ensembles sociaux : nations, classes, États, Églises, civilisations, avec leurs références menacées par le devenir. Ces ensembles, l'historien les prend comme ils se donnent à voir par tous et chacun. Obligé de sauvegarder la singularité des événements et des institutions, il ne peut manquer d'être conscient de sa propre situation dans l'histoire. L'interprétation du passé se modifie à mesure que les archives mettent au jour de nouveaux faits ou que se raffinent les analyses, mais aussi parce que les chercheurs sont autrement engagés dans l'histoire elle-même. Les idéologies ne sont-elles pas soumises à une épreuve de cette sorte ?

Néanmoins, et voici l'autre face de ce savoir, l'historiographie est une *idéologie critique*. Les autres idéologies arrangent les fils du devenir en vue de l'action politique ; l'historiographie confectionne des intrigues, des scénarios où les événements accèdent à une intelligibilité hypothétique. Comment y parvient-elle ? Lisant des ouvrages historiques, nous croyons spontanément que les événements qu'on raconte, que les personnages dont on nous décrit la vie ont surgi par la nécessité de l'histoire. Pourtant, cette nécessité, l'historien ne nous la rend sensible qu'en la projetant sur un fond d'éventualités ; en nous suggérant que le cours des choses eût pu être différent, que 1793 a été une bifurcation dans une Révolution française qui comportait d'autres issues, que les destins de Napoléon ou de Papineau étaient susceptibles de s'infléchir dans une autre direction. Ce qui s'est effectivement produit n'est expliqué qu'à l'aide de ce qui aurait pu se produire. La négociation du contingent et du nécessaire implique une alternance jamais fermée sur elle-même. Les autres idéologies ne recourent au passé que pour y démêler les raisons d'être d'un objectif à poursuivre ; au contraire, l'historiographie dénonce ce que Raymond Aron appelle « l'illusion rétrospective de la fatalité ». Car « l'enquête causale de l'historien a moins pour sens de dessiner les grands traits du relief historique que de conserver ou de restituer au passé l'incertitude de l'avenir[6] ».

Depuis que s'estompent les communautés, la Cité est une œuvre précaire ; chacun est voué à l'interprétation de la nation, de la classe dont il se réclame. Les historiens sont soumis à un semblable impératif, mais ils se préoccupent des modalités mêmes de l'interprétation. Prototypes de tous les autres sujets de l'histoire, ils sont pourtant différents. À partir du besoin d'interpréter, pointant plus loin la ligne de fuite qui est à l'horizon des sociétés, ils font métier du désir de comprendre.

De l'idéologie à l'historiographie, il y aurait continuité et rupture. La *littérature* ferait-elle exception ?

La littérature est instituée. Les œuvres les plus audacieuses sont rangées dans un corpus et dans des manuels ; les critiques tissent des connivences entre elles et les publics. Pour une part, ces publics sont produits par la littérature ; ils dépendent aussi de facteurs qui ne lui doivent directement rien. S'il est vrai que la littérature est l'ouverture par en haut des sociétés, elle n'arrive pas à faire oublier ses origines. C'est pourquoi elle est partie prenante dans la référence des ensembles sociaux.

S'appuyant sur des données économiques, tenant compte aussi des jeux de pouvoirs politiques, des chercheurs ont décrit l'inégalité des nations, leur domination ou leur dépendance selon qu'elles se situent au centre ou à la périphérie des lieux principaux de décision. Ne pourrait-on procéder de même pour les littératures ? Voici la réflexion d'un écrivain latino-américain : « Depuis ses débuts, la littérature latino-américaine, tout comme, par exemple, la yougoslave, ou la bulgare, ou l'islandaise, reste un phénomène marginal ; elle se produit en circuit fermé, n'ayant vraiment de résonance qu'en Espagne. En outre, elle se débat entre deux sentiments de culpabilité : d'une part, celui d'être en retard par rapport aux courants novateurs ou aux modes du jour et, d'autre part, celui de ne pas répondre à sa propre réalité. Raison pour laquelle elle feint la nouveauté en suivant des modèles venus d'ailleurs, ou exalte un réalisme nationaliste qui jamais n'a donné la moindre forme renouvelée, mais un art médiocre de propagande[7] ».

L'auteur conclut que l'écrivain doit se libérer de cet enlisement dans une nation périphérique qui le condamne à la marginalité, pour s'élever plus haut, dans l'univers de l'écriture. Un univers où la parole ne dépendrait plus que d'elle-même, où elle aurait conquis son autonomie par la magie de son propre pouvoir ? C'est oublier que si des littératures sont apparemment plus détachées des contextes sociaux que celles de l'Amérique latine ou d'ailleurs, que si elles semblent se mouvoir en toute liberté, c'est encore par l'effet de forces économiques et politiques. Dans n'importe quelle collectivité, la littérature est soumise à des conditions sociales ; elle le trahit dans son effort pour s'en défaire. Rien ne servirait de vouloir la délivrer de ce qui alimente justement sa ferveur transcendante. Elle prend la suite de l'idéologue qui invente des définitions de situations et des utopies ; elle prend le relais de l'historien qui, attentif à ce qui s'est réellement passé, transgresse cette positivité pour la rendre intelligible.

Le romancier s'émancipe davantage de la nécessité que l'historien, sans pour autant s'égarer dans la vacuité du possible. À la précaire nécessité des faits, il préfère le vraisemblable. Madame Bovary ou Swann n'ont pas existé ? Qu'importe. A-t-on recensé tous les habitants de cette terre ? Moi-même, n'y avait-il pas des destins qui s'offraient et que je n'ai pas suivis, qui néanmoins m'appartiennent autant que les choix que j'ai faits ? Le romancier, le dramaturge, le cinéaste nous persuadent que la société imaginée est aussi *vraie* que cette autre que nous avons l'illusion de tenir sous le regard. Le poète nous remémore qu'aucun symbole n'est acquis, que rien n'est encore vraiment nommé : « Dès l'aube, écrit Octavio Paz, ce qui naît cherche son nom ». D'où le travail de celui qui, sans se délier des communes références, tente de les muer en une parole nouvelle. Non pas pour mieux dire ce que les idéologies et l'historiographie seraient impuissantes à piéger ; plutôt pour faire résonner l'absence où se meuvent les autres discours : « Sentinelle coupée des chemins de lumière je vais au plus haut foyer de la solitude[8] ».

Je viens de dessiner un modèle, et la brièveté de mon raccourci est susceptible de faire illusion. Idéologie, historiographie, littérature : ce ne sont pas des espèces de *niveaux* délimités une fois pour toutes ; elles dessinent plutôt un spectre aux dialectiques mouvantes. Les idéologies sont tout près des pratiques sociales : sans elles, il n'y aurait ni rite religieux, ni procédure judiciaire, ni système scolaire, ni mouvements sociaux, ni science même[9]. L'historiographie s'affranchit plus ou moins des idéologies : l'histoire-tradition de Lionel Groulx ou l'histoire-politique de Chapais l'illustrent à merveille. La littérature n'échappe pas à pareille observation. La conception que nous nous en faisons aujourd'hui, transcendante en certains de ses accents, est embarrassante lorsqu'il s'agit d'étudier les œuvres d'autrefois[10]. D'ailleurs, n'a-t-on pas dû ajouter quelque rallonge avec les paralittératures ? Ce n'est que par la mise en mouvement d'une dialectique de l'imaginaire collectif, et en se rabattant sur des ensembles concrets, que les repères que j'ai situés peuvent être de quelque utilité.

Référence et transcendance

Les discours qui donnent figure à l'imaginaire collectif ne sont pas enclos dans le groupement lui-même. L'affirmer, ce serait ramener l'imaginaire à un objet. Dans le parcours que j'ai suivi, nous n'avons rencontré aucun déterminisme provenant des ensembles sociaux ; nous avons plutôt reconnu leur ouverture vers un espace indéfini, ce qui rend justement les *références* nécessaires. Si les idéologies sont tournées vers les besoins d'une société, elles empruntent aussi à d'autres collectivités. De même pour l'historiographie. Et on sait que, légitime en son ordre, l'idée de « littérature nationale » est fort relative. Loin d'être une sorte de remplissage des structures sociales, les idéologies, l'historiographie et la littérature doivent développer une autonomie de leur propre démarche pour répondre aux besoins qui les font naître.

Car on méconnaîtrait l'essentiel de l'esquisse que j'ai proposée en la ramenant à un rigide étagement des trois instances. De l'idéologie à l'historiographie et à la littérature, nous percevons bien plus que des complémentarités : un renversement progressif. D'un même mouvement, nous allons de ce qui est d'abord exigé par le fonctionnement d'une société à ce qui de plus en plus le déborde. La science de l'interprétation n'est autre que ce mouvement lui-même devenu conscient de ses conséquences.

Il n'y a de science *objective* que par une stratégie préalable de mise en place, habituellement dissimulée par la suite au profit de règles et de techniques soigneusement explicitées. Pour sa part, une science de l'interprétation ne peut faire oublier son commencement, puisqu'elle prend en considération les interprétations qui la précèdent. Alors, conformément à l'obligation qui s'impose à tout savoir, comment une pareille discipline se place-t-elle en retrait par rapport à ce qu'elle prétend comprendre ? Elle n'a d'autre recours que de suivre les cheminements où l'interprétation se déplace au sein de la réalité historique elle-même. Le cas n'est pas unique. Le psychanalyste ne contourne pas les interprétations de l'analysant pour leur opposer une explication de l'extérieur ; de la parole de l'autre dérive une parole nouvelle qui l'assume sans la consacrer. La parole du patient ne fournit pas des renseignements pour une explication construite à l'écart ; elle est la faculté que l'analysant possède de dépasser son premier langage. Analogiquement, n'est-ce pas en récapitulant le processus de production des interprétations par la société qu'une science qui ambitionne d'interpréter à son tour dégage sa propre initiative ? En d'autres termes, la transcendance nécessaire à leur interprétation scientifique, ce sont les sociétés qui en dessinent le cours dans des pratiques repérables.

Puisque l'idéologie, l'historiographie et la littérature ne reflètent pas la société globale, elles forment une société imaginaire parallèle à l'autre. L'idéologie n'est pas un miroir des situations sociales puisque ce sont les contradictions de ces dernières qui obligent à leur donner une cohérence dans un discours qui n'est ni vrai ni faux mais pertinent pour l'action. La science historique ne raconte pas les événements tels qu'ils se sont passés ; elle en relie quelques-uns dans des séquences d'où se dégage un sens ; elle procède d'une manière semblable à la mémoire individuelle qui n'est pas, elle non plus, une boîte de souvenirs. Le romancier ou le dramaturge ne transcrivent pas des comportements, pas plus que le poète n'enregistre des paroles ; l'œuvre littéraire est un fragment du réel. C'est en créant un autre univers que celui de la vie empirique que l'idéologie, l'historiographie et la littérature convient à l'interprétation.

Interpréter, ce ne consisterait donc pas à dire la *réalité* mais à confronter deux mondes : l'un étant vu comme empirique ; l'autre étant conçu comme imaginaire, aussi réel cependant que son opposé.

Ce dédoublement est-il exclusif à l'idéologie, à l'historiographie et à la littérature ? Ne serait-il pas épars dans la vie quotidienne ? L'existence la plus humble est effectivement scindée en deux parts où la symbolique répond à l'empirique dans ce que j'appelle des *vécus parallèles.* La dualité du rêve nocturne et du labeur du jour n'en représente-t-elle pas une première figure ? Freud aura eu le mérite de considérer le rêve comme une action ; une action sans conséquences empiriques. Comme le théâtre qui, selon Aristote, permet d'éprouver des passions sans danger. À mon avis, la dualité du loisir et du travail constitue un dédoublement analogue. Le travail n'est pas uniquement une façon de gagner le loisir, pas plus que celui-ci n'est seulement le repos du travail. De l'un à l'autre, en vertu même de leur opposition, il y a circulation du sens, interprétation réciproque. Au cours d'un entretien avec de jeunes ouvrières en vue d'une enquête sociologique que je menais au temps de mes apprentissages, j'ai été particulièrement frappé par les propos de l'une d'entre elles. Elle m'a d'abord décrit le travail à l'usine, les murs peints en gris, la contrainte des cadences, la dureté des contremaîtres. Plus tard, elle m'a parlé de soirées du samedi au *grill* avec son ami : l'agréable décor, la détente, la déférence des serveurs... Comment n'aurais-je pas été frappé par la parfaite inversion des deux univers, inversion génératrice de signification et, par conséquent, d'interprétation ? Je soumets l'hypothèse que dans ce genre de dédoublement de la vie quotidienne réside la possibilité d'un dédoublement plus étendu qu'à l'échelle de la société globale effectuent l'idéologie, l'historiographie et la littérature.

Hypothèse de méthode, et que je crois fondée. Elle enchaîne avec une question que le lecteur ne manquera pas de se poser : dans quelle mesure tous les membres de la collectivité partagent-ils cette vaste *référence* que construisent les idéologies, l'historiographie et la littérature ?

Admettons que les idéologies rejoignent l'opinion publique de quelque manière. Admettons, et plus difficilement déjà, que par l'éducation scolaire l'historiographie diffuse une certaine mémoire historique. Quant à la littérature nationale, les lecteurs en sont restreints, et avec une connaissance variable du corpus littéraire. En somme, il se peut que se dégage une cohérence de la *référence* pour qui la reconstitue à distance ; mais n'est-elle pas une espèce de noosphère qui sert de caution à la nation et à laquelle on se réfère sans la connaître, comme il en est de la Constitution du pays ?

Est-ce tout dire ?

En dessinant les composantes de la *référence,* j'en ai souligné deux dimensions. D'une part, il s'agit bien d'institutions sociales : ces productions sont rendues possibles par la fragilité des communautés d'appartenance, par les conditions qui ont engendré les grands ensembles sociaux. Ces productions ne sont pas des émanations d'un « esprit objectif » ou d'une « conscience collective » qui remplacerait l'activité créatrice des anciens dieux. Ce sont des individus qui les fabriquent ; leur statut social, aussi bien que les procédés qu'ils utilisent, en sont d'autant plus visibles. Si on se tourne des fabricants vers les adhérents, la même observation s'impose. Les idéologies mobilisent des groupes ou des masses ; mais leur pluralité laisse place au choix des personnes. Les reconstitutions de la science historique, fussent-elles complices des idéologies, s'adressent plus encore à des individus. Quant aux lecteurs des romans ou des poèmes, ils forment des publics dont il n'est pas aisé de cerner les contours et les mouvances ; l'écrivain en appelle avant tout à la conscience de chaque lecteur, à cette conscience qui fera vivre l'œuvre avec une tout autre densité que dans les recensements où elle est agglomérée à une tradition de la littérature.

Certes, on peut imaginer que, dans une Cité des esprits, se réunissent toutes ces composantes de la référence ; à l'exemple de la Cité grecque antique, où un noyau infime de citoyens se reconnaissaient dans la communion de la discussion publique, du souvenir historique, de l'admiration des œuvres de l'art. Par la scolarisation, par la diffusion de la culture, ce noyau s'est agrandi ; il ne coïncide pas avec la société tout entière. D'ailleurs, à mesure qu'il s'est amplifié, que ses participants se sont diversifiés, ce noyau est devenu plus flou.

À son tour, la science des sociétés doit récuser la prétention d'être le résumé des consciences individuelles. Elle ne saurait que dégager une médiation pour une reconnaissance de la collectivité où des personnes puissent interpréter leur condition commune. Médiation possible, je dis bien. Et qui prend la suite de ce que les sociétés, sous l'inspiration de l'idéal démocratique, ont tenté de mettre en œuvre. La culture est un *préalable,* puisque chacun accueille une symbolique et un langage qui lui sont antérieurs. La culture est aussi une *éducation* : une reprise du donné pour en faire une conscience. Sur ce principe repose l'expansion de la scolarisation. Fût-elle confinée dans l'apprentissage de la lecture, elle permet d'accéder à une sphère plus large, à une référence plus explicite que celles des petites communautés. Récapituler comment ont pu émerger une conscience politique, une conscience historique, une poétique collective, ce n'est pas seulement décrire la genèse d'un savoir des sociétés ; c'est inviter la personne à reprendre à son compte un héritage de dépassement par lequel l'humanité acquiesce à son pouvoir créateur.

Ou bien l'individu se réfugie dans l'enclos de la vie privée et, croyant ainsi jouir de sa liberté, il abandonne aux pouvoirs anonymes le soin de déchiffrer l'histoire. Ou bien il décide de contribuer à l'édification d'une *référence* habitable autrement que dans les coutumes devenues insuffisantes. Alors il devient ce que déjà lui prédisait l'apprentissage de la lecture : le citoyen d'un pays, le responsable d'une histoire, le participant à un imaginaire collectif.

NOTES

Chapitre premier

1. L'historien américain Eugen Weber a montré que les régions paysannes françaises ne furent vraiment intégrées à la civilisation dominante (langue officielle, communications, monnaie, système métrique, etc.) que dans les dernières décennies du XIXᵉ siècle et au début du XXᵉ (*La Fin des terroirs. La Modernisation de la France rurale, 1870-1914*, trad., Paris, Fayard/Éditions Recherches, 1983).

2. Un espace économique se structure. Braudel en a dessiné le *cercle* : un itinéraire maritime, dont les points principaux sont la mer intérieure (Venise, Gênes), les ports d'Espagne et du Portugal, Southampton, Londres, puis Anvers, Amsterdam ; un itinéraire terrestre : Alpes, vallée du Rhin, Italie du Nord. Braudel dégage deux conséquences : « Les routes privilégiées touchent l'Espagne et le Portugal, animent au passage les deux pôles urbains qui seront les pivots des Grandes découvertes de la première génération (l'Amérique et l'Inde). [...] Seconde conséquence : le cercle privilégié a mis la France hors jeu, en quarantaine. Voilà qui aide à comprendre son inertie première au temps des Grandes découvertes » (Fernand Braudel, introduction à l'ouvrage collectif *Le Monde au temps de Jacques Cartier*, Montréal, Libre Expression, Paris, Berger-Levrault, 1984, 10-11).

3. « Ce qui distingue les sociétés contemporaines de la société occidentale d'autrefois, c'est beaucoup moins le capital comme base de production [...] que les buts pour lesquels les hommes travaillent et les moyens avec lesquels on essaie d'atteindre ces buts » (John U. Nef, *La Naissance de la civilisation industrielle*, Paris, Colin, 1954, 29).

4. « Pour les fondateurs de la pensée moderne, la représentation mathématique de la Nature n'a pas été le résultat d'une induction, au sens dit draconien du terme, mais une nouvelle vision des choses, relative

elle-même à une nouvelle prise de positions. À comparer les dates, nous nous apercevons que les faits ont commencé à se montrer mathématiques à partir du jour où, au lieu de les contempler comme des productions consolantes d'une Nature maternelle, on a pris devant eux l'attitude de l'ingénieur » (Robert Lenoble, « L'évolution de l'idée de nature du XVIᵉ au XVIIIᵉ siècle », *Revue de métaphysique et de morale*, 58, 1-2, 1953, 121).

5.   Peu à peu, on ira plus loin, mais le raccord ne se fera pas sans recours à la référence biblique : « Celui qui vous a prêté vos talents a dit aussi : occupe-toi jusqu'à ce que je vienne. [...] Comment se fait-il que vous restez tout le jour oisifs ? Votre négoce est votre domaine propre. [...] Vous devez soigner votre vigne. » Ce texte du pasteur Steel est de 1684 ; Renaissance et Réforme s'éloignent déjà (État de la question par Jean Delumeau dans *Naissance et Affirmation de la Réforme*, Paris, Presses universitaires de France, 1965, 301 et s.)

6.   « La Réforme tridentine fut, elle aussi, un combat contre le magisme tout comme la Réforme protestante. Et, à cet égard, l'une et l'autre furent les produits d'une culture rationnelle, urbaine, coupée des masses rurales » (Jean Delumeau, « Les Réformateurs et la superstition », article repris dans *Un chemin d'histoi*re, Paris, Fayard, 1981, 78-79).

7.   Alexandre Koyré, *Études d'histoire de la pensée scientifique*, Paris, Presses universitaires de France, 1966, 81.

8.   Georges Duby a tracé une suggestive esquisse d'histoire sociale du Moyen Âge dans sa leçon inaugurale au Collège de France, reproduite dans les *Annales* : « Les sociétés médiévales : une approche d'ensemble » (26, 1, janvier-février 1971, 1-13).

9.   François-Marc Gagnon et Denise Petel ont analysé les récits de voyages et les cartes de Jacques Cartier pour « mesurer la distance qu'il y a entre l'expérience de Cartier et son expression, tant écrite que figurée ». Ils montrent que les *descriptions* sont aussi des *comparaisons* : « Nommer, c'est déjà comparer, puisque c'est raisonner comme si un nom employé en Europe était applicable tel quel. » Les idées qui inspirent les récits sont « venues du fond des temps, projetées avec plus ou moins de bonheur sur la réalité zoologique et ethnographique ». Comme si le discours « entendait non pas révéler du nouveau, mais confirmer un savoir déjà acquis » (*Hommes effarables et Bestes sauvages. Images du Nouveau-Monde d'après les voyages de Jacques Cartier*, Montréal, Boréal Express, 1986). Comme quoi l'empirisme, si poussé qu'il paraisse, si dénudé qu'il se prétende de toute imagerie préalable, est plutôt une visée qu'un but atteignable.

10.   Alphonse Dupront, « Croisades et eschatologie », dans *Umanesimo e Esoterismo*, Actes du cinquième congrès international d'études humanistes, Padoue, Antonio Milani, 1960, 179-180.

11.   « L'image assimile les campagnes, avec leurs paysans ignorants et idolâtres, aux terres d'expéditions apostoliques lointaines ; elle traduit à la

fois le désir de fonder une chrétienté, la curiosité de la découverte par une majorité de citadins d'un monde inconnu et terrifiant, l'effroi de lieux mal connus, la crainte de la nature, mais également le sentiment qu'ils peuvent éprouver devant la grossièreté, l'ignorance, la sauvagerie, le faible usage de la raison des habitants du plat pays » (Pierre Goubert et Daniel Roche, *Les Français et l'Ancien Régime*, II, *Culture et Société*, Paris, Colin, 1984, 61).

12. Eugen Weber, *op. cit.*, 17.

13. On ne s'explique pas autrement cette tenace « légende du Bon Sauvage » qui, dès les débuts des découvertes américaines, s'alimente principalement des *Relations* des jésuites de la Nouvelle-France, à l'*Histoire* de Charlevoix, à d'autres écrits, pour aboutir à Rousseau et au romantisme. Cette légende a fait l'objet de travaux considérables. On se reporte toujours avec profit aux ouvrages du grand initiateur, Gilbert Chinard, *L'Exotisme américain dans la littérature française du XVIᵉ siècle*, Paris, Hachette, 1911 ; *L'Amérique et le Rêve exotique dans la littérature française au XVIIᵉ et au XVIIIᵉ siècle*, Paris, E. Droz, 1934.

14. Le cas de l'amitié du baron de Renty et de l'ouvrier Busch est célèbre. Le père Albert Bessières leur a consacré un livre, d'un ton trop apologétique, mais documenté : *Gaston de Renty et Henry Busch*, Paris, Spes, 1931.

15. M. Souriau, *Le mysticisme en Normandie*, dans Albert Bessières, *ibid.*, 159, en note.

16. Marcel Trudel, *Histoire de la Nouvelle-France*, tome III, *La Seigneurie des Cent-Associés*, vol. 1, *Les Événements*, Montréal, Fides, 1979, 6.

17. *Ibid.*, 140-141.

18. L'historien jésuite Rochemonteix résume la situation en s'appuyant sur les documents de l'époque. Certes, il est insuffisamment critique sur ce point comme sur le reste. Mais il compose assez bien l'effet d'idéa-lisation et les procédés de son institution. « À quelques pas de la chapelle, le père Le Jeune fait bâtir une petite résidence pour le service de la paroisse, dont il confie l'administration aux pères Charles Lalemant, Massé et de Noüe. Les détails abondent dans les correspondances du temps sur les débuts de l'organisation du culte public, sur la ferveur des colons. Il y a tous les jours plusieurs messes basses. On chante la grand'messe et les Vêpres le dimanche et les jours de fête. Chacun présente le pain bénit à son tour. Le prône se fait à la grand'messe et le catéchisme après vêpres. Les principaux colons font partie de la congré-gation de l'Immaculée-Conception et fréquentent souvent les sacrements. La prière se récite en commun dans les familles. L'observation du dimanche et des fêtes ne laisse rien à désirer. On jeûne fidèlement pen-dant le Carême et les Quatre-Temps. Tout le monde communie aux grandes fêtes, beaucoup le font tous les mois. Quelques-uns pratiquent des pénitences d'anachorètes. Les aumônes pour la mission et pour les pauvres sont abondantes. Tous ne sont pas venus au Canada la

conscience en paix, ni même arrivés dans de bonnes dispositions ; mais ils changent de vie en changeant de climat. [...] Il est vrai que l'exemple descendait de haut et excitait dans les âmes, avec le sentiment de l'émulation, l'honneur et la fierté dans la pratique de la foi. Le fort, où résidait le Gouverneur, était une école de religion et de vertu. À midi, pendant le repas, on lisait un livre d'histoire ; et le soir, à souper, la vie des saints. Trois fois le jour, on sonnait la salutation angélique. Les prières se disaient en commun et à genoux. Chacun faisait dans sa chambre l'examen de conscience » (Camille de Rochemonteix, *Les Jésuites et la Nouvelle-France au XVIIᵉ siècle*, tome 1, Paris, Letouzey et Ané, 1895, 201-202).

19.   Marie-Claire Daveluy a publié le texte des *Véritables Motifs* en appendice de son ouvrage *La Société de Notre-Dame de Montréal, 1639-1663. Son histoire, ses membres. Son manifeste*, Montréal, Fides, 1965.

20.   « L'œuvre de Notre-Dame de Montréal nous offre le spectacle tout à fait nouveau d'une entreprise française de colonisation ne comptant que sur elle-même pour vivre et se développer ; ne demandant rien au roi, pas même le moindre privilège commercial, enfin très indépendante de ses voisins. L'attitude fière de ses chefs en présence des chefs de poste déjà établi, et qui est le siège du gouvernement, nous rappelle celle des petites colonies naissantes de la Nouvelle-Angleterre à l'égard de leurs aînés. Et cette fierté procède de la même source : l'indépendance des moyens d'existence » (Léon Gérin, *Aux sources de notre histoire*, Montréal, Fides, 1946, 175).

21.   Sur Mᵍʳ de Laval, la meilleure étude est sans doute celle d'André Vachon dans le tome II du *Dictionnaire biographique du Canada* (1969), revue et mise à jour dans *François de Laval*, Montréal et Québec, Fides et Presses de l'Université Laval, 1980.

22.   Émile Salone a parlé de « théocratie », non sans suggérer une explication : « Abandonnée du roi et de la compagnie, pendant plus de vingt années, la Nouvelle-France leur échappe. Elle passe sous la domination de ceux qui la secourent efficacement, la société de Montréal, les jésuites. La première guerre iroquoise coïncide au Canada avec l'avènement et l'apogée d'une véritable théocratie » (*La Colonisation de la Nouvelle-France*, Paris, Guilmoto, 1905 ; réédition chez Boréal Express, Trois-Rivières, 1970, 103).

23.   Gustave Lanctôt, « Situation politique de l'Église canadienne sous le régime français », *Rapport de la Société canadienne d'histoire de l'Église catholique*, 1940-1941, 35-56.

24.   Léon Gérin, *op. cit.*, 177-178.

25.   Là-dessus, et à l'encontre de bien des interprétations accoutumées, voir la mise au point de Jacques Mathieu dans deux chapitres de l'*Histoire du Québec* dirigée par Jean Hamelin, Paris et Saint-Hyacinthe, Privat et Édisem, 1976, 58-126.

26. François-Xavier Garneau : *Histoire du Canada depuis sa découverte jusqu'à nos jours,* I, Québec, Aubin, 1845, 39, 40, 44.

27. Henri-Raymond Casgrain, *Histoire de la Mère Marie de l'Incarnation, première supérieure des Ursulines de la Nouvelle-France précédée d'une esquisse sur l'histoire religieuse des premiers temps de cette colonie,* Québec, Desbarats, 1864, 12.

28. Lionel Groulx, *La Naissance d'une race,* Montréal, Bibliothèque de l'Action française, 1919, 180 s. Exemple d'une contestation radicale du mythe par un historien contemporain : « C'est elle [la traite des fourrures] qui continue à monopoliser les aspects sains et prometteurs de la colonisation. C'est elle qui est responsable de la mise en place des premières structures socio-économiques et administratives qui dépassent tant soit peu le stade élémentaire des pouvoirs d'un gouverneur et d'un supérieur de jésuites sur un conglomérat de colons agricoles fraîchement débarqués sous l'empire d'une motivation éphémère » (Jean Blain, « Les structures de l'Église et la conjoncture coloniale en Nouvelle-France, 1632-1674 », *Revue d'histoire de l'Amérique française,* XXI, 4, mars 1968, 752).

Chapitre II

1. La liste serait longue et comprendrait surtout des auteurs américains ou canadiens-anglais (Wade, Creighton, Lower, Diamond, etc.)

2. « Nous tendons à l'heure actuelle à adopter des valeurs sociales qui ressemblent singulièrement à celles qui régirent le régime français » (W.J. Eccles, *La Société canadienne sous le régime français,* trad. fr., Montréal, Harvest House, 1968, 47). L'auteur parle même de « biculturalisme »... par anticipation (49/s.).

3. Serge Courville, « Espace, territoire et culture en Nouvelle-France : une vision géographique », *Revue d'histoire de l'Amérique française,* XXXVII, 3, décembre 1983, 421. Courville renvoie à une observation similaire de Louise Dechêne.

4. Textes cités par Guy Frégault, *Le XVIIIe siècle canadien,* Montréal, HMH, 1968, 372.

5. Guy Frégault, *op. cit.,* 385.

6. « Colbert aura beau recommander sans cesse aux intendants d'inciter les commerçants canadiens à se lancer dans la grande aventure maritime, il n'obtiendra toujours que de très maigres résultats. Par contre, sans politique concertée, les colonies anglaises établiront des liens économiques tels avec les Indes occidentales (même françaises) que les guerres et les traités n'y changeront que peu de choses » (Pierre Harvey, « Stagnation économique en Nouvelle-France », *L'Actualité économique,* XXXVII, 3, octobre-décembre 1961, 547). Voir Jean Hamelin, *Économie et Société en Nouvelle-France,* Québec, Presses de l'Université Laval, 1960.

7. Sur l'importance économique des investissements militaires, sur le caractère ainsi imprimé à la colonie, W.J. Eccles a particulièrement insisté

dans ses travaux. Voir particulièrement son article « The Social, Eco-
nomic, and Political Significance of the Military Establishment in New
France », *Canadian Historical Review,* mars 1971, 1-22. Louise Dechêne
écrit de son côté : « La guerre ne serait-elle pas le véritable staple du
Canada ? Lorsqu'on aura fait le compte des capitaux qu'elle apporte dans
le pays, de la main-d'œuvre utilisée dans les entreprises militaires, des
revenus des munitionnaires et officiers de tout acabit, le castor comme
source principale d'accumulation ne sera-t-il pas déclassé ? » (« Coup
d'œil sur l'historiographie de la Nouvelle-France », *Études canadiennes/
Canadian Studies,* 3, 1977, 54).

8.   Jacques Mathieu a heureusement dénoncé « l'illusion de prospérité
qu'ont pu créer les surplus de production et l'augmentation des exportations. Il faut voir qu'au-delà des chiffres de la balance commerciale, la
colonie et ses habitants restèrent constamment redevables envers la
France et ses hommes d'affaires » (sous la direction de Jean Hamelin),
Histoire du Québec, Paris et Saint-Hyacinthe, Privat et Édisem, 1976, 203).

9.   Jean Blain, « La frontière en Nouvelle-France » Revue *d'histoire de
l'Amérique française,* XXV, 3, décembre 1971, 402.

10.   Louise Dechêne, *Habitants et Marchands de Montréal au XVIIᵉ siècle,*
Paris et Montréal, Plon, 1974, 42.

11.   On ne peut que renvoyer à la volumineuse monographie de Marcel
Giraud, *Le Métis canadien,* Paris, Institut d'ethnologie, 1945, particulièrement à la troisième partie consacrée à la formation de ce qu'il ne
faut pas hésiter à appeler une civilisation des Métis (p. 293 et s.).

12.   Selon Christopher Moore, « après 1730, la moitié de ceux qui s'engagent dans la traite se présentent comme habitants, c'est-à-dire cultivateurs ». (« La Nouvelle-France et ses rivales », dans Craig Brown (sous
la direction de), *Histoire générale du Canada,* trad. fr., Montréal, Boréal,
1988, 181). Encore faut-il, dans le contexte de l'époque, entendre
l'appellation « habitants » dans un sens large qui ne s'identifie pas strictement avec celui de « cultivateur ». Louise Dechêne a dressé un inventaire
des engagés de la fourrure pour le début du XVIIIᵉ siècle : à Montréal, le
quart des hommes de la seigneurie ; à Trois-Rivières, 54 % des hommes
de la ville et 30 % des hommes des environs ; 21 % et 30 % pour les
seigneuries de la Rive-Sud entre Varennes et Châteauguay. Ailleurs, les
pourcentages sont beaucoup plus bas (5 % à Québec, 1 %, 2,5 % dans les
campagnes voisines) (*op. cit.,* 220-222). L'auteur en conclut : « En
somme, pour les deux tiers de la population coloniale occupant la
majeure partie du territoire en valeur, la traite des fourrures est loin d'être
une activité normale et coutumière. »

13.   « En 1756, au début de la guerre de la Conquête, Trois-Rivières
comptait 808 personnes, parmi lesquelles il y avait sans doute de nombreux militaires. Prenons pour preuve qu'en 1765 la population civile
n'était que de 652 individus. Trois-Rivières était encore « la petite ville de

marché [...] à l'apparence d'un gros village, comme l'avait noté deux décennies plus tôt l'illustre visiteur suédois, le botaniste Pehr Kalm. [...] La véritable croissance démographique paraît avoir débuté avec le 19ᵉ siècle » (Alain Gamelin, René Hardy, Jean Roy, Normand Séguin, Guy Toupin, *Trois-Rivières illustrée*, La Corporation des fêtes du trois cent cinquantième anniversaire de Trois-Rivières, 1984, 12-13).

14. Hubert Charbonneau, « À propos de démographie urbaine en Nouvelle-France », *Revue d'histoire de l'Amérique française*, XXX, 2, septembre 1976, 265-266. Hubert Charbonneau *et al.*, *Naissance d'une population. Les Français établis au Canada au XVIIᵉ siècle*, Paris et Montréal, Institut national d'études démographiques et Presses de l'Université de Montréal, 1987.

15. « Tout d'abord essentielles à la survie des postes, les campagnes s'en détachent au fur et à mesure qu'elles s'étendent. La dépréciation de la production rurale est le phénomène majeur. [...] À long terme, rien n'incite le capital marchand à faire main basse sur la terre, à miser sur la vente. Si aucune menace de dépossession ne pèse sur les habitants, par contre ils n'ont pas de facilités de crédit pour s'établir, ni d'encouragements pour produire au-delà de leurs besoins » (Louise Dechêne, *op. cit.*, 384).

16. « Les besoins d'approvisionnement de Québec sont relativement faibles, d'autant plus que la ville conserve un caractère champêtre fortement marqué. Les communautés religieuses se suffisent largement, et les approvisionnements des troupes de la garnison sont souvent importés de France » (John Hare, Marc Lafrance, David-Thierry Ruddel, *Histoire de la ville de Québec, 1608-1871*, Montréal, Boréal et Musée canadien des civilisations, 1987, 25).

17. Jacques Mathieu, « Les relations ville-campagne ; Québec et sa région au XVIIIᵉ siècle », dans J. Gay et J.-P. Wallot (sous la direction de), *Société rurale dans la France de l'ouest et le Québec*, 1981, 204.

18. Max. Sorre, *Les Fondements de la géographie humaine*, Paris, Colin, 1951, vol. III, 26 et s.

19. « L'exploitation agricole, la maison rurale, le voisinage, le rang, ne sont qu'autant d'aspects d'une seule et même réalité ; ils constituent un milieu de vie, un habitat où le rassemblement des hommes et des habitations a d'abord une signification écologique, ensuite seulement une logique de fonctions économiques. Exercées surtout à l'échelle locale, ces fonctions pourront l'être également au sein d'espaces plus vastes, mais comme une projection destinée à satisfaire les besoins domestiques, même si celles-ci contreviennent aux ordres de l'autorité » (Serge Courville, *op. cit.*, 427).

20. Sur la transmission des patrimoines, voir Allan Greer, *Peasant, Lord and Merchant : Rural Society in Three Quebec Parishes, 1740-1850*, Toronto, University of Toronto Press, 1985 ; Sylvie Dépatie, « La

transmission du patrimoine dans les terroirs en expansion : un exemple canadien au xviiie siècle », *Revue d'histoire de l'Amérique française*, XXXIV, 2, automne 1990, 171-198.

21.   Une étude portant sur neuf seigneuries, pour une période s'étendant de 1672 à 1747, est suggestive. « Dans six communautés agricoles, 41 % des migrants avaient des liens de parenté avec des résidents. Il apparaît donc que les liens de parenté constituent véritablement un facteur d'attraction ». Néanmoins, « il semble que ce soit les liens de parenté créés dans le milieu qui prédominent avant tout ; [...] les groupes de migrants qui ne créent aucun lien de parenté affichent des taux de permanence particulièrement bas ». Ces indications sont partielles ; elles ne concernent qu'une seigneurie de la région de Montréal (Yves Beauregard et *al.*, « Note de recherche. Famille, parenté et colonisation en Nouvelle-France », *Revue d'histoire de l'Amérique française*, XXXIX, 3, 1986, 391 et s.). À ces observations, il faut en ajouter une autre quant aux mariages engageant plusieurs garçons et filles de deux familles. Louis Lavallée en a relevé un nombre significatif : « La famille et les stratégies matrimoniales dans le gouvernement de Montréal au xviiie siècle », dans J. Gay et J.-P. Wallot (sous la direction de), *op. cit.*, 141 et s. De Gérard Bouchard, voir surtout « Les systèmes de transmission des avoirs familiaux et le cycle de la société rurale au Québec, du xviie au xxe siècle », *Histoire sociale/Social History*, XVI, 31, mai 1983, 35-60 ; « Sur la reproduction familiale en milieu rural : systèmes ouverts et systèmes clos », *Recherches sociographiques*, XXVIII, 2-3, 1987, 211-227 (avec la collaboration de Pauline Therrien-Fortier et Rénald Lessard).

22.   Louise Dechêne, « L'évolution du régime seigneurial au Canada. Le cas de Montréal aux xviie et xviiie siècles », *Recherches sociographiques*, XII, 2, 1971, 146.

23.   Sur les capitaines de milice, la documentation est abondante. Voir, en particulier, la répartition par origines sociales esquissée par Fernand Ouellet, « Officiers de milice et structure sociale au Québec », *Histoire sociale/Social History*, XII, 23, 1979, 37-65.

24.   « En somme, il [le capitaine de milice] remplace le corps communal inexistant. Nous savons que ce délégué avait peine à imposer son autorité, que la charge non rétribuée représentait une perte de temps considérable, mais nous ignorons si l'honneur d'être choisi et le privilège de prendre rang après les marguilliers dans les processions suffisaient à compenser ces inconvénients, comme l'espère l'intendant » (Louise Dechêne, *Habitants et Marchands de Montréal au xviie siècle, op. cit.*, 358).

25.   Louise Deschêne, *Habitants et Marchands de Montréal au xviie siècle, op. cit.*, 453. À ma connaissance, les données exhaustives manquent encore sur ce point. Nous disposons néanmoins de quelques indices révélateurs. « En 1706, on ne voit qu'un missionnaire faisant les fonctions curiales auprès des populations de Contrecœur, Saint-Ours, Sorel et

Verchères. Voilà quatre seigneuries qui comptent pourtant près de 400 âmes. La même année, il ne semble pas y avoir de curé dans un groupe de seigneuries formé par Portneuf, La Chevrotière et les Grondines, bien qu'il y existe une église pour appeler à la prière 300 habitants. Dans les fiefs de Tilly, Bonsecours et Dosquet, il n'existe ni église ni curé pour répondre aux besoins spirituels de 220 âmes. Cas extrêmes ? Au contraire, détails qui s'harmonisent à l'ensemble du tableau. [...] Le nombre des presbytères ne s'établit qu'à 34 en 1717 » (Guy Frégault, op. cit., 99).

26. Marcel Trudel, *Le Régime seigneurial*, Ottawa, Société historique du Canada, 1971, 3.

27. Ouvrage classique de R.C. Harris, dont les observations n'ont pas été contestées pour l'essentiel : *The Seigneurial System in Early Canada. A Geographical Study*, Québec, Presses de l'Université Laval, 1966.

28. Longue liste dans Cameron Nish, *Les Bourgeois-Gentilshommes de la Nouvelle-France, 1729-1748*, Montréal, Fides, 1968, 171-172.

29. Au cours d'un colloque organisé par les étudiants en histoire de l'Université Laval, Cameron Nish soulignait comment l'élite coloniale, par sa participation à l'administration de la colonie, pouvait s'assurer d'autres avantages. « Selon les deux édits de Marly, les terres non cultivées par un censitaire devaient être réunies au domaine seigneurial ; de même, les terres non exploitées par un seigneur devaient être remises au Domaine royal. Le Conseil souverain mit trente ans à appliquer l'édit relatif au seigneur car, en beaucoup de cas, seigneurs et conseillers se confondaient. Quant à l'édit relatif aux censitaires, il fut appliqué à tort. Entre 1711 et 1731, 400 concessions furent réunies aux domaines des seigneurs ; il s'agissait surtout de terres cultivées dont les titres légaux n'étaient pas réguliers » (A. Garon, J. Igartua, J. Mathieu, « La bourgeoisie canadienne-française et ses fondements historiques », *Recherches sociographiques*, III, 1965, 305-310).

30. Au sujet de la bourgeoisie de la Nouvelle-France, de vives polémiques ont divisé les historiens québécois il y a quelques années. Recension des positions par Robert Comeau et Paul-André Linteau, « Une question historique : une bourgeoisie en Nouvelle-France », dans Robert Comeau (sous la direction de), *Économie québécoise*, Montréal, Presses de l'Université du Québec, 1969, 311-323.

31. Dans la métropole, écrivait Tocqueville, « les fonctionnaires administratifs, presque tous bourgeois, forment déjà une classe qui a son esprit particulier, ses traditions, ses vertus, son honneur, son orgueil propre. C'est l'aristocratie de la société nouvelle, qui est déjà formée et vivante ; elle attend seulement que la Révolution ait vidé la place » (*L'Ancien Régime et la Révolution* (1856), Paris, Garnier, 1968, 156-157).

32. Guy Frégault, *op. cit.*, 232.

33. Louise Dechêne, « *L'évolution du régime seigneurial au Canada. Le cas de Montréal aux XVIIe et XVIIIe siècles* », *op. cit.*, 182.

34. Le diagnostic de Frégault demeure valable : « Du fait que ces groupes n'ont pas d'assises dans les masses populaires, il est certes légitime de conclure que la mentalité du régime exclut la participation des classes inférieures au gouvernement, mais il ne s'ensuit pas qu'elle en écarte toutes les classes. Autrement dit, le fait que ces pyramides d'intérêts n'ont qu'une base étroite, on aurait tort de croire qu'elles n'existent pas. Simplement, elles se construisent dans les seules couches supérieures de la société » (*op. cit.*, 232).

35. Voir Louise Dechêne, *Habitants et Marchands de Montréal au XVII*ᵉ *siècle, op. cit.*, 91, 93, 223, 396 et *passim*.

36. Émile Salone intitulait l'un des chapitres de son ouvrage classique « La nation canadienne-française » (*La colonisation de la Nouvelle-France*, Paris, Guilmoto, 1905, 430 et s.). Il évoque « la création d'un peuple nouveau » (p. 437). Le dernier chapitre de *La Naissance d'une race* de Lionel Groulx a pour titre « La race nouvelle ». Frégault préfère « une nation nouvelle » (*La Civilisation de la Nouvelle-France*, Montréal, Éditions Pascal, 1944, 280).

Chapitre III

1. « Le Canada n'est pas simplement conquis puis cédé à l'Angleterre, écrivait Guy Frégault, il est défait. Défaite signifie intégration. Une armée peut subir la défaite ; il peut rester encore des soldats. En 1760, il reste encore des Canadiens, il ne reste plus de Canada. Éliminés de la politique, du commerce et de l'industrie, les Canadiens se replieront sur le sol » (*La Société canadienne sous le régime français*, Ottawa, Société historique du Canada, 1954, 3-9). Conclusion identique dans l'ouvrage du même auteur sur *La Guerre de la Conquête* (Montréal, Fides, 1956).

2. Marcel Trudel déclarait à un journaliste : la Conquête fut « un simple changement d'allégeance qui n'a pratiquement rien modifié à notre évolution culturelle. [...] C'est la même culture, la même société qui se poursuit. Ce n'est pas la catastrophe racontée par les historiens traditionnels ou imaginée par les nationalistes » (*Le Soleil*, 23 janvier 1988).

3. Pierre Tousignant a attiré l'attention sur ce point : « Problématique pour une nouvelle approche de la constitution de 1791 », *Revue d'histoire de l'Amérique française*, XLI, 1973, 181-234.

4. Voir Jean-Pierre Wallot et Gilles Paquet, « Le Bas-Canada au début du XIXᵉ siècle : une hypothèse », *Revue d'histoire de l'Amérique française*, XXV, 1971, 55.

5. Henri Brun a décrit ce jeu de cache-cache : *La Formation des institutions parlementaires québécoises*, Québec, Presses de l'Université Laval, 1970, 56.

6. Voir Henri Brun, *op. cit.*, 74-86, 149 et s. « Le Conseil législatif ne représente ni un ordre ni une classe sociale. Contrairement à une opinion

courante, il reflète bien peu les intérêts économiques de la bourgeoisie commerçante. Sa composition initiale dément cette prétention : sept de ses quinze membres sont conseillers exécutifs, deux sont juges, la plupart exercent de hautes fonctions gouvernementales, cinq ou six représentent l'ancienne noblesse terrienne française. C'est à l'Assemblée, et non entre l'Assemblée et le Conseil législatif, que se produira l'impact entre le capitalisme anglo-saxon et le conservatisme économique des Canadiens d'origine française » (85).

7.   Voir l'étude de Marcel Trudel, « La servitude de l'Église catholique sous le régime anglais », *Rapport annuel de la Société historique du Canada,* 1963, 42-64.

8.   Il faudrait ici s'attarder à ce que les historiens ont appelé la « crise agricole ». Suggérée naguère par des historiens comme Fernand Ouellet et Jean Hamelin, l'hypothèse a été stimulante pour la recherche. Elle a entretenu l'une des plus importantes interrogations de la science historique au Québec au cours des dernières décennies. Plutôt que de compulser une bibliographie considérable, je renvoie à deux bilans : Robert Laverdure, « L'histoire de l'agriculture québécoise au XIXᵉ siècle : une schématisation des faits et des interprétations », *Cahiers de géographie du Québec,* 28, 73-74, avril-septembre 1984, 257-287 ; T.-J.-A. Le Goff, « The Agricultural Crisis in Lower Canada, 1802-1812 : A Review of a Controversy », *Canadian Historical Review,* 55, 1974, 1-31. Ces articles comportent les indications bibliographiques utiles, en particulier sur les travaux de Gilles Paquet et Jean-Pierre Wallot. Notons aussi la mise au point de Serge Courville : « La crise agricole du Bas-Canada ; éléments d'une réflexion géographique », *Cahiers de géographie du Québec,* 24, 62, septembre 1980, 193-224 ; 63, décembre 1980, 385-428. De Courville, il faudrait mentionner les nombreux travaux qui ont renouvelé notre connaissance du monde rural québécois au XIXᵉ siècle. Je cite, au moins : « Un monde rural en mutation : le Bas-Canada dans la première moitié du XIXᵉ siècle », *Histoire sociale/Social History,* XX, 40, novembre 1987 et sa synthèse récente : *Entre ville et campagne. L'essor du village dans les seigneuries du Bas-Canada,* Québec, Presses de l'Université Laval, 1990. On consultera la synthèse rédigée par le même auteur et Normand Séguin, *Le Monde rural québécois au XIXᵉ siècle,* brochure de la Société historique du Canada, Ottawa, 1989.

9.   Selon Jean-Pierre Wallot et Gilles Paquet, en cette période démarre un courant à long terme : « L'intégration économique du Canada en 1840 et l'incorporation de toutes les provinces en une unité économique en 1876 sont les étapes d'un processus d'imbrication économique qui se déclenche vers 1790 » (*op. cit.,* 43).

10.   Gérard Bouchard, « Les systèmes de transmission des avoirs familiaux et le cycle de la société rurale au Québec, du XVIIIᵉ au XXᵉ siècle », *Histoire sociale/Social History,* XVI, 31, mai 1983, 59-60. On

trouvera dans cet article une revue critique des travaux sur la famille rurale d'antan, dont certains demeurent classiques.

11. « À la fin du xviiie siècle, le village semble en bonne voie de formation, suffisamment en tout cas pour différencier les structures locales et les paysages ruraux de la vallée du Saint-Laurent. Cinquante ans plus tard, la situation sera complètement modifiée, chaque paroisse ou presque abritant alors un, deux et même trois noyaux d'habitat groupé » (Serge Courville, « Esquisse du développement villageois au Québec : le cas de l'aire seigneuriale entre 1760 et 1854 », *Cahiers de géographie du Québec,* 28, 73-74, avril-septembre 1984, 23).

12. Jean-Claude Robert, *Montréal ; 1821-1871 : aspects de l'urbanisation,* thèse soutenue à l'École des hautes études sociales de Paris, 1977, 407, 408. Cette thèse, où nous avons puisé de précieuses indications, est demeurée malheureusement inédite.

13. S'appuyant sur un dénombrement de 1842-1843, Raoul Blanchard écrit : « Des trois quartiers dits *extra muros,* un seul, celui de Saint-Laurent (à l'ouest) comprend presque autant de Français que de Britanniques, et c'est là que les Écossais sont le plus nombreux ; mais des deux autres, l'un au sud (Queens) comporte contre 3 800 Français 8 600 Britanniques à prépondérance irlandaise, tandis que Sainte-Marie, au nord, aligne 6 200 Français et 3 800 Britanniques dont au moins 2 000 Irlandais. Le clivage s'effectue : il est plus prononcé encore en 1861. À cette date, il y a des quartiers tout français, l'Est de la vieille ville dans la proportion de 80 %, Saint-Louis avec 71, Sainte-Marie 69 %, mais aussi des forteresses britanniques, Sainte-Anne pour 79 %, Saint-Laurent pour 70, le Centre de la vieille ville pour 67. Chaque race tient à se cantonner en blocs compacts, qui sont forcément hostiles » (*L'Ouest du Canada français,* tome I, Montréal, Beauchemin, 1953, 259).

14. Voir John Hare, Marc Lafrance et David-Thierry Ruddel, *Histoire de la ville de Québec 1608-1871,* Montréal, Boréal et Musée canadien des civilisations, 1987, 187-190.

15. Voir aussi Raoul Blanchard, *L'Est du Canada français,* tome II, Montréal, Beauchemin, 1935, 202-203. David-Thierry Ruddel et Marc Lafrance, « Québec, 1785-1840 : problèmes de croissance d'une ville coloniale », *Histoire sociale/Social History,* XVIII, 36, novembre 1985, 321. J'ai puisé bien des données dans cet article important.

16. « En 1836, le monde des affaires anglo-américain, qui avait fondé sa prospérité sur la spéculation, s'acheminait rapidement vers la catastrophe. En Grande-Bretagne, le premier grand boom des chemins de fer atteignait son apogée. Aux États-Unis, la prolifération des banques et l'expansion considérable du crédit avaient stimulé l'activité dans tous les secteurs des affaires et la demande inassouvissable de capitaux, de canaux, de chemins de fer et autres travaux publics poussait les législateurs américains vers des projets toujours plus ambitieux et des

dépenses toujours plus extravagantes » (Donald Creighton, « Les fondements économiques des rébellions de 1837 », article traduit dans Jean-Paul Bernard, *Les Rébellions de 1837-1838,* Montréal, Boréal, 1983, 143).

17. Joseph Bouchette, *Topographical Dictionary,* cité par W.H. Parker, « Nouveau regard sur les troubles du Bas-Canada dans les années 1830 », article publié dans la *Canadian Historical Review,* 1959 et traduit dans Jean-Paul Bernard, *op. cit.,* 167.

18. J.E. Alexander, *Transatlantic Sketches.* Cité par Parker, *op. cit.,* 168.

19. Fernand Ouellet, *Le Bas-Canada, 1791-1840,* Ottawa, Éditions de l'Université d'Ottawa, 1976, 16.

20. Cité par Jean-Charles Falardeau, « L'origine et l'ascension des hommes d'affaires dans la société canadienne-française », *Recherches sociographiques,* VI, 1, janvier-avril 1965, 35.

21. Fernand Ouellet, *op. cit.* notamment 15-16, 94-95, 210, 214, 153.

22. Cité par Guy Frégault, *Le XVIIIe siècle canadien,* Montréal, Éditions HMH, 1968, 386.

23. Sous cet aspect, on retiendra la conclusion de Maurice Séguin : « En 1850, le nombre des Britanniques est ridiculement bas dans les seigneuries. Sur 110 000 Britanniques environ dans la zone seigneuriale, près de 50 000 habitent Montréal et Québec. Les 60 000 autres sont perdus au milieu de 550 000 Canadiens. Dans les seigneuries rurales, on rencontre un Britannique contre neuf Canadiens. Bien plus, le régime trace, de chaque côté du fleuve, une bordure qui rend difficile aux Britanniques la colonisation des cantons derrière les seigneuries » (« Le régime seigneurial au pays du Québec, 1760-1864 », *Revue d'histoire de l'Amérique française,* I, 4, mars 1948, 520. Deuxième article ; le premier est paru dans la même revue, I, 3, décembre 1947).

24. Fernand Ouellet, *op. cit.,* 501.

25. « Noblesse » : l'étiquette est commode, mais elle appelle des précisions. À l'exemple de Pierre Tousignant, « sous le vocable de *noblesse canadienne* ou de *noblesse seigneuriale,* nous incluons l'ensemble des propriétaires de fiefs et seigneuries figurant dans l'inventaire dressé par Carleton, en 1767. Cette *Canadian Noblesse,* comme se plaisait à la désigner Carleton, correspondait plutôt à la *gentry* (i.e. à l'ensemble des *country gentlemen*) en Angleterre. C'est d'ailleurs ainsi que le général Murray avait identifié le groupe des seigneurs dans un rapport daté du 5 juin 1762 » (*La Genèse et l'Avènement de la constitution de 1791,* thèse de doctorat, Université de Montréal, 1971, 133, note 6). Du même auteur : « Le conservatisme de la petite noblesse seigneuriale », *Annales historiques de la Révolution française,* 213, juillet-septembre 1973, 325.

26. Jean-Pierre Wallot, *Un Québec qui bougeait, trame socio-politique au tournant du XIXe siècle,* Montréal, Boréal, 1973, 190-191.

27. De cette religion populaire, Jean-Pierre Wallot a tracé un remarquable portrait dans son étude « La religion catholique et les Canadiens

au début du XIXe siècle », *Un Québec qui bougeait, op. cit.*, 183-224. Serge Gagnon a étudié la sexualité et la confession au Bas-Canada, surtout en s'appuyant sur la correspondance entre l'épiscopat et les chargés de paroisses (*Plaisir d'amour et Crainte de Dieu*, Québec, Presses de l'Université Laval, 1990). L'auteur nous permet, en fait, de prendre une vue d'ensemble de l'état des mœurs et des croyances (particulièrement dans le deuxième chapitre). Lucien Lemieux fournit des renseignements sur l'organisation de la vie religieuse dans l'*Histoire du catholicisme québécois* dirigée par Nive Voisine, *Les XVIIe et XIXe siècles*, tome I, 1760-1839, Montréal, Boréal, 1989 (surtout chap. IV, V, VII, VIII, IX, X).

28.   Indications dans Fernand Ouellet, *Histoire économique et sociale du Québec, 1760-1850*, Montréal, Fides, 1966, 163. Voir aussi Jean Hamelin et André Beaulieu, « Aperçu du journalisme québécois d'expression française », *Recherches sociographiques*, VII, 3, septembre-décembre 1966, 309.

29.   Je retiens ce chiffre des dépouillements effectués par Fernand Ouellet, *Le Bas-Canada 1791-1840, op. cit.*, 111.

Chapitre IV

1.   Indispensable inventaire des publications périodiques : André Beaulieu et Jean Hamelin, *La Presse québécoise*, tome I, 1764-1859, Québec, Presses de l'Université Laval, 1973. Répertoire classique de Marie Tremaine : *A Bibliography of Canadian Imprints 1751-1800*, Toronto, University of Toronto Press, 1952. Inventaire plus récent de Milada Vlach et Yolande Buono, *Catalogue collectif des impressions québécoises, 1764-1820*, Québec, Bibliothèque nationale du Québec, 1984. John Hare et Jean-Pierre Wallot ont publié le premier volume d'un incomparable instrument de travail : *Les Imprimés dans le Bas-Canada, 1801-1810*, Montréal, Presses de l'Université de Montréal, 1967.

2.   *Le Rapport de Durham*, présenté, traduit et annoté par Marcel-Pierre Hamel, Montréal, Éditions du Québec, 1948, 81, 80, 82. « De partout, on admet la déchéance d'une grande partie de la population » (310).

3.   Cités par Mason Wade : *Les Canadiens français*, tome I, Montréal, Le Cercle du livre de France, 1963, 137, 138. Mme Brooks, épouse de l'aumônier de la garnison de Québec, trouvait les habitants « ignorants, paresseux, sales et stupides jusqu'à un point incroyable » (*op. cit.*, 102).

4.   Cité par Thomas Chapais dans *Cours d'histoire du Canada*, Québec, Garneau, 1921 ; rééd. Boréal, 1972, tome II, 26.

5.   Voir Thomas Chapais, *op. cit.*, tome III (1922), 123, 129, 139.

6.   Louise Lacour-Brossard a consacré une thèse de maîtrise à *L'Enquête impériale de 1828*, Université de Montréal, 1971. (Textes cités, 98-99.)

7.   *Le Rapport de Durham, op. cit.*, 89.

8.   Textes cités par Louise Lacour-Brossard, *op. cit.*, 98, 102, 107.

9. *Le Rapport de Durham, op. cit.,* 85-87, 97, 307. Le jugement ne va pas sans quelques nuances. Par exemple : « La supériorité n'est pas si apparente ni si généralisée, quant aux classes plus éclairées. À la vérité, d'après les renseignements que j'ai pu recueillir, je suis porté à croire que le raffinement de la pensée, l'esprit spéculatif et la connaissance des livres, sauf quelques brillantes exceptions, sont du côté des Français. Mais je n'hésite pas à dire, même à affirmer, que les circonstances où se sont trouvés les Anglais du Bas-Canada, lesquels se servaient à bon escient de leur instruction, ont donné à leurs chefs la sagacité pratique, le tact et l'énergie dans la politique qui, selon moi, manquaient d'une manière déplorable aux leaders français : tout cela, je le reconnais, à cause des mauvaises institutions de la colonie » (97). Ou encore : « Loin de moi le désir d'encourager indistinctement les prétentions à la supériorité de l'une des deux races. Mais [...] tant que les Anglais manifesteront une activité si constante et si marquée pour la colonisation, il faut penser qu'il n'y aura pas un coin de terre du continent où cette race ne pénétrera pas et où elle ne prédominera pas » (308).

10. *Ibid.,* 308-309.

11. Textes dans Michel Brunet, *Les Canadiens après la Conquête 1759-1775,* Montréal, Fides, 1969, 252. Important article de Mildred Campbell, « English Emigration on the Eve of the American Revolution », *American Historical Review,* 61, octobre 1955, 1-20.

12. Textes dans Danièle Noël, *Les Questions de langue au Québec, 1759-1850,* Québec, Conseil de la langue française, 1990, 183-184, 207.

13. *Le Rapport de Durham, op. cit.,* 312.

14. Marcel Trudel, « On pourrait se croire dans une colonie qui a toujours rêvé d'appartenir à l'Angleterre » (*L'Église canadienne sous le régime militaire,* tome 1, Montréal, Fides, 1956, 311). Le sentiment se prolonge bien au-delà du régime militaire...

15. Voir Michel Brunet, *op. cit.,* 120-121.

16. Dans Danièle Noël, *op. cit.,* 208-209.

17. Les Canadiens s'en plaignent souvent. Par exemple, le protonotaire pour le district de Québec, Joseph-François Perrault, publie en 1832 une brochure sur les *Moyens de conserver nos institutions, notre langue et nos lois* : « On a vu disparaître petit à petit les institutions qui faisaient le plus d'honneur au pays, les lois qui assuraient les propriétés individuelles, la langue qui consacrait les termes techniques des lois ; tout a été tellement dénaturé et défiguré qu'il devient tous les jours de plus en plus difficile d'administrer la justice, et tout à l'heure la chose sera impossible. »

18. Voir John Hare, *La Pensée socio-politique au Québec, 1784-1812,* Ottawa, Éditions de l'Université d'Ottawa, 1977, 80.

19. *La Gazette de Québec,* 30 juillet 1791. L'article est reproduit en entier dans l'anthologie présentée par G.-André Vachon, numéro spécial d'*Études françaises, Une littérature de combat 1778-1810,* V, 3, août 1969, 293-296.

20. « À partir de la prise de la Bastille et pendant quatre ans, il n'y aura plus de place dans ces deux journaux (*La Gazette de Québec* et *La Gazette de Montréal*) que pour la Révolution française, qui scelle la destruction du despotisme et qui régénère le genre humain. Rien ne vient arrêter ce sentiment prorévolutionnaire, pas même les mesures contre la religion, comme la dissolution des monastères ou la Constitution civile du clergé. *La Gazette de Montréal* va encore plus loin que celle de Québec en ce sens que l'équipe de Mesplet veut appliquer à la province de Québec les mesures révolutionnaires en abolissant le régime seigneurial, en mettant le clergé et la noblesse à leur place. Tous les Canadiens qui s'expriment publiquement, par la voix des journaux surtout, se prononcent en faveur de la révolution, sauf dans le cas du juge William Smith » (Claude Galarneau, « La France des Lumières et le Québec », *Mélanges offerts à M. le Doyen André Latreille*, Lyon, Audin, 1972, 139).

21. « Pendant de longs mois, une bonne partie de la masse, travaillée par les idées révolutionnaires, a donc paru disponible. Mais personne n'était là pour la conduire, hormis ces capitaines de milice, leaders de paroisse, organisateurs politiques, boutiquiers, habitants plus actifs – on pourrait les surnommer *la petite bourgeoisie besogneuse* – bref ces petits intermédiaires que l'historiographie ignore, comme s'il n'y avait que des aristocrates, des professionnels, des clercs et des habitants. On les retrouve dans tous les mouvements populaires jusqu'en 1815 : le gouvernement les qualifie de *local demagogues* et les tient à l'œil, parfois en prison » (Jean-Pierre Wallot, *Un Québec qui bougeait, trame socio-politique au tournant du XIXᵉ siècle*, Montréal, Boréal Express, 1973, 269).

22. *Appel à la justice de l'État : ou recueil de lettres au roi, au prince de Galles, et aux ministres : avec une lettre à messieurs les Canadiens*, Londres, 1784.

23. Là-dessus, je renvoie de nouveau à la thèse de Pierre Tousignant, *La genèse et l'avènement de la Constitution de 1791*, Université de Montréal, 1971, particulièrement au chapitre VI où la mission Adhémar et Delisle est rapportée en détail. L'un des grands mérites de cette thèse est d'avoir montré, à l'encontre de préjugés tenaces, l'existence d'un mouvement réformiste à cette époque chez les Canadiens francophones.

24. De larges extraits du manifeste sont reproduits dans *Le Manuel de la parole, manifestes québécois*, textes recueillis et commentés par Daniel Latouche avec la collaboration de Diane Poliquin-Bourassa, tome I, Montréal, Boréal Express, 1977, 49-51.

25. *Le Canadien*, 4 novembre 1808. Philippe Reid a présenté une excellente analyse de la pensée du journal *Le Canadien* jusqu'en 1842 dans une thèse de doctorat rédigée sous ma direction : *Représentations idéologiques et Société globale : le journal* Le Canadien *(1806-1842)*, Université Laval, 1979. La thèse est inédite. L'auteur en a résumé l'essentiel et a repris une partie de la conclusion dans un article : « L'émergence du nationalisme

canadien-français : l'idéologie du *Canadien* (1806-1842) », *Recherches sociographiques*, XXI, 1-2, janvier-août 1980, 11-53.

26. *Le Canadien*, 4 novembre 1809.

27. *Ibid.*, 16 décembre 1809 ; 19 décembre 1807 ; 23 juillet 1808.

28. *Ibid.*, 19 décembre 1807.

29. *Ibid.*, 26 mars 1834.

30. *Ibid.*, 20 mai 1836.

31. *Ibid.*, 11 novembre 1809 ; 26 mars 1808 ; 9 juillet 1808 ; 8 décembre 1807. « Quels sont les ennemis des Canadiens ? Toute la population anglaise du Bas-Canada ? Tant s'en faut ! [...] Ce sont tout au plus quelques individus qui sont venus assez récemment d'au-delà de l'Océan ou des lignes frontières ou qui ont vécu de longues années aux dépens du pays ou s'y sont enrichis par le commerce » (*Le Spectateur canadien*, 19 octobre 1822).

32. *Le Canadien*, 14 août 1833 ; 27 mai 1835. Étienne Parent : « La population ouvrière ne doit jamais oublier que c'est sur elle que retombent toujours les charges et les fardeaux de l'État, les abus et les injustices du gouvernement. Les classes plus élevées, plus instruites, plus expérimentées trouvent toujours le moyen de se tirer d'affaire. » La « population ouvrière » devrait-elle s'organiser en fonction de ses intérêts ? Parent lui recommande de s'intéresser davantage aux affaires politiques...

33. *Le Canadien*, 10 octobre 1832. Et si les élites canadiennes réclament des places, ce n'est pas pour elles-mêmes ; c'est pour servir le peuple. (Voir *Le Canadien*, 18 juin 1833.)

34. *Ibid.*, 27 mars 1833 ; 10 octobre 1834.

35. *Ibid.*, 19 avril 1833.

36. *Ibid.*, 24 avril 1835.

37. *Ibid.*, 20 septembre 1837.

38. *Ibid.*, 7 octobre 1839.

39. *Ibid.*, 9 janvier 1808.

40. *Ibid.*, 4 novembre 1809.

41. Voir Claude Galarneau, *La France devant l'opinion canadienne*, Québec, Les Presses de l'Université Laval, 1970, 336 et s.

42. *Le Canadien*, 17 juillet 1833.

Chapitre V

1. L'ouvrage capital est celui de Jeanne d'Arc Lortie, *La Poésie nationaliste au Canada français (1606-1867)*, Québec, Presses de l'Université Laval, 1975. Mme Lortie a entrepris, avec des collaborateurs, de rassembler *Les Textes poétiques du Canada français 1606-1867* (Montréal, Fides) ; trois volumes ont paru et mènent à 1837. John Hare a donné une bonne *Anthologie de la poésie québécoise du XIXᵉ siècle (1790-1890)*, Montréal, HMH, 1979.

2.   Cité par Camille Roy, *Nos Origines littéraires*, Québec, Imprimerie de l'Action sociale, 1909, 317.

3.   Fernand Ouellet a inventorié les *Saberdaches* dans le *Rapport de l'archiviste de la Province de Québec pour 1955-1956 et 1956-1957*.

4.   Cité par Camille Roy, *Nouveaux Essais sur la littérature canadienne* (présentation de la *Néologie canadienne)*, Québec, Imprimerie de l'Action sociale, 1914, 74-75.

5.   Sur Jacques Paquin, étude de Thomas-M. Charland, « Les mémoires sur l'Église du Canada de l'abbé Jacques Paquin », *Rapport de la Société canadienne d'histoire de l'Église*, 1934-1935, 51-61.

6.   Michel Bibaud, *Histoire du Canada sous la domination française*, Montréal, John Jones, 1837, 252. (Réimpression, Johnson Reprint et Mouton, 1968.)

7.   Michel Bibaud, *Histoire du Canada sous la domination anglaise*, Montréal, Lovell et Gibson, 1844. (Réimpression, Johnson Reprint et Mouton, 1968.) L'ouvrage porte sur la période qui va de la Conquête à 1830. Un autre livre prolonge jusqu'à 1837 : *Histoire du Canada et des Canadiens sous la domination anglaise* (posthume), Montréal, Compagnie d'impression et de publication Lovell, 1878.

8.   Michel Bibaud, *Histoire du Canada sous la domination anglaise*, *op. cit.*, 138.

9.   Michel Bibaud, *Histoire du Canada et des Canadiens sous la domination anglaise*, *op. cit.*, 305, 321, 209-210. Le ton est parfois plus modéré, surtout pour les débuts du régime parlementaire. Voici un tableau de la situation à l'arrivée du gouverneur Craig : « Il convenait d'autant plus à la Chambre d'assemblée de se garder de tout procédé inconstitutionnel, ou sentant la violence, que le gouvernement du Canada était alors une espèce d'oligarchie, vis-à-vis de laquelle l'amour du bien public lui dictait de se tenir dans son droit. Cette oligarchie se composait du conseil exécutif, de la majorité du conseil législatif, des juges et des officiers de la couronne qui avaient obtenu des sièges dans la chambre d'assemblée. Elle était soutenue généralement, ou du moins n'était pas combattue par les marchands et autres habitans de naissance ou d'origine britannique ; non pas, peut-être, parce qu'ils la trouvaient excellente, mais parce qu'ils la croyaient disposée à opérer les changemens qu'ils désiraient ; à rendre "la colonie anglaise de fait, comme elle l'était de nom", ou, en d'autres termes, à tout bouleverser dans le pays, pour leur intérêt particulier, bien ou mal entendu » (*ibid.*, 141).

10.   *Ibid.*, 401.

11.   Voir l'étude de Jean-Pierre Wallot sur « La querelle des prisons dans le Bas-Canada », *Un Québec qui bougeait*, Montréal, Boréal Express, 1973, 47-107.

12.   De larges extraits du texte dans Daniel Latouche et Diane Poliquin-Bourassa, *Le Manuel de la parole. Manifestes québécois*, tome 1, Québec, Boréal Express, 1977, 49-51.

13. *Le Canadien,* 2 août 1833.

14. *Le Canadien,* 18 décembre 1833.

15. Cité dans Jean-Pierre Wallot, *Documents sur le British North Canada, 1796-1812,* Montréal, Université de Montréal, Département d'histoire, 27. Craig est un bon observateur : « Je considère que cette hostilité des Canadiens à notre égard est si répandue que j'en découvre bien peu dans toutes les parties de la province que je passe en revue attentivement, qui ne soient pas sous l'empire de ce sentiment : la ligne de démarcation entre nous est complète. L'amitié et la cordialité font défaut, et l'on constate à peine les rapports ordinaires. Les basses classes de la population se servent du mot anglais pour mieux exprimer leur mépris, tandis que les gens au-dessus du vulgaire avec lesquels il se faisait autrefois un échange de civilités sociales, se sont complètement éloignés depuis quelque temps. La raison présentée comme excuse, c'est que leurs moyens ont diminué graduellement à mesure que les nôtres ont augmenté. Cet état de choses a pu avoir quelque effet, mais on a remarqué aussi que cet éloignement s'est manifesté davantage dès que l'influence de Français avait plus de poids en Angleterre » (*ibid.,* 23).

16. Les mots ont leur importance, moins par le sens qu'ils ont au dictionnaire que par leur emploi. On se reportera aux précieuses analyses de John Hare, notamment aux mots « patrie », « peuple », « pays », « nation » : *La pensée socio-politique au Québec, 1784-1812, analyse sémantique,* Ottawa, Éditions de l'Université d'Ottawa, 1977. Sur les idéologies politiques de l'époque, deux ouvrages importants : Helen Taft Manning, *The Revolt of French Canada, 1800-1837,* Toronto, Macmillan, 1962 ; Peter Burroughs, *The Canadian Crisis and British Colonial Policy, 1828-1841,* Toronto, Edward Arnold, 1972.

17. Philippe Reid, thèse citée, 252, 259.

18. Publiée sous l'anonymat, *Par un Canadien, M.P.P.,* Montréal, James Brown, 1809.

19. On ne peut s'empêcher de penser à ce passage de Montesquieu : « Les lois doivent être tellement propres au peuple pour lequel elles sont faites que c'est un très grand hasard si celles d'une nation peuvent convenir à une autre » (*L'Esprit des lois,* livre I, chapitre III).

20. *Le Canadien,* 12 octobre 1831.

21. *Ibid.,* 7 mai 1831.

22. *La Minerve,* 19 juillet 1827.

23. *Le Canadien,* 7 mai 1831.

24. Pour la pensée de Papineau, on se reportera avant tout à Fernand Ouellet, particulièrement à son article du *Dictionnaire biographique du Canada,* repris dans *Éléments d'histoire sociale du Bas-Canada,* Montréal, Hurtubise HMH, 1972, 321-347 ; et au recueil *Papineau : textes choisis,* Québec, Presses de l'Université Laval, 1958.

25. *La Minerve,* 27 février, 2 mars 1837. Voir Jean-Pierre Wallot, « Le régime seigneurial et son abolition au Canada », dans *Un Québec qui bougeait, op. cit.,* 225-251.

26. Papineau écrit à son épouse en 1839 : « Tant qu'il n'y a pas une représentation nationale, qui puisse remédier à des abus dans les institutions provinciales, civiles ou ecclésiastiques, c'est donner des arguments au Gouvernement de l'étranger, pour qu'il détruise brusquement des établissements qui, contenus dans de justes bornes, seront protecteurs des intérêts canadiens, qui abattus par le fanatisme protestant ou philosophique, ne le seront pas au profit du peuple, mais à celui du pouvoir. » Cette lettre est citée par Fernand Ouellet dans *Éléments d'histoire du Bas-Canada, op. cit.*, 326. L'étude de Lionel Groulx sur « Les idées religieuses de Papineau » mérite encore une lecture (*Notre maître le passé*, 2ᵉ série, Montréal, Granger, 1936, 167-211).

27. Lettre à Mᵍʳ Turgeon, 28 mars 1836, citée par Gilles Chaussé, *Jean-Jacques Lartigue, premier évêque de Montréal*, Montréal, Fides, 1980, 159.

28. *La Minerve*, 20 mars 1837.

29. *La Minerve*, 15 mars 1832. Aussi, le numéro du 5 mai 1832.

30. *Le Canadien*, 14 avril 1832.

31. *La Minerve*, 16 février 1832.

32. Discours reproduit dans *La Minerve* du 4 décembre 1834. Extraits dans Fernand Ouellet, *Papineau, textes choisis, op. cit.*, 1970, 65.

33. *Histoire de l'insurrection du Canada* (publiée en mai 1839 ; rééd., Montréal, 1963, Éditions Orphée, 16). On est déjà tout près dans la déclaration adoptée à l'assemblée de Saint-Ours, le 7 mai 1837 : « La haute idée que nous avions de la justice et de l'honneur du peuple anglais nous a fait espérer que le parlement qui le représente apporterait un remède à nos griefs. Ce dernier espoir déçu nous a fait renoncer à jamais à l'idée de chercher justice de l'autre côté de la mer, et de reconnaître enfin combien le pays a été abusé par les promesses mensongères qui l'ont porté à combattre contre un peuple qui lui offrait la liberté des droits égaux, pour un peuple qui lui préparait l'esclavage. Une triste expérience nous oblige à reconnaître que, de l'autre coté de la ligne 45, étaient nos amis et nos alliés naturels. »

34. *Le Canadien*, 12 octobre 1831 ; 22 février 1832. « Nous savons que par la force des choses, autant que par l'intérêt des parties, il doit y avoir autant que possible, unité dans l'administration générale d'un État, et que nous ne pourrions exiger ni espérer l'introduction de notre langue dans les délibérations et les procédés du Congrès. Nous prévoyons aussi que notre union avec les États ferait tellement affluer ici les citoyens de cette république que tôt ou tard nous perdrions notre prépondérance politique comme peuple distinct, et que par contrecoup, nos institutions, notre langue et nos lois disparaîtraient par degré des actes et des procédures publics ; en un mot nous cesserions d'être Canadiens pour devenir Américains » (*Le Canadien*, 20 décembre 1833).

35. *Le Canadien*, 14 février 1834.

36. S'ils avaient été *nationalistes* si tôt, les leaders canadiens auraient d'ailleurs fait preuve d'une étonnante précocité. Il importe, là-dessus comme sur le reste, de comparer les idéologies d'ici avec celles d'ailleurs. On consultera l'étude de Jacques Godechot : « Nation, patrie, nationalisme et patriotisme en France au XIXe siècle », *Annales historiques de la Révolution française*, XLIII, 206, octobre-décembre 1971, 481 et s. L'auteur note que, pour un patriote comme Mazzini, « le *nationalisme* désigne les manifestations des autorités monarchiques, contraires aux aspirations des nationalités opprimées. C'est la preuve qu'en 1836 le nationalisme n'était encore ni une mentalité bien caractéristique, ni un état d'esprit bien déterminé, encore moins une doctrine politique. » Plus loin : « On ne peut parler, semble-t-il, de nationalisme, en Europe, que vers 1840 » (501). Il convient donc d'être réservé dans l'utilisation d'un *mot* qui devient vite un *concept*. Du moins pour la période que nous étudions dans ce chapitre.

37. *La Minerve*, 23 avril 1827

38. *Le Canadien*, 12 octobre 1831.

39. *Ibid.*, 21 octobre 1835.

40. *Ibid.*, 16 février 1842. Cinq ans après, Parent en arrivera à souhaiter une fédération mondiale. Dans une conférence de 1847, il déclare : « Les distinctions nationales perdent leur ancienne signification ; encore quelque temps, et il n'y aura plus, à proprement parler, d'anglais, de français, d'allemands et d'américains ; il n'y aurait plus que des hommes progressifs ou rétrogrades, des égoïstes ou des libéraux. On ne s'informera plus si tel homme parle cette langue ou cette autre, mais seulement si ses paroles et ses discours sont ceux d'un homme libre » (« Du travail chez l'homme » ; je cite d'après le recueil de Jean-Charles Falardeau, *Étienne Parent*, Montréal, La Presse, 1975, 166).

41. Le discours est reproduit par *Le Canadien*, 28 octobre 1835.

42. *Le Canadien*, 7 juillet 1837

43. *Ibid.*, 23 février 1838.

44. *Ibid.*, 14 juin 1837.

45. *Ibid.*, 6 novembre 1837.

46. Étienne Parent marque explicitement cet accord : « Ce n'est que dans ce sens restreint, assez heureusement exprimé dans le discours d'ouverture de la session de 1835-36, par les mots "arrangements sociaux", qu'on a employé ici le mot nationalité... » (*Le Canadien*, 23 février 1838).

Chapitre VI

1. Lord Grey à Durham, 20 janvier 1838. Cité par Albert Faucher, « La condition nord-américaine des provinces britanniques et l'impérialisme économique du régime Durham-Sydenham, 1839-1841 », article

reproduit dans *Histoire économique et Unité canadienne*, Montréal, Fides, 1970, 34. Il faut ajouter cet autre ouvrage du même auteur : *Québec en Amérique au XIXe siècle*, Montréal, Fides, 1973. Et l'ouvrage important de Stanley-Bréhaut Ryerson, *Capitalisme et Confédération*, Montréal, Éditions Parti Pris, 1970.

2.   Albert Faucher le constate : « À l'exception de certains types d'entreprises, ceux de la tannerie et de la chaussure par exemple, la plupart choisissent de plus en plus de se situer dans l'Ontario. Dans le Québec, la technologie demeure un donné qui vient d'ailleurs. Sous quelque aspect qu'on l'examine, qu'il s'agisse d'industrie ou de production, de transformation ou de service, elle est reçue du milieu ambiant : Québec n'innove point » (Préface à Jean Hamelin et Yves Roby, *Histoire économique du Québec, 1851-1896*, XV, Montréal, Fides, 1971).

3.   Sur l'état des transports, bonne vue d'ensemble dans Jean Hamelin et Yves Roby, *op. cit.*, 99-157. À cet ouvrage, je dois beaucoup de renseignements sur l'économie et la société de l'époque.

4.   Allan Greer propose une bonne mise au point et de suggestives hypothèses : « The Pattern of Literacy in Quebec, 1745-1899 », *Histoire sociale/Social History*, XI, 22, novembre 1978, 295-335.

5.   Contrairement à ce qu'on serait tenté d'en induire, le nombre des futurs professionnels ne croît pas pour autant en proportion ; dans l'ensemble, le nombre des collégiens varie peu au cours de ces années et beaucoup de diplômés reviennent à la pratique de l'agriculture. (Voir Louis-Philippe Audet, *Histoire de l'enseignement au Québec*, tome II, Montréal, Holt, Rinehart et Wilson, 1971, 143 et s.)

6.   Marcel Bellavance, en collaboration avec Jean-Daniel Gronoff, « Les structures de l'espace montréalais à l'époque de la Confédération », *Cahiers de géographie de Québec*, 24, 63, décembre 1980, 383.

7.   Cité dans John Hare, Marc Lafrance et David-Thierry Ruddel, *Histoire de la ville de Québec, 1608-1871*, Montréal, Boréal et Musée canadien des civilisations, 1987, 308.

8.   Indications fournies par Yves Roby dans « L'évolution économique du Québec et l'émigrant (1850-1929) », *Vie française*, 1982, 12-13.

9.   Voir Albert Faucher, « Explication socio-économique des migrations dans l'histoire du Québec », *Mémoires de la Société royale du Canada*, 13, 1975, 101.

10.   Évaluation de Gilles Paquet, « L'émigration vers la Nouvelle-Angleterre, 1870-1910 », *Recherches sociographiques*, V, 3, 1964, 319-370.

11.   Albert Faucher a montré que ce mouvement « engage tous les pays associés à l'économie nord-atlantique ; toutes les provinces, tous les États américains y participent. [...] L'émigration canadienne-française nous apparaît comme l'expression régionale d'un rajustement à l'échelle de l'économie nord-atlantique » (Albert Faucher, « L'émigration des Canadiens français au XIXe siècle : position du problème et perspectives »,

Recherches sociographiques, V, 3, septembre-décembre 1964, 179). Voir Yolande Lavoie, L'*Émigration des Québécois aux États-Unis de 1840 à 1930,* Conseil de la langue française, Éditeur officiel du Québec, 1981. Pour une belle synthèse d'histoire sociale, Yves Roby, *Les Franco-Américains de la Nouvelle-France (1776-1930),* Sillery, 1990. Suggestive étude comparative de Bruno Ramirez : *Par monts et par vaux. Migrants canadiens-français et italiens dans l'économie nord-atlantique,* Montréal, Boréal, 1991.

12. Rapport cité par Marcel Hamelin, *Les Premières Années du parlementarisme québécois (1867-1878),* Québec, Les Presses de l'Université Laval, 1974, 89.

13. En 1845, René-Édouard Caron donne la formule de la double majorité : « Il a été posé en principe [...] qu'une administration quelconque ne devait durer que tant qu'elle serait soutenue par une majorité respective dans chacune des sections de la province. »

14. Il ajoute même quelques mois plus tard que l'assimilation est « une œuvre désirable à l'accomplissement de laquelle tout le monde doit travailler cordialement » (*Le Canadien,* 1 novembre 1839).

15. *Le Canadien,* 6 juillet 1840.

16. Cité par Jacques Monet, *La Première Révolution tranquille. Le Nationalisme canadien-français (1837-1850),* traduit de l'anglais, Montréal, Fides, 1981, 65, 67. Ouvrage classique sur la période, qui privilégie l'aspect politique.

17. Cité par Jacques Monet, « La Fontaine », dans *Dictionnaire biographique du Canada,* tome IX, Québec, Les Presses de l'Université Laval, 1977, 493.

18. Cité par Lionel Groulx, *La Confédération canadienne,* Montréal, Imprimerie du Devoir, 1918, 233. Vingt ans auparavant, alors qu'il était jeune rédacteur aux *Mélanges religieux,* Langevin souhaitait l'avènement d'une fédération qui « doit faire disparaître les distinctions d'origines, de langues, de mœurs, de religions ».

19. Textes dans Marcel Hamelin, *Les Premières Années du parlementarisme québécois (1867-1878), op. cit.,* 8. Lettre de Lesage citée par Andrée Désilets, *Hector-Louis Langevin, un père de la confédération canadienne,* Québec, Presses de l'Université Laval, 1969, 194-195.

20. Textes dans Jacques Monet, *op. cit.,* 176-177, 125.

21. Paul-André Linteau distingue trois types de bourgeoisie, en se référant d'abord à l'aire de leur enracinement plutôt qu'en privilégiant le revenu ou la fortune (« Quelques réflexions autour de la bourgeoisie québécoise, 1850-1914 », *Revue d'histoire de l'Amérique française,* XXX, 1, 1976, 55-66).

22. Julienne Barnard, *Mémoires Chapais,* Montréal, Fides, tomes I et II, 1961 ; tome III, 1964.

23. Cité par Brian Young, *George-Étienne Cartier, bourgeois montréalais,* traduit par André d'Allemagne, Montréal, Boréal, 1982, 98.

24. Arthur Dansereau à Hector Langevin, 7 septembre 1872. Cité par Andrée Désilets, *op. cit.,* 262.

25. Cité par Andrée Désilets, *op. cit.,* 156. Il obtient effectivement le poste de député-greffier pour l'un de ses frères, en cherche un pour l'autre. (Voir *ibid.,* 262-263.)

26. Cité par Andrée Désilets, *op. cit.,* 310.

27. Jacques Monet, *op. cit.,* 440.

28. Cité par Marcel Hamelin, *op. cit.,* 306.

29. Sur la création et les premiers développements de la province ecclésiastique : Lucien Lemieux, *L'Établissement de la première province ecclésiastique au Canada, 1783-1844,* Montréal, Fides, 1868 ; Jacques Grisé, « L'Église canadienne à partir de la formation de la province ecclésiastique de Québec (1844) jusqu'au cinquième Concile provincial de Québec (1873). Évolution des structures et mentalité des évêques », *Société canadienne d'histoire de l'Église catholique,* session de 1973, 39, 9-28.

30. Jacques Monet, *op. cit.,* 447.

31. « Lettre pastorale des évêques de la province ecclésiastique de Québec », 22 septembre 1875, *Mandements des évêques de Québec,* V, 320-336.

32. *Les Mélanges religieux,* 26 novembre 1842 ; 27 juin 1843. Je cite d'après l'étude de Denise Lemieux sur les *Mélanges* dans Fernand Dumont, Jean-P. Montminy et Jean Hamelin (sous la direction de), *Idéologies au Canada français,* Québec, Presses de l'Université Laval, 1971, 63-92.

33. *Quelques Considérations sur les rapports de la société civile avec la religion et la famille,* Montréal, Eusèbe Sénécal, 1866. Nive Voisine montre que les idées de Laflèche, pour être déjà assez répandues en milieu québécois, s'inspirent largement d'auteurs ultramontains français de l'époque (*Louis-François Laflèche, deuxième évêque de Trois-Rivières,* tome I, Saint-Hyacinthe, Édisem, 1980, 105).

34. Jacques Gadille, « L'ultramontanisme français au xixe siècle », dans Nive Voisine et Jean Hamelin (sous la direction de), *Les Ultramontains canadiens-français, Mélanges en hommage à Philippe Sylvain,* Montréal, Boréal Express, 1985, 64. Ouvrage important par les monographies et par les deux synthèses, de Jacques Gadille que je viens de citer et de Nive Voisine, sur « L'ultramontanisme canadien-français ». Il comporte aussi une liste utile des travaux de Philippe Sylvain, spécialiste des idéologies de cette période ; ce qui me dispensera de me référer à lui constamment comme il le mériterait.

35. Deux études de Philippe Sylvain donnent une bonne idée du soutien apporté par le clergé à ces publications et de la personnalité de certains rédacteurs : « Les débuts du *Courrier du Canada* et les progrès de l'ultramontanisme canadien-français », *Les Cahiers des dix,* 32, 1967, 255-278 ; « Cyrille Boucher (1834-1865), disciple de Louis Veuillot », *Les Cahiers*

des dix, 37, 1972, 295-319. Sur la contribution des sulpiciens, voir Marcel Lajeunesse, *Les Sulpiciens et la Vie culturelle à Montréal au XIXe siècle,* Montréal, Fides, 1982.

36. Prône du 25 mars 1859, cité par René Hardy, « L'activité sociale du curé de Notre-Dame de Québec », *Histoire sociale/Social History,* 6, novembre 1970, 25. Du même auteur : « Note sur certaines manifestations du réveil religieux de 1840 dans la paroisse Notre-Dame de Québec », *Société canadienne d'histoire de l'Église catholique,* session de 1968, 85-97.

37. René Hardy, « L'activité sociale du curé de Notre-Dame... », *art. cit.,* 20.

38. « En 1863, L.A. Huguet a besoin d'une soixantaine de pages pour décrire succinctement la multitude des associations de *bienfaisance-secours-dévouement* et d'*économie-prévoyance-aide mutuelle,* sans compter les *œuvres d'éducation et les nombreuses confréries.* L'efficacité de cette assistance hospitalière et charitable n'échappe à personne et demeure le principal fleuron de cette Église ultramontaine de Montréal qui, à force de bienfaits, s'est rapprochée des chrétiens ordinaires et a reconquis leur attachement et leur confiance comme l'avait espéré Bourget » (Nive Voisine, « L'ultramontanisme canadien-français au XIXe siècle », dans Nive Voisine et Jean Hamelin (sous la direction de), *op. cit.,* 91). Voir Huguette Lapointe-Foy, *Charité bien ordonnée. Le Premier Réseau de lutte contre la pauvreté à Montréal au XIXe siècle,* Montréal, Boréal, 1987.

39. Sur le réveil du prosélytisme protestant au cours de ces années : Robert Sylvain, « Aperçu sur le prosélytisme protestant au Canada français de 1760 à 1860 », *Mémoires de la Société royale du Canada,* LX, 3e série, 1961, 65-76 ; René Hardy, « La rébellion de 1837-38 et l'essor du protestantisme canadien-français », *Revue d'histoire de l'Amérique française,* XXIX, 2, septembre 1975, 163-189.

40. Ce « réveil » a fait l'objet de plusieurs études. Parmi les plus anciennes : Léon Pouliot, *La Réaction catholique de Montréal, 1840-1841,* Montréal, Imprimerie du Messager, 1942 ; Lionel Groulx, « La situation religieuse au Canada français vers 1840 », reproduit dans *Notre maître le passé,* III, Montréal, Granger Frères, 1944. Les études récentes de Louis Rousseau, qui poursuit d'importantes recherches sur la question, comportent les références bibliographiques essentielles : « À l'origine d'une société maintenant perdue : le réveil religieux montréalais de 1840 », dans Yvon Desrosiers (sous la direction de), *Religion et Culture au Québec. Figures contemporaines du sacré,* Montréal, Fides, 1986, 71-92 ; « Les missions populaires de 1840-42 : acteurs principaux et conséquences », *Société canadienne d'histoire de l'Église catholique,* 53, session de 1986, 7-21 (plusieurs communications reproduites dans ce volume traitent d'aspects divers du réveil des années 1840) ; « Crise et réveil religieux dans le Québec du XIXe siècle », *Interface,* janvier-février 1990, 24-31. Je signale,

dans d'autres notes, quelques articles indispensables de Nive Voisine et de René Hardy.

41. Voir Claude Galarneau, « Mgr de Forbin-Janson au Québec en 1840-1841 », dans Nive Voisine et Jean Hamelin (sous la direction de), *op. cit.*, 121-142.

42. L'abbé C. Harper à Mgr Signay, dans Nive Voisine, « Jubilés, missions paroissiales et prédications au XIXe siècle », *Recherches sociographiques*, XXIII, 1-2, 1982, 131.

43. René Hardy, *Les Zouaves. Une stratégie du clergé québécois au XIXe siècle*, Montréal, Boréal Express, 1980. L'auteur écrit en conclusion : « L'ultramontanisme au Québec [n'appartient] pas aux phénomènes de génération spontanée. Au contraire, c'est à la suite d'une vaste campagne de propagande orchestrée par des détenteurs du pouvoir socio-politique que le courant ultramontain s'est répandu dans les couches populaires » (236).

44. Tocqueville en a été frappé : « [La race canadienne] n'a point cet esprit d'aventure et ce mépris des lieux de naissance et de famille qui caractérisent les Américains. [...] Le Canadien est tendrement attaché au sol qui l'a vu naître, à son clocher, à sa famille » (*Œuvres complètes*, sous la direction de Jean-P. Mayer, tome V, Paris, Gallimard, 1957, 78, 82).

45. C'est du moins ce que me suggère le rapprochement de deux études qui portent sur des milieux en voie d'organisation : René Hardy et Jean Roy, « Encadrement social et mutation de la culture religieuse en Mauricie [1850-1900] », *Questions de culture*, 5, 1983, 60-78 ; Nive Voisine, « Le Témiscouata, voie d'accès à l'évangélisation », *Société canadienne d'histoire de l'Église catholique*, 48, session de 1981, 5-15.

46. *Le Rapport de Durham*, présenté, traduit et annoté par Marcel-Pierre Hamel, Montréal, Éditions du Québec, 1948, 177.

47. Voir Serge Gagnon et Louise Lebel-Gagnon, « Le milieu d'origine du clergé québécois 1775-1840 : mythes et réalités », *Revue d'histoire de l'Amérique française*, XXXVII, 3, décembre 1983, 373-398.

48. Mgr Conroy, délégué du Vatican pour trouver des solutions aux querelles locales, s'apprêtait à rédiger son rapport au moment où la mort le surprit à Terre-Neuve. On a retrouvé dans ses papiers des notes où il se proposait de souligner l'insuffisante formation théologique du clergé québécois. « À ses yeux, le plus grand mal qui afflige l'Église canadienne est le manque de connaissance théologique du clergé, qui n'a pas fréquenté suffisamment de vrais grands séminaires et qui n'est frotté que d'un vernis de théologie morale ; il faudrait donc une réforme en profondeur des études ecclésiastiques, qui formeraient des prêtres plus instruits en théologie dogmatique, en histoire ecclésiastique et en Écriture sainte » (Nive Voisine, « Rome et le Canada : la mission de Mgr Conroy », *Revue d'histoire de l'Amérique française*, XXXIII, 4, mars 1980, 519).

49. On lira la monographie de Serge Gagnon, René Hardy et leurs

collaborateurs, *L'Église et le Village du Québec, 1850-1930. L'Enseignement des cahiers de prônes,* Montréal, Leméac, 1979.

Chapitre VII

1. Raymond Ruyer, *L'Utopie et les Utopies,* Paris, Presses universitaires de France, 1950, 9.

2. Jean-Paul Bernard précise : « Si l'on enlève d'une part les voix de J. Poupore et de T. Robitaille, qui représentaient les circonscriptions majoritairement anglophones de Pontiac et de Bonaventure, et si l'on ajoute, d'autre part, celles de Holton et de Huntingdon, qui représentaient des comtés majoritairement francophones, on peut dire que parmi les 49 représentants des comtés francophones qui prirent part au vote 25 disent *oui* et 24 disent *non* au projet de Confédération » (*Les Rouges. Libéralisme, Nationalisme et Anticléricalisme au milieu du XIXᵉ siècle,* Montréal, Presses de l'Université du Québec, 1971, 265).

3. Louis-Octave Letourneux, « La société canadienne », dans James Huston, éd., *Le Répertoire national,* tome III, Montréal, J.M. Valois, 1893, 306.

4. Pierre-Joseph-Olivier Chauveau, *Charles Guérin* (1846), réédition Montréal, Fides, 1978, 82, 84.

5. *Ibid.,* 109.

6. James Huston, « De la position et des besoins de la jeunesse canadienne-française », dans Le *Répertoire national, op. cit.,* tome IV, 153.

7. Antoine Gérin-Lajoie, *Jean Rivard, le défricheur* suivi de *Jean Rivard, économiste,* réédition par René Dionne, Montréal, Hurtubise HMH, 1977, 63-64. *Jean-Rivard, le défricheur* a d'abord paru dans *Les Soirées canadiennes* en 1862 ; *Jean Rivard, économiste* a été publié en premier lieu dans *Le Foyer canadien* en 1864.

8. « Si vos aînés vous refusent le tribut de quelques-unes de leurs veilles ; si par indifférence ou à cause de leurs occupations, ils ne peuvent venir éclairer, diriger, encourager, stimuler vos travaux ; eh bien ! travaillez seuls » (« Du travail chez l'homme », 23 septembre 1847, dans *Le Répertoire national, op. cit.,* IV, 77).

9. Yvan Lamonde a eu l'heureuse idée d'étudier ces associations dans des articles dont quelques-uns sont repris dans son livre : *Territoires de la culture québécoise,* Québec, Presses de l'Université Laval, 1991, 71-181.

10. *La Revue canadienne,* 18 avril 1848. Cité par Jean-Paul Bernard, *op. cit.,* 39-40.

11. *L'Avenir,* 25 septembre ; 30 octobre 1849.

12. *L'Avenir,* 28 juin 1848 ; 15 avril 1848.

13. *La Minerve,* 13 août 1867, 17 janvier 1867 (Jean-Paul Bernard, *op. cit.,* 297, 289). Dans un autre article du même journal : « Qui eût donc sauvé l'élément religieux et qui eût vengé l'honneur national, si

M. Cartier n'eût été là pour défendre ses compatriotes insultés dans leurs sentiments les plus chers. [...] Balayez les saletés de l'Institut, effacez de la mémoire les infâmes lectures qui y ont été délivrées, jetez un voile sur les obscénités qui ornent vos murs, expiez sous la cendre le déshonneur d'un passé flétrissant, et alors seulement vous aurez le droit de parler sans hypocrisie des privilèges de la nationalité canadienne » (17 janvier 1867).

14. Les conférences de Parent ont été publiées dans *Le Répertoire national* de James Huston, au tome IV. Il me paraît plus commode de renvoyer au recueil de Jean-Charles Falardeau, *Étienne Parent*, Montréal, La Presse, 1975.

15. « Les déserteurs, les transfuges peuvent appeler cela une marotte tant qu'ils voudront ; pour moi, et pour vous aussi, j'en suis sûr, c'est une religion, c'est le culte national, c'est le respect de la mémoire de nos pères, c'est la considération de notre postérité, c'est l'accomplissement d'un décret providentiel, de la volonté de Dieu, qui crée les nationalités pour qu'elles vivent » (« Considérations sur le sort des classes ouvrières », avril 1852, 306). « Notre nationalité avant tout ! » (*ibid.*, 326). De quelle nation s'agit-il ? « Ce que, faute d'un autre mot, nous sommes convenus d'appeler notre nationalité, la nationalité canadienne-française » (*ibid.*, 114).

16. Laurent-Olivier David, article dans *L'Opinion publique*, 1ᵉʳ juin 1871, cité par Yves-François Zoltvany, *Les Libéraux du Québec, leur parti et leur pensée* (1867-1873), thèse de maîtrise inédite, Université de Montréal, 1960, 164. « Et si nous faisons tant d'efforts pour donner à nos compatriotes le goût de l'industrie, c'est parce que dans la production se trouve la résurrection de notre influence nationale, la source de notre puissance politique. C'est parce que nous soupirons après le jour où nos grands producteurs auront la haute main sur ces orgueilleuses maisons de commerce pour lesquelles le Bas-Canada est simplement un comptoir » (*L'Opinion publique*, 14 septembre 1871, cité *ibid.*, 165).

17. *L'Opinion publique*, 8 janvier 1870. Je cite, cette fois, à partir de l'article que Zoltvany a tiré de sa thèse : « Laurent-Olivier David et l'infériorité économique des Canadiens français », dans Fernand Dumont, Jean.-P. Montminy et Jean Hamelin (sous la direction de), *Idéologies au Canada français*, Québec, Presses de l'Université Laval, 1971, 282.

18. Errol Bouchette, *L'Indépendance économique du Canada français*, Arthabaska, Cie d'imprimerie d'Arthabaskaville, 1906. Réédité avec une étude de Rodrigue Tremblay, Montréal, La Presse, 1977.

19. On lira, à titre de relais, le livre de Victor Barbeau, *Mesure de notre taille*, Montréal, Le Devoir, 1936.

20. Antoine Gérin-Lajoie, *Jean Rivard, le défricheur* suivi de *Jean Rivard, économiste, op. cit.*, p. 14.

21. *Ibid.*, 27.

22. *Ibid.*, 273.

23. Robert Major a cette heureuse formule : « Le prolongement de Rivardville, ce n'est pas le parlement de Québec mais d'autres Rivardville : la multiplication de petites républiques » (*Jean Rivard ou l'Art de réussir*, Québec, Presses de l'Université Laval, 1991, 260).

24. Conférence reproduite dans *Les Mélanges religieux*. Voir Denise Lemieux, *Les Mélanges religieux*, dans Fernand Dumont, Jean-P. Montminy et Jean Hamelin (sous la direction de), *op. cit.*, 83.

25. Dans Gabriel Dussault, *Le Curé Labelle. Messianisme et Utopie au Québec (1850-1900)*, Montréal, Hurtubise HMH, 1983, 92, 120, 93. L'ouvrage de Dussault est l'étude capitale sur la question. Il faut y ajouter, de Christian Morissonneau, *La Terre promise. Le Mythe du nord québécois*, Montréal, Hurtubise HMH, 1978.

26. Dans Gabriel Dussault, *op. cit.*, 145 ; dans Christian Morissonneau, *op. cit.*, 98.

27. Voir les deux études de Jean Bruchési, « Rameau de Saint-Père et les Français d'Amérique », et « Les correspondants canadiens de Rameau de Saint-Père », *Cahiers des dix*, Montréal, 13 et 14, 1948, 1949 (225-248 ; 88-114). Rameau effectue un nouveau voyage en Amérique en 1888, il a publié, entre-temps, *Une colonie féodale* (1881), livre consacré à l'Acadie.

28. François-Edmé Rameau de Saint-Père, *La France aux colonies. Études sur le développement de la race française hors de l'Europe. Les Français en Amérique. Acadiens et Canadiens*, Paris, A. Jouby, 1859, 185.

29. *Ibid.*, 241. Le dernier chapitre est tout entier consacré à ces vues d'avenir (232-275).

30. Gérard Bouchard, « Une Nouvelle-France entre le Saguenay et la Baie-James : un essai de recommencement national du dix-neuvième siècle », *Canadian Historical Review*, LXX, 4, décembre 1989, 473-495.

31. *Ibid.*, 482.

32. *Les Mélanges religieux*, 15 septembre 1843 ; 31 janvier 1843. Cité par Denise Lemieux, « *Les Mélanges religieux* », dans Fernand Dumont, Jean-P. Montminy et Jean Hamelin (sous la direction de), *op. cit.*, 88.

33. Abbé Jean-Baptiste Proulx, dans Les *Annales térésiennes*, 1881, cité par Christian Morissonneau, *op. cit.*, 124.

34. Cité par Pierre Galipeau, « *La Gazette des campagnes* », dans : Fernand Dumont, Jean-P. Montminy et Jean Hamelin (sous la direction de), *op. cit.*, 175.

35. *Le Nouveau Monde*, 9 septembre 1874, cité par Gérard Bouchard, « Apogée et déclin de l'idéologie ultramontaine à travers le journal *Le nouveau monde, 1867-1900* », dans Fernand Dumont, Jean-P. Montminy et Jean Hamelin (sous la direction de), *op. cit.*, 128.

36. Cité par Michel Brunet, « Trois dominantes de la pensée canadienne-française : l'agriculturalisme, l'anti-étatisme et le messianisme », article repris dans : *La Présence anglaise et les Canadiens*,

Montréal, Beauchemin, 2ᵉ éd., 1968, 130. L'étude de Brunet est trop systématique et ne tient pas toujours compte du contexte des discours. On lira la riposte de Dominique Beaudin, qui présente une thèse lui aussi (« L'agriculturalisme, margarine de l'histoire », *L'Action nationale*, XLIX, 7, mars 1960, 506-530).

37. Arthur Buies, *La Province de Québec*, Québec, Département de l'agriculture, 1900, 82. Rameau écrit de son côté : « Il ne nous semble [...] point être dans la destinée du Canada d'être une nation industrielle et commerciale » (*op. cit.*, 266-267).

38. *Les Mélanges religieux*, 28 mars 1843, dans Denise Lemieux, *op. cit.*, 87-88.

39. Voir l'étude de Pierre Galipeau sur *La Gazette des campagnes*, *op. cit.*, 166, 165, 164.

40. « Souvenir d'un voyage en Californie », *Les Soirées canadiennes*, tome V, 1865, 74. Cité par Guildo Rousseau, *L'Image des États-Unis dans la littérature québécoise (1775-1930)*, Sherbrooke, Naaman, 1981, 145. Un autre auteur n'hésite pas à affirmer que Dieu « a comblé notre heureux pays de tant de bénédictions dans son heureuse médiocrité matérielle » (*ibid.*, 226).

41. Cité par Albert Faucher, « Explication socio-économique des migrations dans l'histoire du Québec », *Mémoires de la Société royale du Canada*, série IV, tome XIII, 1975, 105.

42. Voir les études d'André Aymard, « L'idée de travail dans la Grèce archaïque », dans *Le Travail et les Techniques*, Paris, Presses universitaires de France, 1948, 29-45 (sur Hésiode, 35 et s.) ; « Hiérarchie du travail et autarcie individuelle dans la Grèce archaïque », *Revue d'histoire de la philosophie et d'histoire générale de la civilisation*, 1943, 124-146.

43. Gaston Paris. Voir Michel de Certeau, Dominique Julia et Jacques Revel, « La beauté du mort », dans Michel de Certeau, *La Culture au pluriel*, Paris, U.G.E., 1974, 66.

44. Louis-Adolphe Pâquet, « La vocation de la race française en Amérique », *Discours et Allocutions*, Québec, Imprimerie franciscaine missionnaire, 1915, 197.

45. Étienne Parent, « Considérations sur le sort des classes ouvrières » (1852), *op. cit.*, 306.

46. *Le National*, 26 juillet 1872, cité par Yves-François Zoltvany, *op. cit.*, 141. L'article-programme du même journal est encore plus direct : « La race française, qui la première a implanté la civilisation chrétienne en Amérique, a ici une mission providentielle à remplir. »

47. *Ibid.*, 8.

48. Edmond de Nevers, *L'Avenir du peuple canadien-français* (1896), réédition, Montréal, Fides, 1964, 27.

49. Louis-François Laflèche, *Quelques Considérations sur les rapports de la société civile avec la religion et la famille*, Montréal, Eusèbe Sénécal, 1866, 37-38.

50. Étienne Parent, « Du prêtre et du spiritualisme dans leurs rapports avec la société » (1848), *op. cit.*, 225.

51. Louis-François Laflèche, *op. cit.*, 54.

52. Henri-Raymond Casgrain, *Histoire de la mère Marie de l'Incarnation*, Québec, G.-E. Desbarats, 1864, 69, en note et dans le texte.

53. « Je vois des Canadiens français se groupant et s'agglomérant sur tous les points des États-Unis, y construisant des villages et y fondant des villes. Je vois nos autorités ecclésiastiques déportant des prêtres, des pères à ces pauvres enfants prodigues et les ramenant dans les bras de leur Père qui est dans les cieux. [...] Je vois la lumière évangélique jaillissant de ces différents foyers et illuminant l'horizon » (Adolphe-Basile Routhier, *Causeries du dimanche*, Montréal, C.-O. Beauchemin et Valois, 1871, 86, 80, 82). Selon F.-X. Trudel, « les nombreux jalons qui ne sont aujourd'hui que les groupes disséminés çà et là devront finir par former l'une des plus puissantes nations du globe ». Pour Charles Thibault, « notre moralité nous assure la domination de ce continent ».

54. « Déjà l'immense étendue du territoire qu'occupent les États-Unis devient une cause de rivalité et de discorde entre leurs populations, dont les idées et les intérêts varient selon la latitude du pays. On dirait que le gouvernement n'a plus toute la force ni toute la clairvoyance nécessaires. Les passions ont été portées à un tel point qu'une guerre acharnée vient d'éclater [la guerre de Sécession, 1861] au milieu de ce peuple, qui avait paru jouir pour toujours d'une pleine concorde, et l'on peut dire dès aujourd'hui que tôt ou tard la jeune république se dissoudra pour former plusieurs nations différentes » (François-Xavier Garneau, *Histoire du Canada depuis sa découverte jusqu'à nos jours*, 4e éd., tome III, Montréal, Beauchemin et Fils, 1882, 392).

55. Edmond de Nevers, *L'Âme américaine*, tome II, Paris, Jouve et Boyer, 1900, 345-392.

56. Ces textes et d'autres sont cités dans l'étude d'Yves Roby, « Les Canadiens français des États-Unis (1860-1900) : dévoyés ou missionnaires », *Revue d'histoire de l'Amérique française*, 41, 1, 1987, 3-22.

57. Voir Yves Roby, *op. cit.*, et sa notice sur Ferdinand Gagnon dans le *Dictionnaire biographique du Canada*, Québec, Presses de l'Université Laval, XI, 1982, 363 et s.

Chapitre VIII

1. François-Xavier Garneau, *Histoire du Canada depuis sa découverte jusqu'à nos jours*, tome I, Québec, Imprimerie de N. Aubin, 1845 ; tome II, Québec, Imprimerie de N. Aubin, 1846 ; tome III, Québec, Imprimerie de Fréchette et Frère, 1848 ; IV, Québec, John Lovell, 1852.

2. Les lettres du 19 mai 1846 au gouverneur général Elgin et du 17 septembre 1850 à La Fontaine sont reproduites en entier dans

H.-R. Casgrain, *F. X. Garneau, Œuvres complètes,* tome II, *Biographies canadiennes,* Montréal, Beauchemin et Fils, 1897, 125, 130, 132. Cette biographie de Garneau a été publiée pour la première fois en 1861, chez J.N. Duquet éditeur, à Québec.

3. Mes analyses sont basées sur la première édition. Les références qui suivront y renvoient ; il m'arrivera de me référer en complément au tome IV de la deuxième édition. Garneau a sans cesse corrigé son ouvrage dans les éditions ultérieures, en y apportant parfois des amendements considérables. Plutôt que d'égarer le lecteur dans le maquis des variantes, j'ai cru bon de m'en tenir à la forme première de la pensée de Garneau. L'édition critique des œuvres complètes a été entreprise à l'Université d'Ottawa par une équipe sous la direction de Pierre Savard et Paul Wyczynski. Charles Bolduc a analysé les « Métaphores dans l'Histoire du Canada de François-Xavier Garneau » (dans : Paul Wyczynski (sous la direction de), *François-Xavier Garneau. Aspects littéraires de son œuvre,* Ottawa, Éditions de l'Université d'Ottawa, 1966).

4. François-Xavier Garneau, *Histoire du Canada depuis sa découverte jusqu'à nos jours, op. cit.,* tome II, 31,78-79, 200 ; 275, tome III, 384, 438.

5. *Ibid.,* tome III, 368-369 ; tome IV, 10, tome IV, 218.

6. *Ibid.,* tome I, 155-158. « Le premier fruit de cette funeste décision fut la conquête du Canada, au profit de l'Angleterre, par ces mêmes Huguenots qu'on persécutait dans la mère patrie et que l'on excluait de ses populations d'outre-mer » (*ibid.,* 157-158). « Si Louis XIII et son successeur eussent ouvert l'Amérique à cette nombreuse classe d'hommes, le Nouveau-Monde constituerait aujourd'hui un empire de plus, un empire français » (*ibid.,* 155).

7. *Ibid.,* tome IV, 80. « L'océan qui sépare les deux mondes est une barrière beaucoup plus forte que la limite qui sépare le Canada de la république voisine et l'on s'en apercevra un jour. La nationalité des Canadiens donne encore de la force à cette limite » (88).

8. *Ibid.,* tome I, 23 ; 20.

9. *Ibid.,* tome II, 91, 263 ; tome III, 222, 106.

10. *Ibid.,* tome IV, 176.

11. *Ibid.,* tome IV, 315. « On attendait sans doute pour couronner cet acte que la population du Haut-Canada réunie à celle du Bas eût la majorité sur les Canadiens français, afin de les noyer sans paraître faire d'injustice » (IV, 178). Parmi les passages ajoutés aux éditions ultérieures, notons celui-ci : « Par cette union, l'Angleterre suivait son dessein politique de fondre graduellement en un seul peuple homogène les différentes races qui se trouvent dans les deux Canadas. Nulle nation n'est plus habile qu'elle dans cette opération difficile » (je cite d'après la 4e édition, tome III, Montréal, Beauchemin, 1882, 384).

12. *Ibid.,* tome I, 24, 25.

13. *Ibid.,* tome IV, 317. « L'audace, l'activité et la rapacité normandes ont fécondé la vieille torpeur saxonne » (tome II, 4).

14. *Ibid.,* tome II, 339 ; tome III, 89.
15. *Ibid.,* tome III, 296.
16. *Ibid.,* tome IV, 64.
17. *Ibid.,* tome IV, 270.
18. « Le peuple ne sortit point de son immobilité » (tome III, 346). Dans la lettre à Elgin : « Leur immobilité apparente tient à leurs habitudes monolingues et à leur situation spéciale comme race distincte dans l'Amérique du Nord, ayant des intérêts particuliers qui redoutent le contact d'une nationalité étrangère » (cité dans H.-R. Casgrain, *op. cit.,* 128).
19. Les Canadiens sont « renommés par leurs mœurs paisibles et la douceur de leur caractère » (François-Xavier Garneau, *Histoire du Canada depuis sa découverte jusqu'à nos jours, op. cit.,* tome II, 316). Ce peuple est « admirable de persévérance, de courage et de résignation » (*ibid.,* tome III, 543). Murray s'est trouvé devant « un peuple agreste et militaire [...] qui avait dans le caractère plus de franchise que de souplesse » (tome III, 309). Même les controverses parlementaires permettaient aux députés de manifester « le caractère subtil, litigieux et disputeur qu'ils [les Canadiens] tenaient des Normands leurs ancêtres » (tome IV, 21). Garneau parle de « l'instinct populaire, si délicat en fait d'honneur national... » (tome III, 410). Les partisans de la Chambre d'assemblée sont guidés « par cet instinct secret qui a été de tout temps comme la sauvegarde et le bouclier sacré des Canadiens » (tome IV, 191-192). Pendant le régime militaire qui suit la Conquête, « sous le règne de l'épée, l'expression de la morale évangélique devint la loi de cette population fermement unie par l'instinct de sa conservation » (tome III, 299-300).
20. *Ibid.,* tome I, 12-13.
21. *Ibid.,* tome I, 7.
22. *Ibid.,* tome IV, 7.
23. *Ibid.,* tome IV, 168.
24. *Ibid.,* tome I, 103 ; 346, 351, 286, 333. « Pourrait-on concevoir, en effet, rien de plus exorbitant que la réunion de deux pouvoirs aussi essentiellement absolus que l'étaient alors le gouvernement politique et le gouvernement religieux du Canada, tous deux commandant la soumission la plus illimitée, l'un par la force et l'autre par la foi ? » (320)
25. *Ibid.,* tome I, 335.
26. *Ibid.,* tome III, 8-9 ; 465.
27. *Ibid.,* tome II, 5, 36, 5-6.
28. *Ibid.,* tome I, 116, 145, 148, 370, 362, 584, 317-318.
29. *Ibid.,* tome II, 15. « La religion doit être fondée sur l'opinion ; et il n'y a plus d'opinion dès qu'il n'y a plus de liberté » (tome I, 223).
30. *Ibid.,* tome I, 370.
31. *Ibid.,* tome IV, 317.
32. *Voyage en Angleterre et en France dans les années 1831, 1832 et 1833.* Le livre a d'abord paru par tranches dans *Le Journal de Québec* en 1854

et 1855, puis a été édité en 1855. Je me réfère au texte établi, annoté et présenté par Paul Wyczynski, Ottawa, Éditions de l'Université d'Ottawa, 1968, 134. Dans une nouvelle édition de son *Histoire*, Garneau ajoute des pages à sa conclusion et il revient sur l'Union. Il insiste particulièrement sur la politique d'assimilation que l'Angleterre a, d'après lui, constamment pratiquée : « Elle a toujours été persuadée qu'à l'aide de l'or et des places, les races moins nombreuses soumises à son joug devaient finir par être enveloppées et par disparaître dans l'orbite toute-puissante de la nationalité de ses propres enfants » (je cite l'édition de 1882, Montréal, Beauchemin, 384). Dans un compte rendu d'un ouvrage d'O'Callaghan, l'ancien leader patriote exilé aux États-Unis, Garneau écrit encore : « Notre pauvre pays est bien loin en arrière des États-Unis. Les haines nationales, les divisions fomentées par des ambitions particulières ou des intérêts étrangers en font un théâtre peu enviable à l'heure qu'il est. Les partis agités, chancelants, alléchés qu'ils sont par l'or du pouvoir, marchent sans but » (dans *Le Journal de Québec*, 10 décembre 1846, reproduit dans le *Bulletin du centre de recherche en civilisation canadienne-française* de l'Université d'Ottawa, III, 2, avril 1973, 23).

33.   Dans un article important, Roger LeMoine soumet l'hypothèse que « sans l'échec de la Révolution de 1837 [Garneau] n'aurait sans doute pas entrepris la rédaction de l'*Histoire du Canada*. Il avait compris que les hommes politiques ne pouvaient plus faire valoir leurs droits et que ce rôle revenait aux intellectuels » (« L'École littéraire de Québec, un mythe de la critique », *Livres et Auteurs québécois*, 1972, 399). L'idée est fort intéressante, mais mon hypothèse est différente. Je l'ai dit : à mon sens, le projet de Garneau remonte avant 1837. S'il ne croit plus à la politique, ce n'est pas à la suite de l'échec de la Rébellion mais parce qu'il méprise la conduite des hommes politiques sous l'Union. Et ce n'est pas aux intellectuels mais au peuple qu'il confie l'avenir.

34.   Louis-Philippe Turcotte, *Le Canada sous l'Union*, première partie, Québec, Presses du *Canadien*, 1871 : 2ᵉ, 3ᵉ et 4ᵉ parties, Québec, Imprimerie du Canadien, 1872. Je citerai d'après la « nouvelle édition » de 1882 (Québec, Imprimerie Demers et Frères) dont la pagination est légèrement différente. On consultera la thèse de maîtrise en sociologie de Jean Lamarre, *Turcotte, historien de l'Union*, Université Laval, 1983.

35.   Louis-Philippe Turcotte, *op. cit.*, tome II, 373-374.

36.   *Ibid.*, tome II, 46. Le pouvoir sera entre les mains de la Chambre, « ou plutôt entre les mains du peuple qu'elle représente, et le gouvernement agira selon sa volonté » (I, 85).

37.   *Ibid.*, tome II, 554.

38.   *Ibid.*, tome I, 39.

39.   *Ibid.*, tome II, 122, 258-259.

40.   *Ibid.*, tome II, 124-125.

41.   En lisant son livre, selon le souhait de Turcotte, la jeunesse « aura

une idée à peu près complète du Canada contemporain ; elle se convaincra que, dans la constitution de 1840, le progrès en toutes choses, malgré les luttes de partis, a été immense ; que l'Union, malgré ses injustices, a préparé les Canadiens à un avenir plus brillant, à une émancipation plus complète qu'a inaugurée en 1867 l'union fédérale des provinces anglaises de l'Amérique du Nord » (*ibid.*, II, 4).

42. Je laisse de côté l'*Histoire de cinquante ans (1791-1840)* que Théophile-Pierre Bédard publie en 1869 (Québec, Presses à vapeur de Léger Brousseau). Comme l'indique le sous-titre de l'ouvrage, il s'agit d'« Annales parlementaires et politiques du Bas-Canada ». L'auteur relate, session par session, le travail parlementaire. Il s'écarte rarement de la chronique ; il s'en confesse d'ailleurs à la fin de son livre : « En parcourant les annales parlementaires et politiques du Bas-Canada, il a été difficile, au milieu d'événements secondaires qui entraient dans le cadre de cet ouvrage, de dégager toujours l'idée dominante ou l'esprit qui animait l'assemblée législative... » (417) Bédard s'arrête à l'Union ; mais il reprend dans un paragraphe final un jugement sur le nouveau régime qui rejoint la pensée de Turcotte et d'un grand nombre de ses contemporains : « La suspension de la constitution, méditée et amenée par des moyens détournés par l'Angleterre, n'avait, il est vrai, d'autre but que de nous réunir au Haut-Canada, mais cette même mesure destinée à nous perdre nous a sauvés, comme l'a dit un de nos publicistes. En effet, au contact d'une nationalité plus nombreuse et qui nous était hostile, nous avons senti le besoin de serrer nos rangs ; nous avons profité de l'esprit d'entreprise, de l'énergie et du progrès qui distinguent la race anglo-saxonne, et, fiers de notre origine, ayant la conscience de nos droits, fidèles à notre culte et à nos mœurs, en dépit de toutes les prévisions contraires et de tous les obstacles nous avons conservé nos institutions, notre langue et nos lois » (419).

43. Voir Louis-Philippe Saint-Martin, « L'histoire du Canada de François-Xavier Garneau et la critique », *Revue d'histoire de l'Amérique française*, tome VIII, 3, décembre 1954, 380-394. Au début du xxᵉ siècle, Hector Garneau entreprend de rééditer l'œuvre de son grand-père, en choisissant le texte de la première édition ; il récidive en 1928. Dans les deux cas, il s'attire les critiques les plus vives, en particulier d'Henri Bourassa. Il fera amende honorable dans une édition subséquente où, dit-il, « tous les passages sujets à caution ou à controverse seront supprimés ». Le « Discours préliminaire » sera même retranché. Avec, dit-il encore, « la plus haute approbation de Mᵍʳ Georges Gauthier, archevêque de Montréal ». (Voir Pierre Savard, « Les rééditions de l'*Histoire du Canada* de François-Xavier Garneau devant la critique, 1913-1946 », *Revue d'histoire de l'Amérique française*, XXVIII, 4, mars 1975, 539-553.)

44. Charles-Étienne Brasseur de Bourbourg, *Histoire du Canada, de son Église et de ses missions depuis la découverte de l'Amérique jusqu'à nos jours,*

écrite sur les documents inédits compulsés dans les archives de l'archevêché de Québec et de la ville de Québec, etc., Paris, Sagnier et Bray, 1852, 2 vol. Sur l'auteur, on pourra consulter Robert Sylvain, « Un singulier historien du Canada », *Revue de l'Université Laval,* septembre 1948, 71-88, et octobre 1948, 145-166 ; Thomas Charland, « L'affaire Brasseur de Bourbourg », *Revue d'histoire de l'Amérique française,* tome II, 2, septembre 1948, 250-274.

45. Jean-Baptiste Ferland, *Observations sur un ouvrage intitulé : Histoire du Canada par M. l'abbé Brasseur de Bourbourg,* Paris, Charles Douniol, 1854.

46. *Cours d'histoire du Canada,* première partie 1534-1663, Québec, Augustin Côté, 1861 ; seconde partie, 1663-1759, 1865. Je renverrai à la deuxième édition, Québec, N.S. Hardy, 1882. Sur Ferland et les historiens de la Nouvelle-France jusqu'à Groulx, on se reportera à l'ouvrage, exemplaire dans l'étude de l'historiographie, de Serge Gagnon, *Le Québec et ses historiens de 1840 à 1920 : la Nouvelle-France de Garneau à Groulx,* Québec, Presses de l'Université Laval, 1978.

47. *Ibid.,* tome I, 241.

48. *Ibid.,* tome I, 67, 221, 237, 275, 286, 275.

49. *Ibid.,* tome I, 449.

50. *Ibid.,* tome I, 155, 301-304, 370, 387. Les « oppositions étaient presque toujours dues au défaut d'instruction, aux inspirations mauvaises des blancs, ou à quelque circonstance extraordinaire ; la vie sauvage, par elle-même, n'a jamais été un obstacle à la fidélité des vrais catholiques » (211).

51. *Ibid.,* tome I, 271, 21, 31, 37, 167, 170, 171, 174, 243, 258, 187, 376. Le désir de Champlain « d'appeler les nations sauvages à la civilisation et à la religion était si ardent et si persévérant que rien ne pouvait ébranler son dévouement, ni diminuer sa confiance dans la protection de Dieu » (181-182).

52. *Ibid.,* tome I, 274, 284.

53. *Ibid.,* tome II, 14.

54. *Ibid.,* tome II, 15 ; tome I, V ; tome II, 11.

55. L'ouvrage s'achève sur cette simple phrase : « Un certain nombre de provinciaux, habitants de Québec, [...] laissèrent le pays pour retourner en France dans les années 1763 et 1764 » (*ibid.,* tome II, 611). Il est vrai que l'auteur écrit dans son introduction : « Abandonné des nobles et des riches, délaissé par la mère-patrie, le peuple se réfugia sous les ailes de la religion qui l'aida à conserver ses institutions, ses coutumes et sa langue. Parmi les bénédictions que Dieu lui a accordées, celle que le Seigneur donnait à Adam et à sa famille, Crescite et multiplicamini... » (tomes I, V).

56. *Ibid.,* tome I, 501, IV.

57. *Ibid.,* tome I, III, IV.

58. *Ibid.*, tome I, V.

59. Sur Faillon, je renvoie aux divers articles que Noël Bélanger et Serge Gagnon lui ont consacrés dans le *Dictionnaire des œuvres littéraires du Québec*, Québec, Presses de l'Université Laval, 1978, 309-310, 311-316, 757-759, 762-763. Ainsi qu'à l'ouvrage de Serge Gagnon déjà cité.

60. Henri-Raymond Casgrain, *Histoire de la vénérable Mère Marie de l'Incarnation précédée d'une esquisse sur l'histoire religieuse des premiers temps de la colonie*, Québec, Desbarats, 1864. Repris dans *Œuvres complètes*, tome III, Montréal, Beauchemin, 1896. Je citerai d'après cette dernière édition. Sur Casgrain, on pourra consulter la thèse de doctorat inédite de Jean-Paul Hudon, *L'Abbé Henri-Raymond Casgrain, l'homme et l'œuvre*, Université d'Ottawa, 1978.

61. *Ibid.*, 51, 305.

62. *Ibid.*, 401, 408.

63. *Ibid.*, 409.

64. Henri-Raymond Casgrain, *Montcalm et Lévis. Guerre du Canada, 1756-1760*, II, Québec, Imprimerie L.-J. Demers et Frères, 1891, 19, 431.

65. Henri-Raymond Casgrain, *Légendes canadiennes*, dans *Œuvres complètes, op. cit.*, 1, 5, 9.

66. Jean-Charles Taché, *Forestiers et Voyageurs* (1863), réédition, Montréal, Fides, 1946, 15. (Taché a aussi publié « Trois légendes de mon pays » dans *Soirées canadiennes*, 1861 ; reprises chez Beauchemin et Valois, Montréal, 1871.)

67. Jean-Charles Taché, *Forestiers et Voyageurs, op. cit.*, 112.

68. Henri-Raymond Casgrain, *Légendes canadiennes*, dans *Œuvres complètes, op. cit.*, I, 54-55.

69. Henri-Raymond Casgrain, « Un pèlerinage à l'Île-aux-Coudres », *Œuvres complètes, op. cit.*, I, 269.

70. « Le voyageur canadien est français ; la légende est catholique et le conte est français ; c'est assez dire que le récit légendaire et le conte, avec le sens moral comme au bon vieux temps, sont le complément obligé de l'éducation du voyageur parfait » (*op. cit.*, 15).

71. *Ibid.*, 16, 15, 16, 115, 114.

72. Ernest Gagnon, *Chansons populaires du Canada*, Bureau du Foyer canadien, 1865, 350. Sur la chanson, je me réfère à la mise au point de Conrad Laforte, *La Chanson foklorique et les Écrivains du XIXe siècle*, Montréal, Hurtubise, 1973.

73. Joseph Marmette, préface à *François de Bienville* (1870), 2e éd., Montréal, Beauchemin et Valois, 1883, 19-20.

74. Joseph Marmette, *François de Bienville, op. cit.*, 116 et s. ; *La Fiancée du rebelle*, *La Revue canadienne*, janvier-octobre 1875, 292 et s. Roger LeMoine a minutieusement inventorié les sources historiques de Marmette (*Joseph Marmette, sa vie, son œuvre*, Québec, Presses de l'Université Laval, 1968, 112 et s.).

75. Philippe Aubert de Gaspé, Les *Anciens Canadiens* (1863), réédition, Montréal, Fides, 1967, 16.

76. Joseph Marmette, *Charles et Éva* (1866-1867), réédition Montréal, Éditions Lumen, 1945, 173.

77. Napoléon Bourassa, *Jacques et Marie*. (Le roman a d'abord paru dans la *Revue canadienne* en 1866.) Réédition, Montréal, Fides, 1976, 299.

78. Joseph Marmette, *Charles et Eva, op. cit.*, 173. « Oh ! la belle vision qui passe devant mes yeux ravis par la splendeur de ces souvenirs du passé ! Dites-moi, ne la voyez-vous pas comme moi ? » (*François de Bienville, op.* cit., 337).

79. « Honte à nous qui, au lieu de fouiller les anciennes chroniques glorieuses pour notre race, nous contentions de baisser la tête sous le reproche humiliant de peuple conquis qu'on nous jetait à la face à tout propos ! Honte à nous qui étions presque humiliés d'être Canadiens » (*Les Anciens Canadiens, op. cit.*, 162 ; voir aussi 119-200). Dans ses *Mémoire*s, Gaspé rapporte que c'était autrefois la mode chez les Anglais de traiter les Canadiens de « lâches », de « s'égayer aux dépens de Jean-Baptiste » *(Mémoires*, 1866, réédition, Montréal, Fides, 1971, 97, 100-101).

80. Georges Boucher de Boucherville, *Une de perdue, deux de trouvées* a d'abord paru dans l'*Album littéraire et musical de la Minerve* en 1851 et dans la *Revue canadienne* en 1865. Réédition, Montréal, Hurtubise HMH, 1973.

81. Philippe Aubert de Gaspé, *Les Anciens Canadiens, op. cit.*, 207.

82. Joseph Marmette, *François de Bienville, op. cit.*, 20.

83. Napoléon Bourassa, *Jacques et Marie, op. cit.*, 30.

84. Philippe Aubert de Gaspé, *op. cit.*, 268.

85. « La cession du Canada a peut-être été [...] un bienfait pour nous ; la révolution de 93, avec toutes ses horreurs, n'a pas pesé sur cette colonie, protégée par le drapeau britannique. Nous avons cueilli de nouveaux lauriers en combattant sous les glorieuses enseignes de l'Angleterre » (*Ibid.*, 123).

86. Joseph Marmette, *L'Intendant Bigot*, Montréal, Georges-F. Desbarats, 1872, 41.

87. Napoléon Bourassa, *Jacques et Marie, op. cit.*, 322.

88. Je renvoie aux *Œuvres complètes* de Crémazie, texte établi, annoté et présenté par Odette Condemine, I, *Poésie*, Ottawa, Éditions de l'Université d'Ottawa, 1972. Les vers que je citerai se trouvent aux pages suivantes : 321, 326, 335, 267, 264, 287, 331, 251, 312.

89. « Papineau », dans *La Légende d'un peuple*. Le poème avait déjà paru dans un recueil antérieur (*Pêle-Mêle*, 1877).

90. Octave Crémazie, *op. cit.*, 318.

91. Henri-Raymond Casgrain, « Le mouvement littéraire en Canada », dans *Le Foyer canadien*, IV, 1866, 2 (cet article est repris dans les *Œuvres*

complètes, I, 353 et s.). L'écrivain est bien davantage que le mémorialiste des exploits d'autrefois ou le gardien des origines ; il est le successeur des héros de jadis : « Honorons l'héroïque fondateur, le défricheur intrépide, les hardis pionniers qui ont fait notre patrie si riche et si belle ; c'est un devoir sacré. Mais n'oublions pas le savant modeste, l'archéologue laborieux, ces travailleurs sans trève, qui nous ont fait connaître leur noble histoire, qui l'ont conservée pour l'avenir. Ils sont les fondateurs de la patrie intellectuelle, comme les premiers sont les défricheurs de nos forêts » (« Georges-Bartélémi Faribault », *Biographies canadiennes*, dans *Œuvres complètes, op. cit.*, II, 158).

92. James Huston (sous la direction de), *Le Répertoire national ou Recueil de littérature canadienne*, Montréal, Imprimerie Lovell et Gibson, 4 vol., 1848-1850. Réimprimé à Montréal, J.-M. Valois, 1893 (édition habituellement citée ; introduction d'A.-B. Routhier).

93. *La Revue canadienne*, 1881, 664 ; cité par Lucie Robert, *L'Institution du littéraire au Québec*, Québec, Presses de l'Université Laval, 1989, 129, en note.

94. Joseph Marmette à Narcisse Belleau, octobre 1971, cité par Roger Le Moine, *Joseph Marmette, sa vie, son œuvre*, Québec, Presses de l'Université Laval, 1968, 33. Autre passage de la même lettre : « Dans les premiers temps que je passai au Département du trésor, ma besogne de clerc-correspondant me laissait quelquefois un peu de loisir que je consacrais à la littérature. Mais depuis, grâce à l'administration rigoureuse de votre ministère et à l'augmentation des affaires, je ne saurais donner un seul instant pendant le jour aux lettres que j'aime tant. »

95. « Le but, enfin, c'est de faire trouver, dans cet amour de la science dont le jeune homme est dévoré, le remède aux maux qui affligent le Canada, qui remplissent de découragement l'âme des citoyens dévoués et qui sont pour le prêtre une cause d'amertumes et de cruels chagrins » (cité par Marcel Lajeunesse, *Les Sulpiciens et la Vie culturelle à Montréal, au XIXe siècle*, Montréal, Fides, 1982, 91).

96. Cité par Roger LeMoine, « L'école littéraire de Québec, un mythe de la critique », *op. cit.*, 400. LeMoine cite d'autres textes de la même farine.

97. Henri-Raymond Casgrain, « Le mouvement littéraire... », *op. cit.*, 26.

98. Dans Roger Le Moine, *op. cit.*, 401.

99. Cité par Jeanne d'Arc Lortie, *La Poésie nationaliste au Canada français (1606-1867)*, Québec, Presses de l'Université Laval, 1975, 290.

100. Philippe Aubert de Gaspé, *Les Anciens Canadiens, op. cit.*, 17.

101. Octave Crémazie, lettre à Casgrain, janvier 1867, *Œuvres complètes, op. cit.*, II, *Prose*, 91.

102. *Ibid.*, 92. « Qu'importe, après tout, que les œuvres des auteurs canadiens soient destinées à ne pas franchir l'Atlantique ? Ne sommes-nous pas un million de Français oubliés par la mère patrie sur les bords du

Saint-Laurent ? N'est-ce pas assez pour encourager tous ceux qui tiennent une plume que de savoir que ce petit peuple grandira et qu'il gardera toujours le nom et la mémoire de ceux qui l'auront aidé à conserver intact le plus précieux de tous les trésors : la langue de ses aïeux ? » (91). Dans une autre lettre à Casgrain (août 1866), Crémazie fustige le public d'« épiciers » qui empêche la diffusion de la littérature : « Le patriotisme devrait peut-être, à défaut du goût des lettres, les porter à encourager tout ce qui tend à conserver la langue de leurs pères » (83).

103. Louis Fréchette, *Mes loisirs,* Québec, Léger Brousseau, 1863, 8-9 ; Pamphile Le May, *Essais poétiques,* tome XI, Québec, G.-E. Desbarats, 1865.

104. Dans *L'Écho du cabinet de lecture paroissial,* 3, 40, octobre 1861 ; cité par Jean-Paul Hudon, *L'Abbé Henri-Raymond Casgrain, l'homme et l'œuvre, op. cit.,* 102.

Conclusion

1.   Alexis de Tocqueville, *La Démocratie en Amérique* (1835), tome I. Paris, Éditions Garnier-Flammarion, 1981, 86.

2.   *Ibid.,* 536, en note.

3.   Edmond de Nevers, *L'Avenir du peuple canadien-français* (1896), réédition, Montréal, Fides, 1964, 93-94.

4.   Paul-André Linteau, René Durocher, Jean-Claude Robert et François Ricard, *Histoire du Québec contemporain,* Montréal, Boréal, nouvelle édition, 1991 ; conclusion générale, tome II, 805 et s.

Appendice

1.   Version remaniée d'un texte paru dans *Paragraphes,* publication du département d'études françaises de l'Université de Montréal, 8, 1992. Pour compléter les brèves considérations qui suivent, je me permets de renvoyer à quelques-unes de mes études antérieures : *Les Idéologies,* Paris, Presses universitaires de France, 1974 ; « La fonction sociale de la science historique », « Idéologie et savoir historique », « La sociologie comme critique de la littérature », dans *Chantiers. Essais sur la pratique des sciences de l'homme,* Montréal, HMH, 1973. Pour une vue d'ensemble sur le travail des sciences humaines : *L'Anthropologie en l'absence de l'homme,* Paris, Presses universitaires de France, 1981.

2.   Émile Durkheim, *Les Règles de la méthode sociologique,* 11e éd., Paris, Presses universitaires de France, 1950, 28.

3.   Aussi, les images qu'utilisent les scientifiques sont instructives parce qu'elles engendrent des concepts : « Les institutions ne sont pas de simples idées : elles doivent être prises au niveau du sol, toutes chargées de matière. [...] La société s'insère dans le monde matériel, et la pensée

du groupe trouve, dans les représentations qui lui viennent de ces conditions spatiales, un principe de régularité et de stabilité, tout comme la pensée individuelle a besoin de percevoir le corps et l'espace pour se maintenir en équilibre » (Maurice Halbwachs, *Morphologie sociale*, 2ᵉ édition, Paris, Colin, 1946, 11, 18).

4. Ne nous dissimulons pas que, comme pour la science objective, un postulat est ici en cause : « Toute société crée un ensemble coordonné de représentations, un imaginaire à travers lequel elle se reproduit et qui, en particulier, désigne le groupe à lui-même, distribue les entités et les rôles, exprime les besoins collectifs et les fins à réaliser. Les sociétés modernes, comme les sociétés sans écritures, produisent ces imaginaires sociaux, systèmes de représentations à travers lesquelles elles s'autodésignent, fixent symboliquement leurs normes et leurs valeurs » (Pierre Ansart, *Idéologies, conflits, pouvoirs*, Paris, Presses universitaires de France, 1974, 21).

5. François Châtelet, *La Naissance de l'histoire*, Paris, Éditions de Minuit, 10-18, 1962, tome I, 82.

6. Cité par Paul Ricœur, *Temps et Récit*, Paris, Seuil, 1983, tome I, 263.

7. Juan Liscano, « L'identité nationale dans la littérature latino-américaine », *Diogène*, 138, 1987, 45.

8. Paul Chamberland, *Terre Québec*, Montréal, Déom, 1964, 17.

9. Voir le chapitre III, « Le champ des pratiques idéologiques », dans mon ouvrage sur *Les Idéologies*, 74 et s.

10. Du livre de Réjean Beaudoin, *Naissance d'une littérature* (Montréal, Boréal, 1989), je retiens ce passage : « La notion de la spécificité du littéraire est le résultat d'une production théorique qui légitime la littérature d'un autre type de société qui est désormais la nôtre. L'horizon d'attente qui caractérise la fin du xxᵉ siècle apparaît précisément dans cette spécialisation, tandis que les écrivains et les lecteurs du xixᵉ siècle se situaient dans une perspective où la littérature était encore plongée dans une continuité qui la reliait aux autres discours sociaux » (196).

TABLE DES MATIÈRES

DEUXIÈME PARTIE
La construction de la référence

Typographie et mise en pages :
Les Éditions du Boréal

Achevé d'imprimer en novembre 1993
sur les presses de l'Imprimerie Gagné
à Louiseville, Québec